Originalausgabe
Ein Band in der Reihe
»Informationen zur Zeit«

Über dieses Buch

Am 22., 23., 25. und 26. 1. 1979 wurde die amerikanische Fernsehserie HOLOCAUST über alle zusammengeschalteten Dritten Programme der ARD vom Westdeutschen Rundfunk ausgestrahlt. Das Wort ›Holocaust‹ steht heute in aller Welt als Name für die Vernichtung von Millionen europäischer Juden unter dem Nazi-Regime. Der Film HOLOCAUST versucht, einen historischen Prozeß, der sich in seiner Gesamtheit, in seiner grauenhaften Komplexität eines in der Geschichte beispiellosen Massenmordes der Vorstellung entzieht, an einer einzigen Familie, der Berliner Arzt-Familie Weiss, zu beschreiben.

Die Wirkung dieses Films war so groß, daß er heute schon als das größte Medienereignis seit vielen Jahren bezeichnet wird. Was jahrzehntelang politische Aufklärungsarbeit nicht vermocht hatte, war auf einmal Wirklichkeit geworden: Millionen von Menschen waren betroffen, sahen sich mit ihrer eigenen Geschichte, der Vergangenheit ihrer Väter konfrontiert. Ein Tabu war verletzt worden, und ein ganzes Volk, so scheint es, begann – unter dem Eindruck eines Fernsehfilms – plötzlich offen über das dunkelste Kapitel seiner Geschichte zu diskutieren.

Dieses Buch erinnert nicht nur an den Film HOLOCAUST, es zeigt ausserdem die Begleitumstände dieser Aufsehen erregenden Sendungen, es dokumentiert die Kontroversen, die deswegen in Amerika und Deutschland entstanden, und es bringt zeitgeschichtliche Dokumente und Analysen zum weiterführenden Verständnis.

Die Herausgeber

Ivo Frenzel, geboren 1924 in Bielefeld, studierte Philosophie und Soziologie, war 12 Jahre im Verlagsbuchhandel tätig. Er publizierte zahlreiche Bücher und Zeitschriftenaufsätze. Seit 1967 ist er ständiger Kolumnist im Feuilleton der *Süddeutschen Zeitung,* und seit 1968 arbeitet er als Redakteur beim WDR-Fernsehen. Er war verantwortlich für die Diskussionssendung im Anschluß an die vier HOLOCAUST-Folgen.

Peter Märthesheimer, geboren 1938, Diplomsoziologe. Seit 1964 als Fernsehdramaturg beim WDR in Köln. Er war maßgeblich für den Ankauf und die Synchronisation der Film-Serie HOLOCAUST verantwortlich. Produktion u. a. *Warum ist Frau B. glücklich?, Millionenspiel, Smog, Acht Stunden sind kein Tag, Ein Herz und eine Seele, Lina Braake.* Seit 1. 2. 1979 Dramaturg bei der Bavaria Atelier GmbH in München.

Im Kreuzfeuer:
Der Fernsehfilm ›Holocaust‹
Eine Nation ist betroffen

Herausgegeben von
Peter Märthesheimer
und Ivo Frenzel

unter Mitarbeit von
Hellmuth Auerbach
(Institut für Zeitgeschichte)
und Walter H. Pehle

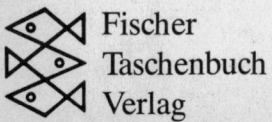

Fischer
Taschenbuch
Verlag

Originalausgabe
Fischer Taschenbuch Verlag
März 1979

Umschlagentwurf: Jan Buchholz/Reni Hinsch
unter Verwendung eines Photos aus dem Film HOLOCAUST
(Photo: *World Vision,* München)

Fischer Taschenbuch Verlag GmbH, Frankfurt am Main
© Fischer Taschenbuch Verlag GmbH, Frankfurt am Main 1979
Satz: Gutfreund & Sohn, Darmstadt
Druck und Bindung: Clausen & Bosse, Leck
Printed in Germany
680-ISBN-3-596-24213-4

»Antisemitismus 1930 mag in die Kategorie der Torheit oder des politischen Irrtums verwiesen werden, Antisemitismus nach Auschwitz ist Ausdruck verkommenen und verluderten Menschentums.«

Erhard Eppler

Herausgeber und Verlag fühlen sich für das schnelle Zustandekommen des Bandes zu vielerlei Dank verpflichtet:
den Autoren für verständnisvolle Kooperation und großzügig
erteilte Nachdruckgenehmigungen; den Leitenden Oberstaats-
anwälten Dr. Rückerl (Ludwigsburg) und Spieß (Wuppertal)
sowie Herrn Hellmuth Auerbach vom Institut für Zeitgeschichte (München) für die fachkundige Beistellung von historischem
Material; der Pressestelle des WDR (Köln), insbesondere
Herrn Michael Schmid-Ospach und Frau Ingeborg von
Schönermark, für die tatkräftige Unterstützung bei der
Realisierung des Gesamtkonzepts; Frau Renate Herbrich und
Klaus Scheidsteger waren unermüdliche Helfer bei der Ab-
schrift und Strukturierung des Diskussionsteils.

Inhalt

»Warum glaubt ihr nicht,
daß Hitler auch tut, was er sagt?«
(Anna Weiss in HOLOCAUST)

Holocaust – ein Thema der Zeitgeschichte

»Die Verschwörung des Schweigens ist aufgebrochen«

Aufklärung, die massenhaft noch zu leisten ist

Anhang

Die Karte auf Seite 129 stammt aus: Reimund Schnabel,
›Macht ohne Moral‹, Frankfurt am Main 1957. Der Abdruck
erfolgt mit freundlicher Genehmigung des Röderberg Verlages.

Holocaust gehört zu jenen starken Wörtern der Bibel, die auf dem Umweg über das Englische nun zu uns kommen.

Stark erscheint »holocaust« vor allem, weil die deutsche Übersetzung so schwach ist: »Brandopfer« heißt es da bei Luther sowohl dort, wo Abraham seinen Sohn Isaak dem Gott hingeben soll (Genesis 22), wie auch dort, wo Moses die Verkündigung der Zehn Gebote feiern will (Exodus 24).

In der englischen Bibel steht da »holocaust«, in der lateinischen »holocaustum«, in der griechischen »holokautomata«. Dort kommt es her: *holos* = ganz und gar, *Kautos* = verbrannt.

Im sehr christlichen und bibelkundigen England wurde »holocaust« schon früh von Schreibern verwandt, die eine schreckliche Begebenheit verdeutlichen wollten. Von Ludwig VII. berichtet, 1833, ein englischer Chronist, er habe einen »Holocaust« von 1 300 Personen veranstaltet in einer Kirche. Das war kein »Brandopfer«: Das war ein viehisches Hinschlachten. Wir werden uns mit dem Wort schwer anfreunden können. Aber begreifen müssen wir's doch.

Rudolf Walter Leonhardt

(*Die Zeit* vom 19.1.1979. Der Abdruck erfolgt mit freundlicher Genehmigung des Autors.)

Vorbemerkungen der Herausgeber

»Sie werden Deutschland nicht wiedererkennen«, hatte Adolf Hitler 1933 geprahlt. Als er sich am 30. April 1945 das Leben nahm, hatte er zumindest dieses sein Versprechen auf das grausigste eingelöst. Deutschland war zerstört, zerrissen, zerrüttet wie nie zuvor in seiner kurzen nationalen Geschichte. Vor allem aber die Menschen dieses Landes waren zutiefst in ihrer Identität erschüttert, ratlos, mutlos, ohne Zukunft – und ohne Vergangenheit. Denn das, was die alliierten Sieger als die gemeinsame Vergangenheit jener 12 Jahre Naziherrschaft zutage brachten, war so furchtbar, daß es nicht angenommen werden konnte, daß es nicht einmal wahrgenommen wurde. »Damit hatte ich nichts zu tun«, hieß damals die millionenfach gebrauchte Formel, und niemand wird je überprüfen können, ob sie für viele Millionen nicht auch eine subjektive Wahrheit war.

Annähernd die Hälfte der Deutschen hatte die Nazis einmal aus freien Stücken gewählt – aber eben nicht die Mehrzahl der Deutschen. Unter denen, die Hitler ihre Stimme gaben, waren gewiß auch die späteren Totschläger, die Abonnenten des *Völkischen Beobachter* und des *Stürmer,* in dem ja alles schamlos bekanntgemacht wurde, was geschehen würde, wenn man nur einmal die Macht dazu hätte. Aber in Hitler und seiner Partei verkörperte sich nicht nur das Pogrom und die Barberei, sondern auch Ideale und Wertvorstellungen, die eine lange Tradition und nicht unbedingt die schlechteste hatten: vom Versprechen auf persönliche Sicherheit und Wohlergehen über den Appell an das Bedürfnis nach einem geeinten Vaterland bis hin zum verkappten Antikapitalismus hatten die Nazis vieles im Angebot, das Menschen auf ihre Seite ziehen konnte. Mit Hitler wurde nicht der Judenmörder gewählt, sondern der Heilsbringer, der endlich die desolate Lage des Deutschen Reiches zum so inbrünstig ersehnten »Guten« wenden würde.

Als der Heilsbringer die Macht dann hatte, nutzte er sie in der Tat so schnell und so radikal, wie es in seinen Ankündigungen versprochen war: Die Parteien wurden aufgelöst, die Gewerkschaften zerschlagen, wer sich widersetzte, wurde zusammengeprügelt und verhaftet: Über Nacht waren alle Beschwerdeinstanzen hinweggefegt, an die einer sich hätte wenden können, der nach dem 5. März 1933 etwa noch hätte Protest anmelden wollen gegen das, was ab jetzt geschah. Wer die Nazis nicht gewollt oder sich gar gegen sie gestemmt hatte, war unversehens in der gleichen Lage wie jene, die sie zwar gewählt hatten, aber damit nicht legitimieren wollten, was jetzt in ihrem Namen vollzogen wurde. Die einmal installierte Diktatur nahm die Gesellschaft in ihren totalitären Griff und erklärte sich als unwiderruflich, nicht auf eine Wahlperiode sollten die Stimmen gelten, sondern als Votum gleich für 1000 Jahre – und wer dabei nicht mitmachen, mitbrüllen, mitmarschieren wollte: Was hätte er für Chancen gehabt, was an Organisationsformen angesichts der perfekten Durchreglementierung der Gesellschaft?

Waren alle Deutschen, die sich den Verbrechern nicht widersetzt hatten, damit auch ihrerseits zu Verbrechern geworden? Waren sie alle damit auch schuldig? Oder doch wenigstens »mitschuldig«, wie die hilflose Wortbildung hieß, mit der eine moralische Fragestellung operationalisiert werden sollte, die in ihrer unerhörten Dimension alles überstieg, was in der Geschichte der Menschheit bisher vom Gewissen hatte bearbeitet werden müssen. Hatten die »Mitläufer« 12 Jahre lang keinen eigenen Willen, kein eigenes Gewissen, keine eigene Identität gehabt? Wer unterm Hakenkreuz nach Polen, Frankreich oder Rußland marschiert war, hatte damit die Eroberungszüge nicht unbedingt auch gebilligt. Sie hatten nur geschwiegen, gehorcht, mitgemacht, sie dachten an sich und nicht an andere und schon gar nicht an jene, die hinter ihren Linien vergast wurden. Nach 1945 aber galten sie erst einmal alle als schuldig, waren es vielleicht auch, fühlten sich so oder auch nicht, weil sie gar nichts mehr fühlen wollten – sehen, hören, wahrnehmen wollten von dem Ungeheuerlichen, mit dem sie 1945 konfrontiert wurden als diejenigen, die es angerichtet hatten oder doch mitverantwortet. Angesichts der Massengräber, die sie selbst nicht geschaufelt hatten, reagierten sie gegen den – kollektiven – Schuldvorwurf mit – individueller – Abwehr: mit Blindheit, mit Taubheit, mit Verstocktheit.

Sich am Massenmord schuldig zu fühlen, hätte bedeutet, sich

selbst zum Massenmörder zu erklären, sich zu schämen hätte bedeutet, die Teilhabe an der Barbarei einzugestehen, die man doch so nicht gewollt hatte, wie sie jetzt allen sichtbar wurde. Und der Ver-Führer Hitler, der alle Verantwortung an sich gezogen und sie allen abgenommen hatte, dieser Hitler hatte sich aus dem Leben gestohlen, noch ehe ein Haß sich etwa gegen ihn hätte kanalisieren können, solange noch sein Mythos bestand: So stand man mit der Verantwortung auf einmal allein, ohne sie je gehabt zu haben, ohne sie je für sich und sein eigenes Handeln auch nur gewollt zu haben.

1945 legten diese Menschen ihre Seele auf Eis. Der Aufforderung, das Grauenhafte sich zu eigen zu machen, konnten sie nicht gewachsen sein, hatten sie doch viele Jahre vorher schon geübt, sich tot zu stellen. Es muß ja Mühe gekostet haben, 12 Jahre lang unwissend zu bleiben. Lesen konnte man schon vor 1933, was die Nazis mit den Juden vorhatten, und das nicht nur in den Parteiblättern; sehen konnte man es spätestens 1938 in der sogenannten Kristallnacht; erleben konnten es all die, deren Nachbarn verschwanden.

Erklärbar wird diese kollektive Blindheit nur, wenn man der These folgt, daß dieses Volk das Schreckliche nicht hat wissen *wollen,* das in seinem Namen verübt wurde. Was da zur »Volksgemeinschaft« zusammengebunden war und seinem »Führer« wenn nicht zujubelte, so doch gehorchte und folgte, hatte ja seine ganzen Ideale, Normen, Wertvorstellungen, seine Bedürfnisse, Sehnsüchte und Träume an dieses Regime, dessen Glücksversprechungen, dessen Zielvorstellungen und nicht zuletzt an dessen Symbolfigur Adolf Hitler gebunden – wie hätte es da den Konflikt aushalten sollen, daß dieses verklärte Regime in Wirklichkeit als Mörderbande gehandelt hatte?

Die damals gewählte Lösung für diesen unerträglichen psychischen Konflikt erscheint nachträglich fast zwingend für ein Volk, das vorab schon regrediert war auf die Stufe des Kindergehorsams gegen den Vater, und das folgerichtig auch die Bewältigungsform dieses Konfliktes dem kindlichen Repertoire entnahm, demzufolge nicht sein kann, was nicht sein darf. Vergegenwärtigen muß man sich auch, daß die Nazis das schließliche Pogrom schrittweise vorbereiteten, die Bevölkerung (auch die Juden!) gewissermaßen eingeübt hatten in einen langsame Steigerung des Schreckens, so daß schließlich fast zwangsläufig und wenig auffällig erschien, wenn einer, der ohnehin durch den gelben Stern vorab schon aus dem bürgerlichen Leben ausgeschlossen war, dann endlich auch in ein für seinesgleichen bestimmtes Lager kam. Wer sich in diesem planvollen Prozeß abstumpfen und gleichgültig machen ließ gegen jeden Einzelschritt der Barbarei, wer so trainiert war im Augenverschließen, im Wegsehen und Weghören, der war auch konditioniert für die fast reflexartige Gefühlskälte, die angesichts der geöffneten Konzentrationslager zum neuen Kennzeichen wurde für ein Volk, das doch gefühlvoll wie kaum ein anderes sich 12 Jahre lang einem gefühllosen Regime hingegeben hatte.

Gegen diese eisige Abschaltung wurde nach '45 die »Umerziehung« der Deutschen versucht. Die Deutschen hatten sich ja nicht selbst von ihren Tyrannen getrennt, hatten den erlösenden Vatermord ja nicht selbst begangen, sondern mit einer an Wahnwitz erinnernden Hingabe bis zuletzt an »die Sache des Führers« – und nicht etwa an die eigene – geglaubt. Angesichts dieser Psychopathologie eines ganzen Volkes also mutet die sogenannte re-education an wie der Vesuch, einen Epileptiker durch gutes Zureden zu heilen. Gegen das abstrakte Diktum von der Kollektivschuld setzte das so bedrohte Kollektiv ebenso abstrakt die trotzige Verweigerung des »damit hatten wir nichts zu tun, das haben wir nicht gewußt« – wenn es denn überhaupt bereit war, wenigstens auf rationaler Ebene die Wahrheit über die Massenverbrechen als Wahrheit aufzunehmen. Vorherrschend aber, so scheint es, war eine Tendenz, sich diesen Wahrheiten ganz zu entziehen, sich ihnen nicht auszusetzen, sich zu schützen vor der bedrohenden, ängstigenden Auseinandersetzung mit dem geheimen Schuldgefühl in einem selbst: die Wahrheit zu verdrängen.

Schon in der auffälligen Belustigung über das bürokratische Instrument des sogenannten »Fragebogens« drückt sich die heimliche Erleichterung derer aus, die schlau wußten: so kriegt ihr mich nicht, und schnell hatten die Deutschen gelernt, die offiziell erwünschten »richtigen« Antworten zu geben und die eigentlich richtigen geheimzuhalten – auch und vor allem vor sich selbst. Und bald verzagten die gutwilligen Umerzieher auch gegenüber der verstockt-gerissenen Abwehr, die sie nicht zu durchstoßen vermochten, und die ihnen per Saldo nur das Bild eines Volkes lieferte, von dem rätselhafterweise keiner schuldig war außer den paar Anführern ganz oben und den paar Ausführern ganz unten – und alle anderen waren eben nur mitgelaufen. Selbst mit comic-strips (»SA-Mann Hirnebrett grüßt steil und ruft vertrauensvoll sein ›Heil‹!«) blieben die Aufklärer erfolglos, weil sie nicht glauben wollten, daß genau an den steilen Gruß und das vertrauensvolle ›Heil!‹ nach wie vor ungebrochen die Identifizierung gebunden war. Die emotionale Erfahrung und Anbindung war nicht aufzubrechen durch den rein kognitiven Appell.

Ohnehin wurden nach Gründung der Bundesrepublik bald andere Zielvorstellungen wichtig. Nominell waren die Deutschen ja jetzt als Demokraten registriert, der faschistische Zusammenhang aufgelöst: die NSDAP verboten, ihre Mitglieder per Fragebogen oder Persilschein reingewaschen, die faßbaren Verbrecher gefaßt oder wenigstens erfaßt. Jetzt mußte ein Staat aufgebaut, eine Wirtschaft wieder inganggesetzt werden, und was an Energie noch überflüssig war, kanalisierte sich bequem und nützlich in den Kalten Krieg, der für das wenige, was die Gesellschaft emotional noch an Überschüssen hervorbrachte, die politisch wünschenswerteste Ableitung anbot.

Die Wahrheit zu verdrängen, zu verleugnen, sie nicht zu bearbeiten, heißt aber auch: sie als pochendes, quälendes, bedrängendes seelisches Material zu konservieren, das explosiv nach oben drängen mußte, wenn nur die Sperre gelöst würde, die das Unbewältigte so mühsam zurückhielt. Diese Sperre wurde nicht durchbrochen durch zahllose Filme, Features, Dokumentationen, die das deutsche Fernsehen seit seinem Bestehen gezeigt hat: Viele von ihnen wurden vielleicht sogar gesehen – wahrgenommen, angenommen, aufgenommen wurden sie nicht. Registriert und akzeptiert wurde vielleicht die Tatsache der Morde, vielleicht auch die Zahl – aber als Tatsachen, als Zahlen, nicht als das Leid von Menschen, die unseresgleichen waren.

Warum konnte erst HOLOCAUST diese Sperre durchbrechen, das Tabu aufheben? Warum konnte erst HOLOCAUST, fast 35 Jahre nach dem schrecklichsten Massenmord der menschlichen Geschichte, bei den Erben dieser Morde jene Betroffenheit durchsetzen, die von den Menschen zugleich auch als Katharsis empfunden wurde?

HOLOCAUST war gewiß auch ein »Medienereignis«, wie es emphatisch in vielen Kommentaren hieß. HOLOCAUST war aber vor allem ein *sozialpsychologisches* Ereignis. Der HOLOCAUST-Schock hat seine Gründe nicht primär etwa in der besonderen Qualität dieser Serie selbst, sondern in der besonderen Situation unseres Landes, in unserer besonderen Geschichte, unserem Bewußtsein – und unserem Unterbewußtsein. Insofern ist

HOLOCAUST ein Beitrag zur Psychopathologie des Alltagslebens – deutschen Alltagslebens, von 1933 bis 1979.

HOLOCAUST ist nicht etwa ein besonders gut oder besonders schlecht gemachter Film, sondern zunächst einmal nichts anderes als ein durch und durch *amerikanischer* Film. Damit ist zum einen gemeint der sozialpsychologische Kontext, aus dem die Macher dieses Films kommen: die gesellschaftlichen und politischen Traditionen des Herkunftslandes, die seine Erzähler vorab frei sein lassen von Schuld, damit frei machen für Scham, für Mitleid, für die unbefangene Parteinahme zugunsten der Geschundenen, gegen die Schinder. Damit wird der Erzähler von HOLOCAUST auch frei für Vereinfachungen und Vergröberungen: für den »Mitläufer« beispielsweise, für jene Millionen Deutsche, die, ihrer eigenen verzweifelten Schutzbehauptung nach, besinnungs- und widerstandslos »nur ihre Pflicht« getan haben, interessiert er sich nur am Rande; er interessiert sich auch nicht für die Genese des Antisemitismus, für seine laute und leise Resonanz im deutschen Volk, für die deutlichen Motive der Mörder und die undeutlichen ihrer Helfershelfer. Stattdessen polarisiert HOLOCAUST strikt – und wirkungsvoll – zwischen den Mördern zum einen und ihren Opfern zum anderen, der SS und den Juden, der Familie Dorf und der Familie Weiß, als ob es so etwas wie ›Gesellschaft‹ gar nicht gegeben hätte. Die Kirchen z. B. kommen in einer einzigen Figur mit ganzen zwei Szenen vor, die Industrie einmal im Dialog und die Wehrmacht einmal im off, und Hitler und die ihm zujubelnden Volksmassen ein einziges Mal in einer stummen Dokumentaraufnahme.

Aus dieser unbefangenen amerikanischen Haltung heraus, die frei ist von Schuld, kann Hollywood sich dann auch die Freiheit nehmen zu einer Erzählweise, die unbefangen und im besten Sinne naiv ein Muster benutzt, das angesichts der Menschheitstragödie uns selbst vermessen erscheinen muß: das Muster der Familienserie. HOLOCAUST erzählt *auch* die Massenvernichtung; HOLOCAUST erzählt primär aber die Vernichtung *einer* einzigen Familie aus den Millionen Familien, die ermordet und zerstört wurden. Damit schafft Hollywood, mit dieser seiner erprobten Dramaturgie, die Voraussetzung für höchste Identifikation und höchste Emotion. Der Zuschauer wird nicht etwa frontal-argumentativ angeredet, sondern gewissermaßen an der Hand genommen und den Weg der handelnden – der leidenden – Personen entlanggeführt. Er ist nicht außerhalb des

Films, sondern im Film selbst, der ihn jeden Schritt buchstäblich in den Fußstapfen der Filmfiguren nachvollziehen läßt, als wären es seine eigenen Schritte, bis er selbst schließlich in der Gaskammer angelangt ist, die er bisher, in anderen Filmen, wenn überhaupt dann nur als Fremder von außen gesehen hatte.

Diese Erzählstrategie, und das ist das eine Geheimnis der Wirkung von HOLOCAUST, bringt uns auf die Seite der Opfer, läßt uns mit ihnen mitleiden und die Mörder fürchten und befreit uns so vor der unheimlichen, lähmenden jahrzehntelang unterdrückten Angst, wir seien in Wahrheit mit den Mördern im Bunde gewesen. Stattdessen erleben wir, wie in einem Psychodrama in einem therapeutischen Experiment, jede Phase des Schreckens, den doch vermeintlich wir den anderen angetan hatten, an uns selbst, spüren ihn, erleiden ihn – und können ihn so endlich im wahrsten Sinn des Wortes als unser eigenes Trauma auch bearbeiten. HOLOCAUST bietet uns die Rolle des Patienten an, anstatt uns länger die des Analytikers aufzunötigen, zu der wir doch unfähig waren.

Diese Erzählstrategie, und das ist das andere Geheimnis der Wirkung von HOLOCAUST auf uns, erzählt die unmittelbare Schuld einzig und allein an jenen, die unmittelbar sich schuldig gemacht hatten – sei es, weil sie die Befehle ausführten. Diese Erzählstrategie, die einzig den Männern mit den SS-Uniformen die Schuld zuweist und die der etwa anderen einfach nicht thematisiert, verweist denn auch das ganze komplexe Problem der Kollektivschuld, der Mitschuld, das 30 Jahre lang den Vätern die Sprache genommen und ihren Kindern die Fragen verboten hatte, durch einen fast genialen Kunstgriff in eine einzige, unauffällige Randfigur: jenen Onkel Kurt nämlich, dem man den ebenso guten wie angesichts der effizient laufenden Vernichtungsmaschinerie hilflosen, *menschlichen* Deutschen von den Haaren bis zur Hose ansieht, und der, angesichts seiner objektiven Schuldlosigkeit, den Tabusatz denn auch schließlich aussprechen kann als den erlösenden, der er ja auch ist: »Wir alle haben uns schuldig gemacht«.

In dieser Figur hebt sich tendenziell das Trauma auf, an den Verbrechen teilgehabt zu haben, die der Film gezeigt hat: nicht wir haben sie begangen, sondern die in den Uniformen der SS. Diese Dramaturgie, die gewiß nicht die ganze Wahrheit erzählt, aber dafür deren inneren Kern berührt, korrespondiert, und das macht ihren Schock aus, dem übermächtigen Wunsch nach dem erlösenden Freispruch, der uns – frei und unbefangen – endlich auch das aussprechen läßt, was uns wirklich schuldig gemacht hat: das Wegsehen, das Weghören, das Nichtwissenwollen, das Mitlaufen, das Mitmachen, das Gehorchen. Damit berührte HOLOCAUST im dunklen Verdrängungssumpf seiner deutschen Zuschauer »eine innere Bindung, die am psychischen Material haftet«, wie Freud es einmal als Voraussetzung für das Bewußtwerden von Verdrängtem formulierte. HOLOCAUST ist ein amerikanischer Film. Aber wir Deutschen hatten die Stoffrechte an seinem Thema. Nach HOLOCAUST sind wir endlich frei, uns diese unsere Geschichte auch mit unseren Mitteln noch einmal zu erzählen.

Peter Märthesheimer

Was will dieses Buch, was kann es leisten? Wenn die HOLOCAUST-Sendungen nun nachträglich als das größte »Medienereignis« seit Jahren charakterisiert werden, so ist zu fragen, wie dieses Ereignis zustande kam und worin denn eigentlich das Ereignishafte liegt. Weder die eigentümliche Qualität eines vierteiligen Spielfilms, noch die mit unterschiedlichem Gelingen veranstalteten Fernsehdiskussionen und auch nicht die mit Sorgfalt und Aufwand vorbereiteten Begleitsendungen im ersten ARD-Programm können, für sich genommen, ein ausreichender Grund für die ungeheure Wirkung sein. Selbst das Thema als solches bietet keine hinreichende Erklärung. Die Zahl der in drei Jahrzehnten vorangegangenen Filme, Theaterstücke, Features und Buchveröffentlichungen, die sich mit den Schrecken nationalsozialistischer Herrschaft auseinandergesetzt haben, ist Legion. Aber nie zuvor war es gelungen, sorgsam verschüttete Emotionen, verdrängte Erlebnisse und unverarbeitete Erfahrungen in so großem Maße freizusetzen, wie dies hier geschehen ist. Wenn man nach einer frühen Parallele sucht, so wäre einzig an die Betroffenheit zu erinnern, die in den fünfziger Jahren das Erscheinen des *Tagebuchs der Anne Frank* und 1963 die Aufführung von Hochhuths Drama *Der Stellvertreter* ausgelöst haben. Anne Franks Schicksal ermöglichte persönliche Identifikationen, Hochhuths Buch, das um die Frage kreiste, warum die Kirche mit ihrer übernationalen Autorität nicht mehr Widerstand geleistet hat, als Hitler sich anschickte, seinen früh geäußerten Plan, das europäische Judentum auszurotten, in die Tat umzusetzen, lösten lange und mit größter Leidenschaft geführte Diskussionen aus. Die mit so einfachen Mitteln erzählte Geschichte der Familie Weiss ermöglicht noch viel weitergehende Identifikationen, der Versuch, auch die Strategie und Taktik der SS-Schergen mit ins Spiel zu bringen, hat Kontroversen darüber entfacht, wie dieser Holocaust mitten in Europa überhaupt möglich war, warum die Deutschen angeblich so wenig davon gewußt haben und warum sie auf das, was ihnen zu Ohren kam, so abweisend oder so wenig reagiert haben.

Die HOLOCAUST-Sendungen haben es geschafft, daß ein ganzes Volk sich plötzlich und höchst schmerzhaft seiner eigenen Geschichte erinnerte. Die, die dies alles noch miterlebt haben und die Jüngeren, für die das nationale Trauma bisher nur ein wenig beachtetes Kapitel einer Vergangenheit war, dem gegenüber man sich nicht schuldig zu fühlen brauchte, scheinen nun gleichermaßen betroffen. Und zu der qualvollen Frage, wie dies denn alles möglich gewesen sei, gesellt sich jene andere, gegenwartsbezogene, was man denn tun müsse, um jede wie immer geartete Wiederholung zu verhindern.

Gegenüber dieser Wirkung, die – das darf man heute schon sagen – eine neue Phase hinsichtlich des Begreifens und Verarbeitens unserer eigenen Geschichte eingeleitet hat, ist die Diskussion um die ästhetische Qualität der HOLOCAUST-Filme wie auch der Einwand, der Film habe nicht die ganze Wirklichkeit des Nationalsozialismus gezeigt, von zweitrangiger Bedeutung. Dies gilt gerade auch dann, wenn man Kritik in diesen Punkten für berechtigt hält. Man möge aber wiederum zwei Parallelen bedenken. Als die Deutschen vor einem halben Jahrhundert begannen, sich mit dem grausamen Geschehen des von ihnen angezettelten Ersten Weltkrieges auseinanderzusetzen, war es nicht *Der Streit um den Sergeanten Grischa,* Arnold Zweigs literarisch so hochstehendes Buch, das die massenhafte Diskussion, auslöste, sondern Remarques kolportagehafter Roman *Im Westen nichts Neues,* der den Einstieg zu einer breitenwirksamen Aufklärung bot. Die zweite Parallele bezieht sich auf den Einwand, HOLOCAUST habe nicht die ganze NS-Realität gezeigt. Das ist richtig. Der Film gibt weder eine Geschichte noch Vorgeschichte des ›Dritten Reiches‹, er liefert keine Chronik des Zweiten Weltkriegs, er zeigt so gut wie nichts vom Alltagsleben der Menschen in jenen Jahren, die – zwischen Begeisterung und Angst – als Nichtverfolgte unter diesem Regime lebten. Hier sei an den Erfolg von Pasternaks *Doktor Schiwago* erinnert. Auch dieses Buch konnte und wollte keine Geschichte der russischen Revolution sein. Es begnügt sich damit, an einer Gruppe von Personen zu zeigen, wie es den Menschen damals ergangen ist. Was für das Epos gilt, trifft noch mehr für den Fernsehfilm zu: Man muß das Allgemeine am Einzelnen dingfest machen. Es ist einem optischen Medium unmöglich, abstrakte Begriffe wie Antisemitismus, Rassenideologie, völkische Revolution als solche visuell vorzustellen. Das Fernsehbild benötigt konkrete Inhalte, Partikel der Realität, die stellvertretend für das Ganze stehen, das sich in seiner Komplexität und Universalität der Anschauung entzieht. Insofern kann ein einzelner Film nicht leisten, was jedem von uns, was einem ganzen Volk aufgegeben ist: die eigene Geschichte zu begreifen und die Hypothek zu akzeptieren, die sie uns aufgebürdet hat. HOLOCAUST konnte nur den Anstoß bringen, der einen solchen Prozeß der zunächst leidvollen Erinnerung und der daraus folgenden disziplinierten rationalen Aufarbeitung in Gang setzt.

Nur weil dieser Anstoß massenhaft gelungen scheint, ist HOLOCAUST zu dem größten »Medienereignis« seit Jahren geworden. Im Rückblick auf die Fernsehsendungen im Januar 1979 zeigt sich das Holocaust-Thema als politisches und mediendidaktisches Lehrstück, das nicht folgenlos für Programmacher, Kritiker und Zuschauer bleiben kann. Deshalb scheint es sinnvoll und hilfreich, eine Dokumentation zu den HOLOCAUST-Sendungen, ihrer Vorgeschichte und ihren Begleitumständen zu veröffentlichen.

Am 22., 23., 25. und 26. 1. 1979 wurde die amerikanische Fernsehserie HOLOCAUST über alle zusammengeschalteten Dritten Programme der ARD vom Westdeutschen Rundfunk mit einer jeweils anschließenden Live-Diskussion ausgestrahlt. Die Kontroverse um diese Serie begann jedoch schon im Frühsommer 1978 zunächst in den USA, sie beschäftigte sehr bald und mit ungewöhnlicher Heftigkeit auch die deutsche Öffentlichkeit. Im ersten Teil dieses Buches sind unter dem Titel »Wenn ›Holocaust‹ kommt...« die wichtigsten Stationen dieser Auseinandersetzung festgehalten. Die vielfältigen Motive möglicher Einwände gegen den Film werden in diesem Abschnitt deutlich. Schon in diesem Vorstadium wurde klar, daß die Ausstrahlung des Films in der Bundesrepublik durch Mißverständnisse und Vorurteile belastet sein würde. (Noch am Tage der ersten Sendung kündigte *Der Spiegel* in seiner wöchentlichen Programmvorschau den »Start der fragwürdigen amerikanischen Fernseh-Serie« mit deutlichem Mißvergnügen an. Diese offensichtliche Fehleinschätzung, die auch in vorangegangenen Artikeln ihren Ausdruck fand, hat das Nachrichtenmagazin glücklicherweise nicht davon abgehalten, das Thema Holocaust in den folgenden Ausgaben in großer Ausführlichkeit zu behandeln.)

Angesichts dieser Widerstände hatte sich der WDR schon frühzeitig entschlossen, die amerikanische Spielfilmserie nicht ohne ein entsprechendes Begleitprogramm zu senden. Vorbereitet wurde die Serie durch den Film *Antisemitismus* von Dr. Erhard Kloess (am 11. 1. 1979 im I. Programm) und durch den Film *Endlösung* von Paul Karalus (am 18. 1. 1979 im I. Programm). Beide Features brachten, was der Spielfilm nicht zeigen konnte: historische Dokumentation. Außerdem veranstaltete der WDR am 11. und 12. Januar 1979 ein zweitägiges, überaus gut besuchtes Presseseminar, in dessen Verlauf die deutsche Synchronfassung etwa 80 Journalisten vorgestellt wurde. Die Referate, die Margarete Mitscherlich und Norbert Schneider während dieser Veranstaltung hielten, findet der Leser in diesem Buch. Die Wirkung des Seminars war außerordentlich. Die Kritik wurde differenzierter, die Notwendigkeit der Ausstrahlung von HOLOCAUST nun durchweg bejaht. Zeugnisse für diesen Klima-Umschwung sind die hier nachgedruckten Artikel von Eugen Kogon und Günther Rühle, die unter dem Eindruck des Seminars geschrieben wurden.

Schließlich muß festgehalten werden, daß lange vor der Sendung – im Sommer 1968 – eine Reihe von pädagogischen Begleitmaßnahmen zu HOLOCAUST verabredet worden war und zwar: mit dem Adolf-Grimme-Institut des Deutschen Volkshochschulverbandes, der Landeszentrale für politische Bildung NRW und der Bundeszentrale für politische Bildung.

Die Kapitel im Mittelteil des Buches bringen Bilder und Texte, die an die HOLOCAUST-Sendung selbst erinnern. Der Leser findet hier aber auch Dokumente und Materialien, die stellvertretend für die Features von Kloess und Karalus stehen: Zeitgeschichtliche Zeugnisse und einige Originalaufsätze ausgewiesener Fachleute zum Thema.

Eine exakte Analyse der Wirkung, die HOLOCAUST bei den Zuschauern hatte, lag bei Redaktionsschluß dieses Bandes noch nicht vor. Die Auswertung von mehr als 10 000 Anrufen allein beim WDR und Tausenden von Briefen ist noch längst nicht abgeschlossen. Der WDR will die Ergebnisse dieser Auswertung zusammen mit denen einer unabhängigen Meinungsumfrage demnächst in einer eigenen Publikation vorstellen. Wir haben uns deshalb hier mit der Mitteilung der bisher greifbaren Zahlen über die Zuschauerbeteiligung (Einschaltquoten, Frequenz der Anrufe) begnügen müssen. Aber schon diese wenigen Daten verraten etwas von der ungeheuren und in diesem Ausmaß auch wohl von niemandem vorausgesehenen Wirkung, die HOLOCAUST gehabt hat. Davon zeugen auch die hier abgedruckten Pressestimmen.

Was der Film an Emotionen aufwühlte, sollten die Diskussionen als rationales Gespräch auffangen. Die hier ausgewählten Teile eines insgesamt sechseinhalbstündigen Dialogs spiegeln Spontaneität und Betroffenheit, bringen aber vor allem wichtige Informationen von Augenzeugen und Historikern. Man hat diesen Diskussionen vorgeworfen, daß in ihnen zu wenig auf mögliche Bezüge zur Gegenwart Rücksicht genommen worden sei. Wenn man die Texte nachliest, wird man feststellen müssen, daß dieser Einwand nicht durchweg stichhaltig ist. Gerade gegen Ende der Diskussion haben die Gesprächsteilnehmer mit zum Teil sehr eindringlichen Worten zu Fragen der jüngeren Generation Stellung genommen. Die Originalbeiträge am Schluß dieses Buches suchen unter anderem, dem Thema »Holocaust und die deutsche Gegenwart« gerecht zu werden. So will dieses Buch der weiterführenden Diskussion dienen. Die HOLOCAUST-Sendungen sind vorüber. Das Gespräch über das Thema Holocaust hat aber erst begonnen.

Ivo Frenzel

»Wenn ›Holocaust‹ kommt …«

Elie Wiesel
Die Trivialisierung des Holocaust: Halb Faktum und halb Fiktion

HOLOCAUST, ein Drama in vier Teilen über die systematische Vernichtung der europäischen Juden durch die Nazis, wird vom NBC-Fernsehen heute um 20.00 Uhr und an den folgenden drei Abenden ausgestrahlt. Der Film ist nach dem Originaldrehbuch des Romanciers Gerald Green gedreht worden und erzählt die Geschichte zweier fiktiver Familien – einer jüdischen und einer Nazi-Familie – auf dem Hintergrund historischer Daten und Geschehnisse während des Jahrzehnts zwischen 1935 und 1945. Das Stück enthält 150 Sprechrollen, die international besetzt wurden, u. a. mit Joseph Bottoms, Tovah Feldshuh, Rosemary Harris, Michael Moriarty, George Rose, Meryl Streep, Sam Wanamaker und Fritz Weaver.

Führende Geistliche unterschiedlicher Religionszugehörigkeit waren beratend an der Entstehung des Films beteiligt, und viele lobten HOLOCAUST. Der Fernsehkritiker der *Times*, John O'Connor, beurteilte in einer am 14. April erschienenen Besprechung den Film außerordentlich negativ. Um die Diskussion weiter voranzutreiben, bat die *Times* Elie Wiesel, den bedeutenden Professor, Historiker und Überlebenden des Holocaust, den Film vorher anzusehen und zu kommentieren.

In dem folgenden Essay nimmt Herr Wiesel, Universitätsprofessor und Inhaber des Andrew-Mellon-Lehrstuhls für Klassische Philologie an der Universität Boston, zu diesem Thema Stellung. [Vorbemerkung der *New York Times*-Redaktion]

Die Geschichte ist packend, die schauspielerische Leistung qualifiziert, die Aussage zwingend – und dennoch. Die kalkulierte Brutalität der Mörder, die schweigende Agonie der Opfer, die Gleichgültigkeit der Umwelt – das Fernsehspiel zeigt, was Überlebende seit Jahren versucht haben zu sagen. Und

25

dennoch stimmt etwas nicht. Etwas? Nein: alles. Unwahr, verletzend, billig: Als Fernsehproduktion ist der Film eine Beleidigung für die, die umkamen und für die, die überlebten. Trotz seines Titels ist dieses »docu-drama« nicht das, was einige von uns als Holocaust in Erinnerung haben.

Bin ich zu hart? Zu empfindsam, vielleicht. Der Film dagegen ist es nicht. Er versucht, das darzustellen, was sich selbst der Vorstellungskraft entzieht. Er verwandelt ein ontologisches Ereignis in eine Seifen-Oper. Welche Absicht auch immer dahintergestanden hat, das Ergebnis ist schockierend.

Erdachte Situationen, sentimentale Episoden, unglaubwürdige Zufälle: Wenn sie Sie weinen machen, weinen Sie aus falschem Anlaß.

Warum heißt die Serie HOLOCAUST? Wer auch immer diesen Titel wählte, der kann sich der Tragweite nicht bewußt gewesen sein. Holocaust, ein Fernseh-Spektakel. Holocaust, ein Fernseh-Drama. Holocaust, halb Faktum, halb Fiktion. Ist es nicht genau das, was so viele moralisch verwirrte »Experten« überall auf der Welt in jüngster Vergangenheit geltend machten? Daß der Holocaust nicht mehr war als eine »Erfindung«? Das NBC hätte die Bezeichnung, wenn überhaupt, als Untertitel nehmen können.

Der Sender hätte in seinen Nachforschungen gründlicher sein müssen. Im Gegensatz zu dem, was wir im Film sehen, durften sich jüdische Flüchtlinge, die die russische Grenze vor der deutschen Invasion überquerten, nicht frei bewegen, sondern sie wurden verhaftet, verhört und eingesperrt; Auschwitz-Insassen durften weder Koffer, noch Familienfotos, noch Notenblätter bei sich behalten; Juden tragen nachts keine Gebets-Schals; der Segen, der beim Lesen der Thora gesprochen wird, ist ein anderer als der bei einer Hochzeit – der Rabbi, der die Trauung vollzieht, spricht den falschen Segen.

Andere, gravierendere Irrtümer: Mordechai Anielewitz, der junge Anführer des Warschauer Getto-Aufstandes, wird als Karikatur seiner selbst gezeigt: stereotype Juden und stereotype Deutsche; die übertriebene Betonung der Brutalität jüdischer Getto-Polizisten und jüdischer Kapos; das Besessensein vom Motiv der jüdischen Resignation.

Müssen wir uns noch einmal einlassen auf die Debatte: jüdische Passivität versus jüdischer Heroismus? Sie wurde während des Eichmann-Prozesses unter Schmerzen geführt, aber sie war »in«; warum müssen wir uns jetzt erneut damit befassen? Während des Holocaust waren selbst die Opfer Helden, und auch die Helden starben als Märtyrer.

Aber mehr noch stört mich der umfassende Anspruch des Films. Er versucht, alles zu erzählen: Was vorher geschah, während dieser Zeit und danach. Den Beginn und das Ende. Die böse Mehrheit und die gütige Minderheit. Die blutrünstige SS und Pater Lichtenberg, Himmler und Eichmann, Blobel und Franck, Höß und Nebe: Kaum ein Name wird ausgelassen, kaum eine Episode blieb unerwähnt. Wir hören ihre ideologischen Diskussionen, wir sehen sie am Werk. Wir erfahren, wie sie all ihre Fähigkeiten, ihre Erfindungsgabe und ihren Patriotismus dazu benutzten, ein perfektes System des Massenmordes zu errichten, denn viele Talente hochgebildeter Personen waren nötig, um eine Katastrophe solchen Ausmaßes herbeizuführen.

Die Gegenseite: Die ersten Anzeichen, die ersten Verordnungen, die ersten Warnungen. Enteignung, Konfiszierung, Deportation. Die Gettos. Die Menschenjagd. Hunger. Angst. Das schrumpfende Universum wird am Ende auf die Gaskammern reduziert sein. Aber zugleich mit den sterbenden Opfern werden uns die kämpfenden Helden gezeigt: Partisanen, Widerstandsgruppen, bewaffnete Rebellen. Mut und Verzweiflung, zur Schau getragen von Gläubigen und Ungläubigen; alles ist enthalten. Zuviel ist enthalten. Der Film ist zu deutlich, zu allumfassend. Die Geschichte eines einzigen Kindes, das Schicksal eines Opfers, der Widerhall eines Aufschreis hätten stärker gewirkt – selbst vom künstlerischen Standpunkt aus gesehen. Einfachheit, Mäßigkeit, Zurückhaltung, das, was die Franzosen »pudeur« nennen, dies alles sind Qualitäten, die ein solcher Film braucht. Man vermißt sie hier bitter.

Zuviel, bei weitem zuviel widerfährt einer jüdischen Familie, und zuviel Böses wird von einem einzigen deutschen Offizier begangen.

Familienmitglieder der fiktiven Familie Weiss erfahren die Kristallnacht, Euthanasie, Warschau, Buchenwald, Theresienstadt, Babi Yar, Sobibor und Auschwitz. Irgendwie sind die berühmtesten – oder berüchtigtsten – Ereignisse und Schauplätze zusammengestellt worden, um in die Biographie dieser beiden Familien zu passen. So hilft Joseph Weiss bei der Rettung von Juden auf dem Umschlagplatz in Warschau, sein Bruder kauft Waffen für den Untergrundkampf, seine Frau unterweist Getto-Kinder in Shakespeare und Musik, sein Sohn gehört zu den

Künstlern, die heimlich durch Zeichnungen ihr Schicksal bezeugen, seine Tochter kommt als Euthanasie-Opfer um, sein jüngster Sohn Rudi überlebt Babi Yar und stößt zu den jüdischen Partisanen in der Ukraine, wo er am bewaffneten Aufstand in Sobibor teilnimmt – und noch vieles mehr. Was auch immer irgendwo geschah, es widerfuhr dieser Familie. Und noch mehr.

Dasselbe trifft auf Erik Dorf zu: Auch er ist überall. An jedem berüchtigten Ereignis ist er beteiligt. Wer berät Heydrich, wie man mit den Versicherungsansprüchen der Juden nach der Kristallnacht umzugehen habe? Dorf. Wer überwacht die mobilen Gaseinheiten? Dorf. Wer ist zufällig während der Massenerschießungen in Babi Yar? Dorf. Wer bereitet die Pläne für Auschwitz vor? Wieder Dorf. Wer kauft das Gas Cyclon B von respektablen deutschen Industriellen? Dorf. Das ist einfach zuviel Aktivität für einen Mann, für jeden Mann. Man kann nicht glauben, daß eine solche Person existierte – und in der Tat, Erik Dorf existierte nicht. Auch nicht die Familie Weiss.

In diesem »docu-drama« sind die Hauptpersonen fiktiv, während die, die weniger in Erscheinung treten, dies nicht sind. Dennoch werden sie alle aus verständlichen künstlerischen Gründen als authentische Personen dargestellt. Auf dieser Ebene sind die Implikationen verwirrend und weitreichend: Wie soll der uniformierte Zuschauer das eine vom anderen unterscheiden? Wahrscheinlich wird er alle für gleich wahr oder gleich erfunden halten. Die Lebenswege der beiden Familien sind so geschickt mit den historischen Fakten verwoben, daß außer den Eingeweihten das Publikum Schwierigkeiten haben wird zu unterscheiden, wo die Tatsachen aufhören und die Fiktion beginnt. Dies würde natürlich das erhabene Ziel, das sich die Hersteller dieses Films gesetzt haben, zerstören.

Sowohl im Film als auch in der Literatur ist alles eine Sache der Glaubwürdigkeit. Wäre der Film reine Erfindung oder reine Dokumentation, so würde er mehr bewirken. Die Mischung beider Gattungen endet in Verwirrung. Und dies gelegentlich in Szenen, die jedenfalls ich geschmacklos fand. Ein schlagendes Beispiel: Wir sehen Juden, die in langen, endlosen Kolonnen nach Babi Yar marschieren – mit »entsprechendem« musikalischem Background. Wir sehen, wie sie sich ausziehen, sich an die Grube begeben, dort auf die Kugeln warten, hinunterstürzen. Wir sehen die nackten Körper voller »Blut« – und alles bleibt Fiktion.

Ein anderes Beispiel: Wir sehen nackte Frauen und Kinder in die Gaskammern hineingehen; wir sehen ihre Gesichter, wir hören ihr Stöhnen, als die Türen geschlossen werden, dann – nun, genug: Warum fortfahren? Besondere Effekte und Tricks zu benutzen, um das Unbeschreibbare beschreibbar zu machen, ist für mich moralisch anstößig. Schlimmer, es ist obszön. Die letzten Augenblicke der vergessenen Opfer gehören nur ihnen.

Ich weiß: Man wird mir sagen, daß Filme-machen seine eigenen Gesetze hat und seine eigenen Erfordernisse. Immerhin werden ähnliche Techniken bei Kriegsfilmen und Geschichtsdarstellungen angewendet. Aber der Holocaust ist einzigartig, nicht nur irgendein Ereignis. Diese Serie behandelt den Holocaust, als wäre er nur irgendein Ereignis. So bin ich gegen diesen Film, nicht, weil er künstlerisch nicht in Ordnung ist, sondern weil er nicht authentisch genug ist. Er entfernt uns von dem Ereignis, anstatt uns ihm näherzubringen. Der Ton ist falsch. Die meisten Szenen klingen nicht glaubhaft: zuviel Drama, nicht genug Dokumentation.

Fairerweise muß ich hinzufügen, daß viele jüdische und nicht-jüdische Organisationen das Projekt unterstützt und sich bei ihren Mitgliedern dafür eingesetzt haben. Aber sie taten dies, bevor sie den Film sehen konnten. Das will nicht besagen, daß die Zuschauer nicht berührt werden. Einige, die Testsendungen sahen, waren zutiefst betroffen. Und ich weiß, man braucht es mir nicht zu sagen, der Film wurde nicht für Zuschauer wie mich gemacht, sondern für diejenigen, die nicht dabei waren oder damals noch gar nicht geboren, für die, die gerade erst anfangen zu begreifen, daß die Todesfabriken im Herzen des zivilisierten Europa Wirklichkeit waren.

Sie haben recht, natürlich. Aber – und es ist ein wichtiges Aber –, ich bin entsetzt bei dem Gedanken, daß einmal der Holocaust gemessen und beurteilt werden könnte anhand der NBC-Fernsehproduktion, die diesen Namen trägt. Man höre sich an, was einer der Begleittexte, für den das National Council of Churches verantwortlich zeichnet, seinen Lesern mitteilt: »HOLOCAUST wird möglicherweise einmal als die endgültige Darstellung des Holocaust angesehen werden, was die peinliche Genauigkeit, die Breite des vorgelegten Materials und den Einsatz der sorgfältig ausgesuchten Originalaufnahmen angeht.« Auch wenn sie sicher gut gemeint sind, solche irreführenden, selbstgefälligen Feststellungen sind gefährlich: Sie stimmen ganz einfach nicht. Der Zeuge fühlt sich hier verpflichtet zu erklären: Was Sie auf dem Bildschirm gesehen haben, ist nicht das, was dort geschah. Sie denken möglicherweise, Sie wüßten jetzt, wie die Opfer lebten und starben, aber Sie wissen es nicht. Auschwitz kann nicht erklärt, noch kann es sichtbar gemacht werden. Ob Gipfelpunkt oder Zerrbild der Geschichte, der Holocaust transzendiert Geschichte. Alles an ihm ruft Angst hervor und führt zu Verzweiflung: Die Toten besitzen ein Geheimnis, das wir, die Lebenden, weder aufdecken dürfen noch können.

Kunst und Theresienstadt waren vielleicht in Theresienstadt vereinbar, aber nicht hier – nicht in einem Fernsehstudio. Dasselbe gilt für das Gebet und Buchenwald, den Glauben und Treblinka. Ein Film über Sobibor ist entweder kein Film, oder es ist nicht Sobibor.

Der Holocaust? Das letzte der letzten Geheimnisse, weder zu begreifen noch zu vermitteln. Nur diejenigen, die dort waren, wissen, was war, kein anderer wird es je wissen. Es war einfacher für Auschwitz-Insassen, sich die Freiheit vorzustellen, als für freie Menschen, sich in Auschwitz zu sehen.

Wie lautet dann die Antwort? Wie eine Geschichte erzählen, die man nicht erzählen kann, und die dennoch erzählt werden sollte? Wie kann man die Erinnerung der Opfer schützen?

Wie können wir uns den Hoffnungen der Mörder und den Bemühungen ihrer Komplicen, die Toten noch einmal zu töten, entgegenstellen? Was wird geschehen, wenn der letzte Überlebende einmal nicht mehr ist? Ich weiß es nicht. Ich weiß nur dies, daß die Zeugen sich selbst in diesem Film nicht wiedererkennen.

Der Holocaust muß uns in Erinnerung bleiben. Aber nicht als eine Show.

(Erstmals abgedruckt in *The New York Times* vom 16. 4. 1978. Der Abdruck erfolgt mit freundlicher Genehmigung der *New York Times Company* [© 1978]. Die Übersetzung besorgte Bärbel Billig.)

Gerald Green
Zur Verteidigung von ›Holocaust‹

Seit vielen Jahren habe ich Elie Wiesel mit seinen ergreifenden, Einsicht vermittelnden und weisen Büchern über den Holocaust bewundert, ja sogar verehrt. Als Überlebender, als einer, der gelitten hat, als Prophet und Lehrender ist er ein bedeutender Experte, und wir müssen für seine Beiträge dankbar sein. Natürlich ist er nicht der einzige Experte, Alpha und Omega des Holocaust. Auch andere haben gelitten, überlebt und darüber geschrieben. Ich neige mehr zu den nüchternen, überlegten Historikern – Raul Hilberg, Lucy Davidowicz, Gerald Reitlinger und Norah Levin und zu Augenzeugen wie Primo Levi (»Survival in Auschwitz«), Eugen Kogon (»The Theory and Practice of Hell«) und Yuri Suhl (»They fought back«).

Deshalb mache ich es mir nicht leicht, einem so geachteten Mann wie Herrn Wiesel zu antworten. Sein heftiger Angriff auf die kürzlich fertiggestellte vierteilige Serie HOLOCAUST des NBC, die sich mit der Vernichtung der Juden durch die Nazis befaßt, verlangt eine Entgegnung. Daher antworte ich als Drehbuchautor.

Unwahr, billig, beleidigend. Eine Verunglimpfung. Seifen-Oper. Trivialisierung. Schockierend. Dies ist nicht das Vokabular irgendeines Randgruppen-Extremisten oder verrückten Pamphleteschreibers. Es waren die Worte Elie Wiesels, die hier an dieser Stelle am letzten Sonntag zu lesen waren.

Zusätzlich zu seiner Wortwahl muß etwas über Herrn Wiesels Akkuratesse gesagt werden. Er schreibt: »Fairerweise muß ich hinzufügen, daß viele jüdische und nicht-jüdische Organisationen das Projekt unterstützt und sich bei ihren Mitgliedern dafür eingesetzt haben. Aber sie taten dies, bevor sie den Film sehen konnten.«

Um es so milde wie möglich auszudrücken, diese Feststellung trifft nicht zu. Rabbi Marc Tanenbaum, eine führende Autorität auf dem Gebiet der christlich-jüdischen Beziehungen in den USA, teilt mir mit, daß alle Geistlichen, die HOLOCAUST empfohlen haben, diesen Film vorher gesehen haben. Und Rabbi Tanenbaum müßte es wissen. Er hatte sie zu den Testsendungen eingeladen und war selbst anwesend.

Herr Wiesel steht allein auf weiter Flur. Außer John O'Connor, dem Fernsehkritiker der *Times*, der offenbar von der Zahnheilkunde mehr fasziniert ist als von dem Drama, empfand jeder bedeutendere Kritiker, jede wichtigere religiöse Gruppe und jeder Erzieher-Verband von Bedeutung HOLOCAUST als aufrüttelnd, wichtig und von hohem ethischen Wert.

Tom Shales in der *Washington Post*: »Das überwältigendste Drama, das man je auf dem Bildschirm gesehen hat.«

Dorothy Rabinowitz (selbst Holocaust-Expertin) in *Wall Street Journal*: »HOLOCAUST ist ein Fernsehereignis von solcher Gewalt, daß ihm möglicherweise in der Geschichte dieses Mediums nicht gleichkommen wird.«

Frank Rich in *Time*: »HOLOCAUST wird wahrscheinlich im Hinblick auf die Schrecken des Nazi-Regimes mehr Zuschauer wachrütteln, als es je ein Werk seit dem ›Tagebuch der Anne Frank‹ vermocht hat…«

Sicherlich gibt es, wie es Herr Wiesel aufzeigt, Irrtümer bezüglich der Fakten – Gebets-Schule in der Nacht, ein Fehler bei der Trauungs-Zeremonie, Unrichtigkeiten bei Grenzüberschreitungen. Aber auch einige seiner Beanstandungen sind falsch. Kapos und Getto-Polizei waren verhaßt und gefürchtet. Möge Herr Wiesel dies doch nachlesen bei Primo Levi oder Emmanuel Ringelblum als Zeugenaussagen von Personen, deren Sachkenntnis ebenso groß ist – vielleicht größer – wie seine eigene. Besser noch, möge er sein eignes Buch ›Night‹ nochmals lesen, wo sich auf fast jeder Seite seine Erinnerungen an die Brutalität und Bösartigkeit der Kapos finden.

Aber dies sind nicht die zentralen Punkte. Wir werden beschuldigt, Fakten und Fiktion so miteinander vermischt zu haben, daß wir Verleumdern die Gelegenheit geben, uns der Untergrabung der Wahrheit zu bezichtigen. Ja, die Weiss' und Dorfs sind erfunden, und sie sind an vielen historischen Ereignissen beteiligt. Aber Herr Wiesel weiß sicherlich, daß dies ein alter und allgemein akzeptierter Kunstgriff ist, um die Daten der Geschichte zum Leben zu erwecken. Tolstoi erfand die Rostovs und Pierre Bezuhov. Sie verfälschen seine Beschreibungen der Schlacht von Borodin oder des Rückzugs von Moskau oder seine Darstellung des Generals Kutuzov und Napoleons nicht.

Er nennt unsere Charaktere »Stereotypen«, indem er sein Propheten-Gewand mit dem Straßenanzug eines Filmkritikers vertauscht. Aber Harriet Van Horne (und andere Kritiker) bezeichneten sie als »lebendige, leidende, liebende Menschen. Wir machen uns Gedanken über sie. Ihr grausames Schicksal geht uns nicht aus dem Sinn.«

Überdies sind unsere Heydrichs, Himmlers und Kaltenbrunners so genau wie möglich wiedergegeben; sie beruhen auf historischen Dokumenten, aufgezeichneten Gesprächen, Minuten ihres Zusammentreffens und auf psychologischen Studien. Ähnlich dokumentiert und exakt sind die Darstellungen der Ereignisse – der Sobibor-Aufstand, die Künstler in Theresienstadt, die Kristallnacht, Buchenwald, die Euthanasie-Morde. Herr Wiesel wendet ein, wir versuchten, alles zu zeigen. Warum nicht? Darf Elie Wiesel in dieser Sache ein Monopol beanspruchen, als selbst gekrönte und einzige Stimme des Holocaust?

Gegen Ende seines Artikels deckt Herr Wiesel sein Spiel auf. »Ich bin entsetzt«, schreibt er, »bei dem Gedanken, daß einmal der Holocaust gemessen und beurteilt werden könnte anhand der NBC-Fernsehproduktion, die diesen Namen trägt.« Was dahintersteht, ist klar – Elie Wiesels Werke werden in Vergessenheit geraten, und ein Fernsehspiel, das zum erstenmal Millionen Menschen erreichte, wird überdauern. Von seiner Seite eine natürliche Reaktion. Bei manchen seiner Vorträge und Bücherlesungen verlangt Herr Wiesel, daß der Raum verdunkelt und ein einzelner Scheinwerfer auf ihn gerichtet wird. Wer benutzt hier wohl künstliche dramatisierende Tricks zur »Trivialisierung« des Holocaust?

Herr Wiesel braucht weder entsetzt zu sein, noch Angst zu haben. Die Sendung HOLOCAUST wird eine Woge neuen Interesses an diesem Thema hochspülen. Mehr Bücher von Elie Wiesel als jemals zuvor werden verkauft werden. Er wird mehr Einladungen zu Vorträgen und Seminaren erhalten. Studenten werden sich um seine Kurse reißen. Begleitmaterial, das im Zusammenhang mit der Sendung herausgegeben worden ist, verweist auf seine Werke und empfiehlt sie. Herr Wiesel wird zu seinem Vergnügen entdecken, daß unser »erdachter, unwahrscheinlicher« Film ihm einen breiteren Zuhörerkreis verschafft, als er ihn je hatte. Und ich werde der erste sein, der sich darüber freut.

Herr Wiesel schrieb kürzlich über heimtückische Versuche, den Holocaust anzuzweifeln, Behauptungen aufzustellen, er sei eine Falschdarstellung von Seiten der Juden, er sei reine Erfindung. Er schrieb: »Sollte es den Schändern gelingen, Zweifel in die Herzen der Menschen zu säen, sollten die Lehrer versagen – ich gehöre zu diesen Lehrern –, so werden wir die Opfer ein letztesmal verraten, wir werden das Werk der Mörder vollenden...«

Jeder Geistliche, Erzieher, Kritiker und viele andere beteiligte Personen, die unsere Sendung sahen, stimmten darin überein (außer Herrn Wiesel und John O'Connor), daß HOLOCAUST genau ein solches Lehrstück ist. »Kein Film oder Fernsehspiel«, schrieb Frank Rich in *Time*, »kann einer Zuschauerschaft das Gefühl vermitteln, wie es war, während des Holocaust ein Jude zu sein... HOLOCAUST indessen trägt eine Menge zum Verständnis dieses unauslotbaren Themas bei.«

Ich möchte schließen mit einer Stellungnahme von Rabbi Irving Greenberg, einem der bedeutendsten amerikanischen Holocaust-Experten und Kollegen von Herrn Wiesel. In Anerkennung der Grenzen und in der Sache begründeten Unzulänglichkeiten einer Fernsehsendung, die an ein Massenpublikum gerichtet ist, schrieb er: »Der Durchbruch ist gelungen. Millionen werden einen Schatten des unglaublichen und beispiellosen totalen Verbrechens an den Juden und der Menschlichkeit mit eigenen Augen sehen und im eigenen Heim erfahren. Der Film fordert unser Gewissen heraus und unsere Fähigkeit, zu lehren und zu lernen, uns damit auseinanderzusetzen, damit wir unser Verständnis für das Unfaßbare vertiefen.«

Bezeichnenderweise wurde Rabbi Greenbergs Stellungnahme in einer Begleitschrift zu HOLOCAUST veröffentlicht, die die Zustimmung von 14 wichtigen religiösen und kommunalen Vereinigungen, stellvertretend für die überwältigende Mehrheit der amerikanischen Juden, fand.

Vielleicht sollte Herr Wiesel seine Ansicht über unsere »unwahre, beleidigende und billige« Sendung Rabbi Greenberg vortragen. Nachdem er HOLOCAUST in der *New York Times* entstellt und verrissen hat, wird er vielleicht im weichen und milden Licht der Studierstube eines Rabbi dazu kommen, sein Urteil noch einmal zu überdenken.

(Erstmals abgedruckt in *The New York Times* vom 23. 4. 1978. Der Abdruck erfolgt mit freundlicher Genehmigung der *New York Times Company* [© 1978]. Die Übersetzung besorgte Bärbel Billig.)

Sabina Lietzmann
Die Judenvernichtung als Seifenoper

›Holocaust‹ – eine Serie im amerikanischen Fernsehen

New York, 19. April. ›Holocaust‹ ist das Brandopfer, das im al-
ten Israel nicht nur Tiere, sondern auch Menschen auf den Altar
gebracht hat; Abraham, der seinen Sohn Isaak zu schlachten
bereit war, war von Gott zum Brandopfer aufgerufen worden.
»Holocaust« ist in Amerika das Wort geworden, mit dem das
Massenschlachten der Juden im Dritten Reich bezeichnet wird.
Und HOLOCAUST ist der Titel einer Fernsehserie, die in dieser
Woche allabendlich über die amerikanischen Bildschirme läuft.
Angekündigt mit einem seit Wochen anhaltenden Trommel-
wirbel, empfohlen von Pfarrern und Rabbinern, Lehrern, Professoren und Vertretern zahlloser Verbände von den Gewerkschaften bis zu schwarzen Organisationen, begleitet schließlich
von einer massenhaft verbreiteten Informationsliteratur, den
über Schulen, Kirchen und jüdische Verbände ausführlich dokumentierten »Viewing Guide«, ist dieses Fersehdrama der Judenvernichtung am vergangenen Sonntagabend mit einem drei-
stündigen Programm auf dem Netz der National Broadcasting
Company (NBC) angelaufen. An vier Abenden hintereinander,
bis zum Beginn des Pessach-Festes, rollt das Programm ab, das
durch massive Einschüsse von Werbespots auf neuneinhalb
Stunden ausgedehnt ist.

Pünktlich zum Passah-Fest

Die Leidenssaga des europäischen Judentums in unserem Jahrhundert, als Massenunterhaltung und -belehrung zubereitet,
eine Art jüdischer ›Roots‹, das hat den Produzenten offenbar
vorgeschwebt. Doch anders als bei der Verfilmung von Alex
Haleys Roman hat im Falle HOLOCAUST der Film das Buch ge-
zeugt, nicht umgekehrt. Drei Wochen bevor die Fernsehserie

anlief, erschien unter gleichem Titel der Roman zum Film. Stürmische Werbung über das Fernseh-Unternehmen hat auch den Buchverkauf so angefacht, daß, noch ehe die Eröffnungsepisode gezeigt wurde, bereits 1,25 Millionen Exemplare des HOLOCAUST-Taschenbuches verkauft waren und die neunte Druckauflage geordert wurde.

Es gibt drei Blickwinkel zur Beurteilung von HOLOCAUST: den geschäftlichen, den künstlerischen, den politisch-moralischen. Alle drei sind für den Betrachter miteinander verschränkt. Zunächst das Geschäftliche: NBC hinkt als letzter im Felde der drei großen amerikanischen Fernsehgesellschaften im Rennen um die Publikumsgunst; ABC und CBS sind ihm um Längen voraus. Mit den Mini-Serien – zusammenhängende Geschichten, die sich über mehrere Abende erstrecken – und dokumentarischen Dramen, die gegenwärtig Mode sind, hat NBC wenig Glück gehabt. Der Versuch, die Karriere des schwarzen Bürgerrechtlers Martin Luther King fürs Fernsehen zu dramatisieren, war ebenso erfolglos wie die spätere Verfilmung eines Buches über die sechziger Jahre. Ein großer Erfolg mußte heran, der NBC wieder in die Spitzenposition bringen sollte, und so beschlossen die leitenden Herren, die Judenverfolgung zu verfilmen. Nicht als Dokument, sondern als Drama. Die Hinschlachtung der sechs Millionen sollte am privaten Schicksal gezeigt, faßbar gemacht und erklärt werden. »Wir wollen Drama, keinen Dokumentarfilm, wir wollen lebende, atmende Charaktere«, die alle Stationen des Holocaust durchleben sollten. Alles sollte »in terms of people« – in seiner Wirkung auf die Menschen – gezeigt werden. Der Produzent, Herbert Brodkin, verlangte von seinem Autor, Gerald Green, enthüllende Szenen, die zeigen, wie Heydrich, Himmler und die anderen wirklich waren. Wenn wir die Kristallnacht oder Babi Yar zeigen wollen, dann durch das Schicksal einer jüdischen Familie, die wir kennen und verstehen lernen.

So legte Green, ein fruchtbarer und kompetenter Autor, der bereits mehrere Bücher über das Dritte Reich geschrieben hat, ein Exposé vor, das von den leitenden Herren bei NBC in ebender Woche gebilligt wurde, als ›Roots‹ seinen großen Erfolg auf dem Konkurrenz-Kanal bei ABC hatte. Die sieben Stunden Film wurden vorwiegend in Österreich gedreht, und die Serie wurde ins Programm gesetzt für die Woche vor dem Passah-Fest, das an den Auszug der Kinder Israels aus Ägypten erinnert.

Es ist politisch gut, an die Leiden der Juden zu erinnern. Der vorbehaltlose Rückhalt für Israel, auf den dieses Land in Amerika gewöhnlich rechnen kann, ist in den letzten Monaten brüchig geworden. In einer vornehmlich von Juden besiedelten Vorstadt von Chikago plant die amerikanische Nazi-Partei einen provokativen Marsch in Uniform mit Hakenkreuz, und die Gerichte haben, unter Hinweis auf die Verfassungsgarantie der freien Meinungsäußerung, dieses Vorhaben bisher nicht verhindert. Überall im Lande sind Christen aufgerufen, aus Solidarität mit den so bösartig Provozierten die gelbe Armbinde mit dem Judenstern zu tragen. In der landesweiten Diskussion, die dieser legale Schutz der Nazi-Rechte hervorgerufen hat, wird die Gemeinsamkeit von Christen und Juden häufig beschworen, und ökumenische Gottesdienste, Verteilung von Judensternen aus Sympathie, betonte Freundschaftsbeteuerungen für Israel sind in diesen Wochen an der Tagesordnung. In dieses Klima trifft der Fernsehfilm von HOLOCAUST. Er findet eine allgemeine Bereitschaft des amerikanischen Publikums vor, sich mit der Judenverfolgung im Dritten Reiche zu befassen. Überall sind Schulklassen, christliche Gemeinden, Vereine von Kanzel, Pult und durch Rundschreiben aufgerufen worden, sich die Serie gemeinsam anzusehen und zu diskutieren. Die Begleitbroschüren zum Film sind in einer Millionenauflage verteilt worden, und die Zeitungen waren tagelang zuvor voll von Vorbesprechungen und Kommentaren.

All dies, das war den Produzenten natürlich bewußt, garantiert noch nicht, daß der Fernsehzuschauer, zumal im privaten Raum der eigenen Wohnung, bereit ist, neuneinhalb Stunden massierten Horror zu sehen. So wurde, als sei das schiere, unredigierte Geschehen nicht dramatisch genug, ein Drama erfunden, das dem Seifenopernrezept gefährlich nahe kommt. Autor Green erdachte die Berliner Arztfamilie Weiss, großbürgerliches, angepaßtes Judentum, das allenfalls noch die hohen jüdischen Feiertage ehrt, sonst aber »im Lande von Beethoven, Schiller und Mozart« sich zu Hause fühlt, bei der Hochzeit des Sohnes mit einer hübschen katholischen Blondine im Familienchor die Lorelei singt und die Jahre der Nürnberger Gesetze vierhändig auf dem Bechstein-Flügel überspielt.

Diese Familie trifft das massierte Elend des Holocaust. Jedes einzelne historische Ereignis, das die Leidensstationen des europäischen Judentums markiert, trifft die Eltern Weiss und ihre Kinder: die Kristallnacht, Euthanasie, Ausweisung ins Ghetto von Warschau, Buchenwald, Auschwitz und Theresienstadt. Ein Sohn kämpft mit jüdischen Partisanen in der Ukraine, kommt ins Konzentrationslager Sobibor, wo er am Ausbruch der jüdischen Gefangenen teilnimmt. Das Massaker von Babi Yar, der Ghetto-Aufstand in Warschau, die Künstlergruppe in Theresienstadt, schließlich die glückliche Erreichung von Israel – all diese historisch authentischen Ereignisse widerfahren der Familie Weiss. Auch für die Gegenseite ist eine Familie erfunden, welcher die Fäden für alles Böse in die Hand gegeben werden: Erich Dorf, der Bäckersohn und studierte Rechtsgelehrte, schüchtern und arbeitslos bei Beginn der Nazi-Zeit, wird von seiner ehrgeizigen Frau ins Büro von Heydrich getrieben, der ihn in eine SS-Uniform steckt und den gelehrigen Jungen zu seinem Assistenten macht. Bald ist Erich die eigentlich treibende Kraft der SS, mit Heydrich und Himmler und der gesamten SS-Elite auf gutem Fuß, ja der eigentliche Ratgeber, böse Geist, die treibende Kraft hinter der »Endlösung«. Wo immer Entsetzliches geschieht, der fiktive Erich Dorf hat die Hand im Spiele. Mit beinahe tonloser Stimme erfindet er die Kristallnacht, die »sauberen« Massäker in den besetzten Ostgebieten, die Gaskammern. Erich Dorf, der 1935 noch Patient bei Dr. Weiss war, ist der böse Gegenpol der Familie, die, stellvertretend für sechs Millionen, sein Opfer wird.

Aber ist es wirklich möglich, das Ungeheure im Privaten zu erfassen, wenn dieses so ökonomisch (auf größtmöglichen Einschluß sämtlicher historischer Stationen hin) kalkuliert, jenes aber auf private Miniszenen hin anschaulich verkleinert ist? Das Grauen in schmackhafte Brockenhappen aufgeteilt, immer noch fürchterlich, gewiß, doch auf die »durchgehende Geschichte einer Familie« angelegt, noch dazu so, daß der Zuschauer zum Einschalten der Fortsetzung am nächsten Abend festgehakt wird? Und überdies alle fünfzehn, zwanzig Minuten durch einen Block von vier, fünf schwachsinnigen Werbefilmen unterbrochen, doppelt schockierend durch ihre naive Banalität.

Jeder Betrachter reagiert verschieden. Viele von den Überlebenden dieser Passion, von den Reportern befragt, fühlten sich bei Betrachtung der Serie »wieder wie mitten darin«. Vielen kamen die Tränen, viele aber auch stellten, entsetzt von der Trivialisierung des Leidens, den Fernsehapparat ab. Elie Wiesel, Überlebender der Lager und einer der wenigen, der den Holocaust in Literatur zu fassen suchten, wurde von der *New Yorker Times* um seine Eindrücke gebeten. Er war »schockiert von der

Verwandlung eines ontologischen Ereignisses in eine Seifen-Oper«. Ein anderer ehemaliger KZ-Insasse erklärte der *Washington Post,* er sei entsetzt von der Kommerzialisierung des Grauens. Schon gebe es das Buch zum Film; »ich bin überrascht, daß man noch keine Eisbude oder, noch passender, eine Seife nach dem Holocaust benannt hat«, sagt er mit bitterer Ironie.

»History« wird zur »Story«

Die Wucht, mit der das Grauen ins Private trifft, ist allenfalls in einem Falle wie dem ›Tagebuch der Anne Frank‹ darstellbar. In einem auskalkulierten Fernsehepos, das den Gesetzen der Fernsehunterhaltung folgt, geht das nicht. Zu unverfroren ist Erfundenes und Authentisches auf eine Weise vermischt, die den tatsächlichen Geschehnissen den historischen Charakter nimmt und sie gleichfalls ins Reich der Phantasie verweist. Für den Zuschauer vornehmlich der jungen Generation, und für diesen ist das Werk vornehmlich gedacht, verwischt sich die Grenzlinie zwischen »Story« und »History«. Dies sei, heißt es am Anfang, »nur eine Story, aber sie geschah wirklich«. Wo hört die »Story« auf, wo fängt Geschichte an? Und ist das Grauen nur in der Banalität zu fassen? Das Mißtrauen in die stille Kraft des reinen Dokumentes ist der Fallstrick dieser Mini-Serie. Die Fotodokumente, die Gerd Ruge vor Jahren für seine deutsche Fernsehserie über das Dritte Reich verwendete, waren eindrücklicher, erschütternder und überredender als das noch so dramatische Geschehen dieser fiktiven HOLOCAUST-Familie. Das Publikum muß ähnlich empfunden haben. HOLOCAUST blieb weiter hinter ›Roots‹ zurück; obwohl die Zuschauerzahl am Premierenabend im New Yorker Stadtgebiet sechs Millionen erreichte, blieb sie in anderen Großstädten des Landes hinter der der beiden Konkurrenz-Anstalten zurück, welche die gewohnten komödiantischen Sonntagsserien zeigten. Millionen werden ohne Zweifel erschüttert reagieren, und viele werden vielleicht zum erstenmal Authentisches über den Holocaust erfahren. Doch viele werden auch mit Elie Wiesel empfinden, daß »der Holocaust in Erinnerung bleiben muß, doch nicht als Fernseh-Show«.

(*Frankfurter Allgemeine Zeitung* vom 20. 4. 1978. Der Abdruck erfolgt mit freundlicher Genehmigung der Autorin.)

Sabina Lietzmann
Kritische Fragen

Auch Kritiker haben ein Recht auf Revision der eigenen Meinung. So sei jetzt ein Nachtrag angebracht zu dem Bericht, der hier über die amerikanische Premiere der Fernsehserie HOLOCAUST erschienen ist. Man mag der HOLOCAUST-Diskussion inzwischen müde sein; das Thema indessen ist so zentral für unser nationales Selbstgefühl, daß es die ständige Denkbeschäftigung erfordert, die mitunter, wie in diesem Falle, zum Umdenken führen kann. Was Karl Heinz Bohrer kürzlich aus London über den Zwiespalt zwischen intellektueller und »naiver« Reaktion auf den Fernsehfilm über die Vernichtung der Juden geschrieben hat, das kann vom Standort des amerikanischen Kontinents her nur herzhaft, wenngleich erst mit Verzögerung unterstrichen werden. Seit unsere HOLOCAUST-Kritik im April erschienen ist, ein negatives Urteil, das womöglich deutschen Stellen Argumente für die Verbannung der Serie von prominenter Sendezeit geliefert hat, haben wir zwiespältige Gefühle gehabt. Noch immer erfüllt uns das damals beschriebene Unbehagen angesichts der Trivialisierung des Leidens, und noch immer wehrt sich ein eingeborener kritischer Impuls dagegen, »history« zur »story« zu verwässern und »das Grauen in schmackhafte Brockenhappen« aufzuteilen, wie wir damals schrieben. Doch würden wir heute die Frage nach der Möglichkeit, »daß Ungeheure im Privaten zu erfassen«, vielleicht doch mit einem zaghafteren »Ja« als damals beantworten, als der syntaktische und logische Zusammenhang ein »Nein« nahelegte. Warum? Die Reaktionen der amerikanischen Öffentlichkeit auf HOLOCAUST, viele erst mit Spätzündung ausgelöst, haben darüber belehrt, daß die intellektuell-kritische Reaktion eins ist, die spontane Wirkung auf das naive Gemüt ein anderes. Für Millionen Zuschauer in den Weiten des Landes war HOLOCAUST der erste und einzige Zugang zu jenem sonst unvorstellbaren Phänomen der Judenvernichtung. Wir halten noch immer einen guten und kühlen Dokumentarfilm für das überlegenere Informationsinstrument, aber wir wissen, daß die Fernsehserie »in terms of people«, wie die Produzenten sie entwickelt haben, die Massen zum Hinschauen und Mitfühlen zwingt, eine Macht, welche das noch so gut gemachte Dokument nicht besitzt. Wenn wir vor der Alternative stehen, ob wir lieber gar keine Information »ankommen« lassen wollen als eine nach Unterhaltungsrezepten hergestellte, eingängig zur »Story« zugeschnittene, so wählen wir heute, wenngleich vor den Realitäten resignierend, die Story. In diesem Sinne hat HOLOCAUST eine Funktion, mag unser Geschmack und unser kritischer Purismus sich auch sträuben. Nicht nur die Ergriffenheit, welche die Fernsehserie beim breiten amerikanischen Publikum auslöste, hat uns – nachträglich – zu denken gegeben. Auch der Brief einer jungen Amerikanerin aus Tennessee, der, Kind deutsch-jüdischer Emigranten, unsere Kritik mißfiel, rückt uns das Problem nochmals nahe. Zum erstenmal, schrieb das Mädchen, hätten sich nicht-jüdische Freunde mit ihr über das Schicksal ihrer Eltern unterhalten, von deren Vergangenheit sie vage wußten. In einer Gegend des Landes, in der man von Europa weiter entfernt sei, als in Meilen zu errechnen ist, sei die Judenvernichtung bis dahin »eine phantastisch bizarre Geschichte gewesen, die sich vor vierzig Jahren in einem fernen Lande abgespielt hat«. Die Serie habe den Leuten etwas bewußt gemacht, was ihnen bisher nur in Schulbüchern »und in der unwirklichen Phantasiewelt des Kinos« begegnet sei. Zum erstenmal sei wirklich »begriffen« worden, was mit den Juden geschehen sei, denn »people identify with other people«; am Schicksal der – fiktiven – Familie Weiss aus Berlin, die alle Situationen des Holocaust durchleidet, ist das Undarstellbare vorstellbar geworden. Wir – die kritische Zunft – ziehen das Dokument, das stumme Bild, die beredte Statistik des Grauens als Lehrmittel vor. Müssen wir für den höheren und wichtigeren Zweck der Massenbildung doch vor der Beredsamkeit der Fernsehserie kapitulieren?

(*Frankfurter Allgemeine Zeitung* vom 28. 9. 1978. Der Abdruck erfolgt mit freundlicher Genehmigung der Autorin.)

Tele-Biss
Drama aus zweiter Hand

Die Sache schwelt schon seit Wochen; jetzt ist eine Entscheidung nicht länger aufzuschieben. Auf ihrer Münchner Routinekonferenz müssen sich die Fernsehprogrammdirektoren der ARD diese Woche darüber verständigen, wie die Sender aus einer Zwickmühle wieder herauskommen wollen, in die sie der WDR gebracht hat. Bleibt die Einigung aus, geht der Vorgang an die Intendanten, die ja ohnehin das letzte Wort haben. Oder das vorletzte – denn es ist nicht auszuschließen, daß sich auch noch die wichtigtuerischen Gremien in den Entscheidungsprozeß einmischen werden.

Es geht um die Frage, ob die ARD in ihrem Ersten, also dem Gemeinschaftsprogramm das achtstündige amerikanische Fernsehdrama HOLOCAUST, in dem in Hollywoodmanier die Judenvernichtung abgehandelt wird, ausstrahlen soll oder nicht. Der Konflikt wird noch Wellen schlagen – nicht nur rundfunkpolitische. Was ist der Hintergrund?

Das Werk. Der unvermutete Massenerfolg der deftig-rührseligen Negerstory ›Roots‹ (hergestellt von der Konkurrenz) ließ der amerikanischen Fernsehgesellschaft NBC keine Ruhe. Auch sie brauchte etwas Attraktives, um die in den USA allenthalben sinkenden Einschaltquoten wieder etwas aufzumöbeln. So entstand die Sechs-Millionen-Dollar-Produktion HOLOCAUST, gedreht in der Bundesrepublik und in Österreich.

An vier Abenden im April lief das Mammutepos und bannte immerhin 70 Millionen Amerikaner vor dem Bildschirm. Vordergründig also ein Erfolg. Das Magazin *Time* freilich nannte das ganze eine »obszöne Idee«. Und die ist es denn wohl auch. Hier wird das Grauen vermarktet. Auf eine zwar dramaturgisch wirkungsvolle, aber geschichtsklitternde Weise wird das unfaßbare Geschehen der Juden-»Ausrottung« im wesentlichen am

Schicksal zweier Familien, einer jüdischen und einer stramm-
deutschen, dargestellt. Deren Mitglieder folglich an allen rele-
vanten Schauplätzen aufzutauchen haben. Die Handlung ist be-
stückt mit Figuren, die einen Meilenabstand zur Wirklichkeit
haben. So geriet Heydrich, der Stratege des Mordes, zum
Schmierenkomödianten.

In dieser Fiktion, die durchsetzt ist mit Originalaufnahmen
von Judenhinrichtungen, werden sowohl der Makel der Mörder
als auch die Würde der Gemordeten in Wildwest-Machart entstellt.

Die Empfehlung. Amerikareisende der SPD – die prominente-
sten unter ihnen: Georg Leber und Horst Ehmke – waren betroffen über den Erfolg der HOLOCAUST-Ausstrahlung und
glaubten, auch so etwas wie »Objektivität« in der Darstellung
erkennen zu können. Daraufhin erging angeblich von der Bonner Parteizentrale aus der Auftrag an die sozialdemokratischen
Gremienmitglieder deutscher Sendeanstalten, den Ankauf der
Serie zu betreiben.

Die Beflissenen. Der WDR kaufte. Für 1,2 Millionen Mark –
und dazu kommen noch einmal mindestens 200000 Mark Be-
arbeitungskosten. Im zeitlichen Ablauf ist nicht ganz klar, ob
der karrierebewußte WDR-Fernsehspiel- und Unterhaltungs-
chef Günter Rohrbach, der Winken gern folgt, auch hier einem
Wink gefolgt ist, oder ob seine Hauptabteilung, wie die vorge-
gebene Version heißt, dem gleichfalls interessierten ZDF die
Serie vor der Nase wegschnappen wollte. Indes: Inzwischen hat
sich herausgestellt, daß das ZDF gar nicht ernsthaft interessiert
war. Gleichfalls als Mär hat sich die Behauptung erwiesen, daß
die Fernsehanstalten in aller Welt, vor allem aber in Westeuro-
pa, HOLOCAUST übernehmen würden und die Bundesrepublik
deswegen aus politischen Gründen nicht hinten an stehen
dürfe. Die Programmverantwortlichen in den europäischen Nach-
barländern zögern jedenfalls mehr, als der WDR gezögert hat.
Durch das Vorpreschen Rohrbachs, für das er sich im letzten
Augenblick die Rückendeckung des Fernsehdirektors Hübner,
des Intendanten von Sell sowie des Verwaltungsrates einholte,
geriet der WDR in eine vertrackte Lage. Das Millionenprojekt
ist in der ARD nicht an den Mann zu bringen.

Der Protest. Der erste, der sich auf der letzten Programmkonferenz gegen diesen »kommerziellen Verkaufsartikel« aussprach, war der Fernsehdirektor des Bayerischen Rundfunks, Helmut Oeller. Bei einer Ausstrahlung im Ersten Programm werde sich der BR ausschalten. Diesmal, so scheint es, steht der Bayer nicht allein. HOLOCAUST ist inzwischen in allen Anstalten besichtigt und – mit unterschiedlicher Vehemenz – kritisiert worden. So ist es eher unwahrscheinlich, daß der WDR das erforderliche Mehrheitsvotum der Programmdirektoren für eine Ausstrahlung im Ersten Programm bekommt.

Der Ausgang. Heinz Werner Hübner, der Bedachte, der gleichwohl dem vorschnellen Rohrbach sein Plazet gab – hat offenbar schon eine Rückzugsposition entworfen. Danach soll, unter reichlicher Verwendung des angekauften Materials, im Ersten Programm nur eine selbstbearbeitete Dokumentation zum Thema »Judenvernichtung« laufen. Die amerikanische Serie dagegen wird den Dritten Programmen in voller Länge zur Übernahme angeboten. Was den zweiten Teil des Plans anbetrifft, wird Hübner nicht bei allen Kollegen auf Gegenliebe stoßen. Denn schon ist der Einwand zu hören: Warum soll, was fürs Erste nicht taugt, ins Dritte abgeschoben werden?

Die Lehre. Wie die Entscheidung auch fällt, sie wird, das ist schon jetzt deutlich, zum parteipolitischen Zankapfel werden. Die SPD-Spitze von Nordrhein-Westfalen hat sich kräftig für die Ausstrahlung von HOLOCAUST ausgesprochen – wobei zu fragen ist, wieviele Herren dieser Spitze die Serie überhaupt gesehen haben. Die Lehre also, wieder einmal: Die Parteipolitiker, wenn sie sich schon eine Aufsichtshoheit über das Fernsehen anmaßen, sollten ihre Hände jedenfalls von der Programmplanung lassen. Das kann nur schiefgehen. Wie schief es diesmal gegangen ist, werden wir in den nächsten Wochen und Monaten noch erleben.

(*Die Zeit* vom 2.6.1978. Der Abdruck erfolgt mit freundlicher Genehmigung der *Zeit*-Redaktion.)

Günter Rohrbach
›Holocaust‹ im WDR

Der WDR hat die Filmserie HOLOCAUST in voller Einsicht in die Problematik gekauft, die eine auf Massenwirksamkeit zielende Dramatisierung dieses Themas notwendigerweise haben muß. Allerdings meinen wir, unseren Zuschauern die Begegnung mit diesem Film, der in der halben Welt zu sehen sein wird, zumuten zu sollen, obwohl begründete geschmacklich-ästhetische Einwände gegen ihn aufgeboten werden können. Es wäre doch ein merkwürdiger Umstand, wenn ausgerechnet die Deutschen, deren Protagonisten bei der Vernichtung der Juden so zielstrebig vorgegangen sind, sich gegenüber der Behandlung dieses Themas durch andere besonders skrupulös verhalten würden.

Daß die an die Bundesrepublik angrenzenden Länder zögern, HOLOCAUST zu kaufen und auszustrahlen, sollten wir weniger mit Häme als mit Dankbarkeit registrieren. Es sind nicht Zweifel an der Machart des Films, die eine Sendung dort verhindern, sondern Rücksichtnahmen auf die Empfindungen des deutschen Nachbarn.

Die Verantwortlichen im WDR haben ihre Entscheidung in voller Unabhängigkeit getroffen. Wäre Tele-Biss an Aufklärung mehr interessiert gewesen als an Diffamierung, hätte er dies durch einen Datumsvergleich leicht rekonstruieren können. Schon die Lektüre benachbarter Publikationen, bei denen man diese Mühe nicht gescheut hätte, wäre ihm da dienlich gewesen.

Ich habe mir die Rückendeckung durch den Programmdirektor und den Intendanten nicht im »letzten Augenblick« geholt, sondern im ersten. Das Gespräch mit Hübner erfolgte wenige Minuten, nachdem mein Kollege Peter Märthesheimer und ich uns HOLOCAUST angesehen hatten.

(Leserbrief in *Die Zeit* vom 15. 6. 1978)

Peter Schulze-Rohr
Keine Frage von rechts oder links

Die Debatte über HOLOCAUST droht in parteipolitischen Zwängen und Voreingenommenheiten steckenzubleiben. Verdutzte Frage eines der politisch geweihten Häupter der ARD, als ihm von der vernichtenden Kritik eines Fernsehspielmannes an HOLOCAUST berichtet wurde: »Nanu – gehört der nicht ins linke Lager?«

Es war zu lesen, die SPD habe ihre Mitglieder in den Aufsichtsgremien der Sender beauftragt, sich mit Rücksicht auf das Echo der Serie in Amerika für deren Ankauf stark zu machen. Und nun sind »die Linken« dafür und »die Rechten« dagegen. Oder andersherum: Wer dafür ist, ist links, und wer dagegen, rechts.

Da ist es denn wohl doch geboten, noch einmal von der Sache zu reden, nämlich von der Qualität von HOLOCAUST.

Nachdem der Westdeutsche Rundfunk sie – wie inzwischen öffentlich gemacht – der politischen Opportunität wegen gekauft hatte, waren Teile der Serie Ende April zunächst den Fernsehspiel-Chefs der ARD gezeigt worden. In Bezug auf die Qualität war man sich in diesem Gremium ziemlich einig: Es fiel kein einziges positives Votum. Die Skala der Bedenken reichte von »sehr anfechtbar« bis »indiskutabel«. Weder die vielzitierte Nord-Süd-Konfrontation, nach parteipolitische Sympathie spielten irgendeine Rolle. Ebenso falsch ist, die Bayern zum Wortführer der Ablehnung zu machen und auf den Ruf zu spekulieren, den sich der Bayerische Rundfunk mit mancher Abschaltung eingehandelt hat; denn diese Serie faßt kein heißes Eisen an, sie verletzt keine Tabus, keine nationalen Empfindungen oder was auch immer, dafür verletzt sie die Gebote historischer, moralischer und künstlerischer Glaubwürdigkeit.

Allein die äußere Glaubwürdigkeit (der zuliebe der Produzent das Engagement zweier gewesener SS-Offiziere nicht ge- scheut haben will): Abzeichen stimmen nicht, Uniformen stimmen nicht, Hitlerjungen treten in Sommeruniformen unter Weihnachtsbäume, Lebensmittel schmuggelnde Juden werden im Warschauer Getto von Polen in regulären polnischen Uni- formen exekutiert (als es längst keine polnische Armee mehr gab). Die Fülle derartiger Fehler wird Jüngere nur verwirren. Älteren erlaubt sie zu sagen: Wenn die nicht mal das richtig ma- chen, dann stimmt auch alles andere nicht.

Der Unglaubwürdigkeit im nur scheinbar Nebensächlichen entspricht ein Personenverzeichnis, das jedem Darsteller eine moralische Charge zweist. Ganz Gute und ganz Böse stehen sich gegenüber. Heydrich ist eine Karikatur und nur zum La- chen. Ein SS-Unterführer nähert sich unsittlich der ins Konzen- trationslager zum Besuch (!) gekommenen Frau eines jüdischen Häftlings – Klein-Moritzens Buchenwald. Kitsch ist als publi- kumswirksam vielleicht noch entschuldbar; Verharmlosungen sind es nicht.

Kunstlosigkeit kann gewollt sein, wahrscheinlich ist sie die einzig mögliche Art, die Darstellung von Massenmord uner- träglichen ästhetischen Diskussionen zu entziehen. Doch allein schon die Musik zu HOLOCAUST verbietet jeden Gedanken dar- an, es könne die Machart des Films von derartigen Skrupeln ge- prägt sein. Es sind reine Effektmusiken, drittklassig zwar, ver- raten sie doch einen Kunstanspruch.

Es gibt in HOLOCAUST Passagen, die nehmen einem den Atem. Aber das sind die echten Dokumentarphotos und -filme, und sie gehören nicht hierher. Sie markieren den Abstand zwischen Grauen und gepflegter Schauspielerei. Wenn im Film kräftige, wohlgenährte Männer in die Gaskammer marschieren, stellt sich mindestens unterschwellig der Vergleich mit den Photos von elenden, bis zum letzten ausgebeuteten Knochengestalten her, der Zuschauer darf erschauern und dennoch beruhigt zum Bier greifen, sieht er doch: es ist nur Kino, es sind nur Statisten, die kriegt man eben heutzutage in unseren Breitengraden nicht so richtig ausgemergelt.

Mag sein, daß ein so fahrlässig gemachter Film in den USA, weit weg, noch Informationen bietet. Überlebende KZ-Insas- sen, die in New York dagegen demonstrierten, *Time* (»eine ob- szöne Idee«), die *New York Times* wissen es besser. Wir und un- sere europäischen Nachbarn wissen es leider auch besser. In Frankreich, Dänemark, Schweden, der Schweiz, in Österreich stößt HOLOCAUST deshalb auf Ablehnung, zumindest auf äußerste Skepsis. Hierzulande aber ist immer noch der Irrtum verbreitet, eine erfreuliche Gesinnung ersetze Qualität. Hierzulande reden wir von »rechts« und »links«.

Bloße Pflichtübungen in Vergangenheitsbewältigung hatten wir genug. Sie verdrießen nur und sind eine denkbar wirkungslose und unangemessene Weise, die grauenvolle Geschichte der Juden im »Dritten Reich« zu überliefern. Es gibt zu dem Thema eine lange Liste von Filmen der ARD und des ZDF. So deutlich diese Filme machen, wie schwer es ist, die richtige Form zu finden, so deutlich machen sie doch auch, daß deutsche Autoren und Regisseure nach weniger leichtfertigen Maßstäben gearbeitet haben als die Produzenten von HOLOCAUST.

Darauf zu verweisen, wäre die Antwort gewesen auf denkbare, aber ja noch gar nicht erhobene Vorwürfe, das Deutsche Fernsehen würde sich vor einem Ankauf von HOLOCAUST drücken wollen. Es wäre glaubhafter und weniger kleinmütig als eine Ausstrahlung in allen Dritten Programmen, wohin die Serie nun versteckt werden soll, da sie fürs Erste Programm kaum einer mehr will.

Dies ist aber von allen Möglichkeiten die unglücklichste. Den Vorwurf, aus Indifferenz und mangelnder Courage Schund zu einem Thema gesendet zu haben, zu dem man keinen Schund senden darf – diesen Vorwurf wird man so nicht los.

Gleichzeitig aber handelt man sich doch noch eben den Vorwurf ein, den man durch den Ankauf vermeiden wollte – den Vorwurf, man drücke sich. Man sendet und versteckt, beides zugleich, und landet vor lauter Taktieren zwischen den Stühlen.

Fehlte nur, daß die ARD die Rechnung aus dem WDR-Ankauf gemeinsam begliche und demonstrativ zur gleichen Zeit in allen Dritten sendete. Das wäre dann eine jener Veranstaltungen, bei denen sich die deutsche Neigung zur manchmal fast exhibitionistisch anmutenden Selbstanklage auf fatale Weise mit dem Absolvieren öffentlicher Bußübungen verbindet und jenen moralischen Imponiergestus demonstriert, der für das empfindlichere Bewußtsein die in Anspruch genommene Moralität gerade in Frage stellt.

(*Die Zeit* vom 23.6.1978. Der Abdruck erfolgt mit freundlicher Genehmigung des Autors.)

Peter Märthesheimer
Das muß er schon selbst vertreten

Peter Schulze-Rohr, Fernsehspielchef des SWF, hat dem WDR
vorgeworfen, er habe HOLOCAUST »der politischen Opportunität
wegen« gekauft. Wie in jeder guten Unverschämtheit steckt
auch in dieser ein Körnchen Wahrheit. Als Miterben der Morde, von denen HOLOCAUST handelt, haben wir uns in der Tat
auch Gedanken darüber gemacht, welche Bedeutung einer Serie wie HOLOCAUST gerade in diesem Lande zukommt und geglaubt, die für Schulze-Rohr so wichtige Frage, ob auch die Abzeichen an den Uniformen der Mörder »stimmen« oder die
Darsteller ihrer Opfer zu »wohlgenährt« erscheinen, getrost
vernachlässigen zu können.

Selbstverständlich kann HOLOCAUST nicht verbergen, daß es –
unserer Auffassung nach zwar sehr sorgfältig – eben doch von
Amerikanern produziert worden ist. Wir selbst haben aus unserer eigenen kritischen Einschätzung dieser Serie nie ein Hehl
gemacht (wobei sich unsere Vorbehalte übrigens nicht so sehr
auf die »Ausstattung« beziehen als vielmehr auf die Hollywood
eigentümliche Dramaturgie, noch die komplexesten Vorgänge
an ein- und derselben Familie festzumachen, wie die Serie denn
im Untertitel auch »Die Geschichte der Familie Weiss« heißt).
Aber es kann doch nicht im Ernst gegen die insgesamt äußerst
beeindruckende historische Wahrhaftigkeit dieser Serie ein
ästhetischer Rigorismus ins Feld geführt werden, der die Uni-
formknöpfe der Barbaren nachzählt und seine Resultate zum
Maßstab dafür macht, ob die Barbarei »glaubwürdig« sei. Deshalb muß ich sagen, daß zwischen dem schrillen Tonfall, mit
dem Schulze-Rohr gegen eine Ausstrahlung von HOLOCAUST im
Deutschen Fernsehen angeht und dem Stellenwert seiner Argumente für mich eine auffällige, nur schwer zu erklärende
Lücke bleibt. Im Unterschied zu ihm halte ich auch nicht so sehr
»die deutsche Neigung zur Selbstanklage« für »fatal«, sondern

eher den Umstand, daß dies, angesichts der deutschen Geschichte, zum Argument ausgerechnet gegen ein Programm wie HOLOCAUST erhoben wird. Wenn Peter Schulze-Rohr einige der Briefe kennen würde, die beim Westdeutschen Rundfunk vorab schon zu HOLOCAUST eingegangen sind, würde er sich über dieses Phantom sicher weniger Sorgen machen.

Schließlich eine Mitteilung zum Programmplatz von HOLOCAUST: Die Redaktion hält es für durchaus sinnvoll, HOLOCAUST in den zusammengeschalteten 3. Programmen zu senden, und zwar nicht, wie Schulze-Rohr augenzwinkernd bedauert, um es dort »zu verstecken« (er will HOLOCAUST in Wahrheit ja tatsächlich verstecken, nämlich auch in seinem eigenen 3. Programm nicht senden), sondern um es dort angemessener zu präsentieren, als dies im 1. Programm mit seinem starren Programmschema möglich erscheint. Die vier Teile von HOLOCAUST sollen unserer Vorstellung nach zum einen möglichst kompakt innerhalb einer Woche gesendet werden, wie dies auch in Amerika der Fall war, zum anderen bereiten wir gegenwärtig ein umfangreiches dokumentarisches Rahmenprogramm vor, das HOLOCAUST didaktisch begleiten soll. Beide Absichten, die auf eine optimale Programmierung von HOLOCAUST zielen, sind ohne Änderung des Programmschemas der ARD im 1. Programm nur schwer zu realisieren, in den 3. Programmen hingegen relativ mühelos. Wie auch immer wir also dafür Sorge tragen werden, daß HOLOCAUST auch im Deutschen Fernsehen gezeigt wird, können wir freilich für den Sendebereich, für den Peter Schulze-Rohr zuständig ist, nicht einstehen, das muß schon er selbst.

(Leserbrief in *Die Zeit* vom 30. 6. 1978)

Pankraz, der Holocaust und die Fernsehserie

Nun ist es also amtlich: HOLOCAUST die US-Fernsehserie über die Judenmorde im Dritten Reich, wird von der ARD faktisch nicht ausgestrahlt. Ein Neunzig-Minuten-Zusammenschnitt wird zu gegebener Zeit, versteckt im Dritten Programm des WDR, über die Bildschirme flimmern, aber das ist nur eine verlegene Geste gegenüber der aufgebrachten Öffentlichkeit, um die für den Ankauf verschwendete Riesensumme öffentlicher Gelder wenigstens noch einigermaßen zu rechtfertigen und die Riesenblamage der verantwortlichen Ankäufer zu kaschieren. Diese hatten, wie jetzt herauskam, gewissermaßen »blind« gekauft, ohne sich um die Qualität der Sache zu kümmern, aus reiner Beflissenheit und innerer Unsicherheit. Es ist ein Skandal, der nicht ohne personelle Folgen bleiben dürfte.

Doch nicht des Skandals wegen kommt Pankraz hier noch einmal auf die Angelegenheit zu sprechen, vielmehr interessiert ihn die allgemein-ästhetische Fragestellung, die in ihr verborgen ist. Inwieweit sind der Schrecken und das Grauen, so hätten sich die Produzenten der HOLOCAUST-Serie und vor allem ihre deutschen Ankäufer von vornherein fragen müssen, mit den Mitteln des Films und der theatralischen Fiktion überhaupt darstellbar? Was ist dramaturgisch notwendig, um zu vermeiden, daß statt der erhofften Katharsis beim Zuschauer am Ende nur Ärger und Verlegenheit herauskommen, bei vielen sogar nur blasierte Langeweile und gähnendes Kopfschütteln? Aus den wenigen Sequenzen, die Pankraz bisher von HOLOCAUST gesehen hat, scheint ihm eindeutig hervorzugehen, daß die Verantwortlichen gar nicht auf den Gedanken kamen, medientheoretische Vorüberlegungen anzustellen. Sie haben die »Story«, zweifellos in guter Absicht und mit gewaltigen Mitteln, einfach heruntergenudelt, wie man das eben bei Fernsehserien macht – und genau das wäre ihnen anzukreiden.

Dabei geht es gar nicht um die historischen Details, die in der Diskussion eine so große Rolle spielen. Daß die deutschen Uniformen nicht stimmen, daß die Nazigrößen (wieder einmal) als Karikaturen ihrer selbst erscheinen, daß die Mordopfer, die doch ausgemergelt sein müßten, von wohlgenährten Statisten gestellt werden: All das mag anstößig sein, gehört aber gleichsam zum Normalmaß von Hollywood und muß einem großen dramaturgischen Entwurf nicht unbedingt im Wege stehen. Pankraz erinnert sich an den US-Film »Das siebte Kreuz« (nach dem Roman von Anna Seghers), in dem es ebenfalls viele falsche Details gab und der seinerzeit trotzdem große Erschütterung auslöste; es ging dort um ein vergleichbares Thema.

Triftiger klingt schon, was die Kommunikationsforscher gegen HOLOCAUST einwenden. Wie kann man, sagen sie, das schiere Grauen zum »Serial« zerschnipseln! Wie kann man, nachdem soeben Dr. Aaron Rellstab in die Gaskammer geschickt wurde, mit dem Hinweisschild »Fortsetzung folgt« aufwarten! Wie kann man den ganz und gar trostlosen Opfergang eines Volkes zur zwar dramatischen, doch letztlich durchaus gemütvollen Familiensaga à la ›Roots‹ auswalzen, mit Firmenanzeigen in den Pausen, in denen man Bier holt! Dazu gehört eine moralische und ästhetische Ahnungslosigkeit, die fast schon kriminell ist.

Und da hilft auch nicht der Hinweis, daß das Fernsehen doch »auch sonst« voll sei von Brutalitäten und gespielten Gewalttaten, im Gegenteil, die Allergie gegen HOLOCAUST gerade bei den empfindlicheren und persönlich betroffenen Zuschauern wirft ein trübes Licht auch auf die »sonstigen« TV-Brutalitäten. Sie sind im Grunde nur ertragbar, weil sie – im Gegensatz zu HOLOCAUST – leicht durchschaubare Fiktion sind oder Dokumentationen aus Epochen, die uns historisch schon so fern gerückt sind, daß wir davon in unserem Innersten nicht mehr berührt werden. Vollkommene Fiktion oder große historische Ferne, so zeigt sich, sind die ästhetischen Bedingungen dafür, daß die vielen Gewaltdarstellungen auf dem Bildschirm unbeanstandet passieren. Entfallen sie, wird sofort die prinzipielle Fragwürdigkeit von Grausamkeit und Gewalt als Mitteln der künstlerischen Dramaturgie augenfällig.

Die großen Dramatiker seit Äschylos haben diese Fragwürdigkeiten stets empfunden, weshalb sie über Gewalt meistens nur sprechen ließen, sie fast niemals in actu zeigten. Das niedere Theater hingegen, vom barocken Rüpelstück mit seinen blutgefüllten Schweinsblasen über das Grand Guignol bis zu Artaud, schwelgte (und schwelgt) geradezu in Blutrünstigkeit, und der Effekt beim Zuschauer ist nie kathartische Betroffenheit, sondern immer lustvolles Vergnügen an der eigenen Gänsehaut, ja, vielfach sogar sadomasochistisches Einverstandensein mit der gezeigten Moritat. Da wird keine Schuld beglichen, sondern dunkle Triebe der Kollektivseele werden abreagiert.

Man mag es drehen und wenden, wie man will: Hier liegt zweifellos die größte Gefahr der HOLOCAUST-Serie. Indem sie den Judenmord (Pankraz wiederholt es: in bester Absicht) als abendliche Fernsehunterhaltung »nachgestaltet«, leistet sie keinen Beitrag zur Bewußtmachung personaler Schuld, sondern es steht eher zu befürchten, daß dunkle Triebe gekitzelt werden, besonders wenn die historischen Details so ungenau sind, daß sich niemand, der dabeigewesen ist, wirklich getroffen fühlen muß. Ein Ereignis der deutschen Geschichte, das uns mit Trauer und Zorn erfüllen sollte, gewinnt, allein schon durch die Umstände seiner medialen Rezeption, ein Odeur unheimlicher Gemütlichkeit. Und für solch ein dubioses »Vergnügen« blättert der WDR auch noch Millionen hin! Der Fall ist wohl doch schlimmer, als er auf den ersten Blick schien. Die Verantwortlichen gehören in die Wüste geschickt.

Pankraz

(*Die Welt* vom 26. 6. 1978. Der Abdruck erfolgt mit freundlicher Genehmigung des Autors.)

WDR-Pressestelle
Antwort an die Chefredaktion der WELT

Sehr geehrte Herren,
würden Sie bitte in Ihrer morgigen Ausgabe die falschen Informationen vom 26. 6. 78 und 22. 6. 78 richtig stellen. Wenn Sie keine redaktionelle Richtigstellung bringen möchten, stelle ich anheim, den nachfolgenden Text als Zuschrift zu veröffentlichen.

Mit freundlichem Gruß
Michael Schmid-Ospach
WDR Pressestelle

DIE WELT irrt, wenn sie in ihrem Artikel »Pankraz, der Holocaust und die Fernsehserie« behauptet, das Sieben-Stunden-Programm HOLOCAUST würde im Deutschen Fernsehen nicht gesendet und stattdessen ein Neunzig-Minuten-Zusammenschnitt im III. Programm des WDR ausgestrahlt. Dieser Artikel ist falsch recherchiert, falsch informiert und falsch deduziert. Er wird auch nicht richtiger durch eine gleiche Falschmeldung, die am 22. 6. in der *Welt* veröffentlicht worden ist.

Die gegenwärtigen Überlegungen des WDR befassen sich mit der besten Placierung für HOLOCAUST im Deutschen Fernsehen. Dazu gibt es aus unserer Sicht zwei Möglichkeiten:

1. Die vier Teile der Serie werden in den zusammengeschalteten Dritten Programmen in möglichst engem zeitlichem Zusammenhang gesendet, d. h. möglichst innerhalb einer Woche, wie die Serie ja auch in den USA ausgestrahlt wurde.
2. Die Serie wird, unter möglichst gleichen Bedingungen, im Ersten Programm ausgestrahlt. Für beide Fälle bereiten wir gegenwärtig ein umfangreiches dokumentarisches Begleitprogramm vor.

Wie unschwer vorzustellen ist, bereitet eine solche kompakte und intensive Programmierung im Ersten Programm natürlich erhebliche Schwierigkeiten mit dem dort vorgegebenen Programmschema, wie unschwer aus diesen Überlegungen zu ersehen ist, geht es gegenwärtig einzig darum, für HOLOCAUST den ihm angemessenen optimalen Programmplatz zu schaffen.

WDR-Pressestelle

abgesetzt über datic 27. 6. 1978 / 9.05Uhr / MSO-ja

Heinz Werner Hübner
Kein Lehrstück, sondern Lernstück

Der Fernsehdirektor des WDR
begründet den Ankauf der Serie

Der amerikanische Fernsehfilm HOLOCAUST, in dem am Beispiel einer jüdischen Familie das Schicksal der Juden in Deutschland von 1932 bis 1945 dargestellt wird, ist schon vier Monate vor der Ausstrahlung in der Bundesrepublik der umstrittenste Film, den das Deutsche Fernsehen je angekündigt hat. Man kann nicht sagen, daß Lob und Schelte (Lob für den WDR, daß er diesen Acht-Stunden-Film erworben hat und Schelte dafür, daß er ihn gekauft hat) sich die Waage halten. Die Schelte überwiegt. Aus der Schelte läßt sich, soweit sie schriftlich vorliegt – in Briefen, Telegrammen und Artikeln – herauslesen, daß eine nicht geringe Zahl von Deutschen grundsätzlich dagegen ist, sich mit diesem Kapitel deutscher Vergangenheit zu beschäftigen. Andere wiederum sorgen sich, daß dieser Film dem Thema nicht gerecht werde, ja, daß diese Thematik sich jeder Gestaltung entziehe.

Nun ist gegen die künstlerische Qualität des Filmes HOLOCAUST zweifellos mancher Einwand berechtigt, ebenso trifft es zu, daß in diesem Film nicht immer mit letzter Sorgfalt dokumentiert wird. Doch das Argument des Ästhetischen und die Kritik, daß nicht jedes Detail der Wirklichkeit jener Zeit entspreche (beliebt ist die Anmerkung, daß ein deutscher Hitlerjunge nicht – wie im Film dargestellt – in Sommeruniform unterm Weihnachtsbaum gestanden habe), ist eher Hinweis darauf, daß einem das Thema grundsätzlich unbequem ist. Darüber kann auch nicht hinwegtäuschen, daß mit der Ablehnung von HOLOCAUST der Wunsch ausgedrückt wird, daß das Deutsche Fernsehen in eigenen Sendungen sich des Themas annehmen möge. – Das Deutsche Fernsehen hat dies in den letzten Jahren in Dutzenden von Sendungen getan, in Dokumentationen und in Spielform, in gelungenen und in weniger gelungenen Sendungen. Der WDR 1978 beispielsweise mit einer vierteiligen Reihe über den Widerstand im Rheinland und in Westfalen und mit einer Dokumentation über den Nürnberger Ärzte-Prozeß. Zur Zeit bereitet der WDR zusammen mit dem SDR eine Neuauflage der Serie »Das Dritte Reich« vor, in der die NS-Forschung der letzten Jahre berücksichtigt werden soll.

Jetzt ist HOLOCAUST in Israel und in England gezeigt worden – und damit hat es eine zweite Welle der Kritik an der Entscheidung des WDR gegeben. Auch in diesen beiden Ländern hat der Film ein zwiespältiges Echo gefunden, wen wollte das wundern? – Und weil der Film in Großbritannien für eine 81 Jahre alte jüdische Bürgerin Anlaß war, aus dem Leben zu gehen, wird dem WDR geraten, die Ausstrahlung von HOLOCAUST mit Diskussionen und dokumentarischem Material zu begleiten. Genau dies hat der WDR von Beginn an erklärt. Es wird eine neunzigminütige Dokumentation über das Schicksal der Juden im Dritten Reich ausgestrahlt werden und der WDR wird, ebenfalls für das Gemeinschaftsprogramm, eine Dokumentation über die Wurzeln des Antisemitismus senden. HOLOCAUST selbst wird vom WDR im Dritten Programm gesendet, und zwar am 22. und 23. Januar, sowie am 25. und 26. Januar 1979 jeweils um 21.00 Uhr. Nach jeder Sendung wird eine Runde von Redakteuren, Politologen und Betroffenen diskutieren und Fragen von Zuschauern beantworten.

Am Entschluß des WDR, HOLOCAUST zu kaufen, läßt sich so etwas wie Legendenbildung dokumentarisch belegen. Es war schon zwei Tage nach der Entscheidung zu lesen, daß der WDR übereilt gehandelt und ohne die anderen Sender zu fragen kopflos gekauft habe, nicht zuletzt, um eine Empfehlung des SPD-Präsidiums zu erfüllen. Jede dieser Behauptungen ist falsch. Mitarbeiter des WDR hatten HOLOCAUST schon in Amerika gesehen, ehe er dort gesendet wurde, im WDR ist ausführlich über einen Ankauf beraten worden und die Empfehlung der SPD wurde dem WDR erst bekannt, als der Film schon gekauft war. Dann hat der WDR nie versucht, ihn mit Gewalt ins erste Programm zu bringen. In der Programmkonferenz der ARD hat es eine ausführliche Diskussion über HOLOCAUST gegeben und eine Abstimmung ergab eine Mehrheit für das erste Programm. Der WDR hat, da ein Acht-Stunden-Film die Struktur des Gemeinschaftsprogramms eine ganze Woche lang verändern würde, vorgeschlagen, ihn in den Dritten Programmen zu senden, nicht zuletzt, um den Häusern, die gegen eine Ausstrahlung im Ersten Programm waren, die freie Entscheidung zu lassen.

HOLOCAUST gekauft und gesendet zu haben, wird der WDR auch dann noch für richtig halten, wenn die Entscheidung vor der Kritik nicht besteht. Der Film ist ein Politikum, und wenn er im Lande der von HOLOCAUST Betroffenen, in Israel, gezeigt wird – dann sollte er den Menschen in Deutschland zugemutet werden, den am Geschehen von damals Beteiligten und den Nachkommen. HOLOCAUST ist sicherlich kein Lehrstück, ein Lernstück aber allemal, ungeachtet seiner Mängel.

(*Süddeutsche Zeitung* vom 22. 9. 1978. Der Abdruck erfolgt mit freundlicher Genehmigung des Autors.)

Günther Rühle
Wenn Holocaust kommt

**Vor der Fernsehsendung
über die Massenvernichtung der Juden
Ein Ereignis, das die Meinungen spalten wird**

Unter dem englischen Wort »holocaust« kommen in den nächsten Tagen Bilder von jenem größten Verbrechen aus der deutschen Geschichte zu uns zurück, für das wir uns die abstrakten und bürokratischen Begriffe »Massenvernichtung« oder »Endlösung« angewöhnt haben. Der halbmythische Begriff ›Holocaust‹ scheint sich mit Hilfe dieses zusammenfassenden Films in der Welt durchzusetzen, wie sehr wir selbst auch zögern, mit fremden Namen zu belegen, war wir noch immer als unsere ureigenste Sache ansehen müssen. Sie war es freilich nur im Ursprung, nicht in ihrer Wirkung. Immer hat uns auch das Ausland in den letzten dreißig Jahren daran erinnert, was in Deutschland zwischen 1933 und 1945 geschah. Der vierteilige Fernsehfilm HOLOCAUST, dessen Ausstrahlung in den Vereinigten Staaten doch zu einem Weltereignis für das Medium Fernsehen wurde, trifft uns als neue Erinnerung.

Die halbfiktive Geschichte der deutsch-jüdischen Familie Weiss und der deutschen, nationalsozialistischen Familie Dorf, Opfer und Täter, wird, so ist es zu vermuten, in das Bewußtsein der Deutschen tiefer eingreifen, als uns die ersten Berichte aus Amerika glauben machten – sofern nicht die große Mehrheit aus Abwehr, Furcht, Scheu vor neuer Belastung oder nur aus Desinteresse oder anhaltender Verleugnung, es vorzieht, sich der Konfrontation mit Vorgängen zu entziehen, die noch immer Denken, Empfindung, und Politik mit prägen. Es ist ein Film, der in Amerika, in England, in Israel die konträrsten Reaktionen hervorrief. Aber in eben diesem Ausland ist auch schon die Frage gestellt, wie man in Deutschland der Darstellung jener Vorgänge begegnen wird, in denen von elf Millionen europäischer Juden fast sechs in einer fast über ganz Europa greifenden Aktion vernichtet wurden: ein geplanter Völkermord besonderer Art, weil er auch Bürger des eigenen Landes traf.

Wie nah, wie leicht erregbar das alles in uns ist, hat die heftige und wirre Diskussion gezeigt, die allein auf die ersten Berichte über die HOLOCAUST-Sendung in Amerika hier ausbrach. »Soll man HOLOCAUST zeigen oder nicht?« Der Streit und die Kritik am schnellen Zugriff des WDR ist noch in Erinnerung. Empfahl der SPD-Vorstand die Ausstrahlung, so warnte der SPD-Bundestags-Abgeordnete Olaf Schwenke vor der Ausstrahlung, und Franz-Josef Strauß sagte, dies sei kein Beitrag zur geschichtlichen Wahrheit, sondern »Geschäftemacherei«. Aus kirchlichen Kreisen wurde HOLOCAUST ein »wichtiges Ereignis für Juden und Christen in der Bundesrepublik« genannt. – Die Intendanten der deutschen Rundfunkanstalten überließen ihren Programmdirektoren die Entscheidung, ob HOLOCAUST im Haupt- oder im Minderheitenprogramm (1. oder 3. Programm) ausgestrahlt werden solle. Selbst als es eine kleine Minderheit (4:3) für die Ausstrahlung im 1. Programm gab, fand man Gründe, ihn ins Dritte zu bringen (und erst langsam hat sich durch Zusammenschaltung aller dritten Programme ein Quasi-Erstes hergestellt). Die Entscheidung, die heute weniger Leute für richtig halten als im Herbst (HOLOCAUST gehört ins 1. Programm), kennzeichnet noch die Angst und Sorge von damals, ob man eine solche Sendung dem Zuschauer aufdrängen dürfe, ob man es wirklich verantworten könne, den schlimmen Sachverhalt, dem kaum ein Dokumentarfilm gerecht werden kann, mit den Mitteln des trivialen Spielfilms darzustellen.

Letzteres war freilich nicht nur ein deutscher Vorbehalt. Auch draußen sprach man davon, der Film sei eine Beleidigung der Opfer, und der Satz des amerikanischen Professors Elie Wiesel in der *New York Times,* der Film verwandle ein »ontologisches Ereignis in eine Seifen-Oper«, ist inzwischen in allen Dokumentationen über die Sendung von HOLOCAUST, die in Amerika allein 120 Millionen Menschen sahen, wie in allen Rezensionen zu finden, die sich gegen HOLOCAUST wandten. Die Sorge, daß das große Verbrechen nur als Fernsehsendung, nicht als Begriff von einer realen Katastrophe in der menschlichen Kultur in Erinnerung bleibe, ist nicht unberechtigt.

Gegen HOLOCAUST zu argumentieren, ist leicht. Die Fakten und Dokumente sind immer mächtiger, authentischer und leichter zu heiligen als die Bilder, die sich davon ableiten lassen in einem Produkt, das zudem noch »verkauft« wird und auch dafür geeignet sein muß. – Dennoch: Die Diskussion über HOLOCAUST hat sich inzwischen selbst verändert. Der ersten

Abwehr, wie sie noch im ersten nach Deutschland gebrachten und weitwirkenden Bericht zu lesen war (›Die Judenvernichtung als Seifenoper‹, Sabina Lietzmann in *F.A.Z.* vom 20. April 1978), folgte nach den britischen Reaktionen die Frage, ob gerade mit diesem Versuch nicht den Massen in allen Ländern Mitteilung über das größte Verbrechen der Neuzeit (neben dem Archipel GULag) gemacht werden konnte. (›HOLOCAUST – eine Prüfung‹, Karl Heinz Bohrer in *F.A.Z.* vom 3. September 1978.) Und bald darauf revidierte Sabina Lietzmann, die starken Nachwirkungen der Sendung in Amerika beobachtend, ihr Urteil, indem sie ihre ästhetisch-moralisch geprägte Kritik relativierte angesichts der Macht und Kraft der Sendung, Betroffenheit zu wecken und Geschichte in einer dramatischen Handlung zu vermitteln, die von Sendung zu Sendung mehr Zuschauer anzog. (›Kritische Fragen‹, *F.A.Z.* vom 28. 9. 1978.)

Wenn HOLOCAUST jetzt ausgestrahlt wird (Daten: 22., 23., 25. und 26. Januar), trifft die Sendung in ein schon gewandeltes Argumentationsfeld, in dem der angstvolle Vorbehalt, solche Fakten dürfe man der Trivialisierung, Privatisierung und Vereinzelung nicht preisgeben – ein Vorbehalt, wie er schon vor eineinhalb Jahrzehnten bei der Dramatisierung des ›Tagebuchs der Anne Frank‹ erhoben wurde –, erheblich geschwächt ist. Gerade durch HOLOCAUST und seine Wirkungen. Der Satz von Günter Rohrbach (welch letzterer für viele zupackende Fernsehdarbietungen bekannt ist und auch HOLOCAUST für den WDR kaufte): »Wir hätten den Mut zu einem solchen Film nicht gehabt«, ist wahr und spricht um so mehr für die deutsche Furcht und legitime Unsicherheit, als Funk und Fernsehen in der Bundesrepublik mit einer langen Reihe von Sendungen darauf hinweisen können, sich vor dem Thema »Judenvernichtung« nicht gedrückt zu haben. Aber sie haben es nie so komplex und immer anders (Rohrbach: »spröder, dokumentarischer, realistischer, genauer, mit primär aufklärerischer Zielsetzung«) gemacht, fast immer in jenen anspruchsvolleren Spielformen, die vor allem die schon Aufgeklärten akzeptieren (kommendes Beispiel: Der auf HOLOCAUST folgende Film über den Auschwitz-Kommandanten Höß ›Ein deutsches Leben‹). Auch für das deutsche Fernsehen ist HOLOCAUST damit ein Anfang zum Nachdenken darüber, wie prekäre, noch nahe geschichtliche Handlungen auch mit dramatischen Populärmitteln, die die Aufmerksamkeit eines großen Publikums sichern, zu gestalten sind.

Die Entscheidung HOLOCAUST zu senden, ist also aus vielen Gründen und nicht nur aus dem Grunde richtig, die Bundesrepublik hätte sich schon aus politischen Gründen – um nicht Mißverständnisse zu wecken, von der Übernahme ausschließen können. Die Hälfte aller derzeit lebenden Deutschen hat keine eigene Erinnerung mehr an die Nazi-Zeit. Hier wird sie anschaulich (wenn auch vereinfacht), bedrängend (wenn auch einseitig). HOLOCAUST ist der bisher einzige Versuch, ein für jeden nachvollziehbares und nacherlebbares Panorama der Vorgänge und Schicksale, der Pläne und ihrer Folgen, der Macht und ihrer Verirrung zu entwerfen. Wir sehen in unser eigenes Land.

Dieses ist uns nah und fremd zugleich. Nah, denn ein großer Teil der Aufnahmen ist in Deutschland (in Berlin-Wedding, im KZ Mauthausen) und Österreich gedreht, die Daten, die Geschehnisse, die Proklamationen und Erlasse wie die treibenden Personen (Himmler, Heydrich, Kaltenbrunner) und ihre Taten sind deutsche, ja es ist fast verwunderlich, wie gut die Charakter- und Typenskala der deutschen Akteure und Opfer mit größtenteils amerikanischen Schauspielern besetzt werden konnte – ob das der jüdische Arzt Dr. Josef Weiss, seine Frau, deren arische Schwiegertochter, die ihrem Mann Karl Weiss bis ins KZ folgt, ist, oder die SS-Figuren von Himmler über Eichmann bis zu jenem jungen Juristen Erik Dorf, der, arbeitslos, sich der SS verdingt und als Gehilfe Heydrichs, als Erfinder der Tarnsprache (Sonderbehandlung, Endlösung) sich mit seinem Avancement – gläubig aus eigener Hilflosigkeit – in das Verbrechen verstrickt. Der Schauspieler Michael Moriarty (den diese Rolle sehr verwirrt hat) führt diese Figur eines dauernden Klassenprimus (im vierten Teil) ganz sanft bis an die Grenze, an der seine extreme Formulierung der Rassenideologie, des »Führerauftrags«, wie der Wahnsinn in der Sache selbst erscheint. So könnte nur Ernst Jacobi selbst in Deutschland diese Rolle spielen (er ist der Synchronsprecher). Er ist in diesem »Täter« eine »Idealität« am Werk, hinter der der Katzenjammer steht, weil sie nichts anderes hat als das, was man ihr eingegeben hat. Und doch ist das Ganze durch ebendiese Besetzung auch fremd, leicht entrückt; nicht wir zeigen uns, man zeigt uns, was mit und um uns geschah. Der deutschen Furcht, sich vielleicht unzureichende Bilder von der ganzen ernsten Sache zu machen, ist von fremder Seite begegnet, ohne daß – bei aller Härte – Haß, Rachsucht oder neue Denunziation der Deutschen aus dem Film, der doch einen jüdischen Produzenten hat, spräche.

Es macht einen Teil der Betroffenheit aus, die HOLOCAUST auslöst, daß dies – alles in allem – doch mit einer ganz überraschenden Sorgfalt in bezug auf die Fakten, die historischen Abläufe, die Milieus und Interieur wie den Gestus der Personen dargestellt wird. Freilich: Wer will, kann etliche Details als »falsch« aufrechnen – vom falschen Segen bei der Partisanenhochzeit bis zur falschen Inschrift über dem Tor zu Buchenwald: »Arbeit macht frei«, was die Inschrift des Tores von Auschwitz war –, anderes kann man als unwahrscheinlich reklamieren (war 1935 noch so in Berlin eine deutsch-jüdische Hochzeit zu feiern?) – Was hier zählt ist aber die Wahrheit des Ganzen. Diese ist unbestreitbar. Soweit hier das Massenschicksal der Vernichtung auch individualisiert wird, es wird doch immer wieder zurückgeführt in das große verbrecherische Konzept der Ausrottung der Juden in Europa; über die persönlichen Schicksale ist jener übergreifende Prozeß gelegt, in dem die einzelnen historischen Etappen, die Verschärfung der Maßnahmen von der Kristallnacht an, die anschließenden Deportationen, schließlich die Erschießungen und dann die Vergasungen in den Vernichtungslagern sich vollzogen. Für die von Hollywood geprägte Fernsehindustrie ist dies eine ganz ungewöhnliche Bemühung und diese trennt HOLOCAUST weit von der Darbietung der Negerschicksale in ›Roots‹. Das Drama kommt nur vor allem dort an die Grenze des Unerträglichen, wo es sein eigenes, ernsthaftes dramaturgisches Konzept der ausgenüchterten dramatischen Darlegung verläßt und in der schlechten Manier von Hollywood auch den süßeren Emotionen wieder nachgibt, die einen auch wieder durch »Filmmusik« akustisch belästigen. Das sind die Punkte, an denen der Unmut mit Recht ansetzt, mit mehr Recht als an den »Unwahrscheinlichkeiten« und »Zufällen«, die die Dramaturgie enthält, wie zum Beispiel dem Erscheinen der (arischen) Inga Weiss im KZ Theresienstadt, die bei ihrem inhaftierten Mann sein will.

Wir haben es in HOLOCAUST nicht mit Dokumenten, sondern mit der Auflösung des Faktischen ins Dramatische und das heißt immer: ins Nacherlebbare, zu tun. Das dramatische Verfahren setzt Material anders zusammen als das dokumentarische Verfahren. So steht die Beharrlichkeit jener Frau in der Suche nach ihrem deportierten Mann innerhalb der Dramaturgie dieses großen Panoramas nicht für die dokumentarische

Wahrheit, sondern für jene höhere, die den hier von ihrer schlimmsten Seite gezeigten Deutschen auch das bessere Gegenbild zugesteht, das Achtung verlangt. – Gerade, wenn man den Vorwurf hört, das Volk komme zu wenig vor in diesem Film, gewinnen solche Symbolfigurationen stellvertretende Bedeutung.

Das ganze Unternehmen bedient sich für die Schilderung der Katastrophe des alten epischen Musters, mit dem – seit den Atriden – öffentlich-politische Vorgänge als Familienzerstörung, als Zerreißen von Liebeszusammenhängen dargestellt werden. Der Film beginnt mit einem Bild des Möglichen: einer deutsch-jüdischen Hochzeit. Am Ende überleben nur die junge Frau Inga Helms und der junge, zu den Partisanen gestoßene Schwager, Kurt Weiss. Zwischen Anfang und Ende wächst das Wahnsystem, und die scharf gesehenen Figuren der SS zeigen in den vielen Konstellationen ihres Auftritts, was wir in der Auseinandersetzung mit dem Nationalsozialismus kaum mehr erkennen: daß sich nämlich über dem gedrängten und bedrängten, faszinierten oder stumm gemachten Volk der SS-Staat immer stärker eigenmächtiger ausgebildet hat, den Eugen Kogon in seinem frühen Buch richtig gesehen hat. Er erscheint hier wie etwas Fremdes und Übergeordnetes: auch darin ist Wahrheit. Diese Ferne kann mit erklären, warum so viele Deutsche nach dem Krieg die Verbrechen nicht begreifen konnten und wollten: diesem Staat gehörten sie nicht zu. Sie standen stumm wie der Straßenbauingenieur Kurt Dorf vor dem Geschehen und begriffen erst an seinem Ende, daß ihre Schuld das Schweigen war. Mit dieser Szene entläßt uns die deutsche Fassung von HOLOCAUST. Sie gibt das Schreckliche an den Zuschauer als Frage zurück: Könnte und dürfte das wieder geschehen?

HOLOCAUST ist aber nicht nur ein Film über den Massenmord in der neueren deutschen Geschichte. Im Subtext von HOLOCAUST wird die Diskussion, ob Juden nur zum Erleiden, nicht auch zum Kämpfen fähig seien, mit Dialogen und Zeichen geführt. Daß in den Kämpfen im Warschauer Ghetto zum ersten Mal jener Typ des jungen Israeli ins Bild kommt, der sich uns erst durch die jüngsten Israel-Kriege eingeprägt hat, daß auf der Brust der jungen jüdischen Partisanin der Davidstern erscheint, sind deutlichste Zeichen: Sie sagen hier, in diesem Opfergang sei die Idee eines wehrhaften Staates Israel geboren.

Die Produktion von HOLOCAUST hat in einem Amerika mit wachsenden Sympathien für die arabische Seite also eine zweite

Motivation (oder ist es die erste?). Wie immer: Es ist unsere Sache, die hier allen wieder vor Augen kommt. Wird HOLOCAUST das Bild der Deutschen wieder verdunkeln? Die Ergebnisse von Beobachtungen und Umfragen nach der Ausstrahlung in Amerika haben dort nichts dergleichen ergeben. Gleichwohl ist dieses Fernseh-Epos auch ein Politikum: Es kommt in dem Moment, in der der Majdanek-Prozeß noch immer läuft, die Frage nach der Verjährung der Verbrechen abermals debattiert wird. Schon die Filbinger-Affäre wie der Fall Diwald zeigten die anhaltende, neurotische Empfindsamkeit in dieser Sache. Das Verbrechen vernichtet sogar die Zeit; es bleibt gegenwärtig.

Der WDR hat ein Übriges getan, um die gespielte Handlung konkreter mit den Fakten und Dokumenten zu verbinden, indem er HOLOCAUST einen Dokumentarfilm über die ›Endlösung‹ (18. 1.) voraussendet. So wird die Erinnerung an die darin gezeigten Aufnahmen sich in die Szenen von HOLOCAUST drängen. Selbst wenn dieser Dokumentarfilm sich jener zu Anfang beschriebenen Sorge und Angst in der Fernsehanstalt verdankt, mit HOLOCAUST nicht bestehen, sich dem Vorwurf der Blasphemie aussetzen zu können: Jetzt ist er der sachliche deutsche Kommentar zu HOLOCAUST, wie HOLOCAUST andererseits die dramatische Erzählung dessen ist, was der Dokumentarfilm und kein Dokument mehr vorbringen kann: das persönliche Leiden, das jedes der Opfer durchgemacht hat, bevor es zum Teil jener großen Zahl wurde, die uns heute das Geschehene wie ein großes Abstraktum beziffert. Wir werden bald sehen, was die Wirkung von HOLOCAUST sein wird.

(*Frankfurter Allgemeine Zeitung* vom 17. 1. 1979. Der Abdruck erfolgt mit freundlicher Genehmigung des Autors.)

Eugen Kogon
Über die innere Wahrheit des Fernsehfilms ›Holocaust‹

Insgesamt 428 Minuten lang habe ich mir die amerikanische Fernsehserie HOLOCAUST über den Massenmord an den Juden unter dem NS-Regime angesehen. Ich habe mich gefragt, ob das, was da auf dem Bildschirm dargeboten wird, die geschichtliche Wirklichkeit richtig wiedergibt. Ist Hollywood mit seinen bekannten Mitteln dem Thema gerecht geworden? Und ferner: Ist es angebracht, das, was auf diese Weise zustande gekommen ist, auch dem Fernsehzuschauer in der Bundesrepublik vorzusetzen?

Zur ersten Frage: Ja, so war in der Tat die Wirklichkeit. So haben sich die Diskriminierung der jüdischen Bevölkerung, die Verhaftungen, die Abtransporte, die Einlieferungen in die Konzentrationslager, in die Ghettos und schließlich in die Vernichtungslager zugetragen. Wir, politische Gefangene in Buchenwald, haben stets auf die verschiedenste Weise davon erfahren, bei beabsichtigten »Sonderaktionen« der SS sogar meist im voraus. Die Drehbuchautoren haben also gut recherchiert. Es stand ihnen umfangreiches Dokumentationsmaterial in zahlreichen Archiven zur Verfügung.

Die SS selbst hat zur Zeit ihrer Herrschaft in deutscher Manier bürokratisch-pedantisch zur Feststellung der Ungeheuerlichkeiten, die sie verübt hat, beigetragen: Sie führte Vernichtungslisten, sie registrierte das den Leichen ausgebrochene Zahngold, selbstverständlich auch die den Opfern abgenommenen Wertsachen, zentnerweise das Haar, das den Frauen weggeschnitten wurde. Ungezählte Fotots, die die Mörder von den Vorgängen aufnahmen, sind erhalten geblieben.

Die amerikanische Serie ist aber keine Geschichtsdokumentation. Davon gibt es in der Welt schon sehr viele, und nicht wenige wollen nichts mehr davon sehen.

Vor dem Hintergrund der realen Geschichte – in der großen

Linie jedenfalls in Übereinstimmung mit ihr – erzählen die Amerikaner, Empfindsamkeiten des seriengewohnten Fernsehzuschauers voll ausschöpfend, eine individuelle Geschichte. In epischer Breite wird das Schicksal zweier Familien berichtet: beide aus Berlin, miteinander bekannt, die eine jüdisch, der Vater Arzt, die andere nazistisch, von Aufstiegsehrgeiz besessen, der Mann wird schließlich enger Vertrauter Reinhard Heydrichs an der Spitze des Reichssicherheitshauptamtes, mit die treibende Kraft der Judenvernichtung. Diese Darstellung wendet sich also nicht, wie die Dokumentationen es tun, in erster Linie an den Verstand. Wir sollen vielmehr menschlich gepackt werden.

Es ist bei einem solchen Verfahren beinahe unvermeidlich, daß um der beabsichtigten Wirkung willen und weil die Handlung in ein verbindendes dramaturgisches Gefüge gebracht werden muß, Zeiten und Räume gelegentlich ein wenig »zurechtgestellt« werden. Die »innere Wahrheit« der Geschichte wird dadurch nicht verfälscht.

Im Zweifel bin ich mir allerdings, ob es, wenn schon dramaturgisch verständlich, auch zulässig ist, Vorgänge zu konstruieren, die nicht den Gegebenheiten und Möglichkeiten von damals entsprechen. Es gibt in HOLOCAUST einige Beispiele solcher Art; das markanteste ist das folgende:

Die nichtjüdische Frau eines der Söhne in der jüdischen Familie, der sich als Häftling in Buchenwald befindet, besucht regelmäßig dieses Lager und läßt sich, um ihrem Mann zu helfen, halb gezwungenermaßen auf ein Verhältnis mit einem Unterscharführer ein – und dies mitten im SS-Hauptbereich, ohne daß es aufgefallen wäre. Grotesk, kann man nur ságen, wenn man wie ich selbst in Buchenwald war. Die Szenen sind ganz einfach peinlich erfunden. Sie gehören zum sentimentalen Hollywood-Konzept.

Ihm entspricht auch die geradezu folkloristisch ausgestaltete Hochzeitsfeierlichkeit in einem Lager polnisch-jüdischer Partisanen – sogar ein Brautschleier gehörte anscheinend zur Ausrüstung der Untergrundkämpfer in dem von Deutschen besetzten Gebiet.

Es lassen sich aber diese Unrichtigkeiten oder Fehldarstellungen angesichts der Tatsache, daß der Film als Ganzes der grausigen ›Holocaust‹-Wirklichkeit des nazistischen Massenmordes entspricht, hinnehmen, obschon es anders besser gewesen wäre.

Ein besonderes Verdienst der Serie ist es, zwei Probleme von großer Gesamtbedeutung in das Bewußtsein zu heben, das eine von Interesse in aller Welt, das andere wichtig in den Zusammenhängen unserer spezifisch deutschen »Vergangenheitsbewältigung«.

Der aktive Widerstand gegen ein so massives Unrecht, wie es die nationalsozialistische Judenverfolgung war, wurde im Verlauf der Ereignisse immer eindringlicher von Juden selbst erörtert. Nicht von den Hunderttausenden, ja Millionen derer, die den Anweisungen der deutschen Behörden und der SS von Etappe zu Etappe gehorsam folgten. Sie konnten sich, was mit ihnen geschah, ganz einfach nicht vorstellen. Daher glaubten sie es nicht, daher hielten sie die Täuschungen, mit denen der erbarmungslose Feind sie belog, bis zuletzt für begründete Hoffnung: Sie würden »nur« umgesiedelt, sie kämen »lediglich« in Arbeitslager, noch sei über ihren endgültigen Status innerhalb oder vielleicht außerhalb des Deutschen Reiches nichts beschlossen. Vergasung, wie sie dann systematisch betrieben wurde, war im übrigen ein völlig neues, von normalen Menschen doch nicht ausdenkbares Verbrechen.

Aktiver, bewaffneter Widerstand, als er im Warschauer Ghetto (dann in einigen wenigen Lagern) zustande kam, setzte ein Mindestmaß von Dispositionsmöglichkeiten, von Organisation, von Verbindungen zur Außenwelt voraus. Nur dann kam ein Aufbäumen gegen die uniformierten Mörder, das aber letzten Endes auch nichts anderes war als eine Form von Selbstmord, in Betracht, um einer nur zu erduldenden Hinschlachtung zu entgehen.

Ich war einmal in einer solchen Lage und habe die Möglichkeit in der Nacht vor dem Tag, als ich im Einzeltransport aus Buchenwald zur Liquidation nach Auschwitz abgeschoben werden sollte (wovor ich dann auf abenteuerliche Weise verschont blieb), nach allen Seiten hin durchdacht. Den Begleitposten anfallen, um wenigstens im »Kampf« erschossen zu werden? Gefesselt versuchen zu entfliehen, um in den vielleicht schützenden Bereich einer Kirche zu gelangen? Bei Vergasung sofort tief einatmen, um sich die Lungen gleich und nicht in acht bis zehn Minuten langsam zerreißen zu lassen? Nein, aktiver Widerstand gegen Unrecht muß von allem Anfang an, noch in der tiefsten Normalität, geleistet werden, immer und überall.

Das zweite Problem, das aus der Serie hervorgehoben zu werden verdient, ist die Beteiligung des einzelnen am Nationalsozialismus und damit die Mitschuld jedes einzelnen Deutschen. In den Verflechtungen der doppelten TV-Familiengeschichte taucht es immer wieder auf. Die Kollektivschuldanklage nach dem Krieg hat allzu viele Deutsche davon abgehalten, dem Schock der Niederlage und des Zusammenbruchs Besinnung folgen zu lassen.

Jetzt aber, 30, 40 Jahre später, können sich zumindest die Jüngeren, die damals noch gar nicht geboren waren, unvoreingenommen damit befassen. Für die Kinder der Täter bleibt es natürlich schwierig und schmerzlich; im Film halten am Ende ein Junge und ein Mädchen aus der nationalsozialistischen Familie empört gegen beschuldigende Aussagen an der vermeintlichen Ehre der Eltern fest. Die anderen aber, die allermeisten, befinden sich nicht in vergleichbarer Situation.

HOLOCAUST – trotz der Einwendungen, die zu machen sind, sollte von vielen gesehen werden. Er ist, an unserer Geschichte entwickelt, ein Beitrag, Menschlichkeit unter allen Umständen zum Maßstab unseres Denkens und Verhaltens werden zu lassen.

(*Stern* vom 18. 1. 1979. Der Abdruck erfolgt mit freundlicher Genehmigung des Autors.)

»Warum glaubt ihr nicht,
daß Hitler auch tut, was er sagt?«
(Anna Weiss in ›Holocaust‹)

Wilhelm van Kampen
Was ›Holocaust‹ erzählt

HOLOCAUST erzählt die Geschichte der nationalsozialistischen
Judenverfolgung am Beispiel zweier Familien, die sich kennen,
aber auf verschiedenen Seiten stehen. Die einen sind die Opfer,
die anderen gehören zu den Henkern. Die Opfer: das ist die
Familie des jüdischen Arztes Dr. Josef Weiss, die die Schrecken
der Verfolgung am eigenen Leibe erleben muß. Zum Henker,
nicht zuletzt unter dem Einfluß seiner ehrgeizigen Frau, entwickelt sich allmählich der Jurist Dorf auf seinem Weg vom un-
beteiligten Zuschauer zum Mitarbeiter Heydrichs. In vier Folgen beschreibt die Serie die Entwicklung von den ersten Anzeichen der Judenverfolgung bis zum Massenmord und zum Zusammenbruch der Naziherrschaft. Sie endet in der amerikanischen Fassung mit der trotz allem optimistischen Perspektive
eines neuen Anfangs für die Überlebenden in Palästina. In der
deutschen Fassung ist das Palästina-Leitmotiv zwar noch enthalten, aber der Schluß gekürzt, so daß der Film mit dem Apell
endet, über die nationalsozialistischen Verbrechen an den Juden nicht zu schweigen.

Die Geschichte der beiden Familien wird so erzählt, daß sie
uns an die Hauptorte des Holocaust führt. Hier eine – notwendig stark verkürzte – Inhaltsangabe:

Teil I: »Die hereinbrechende Dunkelheit«

Berlin 1935. In einer Szenerie im Freien feiern zwei Familien
und ihre Freunde die Hochzeit von Karl Weiss, einem jungen
Maler und Sohn des wohlhabenden jüdischen Arztes, Dr. Josef
Weiss, mit Inga Helm, einem katholischen Mädchen. Heinz
Müller, ein Nationalsozialist, der als Freund von Ingas Eltern an
der Feier teilnimmt, weist durch eine Bemerkung auf die Be-

drohung hin, die heraufzieht: In wenigen Monaten würden solche »Mischehen« in Deutschland verboten sein.

An einem anderen Ort in Berlin wird Erik Dorf, ein arbeitsloser Jurist, dessen Familie Patienten von Dr. Weiss sind, von seiner ehrgeizigen Frau Martha überredet, sich bei Heydrich um eine Anstellung in der SS zu bewerben. Er wird persönlicher Referent von Heydrich. Dorf besucht dann Weiss, um ihn zu warnen: Er soll mit seiner Familie Deutschland verlassen. Aber Frau Weiss, die die Gefahr unterschätzt, weigert sich hartnäckig, ihr Heimatland zu verlassen.

Abb. 1: Die »Reichskristallnacht« in Berlin.
Photo aus dem Film HOLOCAUST
(Photo: *World Vision*, München)

1938. In den Ereignissen der »Reichskristallnacht« wird das nächste Stadium der Judenverfolgung deutlich: Durch die Straßen von Berlin wütet der nationalsozialistische Mob, schlägt Juden zusammen und zerstört ihr Eigentum. Eines der Opfer ist

Frau Weiss' Vater, Palitz, ein hochdekorierter Offizier des Ersten Weltkriegs. Seine Buchhandlung wird zerstört, er selbst wird geschlagen und gedemütigt. Rudi Weiss, der zweite Sohn des Arztes und seine Schwester Anna retten ihn. Jetzt steigern sich Tempo und Maß der Verfolgung: Karl wird verhaftet und nach Buchenwald verschleppt, Dr. Weiss in sein Geburtsland Polen deportiert; die Familie muß ihre Wohnung verlassen. Das Ehepaar Palitz nimmt sich darauf das Leben. Während Rudi entkommt, wird seine Schwester nachts auf der Straße vergewaltigt und, darüber schwermütig geworden, eines der ersten Opfer des nationalsozialistischen »Euthanasie«-Programms: Sie wird mit anderen Behinderten in einer »Heilanstalt« ermordet. Danach sehen wir Rudi in Prag, wo ihn eine junge tschechische Jüdin, Helena Slomova, vor der Verhaftung rettet. Sie verlieben sich ineinander und beschließen, gemeinsam nach Osten zu fliehen, um den Deutschen zu entkommen.

Teil II: »Die Straße nach Babi Yar«

1941. Müller, der schon immer ein Auge auf Inga Weiss hatte, ist jetzt einer der Bewacher in Buchenwald, wo Ingas Mann Karl zur Arbeit in den Steinbrüchen gezwungen wird. Der Mord an zwei jungen Zigeunern macht deutlich, wie es hier zugeht. Als Inga kommt, um nach ihrem Mann zu sehen, verspricht ihr Müller, Briefe herein- und hinauszuschmuggeln und Karl aus dem Steinbruch zu holen, wenn sie sich ihm hingibt. Karl arbeitet dann später in einer Künstlerwerkstatt.

Nach einer Reihe von Abenteuern erreichen Rudi und Helena Kiew. Versteckt in einem ausgebombten Geschäft retten sie Ingas Bruder, Hans Helm, nach einer Explosion auf der Straße und bringen ihn zurück zu seiner Einheit, wo er sein Versprechen, ihnen zu helfen, bricht und sie verrät. Unterdes macht Erik Dorf Karriere, indem er Heydrich hilft, neue Verfahren zur Vernichtung der Juden in Osteuropa zu finden. Dorf beobachtet eine Massenexekution und beklagt sich über die Ineffektivität – die Erschießungen sind ihm auch nicht »sauber« genug. Der darüber erboste Führer des Einsatzkommandos, Blobel, zwingt ihn, eigenhändig ein noch lebendes Opfer zu erschießen. (Später, im dritten Teil, sieht man wie es Himmler beim Anblick eben erschossener Opfer schlecht wird. Auch er verlangt nach anderen Methoden…) Rudi und Helena fliehen aus einer

Unter entsprechender Leitung sollen im Zuge der Endlösung die Juden in geeigneter Weise im Osten zum Arbeitseinsatz kommen. In großen Arbeitskolonnen, unter Trennung der Geschlechter, werden die arbeitsfähigen Juden straßenbauend in diese Gebiete geführt, wobei zweifellos ein Großteil durch natürliche Verminderung ausfallen wird.

Der allfällig endlich verbleibende Restbestand wird, da es sich bei diesen zweifellos um den widerstandsfähigsten Teil handelt, entsprechend behandelt werden müssen, da dieser, eine natürliche Auslese darstellend, bei Freilassung als Keimzelle eines neuen jüdischen Aufbaues anzusprechen ist. (Siehe die Erfahrung der Geschichte.)

Im Zuge der praktischen Durchführung der Endlösung wird Europa von Westen nach Osten durchgekämmt. Das Reichsgebiet einschließlich Protektorat Böhmen und Mähren wird, allein schon aus Gründen der Wohnungsfrage und sonstiger sozialpolitischen Notwendigkeiten, vorweggenommen werden müssen.

Die evakuierten Juden werden zunächst Zug um Zug in sogenannte Durchgangsghettos verbracht, um von dort aus weiter nach dem Osten transportiert zu werden.

Wichtige Voraussetzung, so führte SS-Obergruppenführer Heydrich weiter aus, für die Durchführung der Evakuierung überhaupt, ist die genaue Festlegung des in Betracht kommenden Personenkreis.

Es ist beabsichtigt, Juden im Alter von über 65 Jahren nicht zu evakuieren, sondern sie einem Altersghetto - vorgesehen ist Theresienstadt - zu überstellen.

langen Kolonne von Juden, die nach Babi Yar gebracht werden, und beobachten entsetzt, wie Tausende von Männern, Frauen und Kindern erschossen werden.

Im Warschauer Ghetto finden sich Josef und Berta Weiss wieder. Er versucht, als Arzt zu helfen, sie unterrichtet Kinder. Zusammen mit seinem Bruder Moses schließen sie sich nach einigem Zögern der Widerstandsbewegung im Ghetto an.

In Berlin feiert die Familie Dorf Weihnachten. Martha spielt Weihnachtslieder auf einem Bechsteinflügel, der, wie sich herausstellt, einmal den Weiss' gehört hat. Bald darauf, es müßte der 20. Januar 1942 sein, nimmt Dorf an der (später sogenannten) »Wannsee-Konferenz« teil, bei der die »Endlösung der Judenfrage« beraten wird. In Rußland werden Rudi und Helena, die kurz vor dem Verhungern sind, von einer jüdischen Partisanengruppe in einem Heuschober entdeckt und schließen sich ihr an.

Teil III: »Die Endlösung«

1942. Karl Weiss und sein Malerfreund Pfälzer sind nach Theresienstadt gebracht worden, dem Muster-KZ in der Tschechoslowakei, das die Deutschen den Vertretern des Internationalen Roten Kreuzes und neutraler Länder zu zeigen pflegen. Wir erfahren, daß die dort an Propagandabildern arbeitenden Künstler heimlich in Kunstwerken die Wirklichkeit der nationalsozialistischen Verbrechen darstellen. Rudi und Helena, die jetzt Mitglied der jüdischen Partisanenbrigade sind, werden in einer traditionellen Zeremonie im Wald getraut. Beim Zusammenstoß mit ukrainischen Milizeinheiten ist Rudi gezwungen, einen Jugen zu töten, der fliehen wollte, um Hilfe zu holen. In Warschau formiert sich der jüdische Widerstand. Waffen werden ins Ghetto geschmuggelt. Eine Gruppe übt, sie zu gebrauchen.

Erik Dorf ist die Vernichtung der Juden und anderer Opfer immer noch nicht wirksam genug. Das Lager Auschwitz wird

Abb. 2: Auszug aus dem *Protokoll der Wannsee-Konferenz* am 20. 1. 1942.
(Nürnberger Dokument NG 2586. Eine Kopie befindet sich im Institut für Zeitgeschichte, München. Der vollständige Text ist abgedruckt in Leon Poliakov/Josef Wulf, *Das Dritte Reich und die Juden,* Berlin 1955.)

Abb. 3: Aus dem Warschauer Ghetto werden die Familie Levy (George Rose, Käte Jaenicke) und Josef und Berta Weiss (Fritz Weaver, Rosemary Harris) in ein sogenanntes Familienlager transportiert.
Photo aus dem Film HOLOCAUST
(Photo: *World Vision,* München)

vergrößert. Zyklon B wird bestellt, ein Blausäuregas. Man wird es als Desinfektionsmittel etikettieren.

Inga bittet Müller um einen letzten Gefallen: Er soll sie denunzieren, damit sie ihren Mann nach Theresienstadt folgen kann. Nach Heydrichs Ermordung zeigt sein Nachfolger Kaltenbrunner Dorf einige anti-deutsche Zeichnungen, die man in Prag entdeckt hat. In Theresienstadt gestehen Karl und andere Künstler, daß sie von ihnen stammen. Sie werden gefoltert, geben aber ihr Versteck nicht preis.

Der Judenrat in Warschau erfährt, daß täglich 6000 Menschen aus dem Ghetto »ausgesiedelt« werden sollen. Man findet heraus, daß die Züge in Wirklichkeit nach Auschwitz und Treblinka gehen.

Abb. 4: Berta Weiss (Rosemary Harris) und Dr. Josef Weiss (Fritz Weaver) im Konzentrationslager Auschwitz.
Photo aus dem Film HOLOCAUST
(Photo: *World Vision*, München)

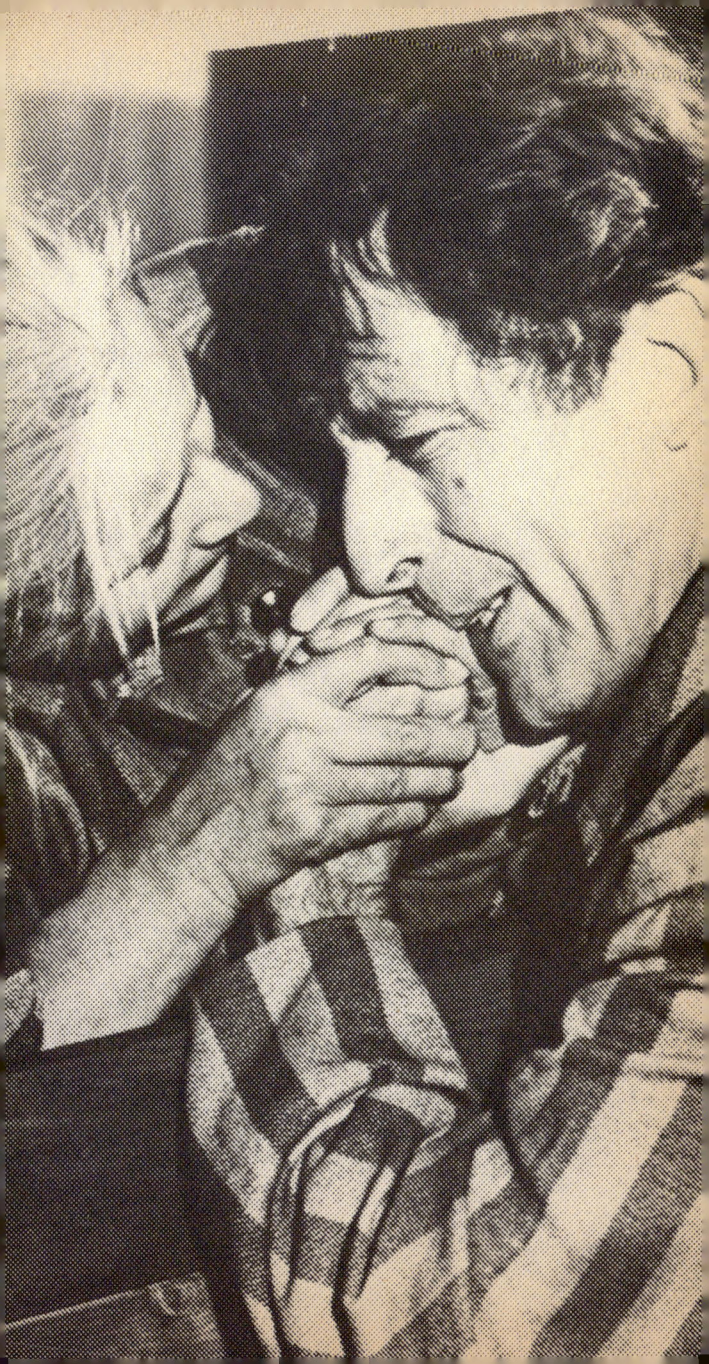

In Warschau werden das Ehepaar Weiss und andere Juden abtransportiert. Die zurückbleibenden Widerstandskämpfer beginnen den Aufstand, der erst nach 28 Tagen mit der Vernichtung des Ghettos endet. Nach den Folterungen in Theresienstadt kaum noch lebend, erhält Karl Weiss noch einmal Gelegenheit, seine Frau Inga zu sehen. Sie sagt ihm, daß sie ein Kind
von ihm erwartet. Dann bringt man ihn in den Zug nach
Auschwitz. Dort werden inzwischen viele Opfer in die Gaskammern geschickt, schließlich auch die Arbeiter, die Dorfs
Onkel Kurt bei Straßenbauten beschäftigt und bisher gerettet
hatte. Unter ihnen ist Dr. Weiss.

Bei einem Partisanenangriff auf einen deutschen Konvoi in
Rußland wird Helena getötet. Rudi wird gefangengenommen
und in das Lager Sobibor in Ostpolen gebracht. Hier beteiligt er
sich an einem erfolgreichen Ausbruch der Gefangenen. Er
trennt sich von seinen russischen Mitkämpfern, um nach Überlebenden seiner Familie zu suchen.

Erik Dorfs Karriere ist schließlich auch an ihr Ende gekommen. Obwohl er längst ahnt, daß der Krieg verloren ist und er
für die Verbrechen, an denen er mitgewirkt hat, zur Rechen-
schaft gezogen werden wird, hält er verzweifelt an der Wahn-
idee von der »historischen Mission« der SS gegenüber den jüdischen »Feinden des deutschen Volkes« fest. Als er dann von
den Amerikanern festgenommen und mit den Dokumenten der
Massenmorde konfrontiert wird, nimmt er sich in einem unbe-
wachten Augenblick das Leben. Während seine Familie weiterhin an ihn als einen im Kampf gefallenen Helden glaubt, beschließt sein Onkel Kurt, der viel gesehen hat, wenigstens jetzt
die Wahrheit über die NS-Verbrechen nicht mehr länger zu verschweigen.

(Vom Autor durchgesehen. Die ursprüngliche Fassung erschien erstmalig in HOLOCAUST – *Materialien zu einer amerikanischen Fernsehserie
über die Judenvernichtung im ›Dritten Reich‹*, erarbeitet und zusammengestellt von Wilhelm van Kampen, Düsseldorf [Landeszentrale für
politische Bildung NRW] 1978, S. 8 ff. Der Abdruck erfolgt mit freundlicher Genehmigung des Autors und der Landeszentrale.)

Besetzungsliste von ›Holocaust‹

Die Geschichte der Familie Weiss

Rolle	Darsteller	Deutsche Sprecher
Dr. Josef Weiss	Fritz Weaver	Herbert Stass
Berta Palitz-Weiss	Rosemary Harris	Bettina Schön
Rudi Weiss	Joseph Bottoms	Markus Boysen
Anna Weiss	Blanche Baker	Irina Wanka
Moses Weiss	Sam Wanamaker	Klaus Miedel
Karl Weiss	James Woods	Ralf Schermuly
Inga Helms-Weiss	Meryl Streep	Elisabeth Schwarz
Herr Helms	Werner Kreindl	Werner Kreindl
Frau Helms	Nina Sandt	Elisabeth Volkmann
Hans Helms	Michael Beck	Manfred Lehmann
Heinrich Palitz	Marius Goring	Heinz Engelmann
Frau Palitz	Nora Minor	Nora Minor
Erik Dorf	Michael Moriarty	Ernst Jacobi
Marta Dorf	Deborah Norton	Gudrun Vaupel
Kurt Dorf	Robert Stephens	Michael Rehberg
Reinhard Heydrich	David Warner	Uwe Friedrichsen
Heinrich Himmler	Ian Holm	Herr Euba
Hans Frank	John Bailey	Hans Müller-Trenck
Adolf Eichmann	Tom Bell	Peter Fröhlich
Rudolf Höss	David Daker	Joachim Kemmer
Heinz Müller	Anthony Haygarth	Peter Thom
Ernst Kaltenbrunner	Hans Meyer	Martin Hirthe
Helena Slomova	Tovah Feldshuh	Marion Marlon
Weinberg	Cyril Shaps	Erich Ebert
Zalman	Stanley Lebor	Wilmut Borell
Pfälzer	George Pravda	Leo Bardischewski
Frey	Peter Vogel	Charles Brauer
Levy	George Rose	Willy Semmelrogge
Frau Levy	Käte Jaenicke	Gusti Kreissl
Sascha	Lee Montague	Wolfgang Hess
und viele andere		

Zeitgeschichtliche Dokumente zu ›Holocaust‹

Die Absicht

Nach dem Ersten Weltkrieg blieb Hitler beim Militär, wurde in München als politischer Spitzel ausgebildet und im völkisch-nationalistischen Sinne geschult. Damals bildete er seine antisemitische Weltanschauung aus. Der Kampf gegen die Juden wurde für ihn zu einer fixen Idee. In einem Brief vom 16. September 1919 schrieb er erstmals darüber:

»Wenn die Gefahr die das Judentum für unser Volk heute bildet seinen Ausdruck findet in einer nicht wegzuleugnenden Abneigung großer Teile unseres Volkes, so ist die Ursache dieser Abneigung meist nicht zu suchen in der klaren Erkenntnis des bewußt oder unbewußt planmäßig verderblichen Wirkens der Juden als Gesamtheit auf unsere Nation, sondern sie entsteht meist durch den persönlichen Verkehr, unter dem Eindruck, den der Jude als einzelner zurückläßt und der fast stets ein ungünstiger ist. Dadurch erhält der Antisemitismus nur zu leicht den Charakter einer bloßen Gefühlserscheinung. Und doch ist dies unrichtig. Der Antisemitismus als politische Bewegung darf nicht und kann nicht bestimmt werden durch Momente des Gefühls, sondern durch die Erkenntnis von Tatsachen. [...]

Und daraus ergibt sich folgendes: Der Antisemitismus aus rein gefühlsmäßigen Gründen wird seinen letzten Ausdruck finden in der Form von Progromen [*sic*]. Der Antisemitismus der Vernunft jedoch muß führen zur planmäßigen gesetzlichen Bekämpfung und Beseitigung der Vorrechte des Juden, die er nur zum Unterschied der anderen zwischen uns lebenden Fremden besitzt (Fremdengesetzgebung). Sein letztes Ziel aber muß unverrückbar die Entfernung der Juden überhaupt sein. Zu beidem ist nur fähig eine Regierung nationaler Kraft und niemals eine Regierung nationaler Ohnmacht.«
(Brief A. Hitlers an A. Gemlich vom 16.9.1919; erstmals abge-

druckt in der Dokumentation von Ernst Deuerlein: *Hitlers Eintritt in die Politik und die Reichswehr,* in: *Vierteljahrshefte für Zeitgeschichte* 7 (1959), S. 203 f.)

Als Hitler Mitglied der NSDAP und deren Werbe-Obmann geworden war, machte er den Kampf gegen die Juden zu einem Leitmotiv der politischen Agitation der Partei. In einer seiner ersten größeren Reden 1920 sagte er u. a.:

»Endlich wissen wir, wie groß die sozialen Reformen sind, die durchzuführen sind, daß Deutschland nicht genesen wird, vielleicht nur auf Grund kleiner Versuche, sondern daß man tief einschneiden wird müssen, man wird um das nationale Problem nicht herumkönnen und nicht um das Problem einer Bodenreform und nicht um das Problem einer Versorgung all derjenigen, die Tag für Tag für die Volksgemeinschaft arbeiten, in ihren alten Tagen, daß diese Versorgung nicht ein Almosen ist, sondern daß sie ein Recht haben, diese alten Tage noch lebenswert zu verbringen.

Wenn wir diese soziale Reform durchführen wollen, muß Hand in Hand gehen der Kampf gegen den Gegner jeder sozialen Einrichtung: das Judentum. Auch hier wissen wir genau, daß die wissenschaftliche Erkenntnis bloß die Vorarbeit sein kann, daß aber hinter dieser Erkenntnis die Organisation kommen muß, die einst zur Tat übergeht und die Tat bleibt uns unverrückbar fest, sie heißt: Entfernung der Juden aus unserem Volke, nicht weil wir ihnen ihre Existenz nicht vergönnten, wir gratulieren einer ganzen übrigen Welt zu ihrem Besuche, aber weil uns die Existenz des eigenen Volkes noch tausendmal höher steht als die einer fremden Rasse. Und da sind wir überzeugt, daß dieser wissenschaftliche Antisemitismus, der klar erkennt die fürchterliche Gefahr dieser Rasse für jedes Volk, nur Führer sein kann, daß aber die breite Masse stets auch gefühlsmäßig empfinden wird, den Juden in erster Linie kennen lernt als den Mann im täglichen Leben, der immer und überall absticht – unsere Sorge muß es sein, das Instinktmäßige gegen das Judentum in unserem Volke zu wecken und aufzupeitschen und aufzuwiegeln, solange bis es zum Entschluß kommt, der Bewegung sich anzuschließen, die bereit ist, die Konsequenzen daraus zu ziehen.«

(*Hitlers »grundlegende« Rede über den Antisemitismus,* Eine Dokumentation von Reginald H. Phelps, in: *Vierteljahrshefte für Zeitge-schichte* 16 (1968), S. 417)

Auch ein guter Teil seines programmatischen Buches *Mein Kampf,* das Hitler 1924 während seiner Haftzeit in Landsberg verfaßte, ist diesem Thema gewidmet. In Erinnerung an die von beiden Seiten im Westen geführten Gasangriffe des Ersten Weltkrieges, die auch seine Verwundung zur Folge hatten, schrieb Hitler:

> »Hätte man zu Kriegsbeginn und während des Krieges ein-mal zwölf- oder fünfzehntausend dieser hebräischen Volks-verderber so unter Giftgas gehalten, wie Hunderttausende unserer allerbesten deutschen Arbeiter aus allen Schichten und Berufen es im Felde erdulden mußten, dann wäre das Millionenopfer der Front nicht vergeblich gewesen. Im Ge-genteil: Zwölftausend Schurken zur rechten Zeit beseitigt, hätte vielleicht einer Million ordentlicher, für die Zukunft wertvoller Deutscher das Leben gerettet.«
> (Aus: Adolf Hitler, *Mein Kampf*, 2. Band: *Die nationalsozialistische Bewegung,* München 1927, S. 344; in der ab 1933 hrsg. Standard-ausgabe S. 772)

Nach der Machtergreifung Hitlers begannen schon 1933 schi-kanöse Maßnahmen gegen die Juden, die sich langsam steiger-ten, während der Olympischen Spiele 1936 wegen der vielen ausländischen Besucher aber teilweise wieder eingeschränkt wurden. Daß Hitler darin jedoch nur einen Anfang sah und viel weitergehende Absichten hatte, zeigt eine Rede vor Partei-funktionären im Jahre 1937, in der er auf die Forderung eines Zeitungsredakteurs, jüdische Geschäfte zu kennzeichnen, folgendermaßen antwortete:

> »Von wem fordert er das? Wer kann das anordnen? Ich ganz allein. Also, der Herr Redakteur fordert im Namen seiner Leser von mir, daß ich das tue. Zunächst: Längst bevor dieser Redakteur von der Judenfrage eine Ahnung hatte, habe ich mich doch schon sehr gründlich damit beschäftigt; zweitens, dieses Problem der Kennzeichnung wird seit zwei, drei Jah-ren fortgesetzt erwogen und wird eines Tages so oder so na-türlich auch durchgeführt. Denn: das Endziel unserer ganzen Politik ist uns ja allen ganz klar. Es handelt sich bei mir nur immer darum, keinen Schritt zu machen, den ich vielleicht wieder zurück machen muß, und keinen Schritt zu machen, der uns schadet. Wissen Sie, ich gehe immer an die äußerste

r a t. Man bleibe mit dem dümmsten Einwand gefälligst
weg, daß doch so viele Arbeiter einst auch für Deutschland
geblutet hätten. Deutsche Arbeiter, jawohl, aber dann
waren es eben keine internationalen Marxisten mehr. Hätte
im Jahre 1914 die deutsche Arbeiterschaft ihrer innersten
Einstellung nach noch aus Marxisten bestanden, so wäre
der Krieg nach drei Wochen zu Ende gewesen. Deutschland
wäre zusammengebrochen, ehe der erste Soldat seinen Fuß
nur über die Grenze gesetzt hätte. Nein, daß damals das
deutsche Volk noch kämpfte, bewies, daß der marxistische
Irrwahn sich noch nicht bis zur letzten Tiefe einzufressen
vermocht hatte. In eben dem Maße aber, in dem im Laufe
des Krieges der deutsche Arbeiter und deutsche Soldat
wieder in die Hand der marxistischen Führer zurückkehrte,
in eben dem Maße ging er dem Vaterland verloren. Hätte
man zu Kriegsbeginn und während des Krieges einmal
zwölf= oder fünfzehntausend dieser hebräischen Volksver=
derber so unter Giftgas gehalten, wie Hunderttausende
unserer allerbesten deutschen Arbeiter aus allen Schichten
und Berufen es im Felde erdulden mußten, dann wäre das
Millionenopfer der Front nicht vergeblich gewesen. Im
Gegenteil: Zwölftausend Schurken zur rechten Zeit besei=
tigt, hätte vielleicht einer Million ordentlicher, für die
Zukunft wertvoller Deutscher das Leben gerettet. Doch
gehörte es eben auch zur bürgerlichen „Staatskunst", ohne
mit der Wimper zu zucken, Millionen auf dem Schlacht=
feld dem blutigen Ende auszuliefern, aber zehn= oder
zwölftausend Volksverräter, Schieber, Wucherer und Be=
trüger als kostbares nationales Heiligtum anzusehen und
damit deren Unantastbarkeit offen zu proklamieren. Man
weiß ja nicht, was in dieser bürgerlichen Welt größer ist,
die Trottelhaftigkeit, die Schwäche und Feigheit oder die
durch und durch verlumpte Gesinnung. Es ist wirklich eine
vom Schicksal zum Untergang bestimmte Klasse, die nur
leider ein ganzes Volk mit sich in den Abgrund reißt.

Vor der ganz gleichen Situation wie 1918 stand man
aber im Jahre 1923. Ganz gleich zu welcher Art von Wider=
stand man sich entschloß, immer war die erste Voraussetzung

Grenze des Wagnisses, aber auch nicht darüber hinaus. Da muß man nun die Nase haben, ungefähr zu riechen: ›Was kann ich noch machen, was kann ich nicht machen?‹ Auch im Kampf gegen einen Gegner. Ich will ja nicht gleich einen Gegner mit Gewalt zum Kampf fordern, ich sage nicht: ›Kampf!‹, weil ich kämpfen will, sondern ich sage [und nun immer lauter schreiend]: ›Ich will dich vernichten! Und jetzt, Klugheit, hilf mir, Dich so in die Ecke hineinzumanövrieren, daß Du zu keinem Stoß mehr kommst, und dann kriegst Du den Stoß ins Herz hinein.‹«

(Zitiert nach Helmut Krausnick: *Judenverfolgung,* in: *Anatomie des SS-Staates,* Band II, Freiburg 1965, S. 326)

Schon bevor er selbst durch den Überfall auf die Tschechoslowakei im März und den Krieg gegen Polen im September 1939 die Weltmeinung gegen sich aufbrachte und den Zweiten Weltkrieg auslöste, versuchte Hitler, diesen von ihm provozierten Krieg den Juden in die Schuhe zu schieben, sie zum Sündenbock zu machen und ihnen Hetzpropaganda vorzuwerfen, wie er sie viel schlimmer trieb. Am Jahrestag seiner Machtergreifung, am 30. 1. 1939, erklärte er in einer Rede im Deutschen Reichstag:
»Ich will heute wieder ein Prophet sein. Wenn es dem internationalen Finanzjudentum in- und außerhalb Europas gelingen sollte, die Völker noch einmal in einen Weltkrieg zu stürzen, dann würde das Ergebnis nicht die Bolschewisierung der Erde und damit der Sieg des Judentums sein, sondern die Vernichtung der jüdischen Rasse in Europa. Denn die Zeit der propagandistischen Wehrlosigkeit der nicht-jüdischen Völker ist zu Ende. Das nationalsozialistische Deutschland und das faschistische Italien besitzen jene Einrichtungen, die es gestatten, wenn notwendig, die Welt über das Wesen einer Frage aufzuklären, die vielen Völkern instinktiv bewußt und nur wissenschaftlich unklar ist. Augenblicklich mag das Judentum in gewissen Staaten seine Hetze betreiben unter dem Schutz einer dort in seinen Händen befindlichen Presse, des Films, der Rundfunkpropaganda, der Theater, der Literatur usw. Wenn es diesem Volke aber noch einmal gelingen sollte, die Millionenmassen der Völker in einen für diese gänzlich sinnlosen und nur jüdischen Interessen dienenden Kampf zu hetzen, dann wird sich die Wirksamkeit einer Aufklärung äußern, der in Deutschland allein schon in wenigen Jahren das Judentum restlos erlegen ist. Die Völker wollen nicht mehr

auf den Schlachtfeldern sterben, damit diese wurzellose internationale Rasse an den Geschäften des Krieges verdient und ihre alttestamentarische Rachsucht befriedigt. Über die jüdische Parole ›Proletarier aller Länder, vereinigt euch‹ wird eine höhere Erkenntnis siegen, nämlich: ›Schaffende Angehörige aller Nationen, erkennt euren gemeinsamen Feind!‹

(In: *Verhandlungen des Reichstags,* Band 460, S. 5)

Einige Tage vorher, am 21. 1. 1939, hatte sich Hitler dem tschechoslowakischen Außenminister gegenüber noch deutlicher ausgedrückt. In der Niederschrift des Gesprächs heißt es:

»Die Juden würden bei uns vernichtet. Den 9. November 1918 hätten die Juden nicht umsonst gemacht, dieser Tag würde gerächt werden. Aber in der Tschechoslowakei vergifteten die Juden heute noch das Volk.«

(Aufzeichnung des Legationsrats Hewel in: *Akten zur deutschen auswärtigen Politik* 1918–1945, Serie D, Band IV, Baden-Baden 1951, S. 170)

Als Hitler den Krieg entfesselt hatte, wurden die Maßnahmen gegen die Juden bald schärfer; in Polen begannen Einsatzkommandos der SS mit der systematischen Vernichtung der jüdischen Bevölkerung durch Erschießungen. Die Juden im deutschen Reichsgebiet sollten möglichst rasch in die neu eroberten polnischen Gebiete deportiert werden. Im September 1941 schrieb der Reichsführer-SS und Chef der deutschen Polizei, Heinrich Himmler, an den Gauleiter des neuen Warthegaus, SS-Obergruppenführer Greiser:

»Der Führer wünscht, daß möglichst bald das Altreich und das Protektorat vom Westen nach dem Osten von Juden geleert und befreit werden. Ich bin daher bestrebt, möglichst noch in diesem Jahr die Juden des Altreiches und des Protektorats zunächst einmal als erste Stufe in die vor zwei Jahren neu zum Reich gekommenen Ostgebiete zu transportieren, um sie im nächsten Frühjahr noch weiter nach dem Osten abzuschieben. Ich beabsichtige, in das Litzmannstädter Ghetto, das, wie ich hörte, kaum aufnahmefähig ist, rund 60 000 Juden des Altreichs und des Protektorats für den Winter zu verbringen. Ich bitte Sie, diese Maßnahme, die sicherlich für Ihren Gau Schwierigkeiten und Lasten mit sich bringt, nicht nur zu verstehen, sondern im Interesse des Gesamtreiches mit allen Kräften zu unterstützen.«

(Schreiben Himmler an Greiser vom 18. 9. 41 aus den Akten Persönl. Stab Reichsführer-SS, Mikrofilm im Institut für Zeitgeschichte München)

Aber auf die Dauer wollte man die Juden auch nicht im ehemaligen polnischen Gebiet, dem Generalgouvernement, konzentrieren. Im Januar 1942 fand deshalb in Berlin eine große Besprechung über die zur »Endlösung der Judenfrage« zu ergreifenden Maßnahmen statt, die sogenannte Wannsee-Konferenz. Einige Wochen vorher, am 16. 12. 1941, erklärte der Generalgouverneur Hans Frank in einer Sitzung seiner Regierung in Krakau zu diesem Problem:

»Ich werde daher den Juden gegenüber grundsätzlich nur von der Erwartung ausgehen, daß sie verschwinden. Sie müssen weg. Ich habe Verhandlungen angeknüpft mit dem Ziel, sie [gemeint sind die polnischen Juden im Generalgouvernement] nach dem Osten abzuschieben. Im Januar findet über diese Frage eine große Besprechung in Berlin statt, zu der ich Herrn Staatssekretär Dr. Bühler entsenden werde. Diese Besprechung soll im Reichssicherheitshauptamt bei SS-Obergruppenführer Heydrich stattfinden. Jedenfalls wird eine große jüdische Wanderung einsetzen. Aber was soll mit den Juden geschehen? Glauben Sie, man wird sie im Ostland in Siedlungsdörfern unterbringen? Man hat uns in Berlin gesagt: weshalb macht man diese Scherereien; wir können im Ostland oder im Reichskommissariat auch nichts mit ihnen anfangen, liquidiert sie selber! Meine Herren, ich muß Sie bitten, sich gegen alle Mitleidserwägungen zu wappnen. Wir müssen die Juden vernichten, wo immer wir sie treffen und wo es irgend möglich ist, um das Gesamtgefüge des Reiches hier aufrecht zu erhalten…«

(Aus: *Das Diensttagebuch des deutschen Generalgouverneurs in Polen 1939–1945,* hrsg. von Werner Präg und Wolfgang Jacobmeyer, Quellen u. Darstellungen zur Zeitgeschichte, Bd. 20, Stuttgart 1975, S. 457)

Hitler selbst nahm an der Konferenz am Wannsee am 20. 1. 1942 nicht teil. Wege zur Durchführung der »Endlösung« zu finden, war Sache seiner Untergebenen. Aber wie er darüber dachte, zeigt deutlich eine Stelle im Tagebuch seines Propagandaministers Joseph Goebbels. Er schrieb am 14. Februar 1942 nach einem Gespräch mit Hitler in Berlin:

»Der Führer gibt noch einmal seiner Meinung Ausdruck, daß

er entschlossen ist, rücksichtslos mit den Juden in Europa aufzuräumen. Hier darf man keinerlei sentimentale Anwandlungen haben. Die Juden haben die Katastrophe, die sie heute erleben, verdient. Sie werden mit der Vernichtung unserer Feinde auch ihre eigene Vernichtung erleben. Wir müssen diesen Prozeß mit einer kalten Rücksichtslosigkeit beschleunigen, wir tun damit der leidenden und seit Jahrtausenden gequälten Menschheit einen unabschätzbaren Dienst...«

(*Goebbels Tagebücher aus den Jahren 1942–43,* hrsg. von Louis P. Lochner, Zürich 1948, S. 87 f.).

Die Durchführung

Die Vernichtungsaktionen gegen die polnischen Juden durch sogenannte Einsatzgruppen des Sicherheitsdienstes der SS begannen unmittelbar nach dem Einmarsch in Polen in aller Härte. Man erschoß die Juden nicht nur, man schreckte auch nicht davor zurück, sie lebendigen Lebes in ihren eigenen Synagogen zu verbrennen. Ein Zeugenbericht über das grauenhafte Geschehen am 27.6.1941 in Bialystock:

»Im Laufe des Nachmittags trieben die Angehörigen des Polizeibataillons N. immer mehr Juden auf dem Marktplatz und dem Synagogenvorplatz zusammen. Dies lag einmal daran, daß inzwischen weitere Teile des Bataillons – z.B. auch der 2. Kompanie – bei der Durchkämmung eingesetzt waren, und zum anderen daran, daß mittlerweile judenfeindliche Kreise der polnischen Bevölkerung unter dem Ruf: »Hurra, Jud' kaputt!« die Deutschen beim Durchkämmen unterstützen, indem sie sie etwa auf Fluchtwege oder Verstecke von Juden hinwiesen. Viele Juden waren zu dieser Zeit vor den deutschen Greifkommandos und ihren polnischen Begleitern wie gehetztes Wild auf der Flucht. So liefen z.B. der damals 16 Jahre alte Chaim P., der heute selbständiger Kaufmann ist, und seine blondhaarige Schwester mit ihrem alten Vater von einem Versteck zum anderen, um den Vater vor dem Tod zu bewahren.

Als sich die festgenommenen Juden ungeachtet der Erschießungen auf den Sammelplätzen drängten, befahlen B. und S., vielleicht aber auch noch andere Offiziere – möglicherweise auf Veranlassung des Bataillonskommandeurs W.

–, die Juden in die Hauptsynagoge zu treiben, damit sie dort verbrannt würden. B. und S. traten an der Synagoge zunächst – soweit feststellbar – allein als unmittelbare Akteure im Offiziersrang offen in Erscheinung. Im übrigen wurde die Verbrennungsaktion unter Einsatz von mehreren Kraftfahrzeugen, zahlreichen Bataillonsangehörigen als Absperrung mit Handfeuerwaffen, mindestens einem schweren Maschinengewehr und unter Verwendung von Benzin und Handgranaten mit einer geradezu militärischen Präzision ausgeführt. Viele der mitwirkenden Bataillonsangehörigen, die zum größten Teil der 1. und 3. Kompanie, teilweise auch der 2. Kompanie und dem Nachrichtenzug angehörten, hielten zwar in ihrem Inneren trotz ihrer nationalsozialistischen Schulung die Verbrennung der Juden in ihrem Gotteshaus für ein schändliches Verbrechen. Diese Wertung brachte aber niemand erkennbar zum Ausdruck. Abgesehen davon, daß der eine oder andere Absperrposten beim Fluchtversuch eines Juden heimlich mit Absicht fehlschoß – was ohnehin wegen der großen Zahl der Posten, die meist gezielt schossen, nicht ins Gewicht fiel –, erfüllten alle Mitwirkenden ungeachtet ihrer etwaigen schweren Schuldgefühle die ihnen zumindest von B. und S. erteilten Befehle mit größter Genauigkeit. Es machte auch keiner von ihnen trotz der bei vielen bestehenden klaren Erkenntnis, daß der Hauptmann und der Leutnant sie zu der Ausführung eines mehrhundertfachen grausamen Massenmordes kommandierten, nur den Versuch, sich offen zu widersetzen.

B. und S. arbeiteten bei der Vorbereitung der Judenverbrennung Hand in Hand. Auf ihre Anordnung trieben Bataillonsangehörige zunächst die Juden vom Synagogenvorplatz und vom Marktplatz in das Innere der Synagoge. Danach wurden die Seitentüren des Gebäudes von außen verschlossen und zum Teil mit Möbelstücken sowie anderen Sachen verbarrikadiert. Zwei Postenketten von Bataillonsangehörigen, zu denen der größte Teil der 3. Kompanie – nicht allein der 4. Zug dieser Kompanie – gehörte, umstellten in der Form einer inneren und einer äußeren Absperrung die Synagoge. Vor dem Hauptportal wurde ein schweres, wassergekühltes Maschinengewehr, für dessen sachgemäße Bedienung eine wenigstens vierköpfige eingeübte Mannschaft erforderlich war, fertig zum Einsatz und mit Schußrichtung auf das Portal aufgebaut. Die Portaltüren blieben noch eine Zeitlang geöffnet. Während dieser Zeit wurden weitere Gruppen von Juden, die die Greifkommandos inzwischen noch festgenommen hatten, in die Synagoge getrieben. Mindestens unter den letzten dieser Gruppen befanden sich auch jüdische Frauen und Kinder, die sich vielfach verzweifelt an ihre Ehemänner und Väter klammerten und wie jene unter den Fußtritten und Kolbenhieben der Wachmannschaften, die in diesem fortgeschrittenen Stadium der Vernichtungsaktion nicht mehr nach Alter oder Geschlecht der willkürlich zum Feuertod Verurteilten unterschieden, hineingebracht wurden. Andere Bataillonsangehörige schafften unterdessen Benzin in die Synagoge. Danach wurden auch die Portaltüren von außen verschlossen. Mindestens ein Bataillonsangehöriger warf dann ein Bündel geschärfter und entsicherter Handgranaten – eine sogenannte geballte Ladung – durch ein Fenster in den Hauptraum der Synagoge. Die Handgranaten explodierten dort, entzündeten das Benzin und setzten das Gebäude, in dem zu dieser Zeit wenigstens 500 jüdische Männer, Frauen und Kinder eingesperrt waren, in Brand. [...]

Als das Benzin in die Synagoge geschafft wurde, begannen die eingesperrten Juden, die ihr bevorstehendes Schicksal ahnten, ein weithin hörbares choralähnliches Lied zu singen. Nach der Explosion der Handgranaten und der damit verbundenen Entzündung des Benzins ging der Gesang der Juden in ein vielstimmiges Schreien über. In das Geschrei mischte sich bald der Lärm der Schüsse und vor allem das Hämmern der Maschinenwaffen des Absperrkommandos, das befehlsgemäß jeden Ausbruchsversuch vereitelte. Mindestens 6 kräftige jüdische Männer, die das verschlossene Hauptportal gewaltsam von innen aufdrückten und mit teilweise brennenden Kleidern heraustürmten, brachen im Feuer des schweren Maschinengewehrs zusammen. Andere Juden, die aus den Fenstern zu klettern versuchten, wurden von den Angehörigen der Postenketten erschossen oder mit Schüssen in das Synagogeninnere zurückgetrieben. Während des Brandes zeigten sich einige jüdische Frauen an den Fenstern, die Kinder hochhielten und riefen, die Deutschen sollten wenigstens die Kinder verschonen. Die Wachmannschaften schossen aber auch auf die Frauen und Kinder. Im weiteren Verlauf des Brandes setzten sich manche Juden absichtlich den Schüssen aus und schrien auch aus den Fenstern, man möge sie erschießen, damit sie nicht lebendig verbrennen müßten. Um den Qualen des Feuertodes zu entgehen, erhängte sich ein Jude im Hauptraum an dem Vorsprung einer Säule.

Die damalige Wetterlage im Gebiet von Bialystok – es war ein sehr heißer Sommertag, an dem ein Festlandhoch mit Temperaturen von mehr als 25 Grad im Schatten herrschte – und die zum großen Teil aus leicht brennbaren Stoffen, z. B. den hölzernen Sitzbänken, ferner Schränken mit Gebetsrollen sowie Teppichen und Wandbehängen, bestehende Inneneinrichtung der Synagoge begünstigten die Ausbreitung des Brandes. Es dauerte jedoch gleichwohl mindestens eine halbe Stunde, bis das Schreien der Eingeschlossenen an Lautstärke abnahm und schließlich aufhörte. Dies lag möglicherweise mit daran, daß die Synagoge außer dem Haupt- und dem Vorraum eine Reihe von abgetrennten Nebengelassen enthielt, auf die das Feuer nicht so schnell übergriff und in die sich viele Juden zunächst flüchten konnten. Von ihnen und selbst von den im Hauptraum verbleibenden Juden – abgesehen etwa von denen, die schon beim Ausbruch des Brandes durch die Explosion getötet worden waren – hätte ein großer Teil bereits durch das von innen aufgedrückte Hauptportal und durch die Fensteröffnungen der Feuerhölle entkommen können, wenn das Absperrkommando rechtzeitig das Schießen eingestellt hätte, und noch mehr Menschenleben wären gerettet worden, wenn man zudem die Seitentüren geöffnet hätte. Da beides nicht geschah, kamen auch die Juden, die sich zunächst in die Nebengelasse geflüchtet hatten, mit dem Fortschreiten des Brandes elend um. Ihre Qualen waren noch größer als diejenigen der im Hauptraum Eingeschlossenen, weil sie den Tod längere Zeit vor Augen hatten als jene. In einer Art Garderobenraum, der nicht besonders groß war, wurden später die durch die Hitze zusammengebackenen Leichen von mindestens 15 Menschen gefunden, die sich in ihrer Todesangst vor den näherkommenden Flammen Körper an Körper in den Raum gepreßt hatten. Auch in den übrigen Teilen der Synagoge war der Fußboden nach dem Brand stellenweise mit mehreren Schichten verkrümmter Menschenleiber in verschiedenen Graden der Verbrennung bedeckt. Manche waren nur angesengt oder angekohlt, andere so vollständig zu Asche verbrannt, daß ihre Überreste bei den Aufräumungsarbeiten mit Blechen vom Boden gekratzt und mit Schaufeln in Säcke gefüllt werden mußten.

(Auszug aus dem Urteil des Schwurgerichtes bei dem Landgericht Wuppertal vom 24. 5. 1973, AZ: 12 Ks 1/67 (14/71 S) StA Wuppertal)

Nach dem Beginn des Krieges gegen die Sowjetunion und dem weiteren Vordringen des deutschen Machtbereiches in Osteuropa ging die Judenverfolgung auf russischem Gebiet in eher noch grausamerer Weise weiter. Ein ehemaliger volksdeutscher Hilfspolizist berichtet von einer Aktion in der Nähe von Cherson im Herbst 1941:

»... Man hat bei uns im Dorf ›16. Abteilung‹ ca. 700 Juden erschossen. Das war kurz nach dem Einmarsch der deutschen Soldaten. Das muß im Oktober gewesen sein, unmittelbar nach der Ernte. Ich kam damals am Abend von einer Reise nach Cherson zurück und wurde von dem Buchhalter der Bürgermeisterei, den ich auf der Straße traf, angehalten. Er erzählte mir, daß SS-Leute dagewesen waren und auf dem Büro der Verwaltung die Anweisung gegeben hätten, die Verwaltung solle die im Ort wohnenden Juden anweisen, sich am anderen Tag um 8.00 Uhr an der Schule einzufinden. Bei uns im Ort gab es viele Juden, die zum großen Teil kurz vor dem Einmarsch der deutschen Soldaten aus Cherson zu uns ins Dorf geflüchtet waren.

Die SS-Leute haben auf der Verwaltung schon gesagt, daß die Juden erschossen würden, man solle den Juden aber nichts sagen. Ich habe dann mit einigen anderen Ukrainern den Juden gesagt, daß sie sich am anderen Tag um 8.00 Uhr in der Schule einfinden sollen. Ich habe mich nicht getraut, die Juden nicht zu verständigen, denn sonst wäre ich und auch die Ukrainer bestraft worden; das hatten die SS-Leute schon angekündigt.

Ich war am anderen Tag an der Schule, weil auch das befohlen war. Die Juden waren auch alle gekommen. Es waren, wie schon gesagt, etwa 700 Juden, Männer, Frauen und Kinder. Es waren auch Juden aus anderen Dörfern dabei, die den Befehl hatten, sich hier bei uns im Ort einzufinden.

Kurz nach 8.00 Uhr kamen aus dem Dorf ›17. Abteilung‹ 25 SS-Männer, die auch Juden dabei hatten. Nach einer kurzen Pause mußten die Juden mit den SS-Männern mitmarschieren. Es ging vor das Dorf, wo sich in etwa 2 km Entfernung ein alter, stillgelegter Brunnen befand. Dieser Brunnen hatte einen Durchmesser von ca. 3 Meter. Eine Einfassung

befand sich nicht mehr am Brunnen, die war schon einge-
stürzt. Es war also ein riesengroßes Loch unmittelbar in Höhe
der Erde.

Ungefähr 50 Meter vor dem Brunnen hielt jetzt die Kolonne an. Die Juden mußten sich bis auf die Unterwäsche
ausziehen; dann wurden immer 6 Personen an den Brunnen-
rand geführt und dort von den SS-Leuten mit Karabinern erschossen. Die meisten der Erschossenen fielen nach vorn in
den Brunnen, einige fielen aber rückwärts auf die Erde.
Diese wurden dann von den anderen Juden, die zur Hinrichtung mußten, in den Brunnen geworfen.

Die Juden jammerten und beteten, aber keiner versuchte
zu flüchten. Die größeren Kinder hat man erschossen; die
Kleinkinder hat man lebend in den Brunnen geworfen. Ich
stand unmittelbar dabei und habe alles genau beobachtet.«
(Auszug aus einem Vernehmungsprotokoll, aus den Akten der Zentralen Stelle der Landesjustizverwaltungen, Ludwigsburg, AZ: 213
AR-Z 66/67 Bd. IV, S. 737 ff.)

Eine der größten Massenexekutionen von Juden fand am 29.
und 30. 9. 1941 in der Schlucht Babi Yar bei Kiew statt. Hier der
Bericht eines daran beteiligt gewesenen ehemaligen Angehörigen des Sonderkommandos 4 a der Einsatzgruppe C der Sicherheitspolizei und des SD:

»Meine nächste Erschießung erlebte ich in Kiew. Sie fand
Ende September 1941 statt, wenige Tage nach dem Einrük-
ken des Hauptkommandos in Kiew. Diese Erschießung nahm
zwei Tage in Anspruch. Damals wurden mehrere Tausend
Juden, ich möchte eine fünfstellige Zahl nennen, erschossen.
Es handelte sich um die gesamte Judenschaft Kiews. Erschossen wurden Männer, Frauen und Kinder und ganze Familien.

Das ganze Kommando ist damals, mit Ausnahme einer
Wache, gegen sechs Uhr morgens zu diesen Erschießungen
ausgerückt. Ich selbst saß auf einem Lkw. Es mußte alles ran,
was verfügbar war. Wir sind damals etwa 20 Minuten lang in
nördlicher Richtung gefahren. Wir hielten auf einer gepfla-
sterten Straße im freien Gelände an, die dort aufhörte. Dort
waren unzählige Juden versammelt und dort war auch eine
Stelle eingerichtet, wo die Juden ihre Kleidung und ihr Gepäck ablegen mußten. Nach einem Kilometer sah ich eine
große natürliche Schlucht. Es war sandiges Gelände. Die

Schlucht war ca. 10 Meter tief, etwa 400 Meter lang, oben etwa 80 Meter breit und unten etwa 10 Meter breit.

Gleich nach meiner Ankunft im Exekutionsgelände mußte ich mich zusammen mit anderen Kameraden nach unten in diese Mulde begeben. Es dauerte nicht lange und es wurden uns schon die ersten Juden über die Schluchtabhänge zugeführt. Die Juden mußten sich mit dem Gesicht zur Erde an die Muldenwände hinlegen. In der Mulde befanden sich drei Gruppen mit Schützen, mit insgesamt etwa 12 Schützen. Gleichzeitig sind diesen Erschießungsgruppen von oben her laufend Juden zugeführt worden. Die nachfolgenden Juden mußten sich auf die Leichen der zuvor erschossenen Juden legen. Die Schützen standen jeweils hinter den Juden und haben diese mit Genickschüssen getötet. Mir ist heute noch in Erinnerung, in welches Entsetzen die Juden kamen, die oben am Grubenrand zum ersten Mal auf die Leichen in der Grube hinuntersehen konnten. Viele Juden haben vor Schreck laut aufgeschrieen. Man kann sich gar nicht vorstellen, welche Nervenkraft es kostete, da unten diese schmutzige Arbeit auszuführen. Es war grauenhaft.

Ich mußte den ganzen Vormittag über unten in der Schlucht bleiben. Dort mußte ich eine Zeitlang immer wieder schießen, und dann war ich damit beschäftigt, Magazine der MP mit Munition zu füllen. Während dieser Zeit wurden andere Kameraden als Schützen eingeteilt. Gegen Mittag wurden wir aus der Mulde herausgezogen und nachmittags mußte ich mit anderen oben die Juden der Mulde zuführen. In dieser Zeit haben dann andere Kameraden unten in der Mulde geschossen. Die Juden wurden von uns bis zum Muldenrand hingeleitet; dort sind sie dann von selbst die Abhänge hinuntergelaufen. Die ganze Erschießung an diesem Tage mag etwa bis fünf oder sechs Uhr (17.00 oder 18.00 Uhr) gedauert haben. Anschließend wurden wir wieder in unser Quartier zurückgefahren. An diesem Abend hat es wieder Alkohol (Schnaps) gegeben. Wir waren alle froh, daß die Erschießung zu Ende war. Ich erinnere mich genau, daß an diesem Tag die SS-Führer Dr. F., J. und H. unten in der Mulde waren und laufend Fangschüsse auf nicht tödlich getroffene Juden abgegeben haben. [...]

Am nächsten Tag sind wir ebenfalls am frühen Morgen zu dieser Exekutionsstelle hinausgefahren worden. Die Leichen vom Vortage lagen noch offen in der Mulde. Ich glaube, auch diese Erschießung dauerte den ganzen Tag. Auch dabei mußte ich in die Mulde runter zum Schießen und zum Laden und habe dann, wie am Vortage, auch oben – nach Ablösung in der Mulde – Juden an den Muldenrand mit heranführen müssen. Es kamen ganze Kolonnen von Juden an. Alle waren nackt. Es war ein grauenhafthes Bild. [...]

Auch am zweiten Tage wurde nach der Erschießung Schnaps ausgegeben. Ich weiß auch, daß die Führer abends getrunken haben. [...]«

(Auszug aus einem Vernehmungsprotokoll, aus den Akten der Zentralen Stelle der Landesjustizverwaltungen, Ludwigsburg, AZ: 204 AR-Z 269/60 Bl. 2304ff.)

Über die Tätigkeit derselben Einsatzgruppe C im Herbst 1941 berichtet die *Ereignismeldung UdSSR Nr. 128* des Chefs der Sicherheitspolizei und des SD vom 3. November 1941 u. a. folgendes:

»B. Vollzugstätigkeit.

Was die eigentliche Exekutive anbelangt, so sind von den Kommandos der Einsatzgruppe bisher etwa 80 000 Personen liquidiert worden.

Darunter befinden sich etwa 8 000 Personen, denen aufgrund von Ermittlungen eine deutschfeindliche oder bolschewistische Tätigkeit nachgewiesen werden konnte. Der verbleibende Rest ist aufgrund von Vergeltungsmaßnahmen erledigt worden.

Mehrere Vergeltungsmaßnahmen wurden im Rahmen von Großaktionen durchgeführt. Die größte dieser Aktionen fand unmittelbar nach der Einnahme Kiews statt; es wurden hierzu ausschließlich Juden mit ihrer gesamten Familie verwandt.

Die sich bei Durchführung einer solchen Großaktion ergebenden Schwierigkeiten – vor allem hinsichtlich der Erfassung – wurden in Kiew dadurch überwunden, daß durch Maueranschlag die jüdische Bevölkerung zur Umsiedlung aufgefordert worden war. Obwohl man zunächst nur mit einer Beteiligung von etwa 5000 bis 6000 Juden gerechnet hatte, fanden sich über 30000 Juden ein, die infolge einer überaus geschickten Organisation bis unmittelbar vor der Exekution noch an ihre Umsiedlung glaubten.«

(Auszug aus der *Ereignismeldung UdSSR Nr. 128,* Original im Bundesarchiv Koblenz, Kopien im Institut für Zeitgeschichte, München, und bei der Zentralen Stelle der Landesjustizverwaltungen, Ludwigsburg).

In den besetzten Ostgebieten wurde 1941/42 die Ausrottung der Juden so systematisch betrieben, daß die Kommandoführer bald »Erfolgsmeldungen« geben konnten, es gebe in ihrem Gebiet keine Juden mehr – außer den von der deutschen Zivilverwaltung und von der Wehrmacht zur Zwangsarbeit eingesetzten sogenannten »Arbeitsjuden«, die dadurch zumindest für eine gewisse Zeit überleben konnten. Natürlich sind zahlreiche Juden auch in die Wälder geflüchtet und haben sich Widerstandsgruppen – von den Deutschen » Partisanen« genannt – angeschlossen. Das Einsatzkommando 3 der Sicherheitspolizei gab am 1. Dezember 1941 die Anzahl der exekutierten Juden mit 137346 an. Der Chef des Kommandos schrieb in seinem Bericht weiter:

»Ich kann heute feststellen, daß das Ziel, das Judenproblem für Litauen zu lösen, vom EK. 3 erreicht worden ist. In Litauen gibt es keine Juden mehr, außer den Arbeitsjuden incl. ihrer Familien.

Das sind	
in Schaulen	ca. 4500
in Kauen	ca. 15000
in Wilna	ca. 15000

Diese Arbeitsjuden incl. ihrer Familien wollte ich ebenfalls umlegen, was mir jedoch scharfe Kampfansage der Zivilverwaltung (dem Reichskommissar) und der Wehrmacht eintrug und das Verbot auslöste: Diese Juden und ihre Familien dürfen nicht erschossen werden!«

(Bericht des Befehlshabers der Sicherheitspolizei und des SD in Kauen vom 9. Februar 1942, Kopie bei der Zentralen Stelle der Landesjustizverwaltungen, Ludwigsburg.)

Jüdische Gettos in Weißrußland wurden von Schutzpolizei-Einheiten systematisch »durchkämmt«, um die Einwohner zur Erschießung zusammenzutreiben. Auf Seite 98 ein Auszug aus dem *Erfahrungsbericht* eines Hauptmanns der Schutzpolizei:

(Eine Kopie des *Erfahrungsberichts* befindet sich in den Akten der Zentralen Stelle der Landesjustizverwaltungen, Ludwigsburg.)

Die Komp. erhielt am 27.X.42 , nachdem der Befehl zum sofortigen Abmarsch aufgehoben war den Befehl, am 28.X.42 14.7.. Uhr in
Kobryn einzutreffen. Die Komp. traf verlastet,befehlsgemäß in Kobryn
ein und wurde von hier nach Pinsk in Marsch gesetzt. Eintreffen
am Westausgang Pinsk 29.X.42 04,00 Uhr.

Die am 28.X.42 in Pinsk stattgefundene Besprechung bei H.Regt.
Kommandeur Oberst   ergab, dass 2 Batl. und zwar II/Pol.15
und R.A.2 die äußere Absperrung übernehmen,während 10./Pol 15 und
11./Pol.11 ohne 2 Züge mit der Durchkämmung des Ghetto beauftragt
wurden. 11.Pol/ 11 ohne 1 Zug (dieser würde am nachmittag ebenfalls von der _____ entbunden) war für die Bewachung am Sammelplatz, Sicherung der einzelnen Transporte zum Exekutionsplatz,der
etwa 4 km außerhalb Pinsk lag,und Absperrung des Exekutionsplatzes
bestimmt. Für letztere Aufgabe wurden im weiteren Verlauf der
Aktion teilweise Reiter eingesetzt. Diese Maßnahme bewährte sich
tadellos, da bei einem Fluchtversuch von 150 Juden alle wieder
ergriffen werden konnten,obwohl sich diese z.T.bis auf einige km
entfernt hatten.

Die befohlene Absperrung stand um 04,30 Uhr und es zeigte
sich,dass in Anbetracht der vorangegangenen persönlichen Erkundung
der eingesetzten Führer unter Wahrung der Geheimhaltung die
Absperrung in kürzester Zeit stand und ein Entweichen von Juden
unmöglich war.

Mit der Durchkämmung des Ghettos sollte befehlsgemäß um
06,00 Uhr begonnen werden. Infolge der noch bestehenden Dunkelheit
wurde der Beginn der Durchkämmung um eine halbe Stunde verschoben.
Die Juden,nun aufmerksam geworden,sammelten sich zum größten Teil
freiwillig auf allen Straßen und mit Hilfe von 2 Wachtmeistern
gelang es,schon in der ersten Stunde einige tausend zum Sammelplatz
zu lotsen. Da nun der andere Teil der Juden sah wohin es ging,
schlossen sie sich dem Zuge an,sodass die vom SD am Sammelplatz
in Aussicht genommene Sichtung auf Grund des starken und plötzlichen
Anlaufs nicht mehr erfolgen konnte. (Man hatte für den ersten
Tag der Durchkämmung nur mit 1-2000 Personen gerechnet) Die erste
Durchkämmung war am 17,00 Uhr beendet und verlief ohne Zwischen-
fälle. Am 1. Tag wurden cr. 10.000 Personen exekutiert. Für die
Nacht lag die Komp.in Alarmbereitschaft im Soldatenheim.

Am 30.X. wurde das Ghetto zum zweiten-, am 31.X. zum dritten-,
und am 1.XI. zum vierten Male durchkämmt. Es wurden insgesamt
cr.15.000 Juden dem Sammelplatz zugeführt. Kranke Juden und
einzelne,in den Häusern zurückgelassene Kinder wurden sofort im
Ghetto auf dem Hofe exekutiert. Im Ghetto wurden cr. 1200 Juden
exekutiert.

Die Juden aus den Gettos des Generalgouvernements Polen wurden inzwischen in großen Eisenbahntransporten in die Vernichtungslager im Osten gebracht, wo man Vergasungsanlagen installiert hatte. Schon auf der Fahrt dorthin, wie überall auf dem Leidenswege der europäischen Juden, spielten sich erschütternde Szenen ab. Hier der Bericht eines ehemaligen Eisenbahnbeamten, der im Jahre 1942 als Bahnhofsvorsteher auf einer Station an der zum Vernichtungslager Belzec führenden Bahnstrecke eingesetzt war:

»[...] Ein Erlebnis hat sich bei mir besonders eingeprägt. Es war an einem Sonntagmittag gegen 13.30 Uhr. Von Sawada aus war uns ein Juden-Transport gemeldet worden. Auf unserer Station in Zwierzyniec nahmen die Lokomotiven stets Wasser. Dies geschah auch bei dem erwähnten Zug. Aus dem haltenden Zug zwängte sich ein kleines jüdisches Mädchen heraus, das ich auf 10–12 Jahre schätzte. Es kam zu mir und hielt ein Fünfmarkschein in Händen, mit dem es um Wasser bat. Es sprach von einem Löffel Wasser. Ich gab meinem polnischen Stationsleiter Anweisung, er möge mein Wasserglas nehmen und dem Mädchen Wasser reichen. Dem Mädchen sagte ich, daß es das Geld wegstecken solle. Während das Mädchen noch trank, erschien überraschend hinter mir der Transportführer der SS, der 4 Sterne als Rangabzeichen trug. Mit der Reitpeitsche schlug er zunächst dem Mädchen das Wasserglas aus der Hand, um dann weitere Schläge dem Kind zu versetzen. Aus dem Zug zwängt sich der Vater des Mädchens heraus, der auf den Knien den SS-Führer um Gnade für sein Kind bat. Der SS-Führer zog seine Pistole und tötete den Vater durch Genickschuß. Das Mädchen wurde in den Wagen geworfen. Das gleiche geschah mit dem Toten. Der SS-Führer beschimpfte mich als Judenknecht; ich sei nicht würdig, deutscher Beamter zu sein.«

(Auszug aus einem Zeugenprotokoll, aus den Akten der Zentralen Stelle der Landesjustizverwaltungen, Ludwigsburg, AZ: 8 AR-Z 268/59 Bd. XIII, S. 2819.)

In Auschwitz war eine der wichtigsten Methoden, Menschen umzubringen, die »Vernichtung durch Arbeit«, das Sich-zu-Tode-arbeiten-Müssen. Besonders hart verfuhr man mit den sogenannten »Strafkompanien«, in die man vorzugsweise Juden steckte. Der folgende Erlebnisbericht eines Häftlings macht dies deutlich. Der Verfasser verdankt sein Leben dem Umstand, daß die Willkürmaßnahme des Lagerführers wieder aufgehoben wurde, und dem Zufall, nicht unter den zehn gewesen zu sein, die im Bunker bleiben mußten.

»Eines Tages hielt man uns länger als gewöhnlich zurück. Der Blockälteste Hans erklärte, daß heute ein Befehl des Lagerführers vorgelesen würde. Worauf er sich eigentlich bezog, wußte niemand.

Nachdem wir eine halbe Stunde gewartet hatten, erschien Blockführer G. auf dem Hofe. Er nahm die Meldung ab und stellte sich mitten vor den Wohnblock.

›Alles mal herhören!… Vom heutigen Tage ab werden für jeden entflohenen Häftling zehn andere Häftlinge hingerichtet. Wenn die Flucht aus dem Lager erfolgt, werden dafür diejenigen Häftlinge zur Verantwortung gezogen, welche mit dem Flüchtigen denselben Block bewohnen. Sollte die Flucht vom Arbeitsplatz erfolgen, wird diejenige Gruppe hingerichtet, in welcher der Flüchtige gearbeitet hat. Die Auswahl wird der Lagerführer persönlich vornehmen…‹ – Hier machte G. eine kurze Pause, ließ seinen Blick über uns hinschweifen, worauf er fortfuhr: ›Diese Verordnung betrifft das gewöhnliche Lager… Was die Strafkompanie anbelangt, hat sie der Lagerführer insofern verschärft, als nicht zehn, sondern zwanzig Häftlinge zum Tode verurteilt werden!‹ Die letzten Worte wurden mit deutlicher Befriedigung ausgesprochen. ›Und nun der zweite Teil: Es wird bekanntgegeben, daß die ganze Familie eines entflohenen Häftlings verhaftet, ins hiesige Lager gebracht und hingerichtet wird. Jegliches Vermögen wird zugunsten des Deutschen Reiches beschlagnahmt!‹ – wieder eine kurze Pause. Diesmal schwieg G. etwas länger. Er rauchte eine Zigarette an, machte einige tiefe Züge und fügte von sich aus hinzu: ›Ihr wißt alle Bescheid, nicht wahr? Für jeden – zwanzig Mann… Und weil der Lagerführer der Ansicht ist, daß die Kugeln für den Kampf an der Front nötiger sind und der Galgen zu kostspielig ist, hat er sich entschlossen, die zur Hinrichtung Bestimmten im Hungerbunker einzusperren. Sie erhalten nichts zu essen und zu trinken, bis sie krepieren… Haben alle verstanden?‹

›Jawohl!‹ ertönte es einstimmig aus fast fünfhundert Kehlen.

›Wegtreten!‹

Wir gingen in den Block und erörterten diese Verordnung. Wir brauchten sie nicht zu fürchten, denn die SK wurde so scharf bewacht, daß eine Flucht fast unmöglich war. Seit dem

Bestehen des Lagers war noch kein Häftling aus der Strafkompanie geflohen... Im Lager geschah es in der letzten Zeit
ziemlich oft.

Die nächsten Tage vergingen schnell. Sie ähnelten einan-
der in ihrer furchtbaren Gleichförmigkeit. Früh Wecken,
Waschen, Kaffee-Empfang, dann Appell, Ausmarsch und
Arbeit – eine Anzahl verprügelter Pechvögel, einige Tote –
dann Mittagessen. Nach dem Mittagessen wieder Arbeit bis
zum Gong mit dazugehörigen ›Abwechslungen‹, Rück-
marsch ins Lager, ein mehr oder weniger langer Appell, Kaffee-Empfang und Schlafen... Und das jeden Tag von neuem,
ohne besondere Änderung.

Eines Tages wurde unsere Kolonne umgruppiert. Das geschah zu meinem Nachteil. Denn statt wie bis jetzt am Sieb zu
arbeiten, wurde ich der Gruppe zugeteilt, die Gestrüpp trug.
Unser Vorarbeiter Willi M., ein Sachse, verhielt sich anstän-
dig; befehlsgemäß trug er zwar wie alle anderen einen Knüp-
pel, machte aber sehr selten von ihm Gebrauch. Wir waren
zusammen mit dem Vorarbeiter zwanzig Mann in der Gruppe. Bis zur Mittagszeit ging die Arbeit ruhig voran. Ich war
sogar zufrieden; denn über dieser Arbeit verstrich die Zeit
viel schneller als früher. Wir aßen unser Mittagbrot, und die
übrige Zeit verbrachten wir wie gewöhnlich im Gespräch
über das Essen. Jeder gab an, was er jetzt am liebsten essen
würde, erwähnte seine Lieblingsspeisen aus der Zeit der
Freiheit, und so verging die Mittagspause.

Nach dem Essen nahmen wir dieselbe Beschäftigung wieder auf, von Zeit zu Zeit erlaubte Willi einem, in die Latrine
zu gehen... Und weil Stanislaw N., Häftling Nr. 8505, an dem
im Lager üblichen Durchfall litt, staunte niemand besonders
darüber, daß er dreiviertel des Tages im Klosett verbrachte.
Gleich nach dem Mittagessen bat er Willi um Beurlaubung
und lief schnell in Richtung der Latrine. Es verging eine Vier-
telstunde, eine halbe Stunde, dreiviertel Stunde – N. kam
nicht zurück... Der beunruhigte Vorarbeiter schickte einen
Häftling, um nachzuschauen... Wir waren alle überzeugt,
daß unser Kranker schwach geworden war und einfach keine
Kräfte hatte, um zur Gruppe zurückzukehren. Nach einer
Weile kam der Bote zurück. N. war nicht im Klosett.

Willi lief sofort zum Kapo Johny, bleich wie wir alle. Kurz
darauf hörten wir einen Pfiff, der eine Arbeitspause bedeutete und gleich nachher Befehle...

›Kompanie antreten!‹

Auf ein solches Kommando warf jeder Häftling das Werkzeug hin und lief, so schnell er nur konnte, zum Appellplatz. Wir stellten uns gruppenweise auf.

Die Kapos und der Kommandoführer begannen zu zählen. N. war in keiner Gruppe. Wir neunzehn Mann wurden sofort von den übrigen getrennt und der Obhut dreier fremder Vorarbeiter empfohlen. Indessen begann man das Arbeitsgebiet der SK genau zu durchsuchen. Nach einer halben Stunde war jede Ecke, jeder Strauch kontrolliert. N. war nicht zu finden. Es unterlag nicht dem geringsten Zweifel, daß er geflohen war.

Die ganze Wut des Kapos und des Kommandoführers entluf sich nun über uns. Zuerst erhielt jeder fünfundzwanzig Stockschläge, und alles andere mußte man dem Glück überlassen. Mich hatte es offensichtlich begünstigt; denn mir brauchte niemand bei der Rückkehr ins Lager zu helfen. Die anderen wurden getragen...

Während des Appells nahm unsere Gruppe gesondert Aufstellung. Nach etwa einer halben Stunde ertönt der gellende Schrei des Blockältesten: ›Achtung!‹, und F. trat in Begleitung einiger Unteroffiziere auf den Hof. Eine Weile sprach er mit dem Blockführer G. und kam dann auf uns zu.

Willi meldete die Tatsache der Flucht. Er bekam sofort einige in die Zähne, worauf F. eine kurze Rede hielt:

›Gemäß dem Befehl des Reichsführers der SS Himmler seid ihr alle zum Tode verurteilt... Verstanden?‹

›Jawohl!‹

Er nickte kurz G. zu und ging fort. Wir aber hörten das Kommando: ›Rechts um!... In Doppelreihe, marsch!‹

Das ging alles so schnell, daß wir gar nicht Zeit hatten, uns zu besinnen. Drei Minuten später befanden wir uns schon im Bunker, zehn Mann in der einen, neun in der anderen Zelle. Ich gehörte zu den neun Mann.

Die Zelle war dunkel, ohne Fenster. Oben befand sich eine kleine Öffnung, durch welche Luft hereinkam. Drinnen herrschte Zwielicht. Nach einigen Minuten gewöhnten sich jedoch die Augen daran. Wir ließen uns auf den Betonfußboden nieder.«

(Aus: Zenon Rozanski, *Mützen ab... Eine Reportage aus der Strafkompanie des KZ Auschwitz*, Hannover 1948, S. 21–23. Der Rechte-Inhaber bzw. seine Nachfolger konnten nicht ermittelt werden. Der Fischer Taschenbuch Verlag ist bereit, nach Anforderung rechtmäßige Ansprüche abzugelten.)

Am 3. 9. 1941 fand in Auschwitz die erste Vergasung von Häftlingen durch das Giftgas Zyklon-B statt. Darüber gibt es den Bericht eines Krankenpflegers:

»Eines Tages wurde uns Häftlingsschreibern im Krankenhaus der Befehl erteilt, eine Liste zusammenzustellen, auf der nicht die am schwersten Kranken – nicht die Sterbenden – mit ihren Nummern und Namen zu verzeichnen waren, sondern die Schonungsbedürftigen. Auch Invalide, die Prothesen hatten, mußten auf diese Liste aufgenommen werden, wenn sie nicht im Krankenbau lagen. Es hieß, daß die auf dieser Liste Verzeichneten in ein Schonungslager kommen – in eine Art Sanatorium für Häftlinge. Viele drängten sich zu diesem Transport. Es kam vor, daß Häftlinge, die abgewiesen wurden, mit List erreichten, daß ihre Namen doch noch auf die Liste gesetzt wurde. So stellte man einen Transport von mehreren hundert Leuten zusammen.

Die Leute wurden in richtige Personenwagen – nicht wie sonst in Lastwaggons – verladen und weggebracht. Dadurch verstärkte sich bei uns der Eindruck, daß es mit der Fahrt in ein Erholungslager ernst gemeint war.

Später erfuhren wir die Wahrheit – einige SS-Leute haben sie durchsickern lassen: Der ganze Transport wurde in Richtung Dresden geführt und dort [in der Irrenanstalt Königstein, Anm. d. Red.] vergast...

Unbestimmte Gerüchte wurden heimlich weitergegeben, daß Schwerkranke durch Spritzen – und zwar durch Phenolspritzen – umgebracht werden. Das hat sich später bestätigt. Aber daß man Kranke auch vergasen konnte, auf einen solchen Gedanken sind wir damals noch nicht gekommen.

Die erste Vergasung wurde im Herbst 1941, einige Monate nach Beginn des Krieges gegen die Sowjetunion, durchgeführt. Eines Tages bekamen wir Pfleger im Krankenbau den Befehl, Schwerkranke in die Bunkerzellen des Blocks 11 zu bringen. In diesen Zellen wurden sie eingeschlossen. Etwa um 10 Uhr abends vernahmen wir, wie von SS eine große Gruppe in die Richtung Bunker getrieben wurde. Wir hörten Schreie in russischer Sprache, Befehle der SS-ler und harte Schläge.

Drei Tage später erhielten wir Pfleger mitten in der Nacht den Befehl, in den Block 11 zu gehen. Wir mußten dort die Leichen aus den Bunkerzellen herausräumen. So haben wir sehen können, daß man eine große Gruppe von russischen

Häftlingen zusammen mit den Kranken, die wir dorthin gebracht hatten, einfach in diesen Zellen vergast hat.

Der Anblick, der sich uns bot, als wir die Zellentüren aufmachten, war ungefähr der, wie wenn man einen prallgefüllten Koffer öffnet. Die Leichen fielen uns entgegen. Ich schätze, daß bis zu 60 Leichen in einer kleinen Zelle zusammengepfercht waren, so eng, daß sie auch als Tote nicht umfallen konnten, sondern standen. Man konnte sehen, daß sie sich zur Lüftungsklappe gedrängt hatten, durch die übrigens das Giftgas hineingeworfen worden war. Alle Anzeichen eines furchtbaren Todeskampfes waren noch zu sehen.

Wir Pfleger mußten die Leichen auf Wagen legen, mit denen sie aus dem Lager geführt wurden. Dort wurden sie vergraben. Wir, die wir diese Arbeit durchführen mußten, waren davon überzeugt, daß wir entweder gleich bei diesen Gräbern niedergemetzelt oder daß wir später als Geheimnisträger ermordet werden, wie das in Auschwitz üblich war. Aber es geschah uns nicht.

Auch später habe ich noch oft erfahren, daß es bei der SS immer wieder Überraschungen und Inkonsequenzen gab.«
(Wojciech Barcz: *Die erste Vergasung*, in: *Auschwitz. Zeugnisse und Berichte*, hrsg. von H.G. Adler, Hermann Langbein, Ella Lingens-Reiner, Frankfurt 1962, S. 30 f.)

Ein Jude aus Siebenbürgen, der Arzt war, wurde von dem SS-Arzt Dr. Mengele dazu ausersehen, eine Art Assistentenrolle für ihn zu spielen. Diesem Umstand verdankte er sein Leben. Alle anderen Häftlinge, die den für die Arbeit in den Krematorien zugeteilten »Sonderkommandos« angehörten, wurden später umgebracht. Nach der Befreiung konnte dieser Mann den folgenden Bericht über den Verlauf der Vergasungsaktionen verfassen. Schon schwer krank, starb er Anfang 1945.

»Ein langgezogener Lokomotivpfiff gellt von der Rampe her zu mir herüber. Ich trete ans Fenster und sehe, daß ein neuer Zug angekommen ist. Die Türen werden geöffnet. Juden steigen aus den Waggons. Aufstellen und Selektieren nehmen keine halbe Stunde in Anspruch. Langsam setzt sich die linke Gruppe in Bewegung.

In mein Zimmer dringen laute Kommandos und schnelle Schritte. Der Lärm kommt aus dem Heizungsraum des Krematoriums. Es werden alle Vorbereitungen zum Empfang des neuen Transportes getroffen. Ich höre das Summen von Elektromotoren. Später erfahre ich: Man hat die riesigen

Ventilatoren eingeschaltet, die das Feuer in den Öfen auf den erforderlichen Hitzegrad bringen. Fünfzehn solche Ventilatoren arbeiten auf einmal, neben jedem Ofen ist einer angebracht.

Der Verbrennungssaal ist etwa hundertfünfzig Meter lang, ein heller Raum mit weißgetünchten Wänden und Betonboden. Vor den großen Fenstern sind starke Eisengitter. Die fünfzehn Verbrennungsöfen sind mit roten Ziegeln verkleidet.

Inzwischen hat auch der Transport das Tor zum Krematoriumsgelände erreicht. Weit öffnen sich seine Flügel. In den üblichen Fünferreihen betreten die Menschen den Hof. Das ist nun der Moment, von dem ab niemand mehr in der Außenwelt weiß, was geschieht, denn keiner, der darüber hätte etwas wissen können, nachdem er seinen Schicksalsweg gegangen war – die 100 Meter, die diesen Ort von der Rampe trennen –, ist jemals zurückgekommen, um darüber zu berichten. Es ist eines der Krematorien, das auf alle jene wartet, die für die linke Kolonne ausgewählt worden waren. Und nicht, wie die deutschen Lügner die Menschen in der rechten Kolonne hatten glauben machen, um deren Angst zu beruhigen, ein Lager für die Kranken und die Kinder, in dem die schwächeren Menschen die Obsorge für die Kleinen haben würden.

Hier also ist das Ziel für die Menschen, die mit einer Handbewegung Dr. Mengeles nach links geschickt wurden. Langsam und müde schreiten sie dahin. Die Kinder hängen schläfrig an den Röcken ihrer Mütter, die Säuglinge werden meist von den Vätern getragen oder in Kinderwagen geschoben.

Die SS-Begleitmannschaft blieb vor den Toren zurück, auf denen die Aufschrift angebracht war: ›Nichtbeschäftigten ist der Eintritt strengstens verboten. Dies gilt auch für SS-Angehörige.‹

In Sekundenschnelle entdecken die Durstigen die Wasserhähne auf dem Rasen. Sofort holen sie ihre Geschirre heraus und drängen aus der Reihe zum Wasser. Daß sie jede Angst vergessen, ist nur zu verständlich. Seit fünf Tagen bekamen sie nur brackes Wasser, das den Durst nicht stillte.

Die Wache, die den Transport im Krematorium empfängt, ist an solche Szenen gewöhnt. Sie wartet, bis alle ihren Durst gelöscht haben. Solange sie nicht getrunken haben, ist an eine Aufstellung in Reih und Glied ohnehin nicht zu denken.

Allmählich kommt wieder Ordnung in die durcheinander-geratene Menschenmenge. Die Häftlinge gehen etwa hundert Meter weit über den mit schwarzer Schlacke bestreuten Weg zwischen den Grasflächen. Dann kommen sie zu einem graugestrichenen Eisengitter und gelangen über zehn oder fünfzehn Betonstufen in eine große unterirdische Halle, die bis zu dreitausend Menschen faßt.

Am Eingang steht eine Tafel mit deutscher, französischer, griechischer und ungarischer Aufschrift: Bade- und Desinfi-zierungsraum. Dies klingt beruhigend und beschwichtigt das Mißtrauen und die Ängste auch derer, die den stärksten Verdacht hegen. Sie gehen beinahe fröhlich die Stufen hinunter.

In dem rund zweihundert Meter langen und grell erleuchteten Raum sind ein gutes Dutzend Bankreihen aufgestellt. Über den Bänken sind Haken angebracht, von denen jeder eine Nummer trägt. Zahlreiche Tafeln verkünden in allen Sprachen, daß Kleidungsstücke und Schuhe zusammenge-bunden an die Haken zu hängen sind. Man habe sich die Nummer seines Hakens zu merken, damit nach der Rückkehr aus dem Bad kein Durcheinander entsteht.

›Typisch deutsche Ordnung‹, sagen viele. Sie haben recht. All dies dient tatsächlich der Ordnung, so daß die Tausende Paare von Schuhen, die das Dritte Reich so dringend braucht, nicht durcheinandergeraten. Das gleiche gilt für die Kleider, damit die Bevölkerung der ausgebombten Städte sie wirklich noch brauchen kann.

Den fast dreitausend Männern, Frauen und Kindern wird nun befohlen, sich nackt auszuziehen. Erstarrt stehen sie da. Großmütter und Großväter, Ehefrauen und Ehemänner, Kinder und Jugendliche. Keusche Frauen und Mädchen sehen sich ratlos an. Vielleicht haben sie die deutschen Worte nicht richtig verstanden?

Aber schon wird der Befehl wiederholt. Die Stimmen der SS-Leute klingen ungeduldig, drohend.

Die Menschen beginnen zu ahnen, daß ihnen Furchtbares bevorsteht. Ihr Schamgefühl empört sich. Aber schließlich sagen sie sich mit jüdischer Resignation, daß man mit ihnen ja alles tun kann.

Schwerfällig beginnen sie, sich zu entkleiden. Den Alten, Lahmen und Geisteskranken helfen die dafür bereitstehen-den Leute des Sonderkommandos. Innerhalb von zehn Minuten sind alle nackt. Ihre Kleider und die zusammengebundenen Schuhe hängen an den Haken. Und jeder prägt sich seine Nummer ein...

Jetzt öffnet die SS-Wache die zwei Flügel der Eichentür am Ende des Saales. Die Menge drängt in den nächsten Raum, der ebenfalls hell erleuchtet ist. Er ist genauso groß wie der Auskleideraum, nur die Bänke und Haken fehlen.

In der Mitte des Saales stehen im Abstand von jeweils dreißig Metern Säulen. Sie reichen vom Boden bis zur Decke. Keine Stützsäulen, sondern Eisenblechrohre, die überall durchlöchert sind.

Die Deportierten sind jetzt im Saal. Ein scharfer Befehl: ›SS und Sonderkommando raus!‹

Sie gehen hinaus. Nachdem draußen festgestellt ist, daß niemand fehlt, werden die Türen verschlossen, wird das Licht von außen gelöscht.

Im gleichen Augenblick hört man ein Auto vorfahren. Der Wagen mit dem Roten Kreuz bremst. Ein SS-Offizier und ein SDG-Scharführer steigen aus. Der Scharführer hat vier grüne Blechdosen in der Hand.

Die beiden betreten die Rasenfläche über der Halle, auf der im Abstand von dreißig Metern Betonsockel stehen. Beim ersten Sockel legen sie Gasmasken an. Dann heben sie den Deckel ab, brechen den Patentverschluß der Blechdose auf und schütten den Inhalt, eine violette, bröckelige Masse, in die Öffnung: Zyklon.

Das Zyklon entwickelt Gas, sobald es mit Luft in Berührung kommt. Es fällt durch die Blechrohre in den unterirdischen Raum. Das Gas entweicht sofort durch die Löcher der Säulen und füllt den Raum unten in Sekundenschnelle.

Zyklon tötet zuverlässig innerhalb fünf Minuten.

So pünktlich wie heute erscheint der Wagen mit dem Roten Kreuz zu jedem Transport – das Gas wird nämlich von einer weit entfernten Baracke hergebracht. Ganz unvorstellbar ist für mich, daß dieses Mordauto das Zeichen des Internationalen Roten Kreuzes trägt.

Die Gas-Scharfrichter warten noch weitere fünf Minuten, um ihrer Sache ganz sicher zu sein. Sie zünden sich Zigaretten an und steigen dann wieder in ihr Auto. Fast dreitausend unschuldige Menschen haben sie innerhalb von wenigen Minuten umgebracht...

Nach zwanzig Minuten werden die elektrischen Entlüftungsapparate eingeschaltet, um die giftigen Gase zu vertreiben. Die Tore öffnen sich, und schon rollen Lastwagen heran. Männer vom Sonderkommando laden die Kleider und Schuhe auf. Sie werden zur Desinfizierung gebracht. Diesmal wirklich zur Desinfizierung.

Die modernen Saugventilatoren haben das Gas bald aus dem Raum gepumpt. Nur zwischen den Toten ist es noch in kleinen Mengen vorhanden.

Noch nach 2 Stunden verursacht es einen erstickenden Reizhusten. Deshalb trägt das Sonderkommando, das jetzt mit Schläuchen hereinkommt, Gasmasken.

Wieder ist der Raum in grelles Licht getaucht, und es bietet sich ein grauenhaftes Bild dar.

Die Leichen liegen nicht im Raum verstreut, sondern türmen sich hoch übereinander. Das ist leicht zu erklären. Das von draußen eingeworfene Zyklon entwickelt seine tödlichen Gase zunächst in Bodenhöhe. Die oberen Luftschichten erfaßt es erst nach und nach. Deshalb trampeln die Unglücklichen sich gegenseitig nieder, einer klettert über den anderen. Je höher sie sind, desto später erreicht sie das Gas. Welch furchtbarer Kampf um zwei Minuten Lebensverlängerung.

Wenn sie in ihrer verzweifelten Todesangst noch einen Gedanken fassen könnten, müßten sie erkennen, daß sie vergebens auf ihre Eltern, Gatten und Kinder treten. Aber sie konnten nicht denken. Ihr Verhalten wird nur noch vom naturbedingten Selbsterhaltungstrieb jeder Kreatur bestimmt. Ich sehe, daß Säuglinge, Kinder und Greise ganz unten liegen, darüber dann die kräftigeren Männer.

Ineinander verkrallt, mit zerkratzten Leibern, aus Nase und Mund blutend, liegen sie da. Ihre Köpfe sind blau angeschwollen und bis zur Unkenntlichkeit entstellt. Trotzdem erkennen die Männer des Sonderkommandos häufig unter den Leichen ihre Angehörigen.

Mir graut vor einem solchen Wiedersehen…

Eigentlich habe ich hier unten nichts zu suchen. Ich bin zu den Toten nur hinuntergegangen, weil ich mich meinem Volk und der Welt gegenüber verpflichtet fühle, als Augenzeuge die ganze grauenvolle Wahrheit über das Konzentrationslager Auschwitz und seine Krematorien berichten zu können – wenn ein unvorhergesehener Zufall dazu führen sollte, daß ich gerettet werde.

Das Sonderkommando in seinen Gummistiefeln stellt sich rings um den Leichenberg auf und bespritzt ihn mit einem starken Wasserstrahl. Das muß sein, weil sich beim Gastod als letzte Reflexbewegung der Darm entleert. Jeder Tote ist beschmutzt.

Nach dem ›Baden‹ der Toten werden die verkrampften Leiber voneinander gelöst. Eine furchtbare Arbeit, die das Sonderkommando nur in einem Zustand durchführen kann, der einer freiwilligen Aufgabe der eigenen Persönlichkeit gleichkommt und gleichzeitig von tiefster Verzweiflung begleitet ist. Um die im Todeskampf zusammengeballten Fäuste werden Riemen geschnallt, an denen man die vom Wasser glitschigen Toten zum Fahrstuhl schleift.

Im nächsten Raum sind vier große Lastenaufzüge. Man kann jeweils zwanzig bis fünfundzwanzig Tote hineinladen. Der Fahrstuhlführer wird durch ein Klingelzeichen benachrichtigt, wenn der Aufzug startbereit ist. Er fährt dann hinauf in den Verbrennungssaal des Krematoriums.

Die großen Türflügel öffnen sich automatisch. Das Schleppkommando wartet bereits.

Wieder wird eine Schlinge um die Handgelenke der Toten gelegt. Man schleift sie auf der eigens dafür eingerichteten Bahn den Betonboden entlang und lädt sie vor den Öfen ab.

Lange Reihen von Leichen: Alte, Junge und Kinder. Aus Nase, Mund und den Wunden, die während des Schleppens entstanden sind, fließt Blut. Es mischt sich mit dem Wasser, das aus den Hähnen tropft…

Nun folgt die ›Auswertung‹. Menschenhaar ist ein wertvolles Material, da es sich gleichmäßig und unabhängig vom Feuchtigkeitsgehalt der Luft ausdehnt und wieder zusammenzieht. Es wurde wegen dieser seiner Eigenschaft häufig für den Auslösemechanismus von Zeitzünderbomben verwendet.

›Das Dritte Reich kennt keine Goldwährung. Unsere Währung ist die Arbeitskraft jedes einzelnen Volksgenossen!‹ Seit Bestehen des Naziregimes wird dieser Satz in die Welt hinausposaunt und in den Zeitungen verkündet. Was wir hier sehen, dürfte der Wahrheit wohl näherkommen:

Das aus acht Mann bestehende Kommando der Zahnzieher wartet vor den Öfen. In einer Hand haben sie ein Brecheisen, in der anderen eine Zange zum Zahnziehen. Man dreht die Toten mit dem Gesicht nach oben, öffnet ihren Mund und enfernt Goldzähne und Brücken.

Es geht rasch und schonungslos vor sich. Die Zähne

werden herausgebrochen, nicht erst gezogen. Dabei sind die Männer dieses Kommandos durchwegs hervorragende Zahnärzte und Kieferchirurgen. Dr. Mengele hat ausdrücklich verlangt, daß sich hier nur erstklassige Spezialisten melden sollten. Und sie haben sich gemeldet, weil sie Arbeit in ihrem Beruf erhofften, so wie ich.

Die Goldzähne werden in ein Salzsäurebad gelegt, um die daran haftenden Fleisch- und Knochenreste wegzuätzen. Was man sonst noch an Gold- und Wertgegenständen an den Leichen findet – Perlen, Halsketten, Armbänder und Ringe –, wird in eine dafür bestimmte, fest verschlossene Kiste durch eine Öffnung im Deckel geworfen.

Gold wiegt schwer – ich schätze, daß sich in den Krematorien täglich acht bis zehn Kilo ansammeln. Natürlich hängt das von den Transporten ab. Es gibt arme und reiche, je nachdem, woher sie kommen.

Die Transporte aus Ungarn sind völlig ausgeplündert, wenn sie die Juden-Rampe betreten. Die holländischen, tschechischen und polnischen Juden, obwohl sie etliche Jahre im Getto gelebt haben, konnten ihre Goldgegenstände und Devisen retten und bis Auschwitz bringen…

Nachdem der letzte Goldzahn herausgebrochen ist, kommen die Leichen zum Einäscherungskommando. Jeweils drei werden auf ein Schiebewerk aus Stahllamellen gelegt. Die schweren Eisentüren öffnen sich automatisch. Innerhalb von zwanzig Minuten sind die Leichen verbrannt.

In einem Krematorium stehen fünfzehn Öfen, und es gab vier solche nahezu gleichgroße Krematorien. Das bedeutet, daß täglich einige tausend Menschen verbrannt werden können.

Der Abfall ist gering; ein Haufen Asche im Hof der Krematorien. Die Asche wird mit Lastautos zu der zwei Kilometer entfernten Weichsel gefahren und dem Wasser übergeben. Nach so viel Elend und Schrecken fanden nicht einmal die Toten eine stille Ruhestatt.«
(Miklos Nyiszli: *Sonderkommando,* in: *Auschwitz. Zeugnisse und Berichte,* hrsg. von H.G. Adler, Hermann Langbein, Ella Lingens-Reiner, Frankfurt 1962, S. 84–89)

Nicht nur die Juden wurden von den Nationalsozialisten als »rassisch minderwertig« angesehen und sollten ausgerottet werden. Dasselbe galt für die Zigeuner, die im deutschen Machtbereich lebten. Über ihr Schicksal in Auschwitz berichtet der damalige Kommandant des Konzentrationslagers Auschwitz, Rudolf Höß, selbst:

»Es kam der RFSS-Besuch [Besuch des Reichsführers-SS Heinrich Himmler] im Juli 1942. Ich zeigte ihm das Zigeunerlager eingehend. Er sah sich alles gründlich an, sah die vollgestopften Wohnbaracken, die ungenügenden hygienischen Verhältnisse, die vollbelegten Krankenbaracken, sah die Seuchenkranken, sah die Kinderseuche Noma, die mich immer erschaudern ließ, sie erinnerte mich an die Leprakranken, an die Aussätzigen, die ich in Palästina einst sah, diese abgezehrten Kinderkörperchen mit den großen Löchern in der Backenhaut, durch die man durchsehen konnte, dieses langsame Verfaulen bei lebendigem Leibe. – Er hörte die Sterblichkeitsziffern, die, gesehen am Gesamtlager, noch relativ niedrig waren. Doch die Kindersterblichkeit war außerordentlich hoch. Ich glaube nicht, daß von den Neugeborenen viele die ersten Wochen überstanden haben. Er sah alles genau und wirklichkeitsgetreu – und gab uns den Befehl, sie zu vernichten, nachdem die Arbeitsfähigen wie bei den Juden ausgesucht. Ich machte ihn darauf aufmerksam, daß der Personenkreis doch nicht ganz dem entspräche, den er für Auschwitz vorgesehen. Er befahl hierauf, daß das RKPA schnellstens die Durchsiebung vorzunehmen hätte. Dies hat dann zwei Jahre gedauert. Die arbeitsfähigen Zigeuner wurden in andere Lager überstellt. Es blieben dann noch bis August 1944 ca. 4000 Zigeuner übrig, die in die Gaskammern gehen mußten. Bis zu diesem Zeitpunkt wußten diese nicht, was ihnen bevorstand. Erst als sie barackenweise nach dem Krematorium I wanderten, merkten sie es. Es war nicht leicht, sie in die Kammern hineinzubekommen. Ich selbst habe es nicht gesehen, doch S. sagte mir, daß keine Judenvernichtung bisher so schwierig gewesen sei, und ihm sei es besonders schwer geworden, weil er sie fast alle genau kannte und er in einem guten Verhältnis zu ihnen stand. Denn in ihrer ganzen Art waren sie eigentlich zutraulich wie Kinder. Trotz der widrigen Verhältnisse hat das Gros der Zigeuner, so viel ich beobachten konnte, psychisch nicht besonders unter der Haft gelitten, wenn man von dem nun gefesselten Wandertrieb absieht. Die Enge der Unterbringung, die schlechten hygienischen Verhältnisse, z.T. auch die mangelhafte Ernährung waren sie in ihrem primitiven bisher geführten Leben gewöhnt. Auch Krankheit und die hohe Sterblichkeit nahmen sie nicht so tragisch. Sie waren eben ihrem ganzen Wesen nach Kinder geblieben, sprunghaft in ihrem Denken und Handeln. Sie spielten gerne, auch bei der Arbeit, die sie nie ganz ernst nahmen. Sie mochten auch dem Schwersten die leichte Seite abzugewinnen. Sie waren Optimisten.«

(Aus: *Kommandant in Auschwitz. Autobiographische Aufzeichnungen von Rudolf Höß,* eingeleitet und kommentiert von Martin Broszat, Quellen und Darstellungen zur Zeitgeschichte, Bd. 5, Stuttgart 1958, S. 105 f.)

Der oberste Chef aller Exekutionskommandos und Konzentrationslager, der Reichsführer-SS und Chef der Deutschen Polizei Heinrich Himmler, äußerte sich über diese seine »schwerste Aufgabe«, die Ausrottung der Juden, vor den Reichs- und Gauleitern der NSDAP folgendermaßen:

»Ich darf hier in diesem Zusammenhang und in diesem allerengsten Kreise auf eine Frage hinweisen, die Sie, meine Parteigenossen, alle als selbstverständlich hingenommen haben, die aber für mich die schwerste Frage meines Lebens geworden ist, die Judenfrage. Sie alle nehmen es als selbstverständlich und erfreulich hin, daß in Ihrem Gau keine Juden mehr sind. Alle deutschen Menschen – abgesehen von einzelnen Ausnahmen – sind sich auch darüber klar, daß wir den Bombenkrieg, die Belastungen des vierten und des vielleicht kommenden fünften und sechsten Kriegsjahres nicht ausgehalten hätten und nicht aushalten würden, wenn wir diese zersetzende Pest noch in unserem Volkskörper hätten. Der Satz ›Die Juden müssen ausgerottet werden‹ mit seinen wenigen Worten, meine Herren, ist leicht ausgesprochen. Für den, der durchführen muß, was er fordert, ist es das Allerhärteste und Schwerste, was es gibt. Sehen Sie, natürlich sind es Juden, es ist ganz klar, es sind nur Juden, bedenken Sie aber selbst, wie viele – auch Parteigenossen – ihr berühmtes Gesuch an mich oder irgendeine Stelle gerichtet haben, in dem es hieß, daß alle Juden selbstverständlich Schweine seien, daß bloß der Soundso ein anständiger Jude sei, dem man nichts tun dürfe. Ich wage zu behaupten, daß es nach der Anzahl der Gesuche und der Anzahl der Meinungen in Deutschland mehr anständige Juden gegeben hat als überhaupt nominell vorhanden waren. In Deutschland haben wir nämlich so viele Millionen Menschen, die ihren einen berühmten anständigen Juden haben, daß diese Zahl bereits größer ist als die Zahl der Juden. Ich will das bloß deshalb anführen, weil Sie aus dem

Lebensbereich Ihres eigenen Gaues bei achtbaren und anständigen nationalsozialistischen Menschen feststellen können, daß auch von ihnen jeder einen anständigen Juden kennt.

Ich bitte Sie, das, was ich Ihnen in diesem Kreise sage, wirklich nur zu hören und nie darüber zu sprechen. Es trat an uns die Frage heran: Wie ist es mit den Frauen und Kindern? – Ich habe mich entschlossen, auch hier eine ganz klare Lösung zu finden. Ich hielt mich nämlich nicht für berechtigt, die Männer auszurotten – sprich also, umzubringen [!] oder umbringen zu lassen – und die Rächer in Gestalt der Kinder für unsere Söhne und Enkel groß werden zu lassen. Es mußte der schwere Entschluß gefaßt werden, dieses Volk von der Erde verschwinden zu lassen. Für die Organisation, die den Auftrag durchführen mußte, war es der schwerste, den wir bisher hatten. Er ist durchgeführt worden, ohne daß – wie ich glaube sagen zu können – unsere Männer und unsere Führer einen Schaden an Geist und Seele erlitten hätten. Diese Gefahr lag sehr nahe. Der Weg zwischen den beiden hier bestehenden Möglichkeiten, entweder zu roh zu werden, herzlos zu werden und menschliches Leben nicht mehr zu achten oder weich zu werden und durchzudrehen bis zu Nervenzusammenbrüchen – der Weg zwischen dieser Scylla und Charybdis ist entsetzlich schmal.

Wir haben das ganze Vermögen, das wir bei den Juden beschlagnahmten – es ging in unendliche Werte –, bis zum letzten Pfennig an den Reichswirtschaftsminister abgeführt. Ich habe mich immer auf den Standpunkt gestellt: Wir haben die Verpflichtung unserem Volke, unserer Rasse gegenüber, wenn wir den Krieg gewinnen wollen – wir haben die Verpflichtung unserem Führer gegenüber, der nun in 2 000 Jahren unserem Volke einmal geschenkt worden ist, hier nicht klein zu sein und hier konsequent zu sein. Wir haben aber nicht das Recht, auch nur einen Pfennig von dem beschlagnahmten Judenvermögen zu nehmen. Ich habe von vornherein festgesetzt, daß SS-Männer, auch wenn sie nur eine Mark davon nehmen, des Todes sind. Ich habe in den letzten Tagen deswegen einige, ich kann es ruhig sagen, es sind etwa ein Dutzend – Todesurteile unterschrieben. Hier muß man hart sein, wenn nicht das Ganze darunter leiden soll. – Ich habe mich für verpflichtet gehalten, zu Ihnen als den obersten Willensträgern, als den obersten Würdenträgern der Partei, dieses politischen Ordens, dieses politischen Instruments des Führers, auch über diese Frage einmal ganz offen zu sprechen und zu sagen, wie es gewesen ist. – Die Judenfrage in den von uns besetzten Ländern wird bis Ende dieses Jahres erledigt sein. Es werden nur Restbestände von einzelnen Juden übrig bleiben, die untergeschlüpft sind. Die Frage der mit nichtjüdischen Teilen verheirateten Juden und die Frage der Halbjuden werden sinngemäß und vernünftig untersucht, entschieden und dann gelöst.

Daß ich große Schwierigkeiten mit vielen wirtschaftlichen Einrichtungen hatte, werden Sie mir glauben. Ich habe in den Etappengebieten große Judengettos ausgeräumt. In Warschau haben wir in einem Judengetto vier Wochen Straßenkampf gehabt. Vier Wochen! Wir haben dort ungefähr 700 Bunker ausgehoben. Dieses ganze Getto machte also Pelzmäntel, Kleider und ähnliches. Wenn man früher dort hinlangen wollte, so hieß es: Halt! Sie stören die Kriegswirtschaft! Halt! Rüstungsbetrieb! – Natürlich hat das mit Parteigenossen Speer gar nichts zu tun, Sie können gar nichts dazu. Es ist der Teil von angeblichen Rüstungsbetrieben, die der Parteigenosse Speer und ich in den nächsten Wochen und Monaten gemeinsam reinigen wollen. Das werden wir genauso unsentimental machen, wie im fünften Kriegsjahr alle Dinge unsentimental, aber mit großem Herzen für Deutschland gemacht werden müssen.

Damit möchte ich die Judenfrage abschließen. Sie wissen nun Bescheid, und Sie behalten es für sich. Man wird vielleicht in ganz später Zeit sich einmal überlegen können, ob man dem deutschen Volke etwas mehr darüber sagt. Ich glaube, es ist besser, wir – wir insgesamt – haben das für unser Volk getragen, haben die Verantwortung auf uns genommen (die Verantwortung für eine Tat, nicht nur für eine Idee) und nehmen dann das Geheimnis mit in unser Grab.«
(Aus der Rede Himmlers vor den Reichs- und Gauleitern am 6. 10. 1943 in Posen, zitiert nach: Heinrich Himmler, *Geheimreden 1933 bis 1945,* hrsg. von Bradley F. Smith und Agnes F. Peterson, Berlin 1974, S. 169 ff.)

Adolf Hitler war bis zu seinem Ende vom antisemitischen Wahnwitz besessen, wie der letzte Satz seines *politischen Testaments* zeigt, das er am 29. 4. 1945, am Tage vor seinem Selbstmord, verfaßte:

»Vor allem verpflichte ich die Führung der Nation und die

Gefolgschaft zur peinlichen Einhaltung der Rassegesetze und zum unbarmherzigen Widerstand gegen den Weltvergifter aller Völker, das internationale Judentum.«
(Zitiert nach der Faksimile-Wiedergabe in: H. R. Trevor-Roper, *Hitlers letzte Tage,* Zürich 1946, S. 167)

Befehlshaber der Sicherheitspolizei und des SD.

K a u e n

Aufgenommen Zeit Tag Monat Jahr	Raum für Eingangsstempel	Befördert Zeit Tag Monat Jahr
		– 9 2 42
		128
von durch		an durch
		Verzögerungsvermerk
Fs.-Nr. 412	Telegramm — Funkspruch — Fernschreiben Fernspruch	

A die Gruppe A = Riga

Betr. Exekutionen bis zum 1. Februar 1942 durch das E.K.3.

Bezug: Dortiges KS. Nr.: 1331 v. 6.2.42.

A: Juden 136421

B: Kommunisten 1064 (darunter 1 Kommissar 1 Bürgermeister 5 Todichrick)

C: Partisanen 56

D: Geisteskranke 653

E: Polen 44, russische Kriegsgefangene 28, Zigeuner 5, Armenier 1.

Gesamtzahl: 138.272, davon Frauen 55556, Kinder 34464.

SS-Staf.

(Aus den Akten der Zentralen Stelle der Landesjustizverwaltungen, Ludwigsburg)

Wilhelm van Kampen
Chronik der Judenverfolgung 1933–1945

1933

1.4.1933
: Boykott aller jüdischen Geschäfte in Deutschland durch die SA. Die Aktion richtete sich auch gegen jüdische Ärzte und Rechtsanwälte sowie gegen den Besuch von Schulen und Universitäten durch Juden.

7.4.1933
: Gesetz »zur Wiederherstellung des Berufsbeamtentums«. Entfernung vieler jüdischer Beamter. Noch Schonung der Frontkämpfer aus dem Weltkrieg.

14.7.1933
: Gesetz über den Widerruf von Einbürgerungen und die Aberkennung der deutschen Staatsangehörigkeit. In erster Linie gegen die nach 1918 eingebürgerten Juden aus den bis dahin deutschen Ostgebieten gerichtet.

22.9.1933
: Reichskulturkammer-Gesetz: Ausschaltung der jüdischen Schriftsteller und Künstler.

4.10.1933
: Schriftleiter-Gesetz: Ausschaltung der jüdischen Redakteure.

1935

21.5.1935
: Wehrgesetz: »arische Abstammung« Voraussetzung zum Wehrdienst.
: Im Sommer nehmen die »Judenunerwünscht«-Schilder an Ortseingängen, an Geschäften und Restaurants zu.

15.9.1935
: Reichsparteitag der NSDAP. Der Reichstag beschließt auf einer Sondersitzung die

antisemitischen »Nürnberger Gesetze«, das »Reichsbürgergesetz« und das »Gesetz zum Schutze des deutschen Blutes und der deutschen Ehre«. Sie sind die Grundlage für die Ausschaltung der Juden aus allen öffentlichen Arbeitsverhältnissen und für die Deklassierung der jüdischen Bürger in ihren politischen Rechten.

14. 11. 1935   1. Verordnung zum Reichsbürgergesetz: Aberkennung des Wahlrechts und der öffentlichen Ämter; Entlassung aller jüdischen Beamten, einschließlich aller Frontkämpfer. Definition des »Juden«.

1. Verordnung zum Gesetz zum Schutze des deutschen Blutes und der deutschen Ehre: Verbot der Eheschließung zwischen Juden und Nichtjuden. Die Arbeitsmöglichkeiten für Juden werden auf ganz wenige Berufszweige eingeengt.

Jüdische Kinder dürfen bald mit anderen Kindern nicht mehr denselben Sportplatz oder die Umkleidekabinen benutzen.

1936

1. 8. 1936   Eröffnung der Olympischen Spiele in Berlin. Die antisemitischen Schilder werden vorübergehend entfernt.

1937

1937   Beginn der »Arisierung« der Wirtschaft: Die jüdischen Inhaber werden (ohne gesetzliche Grundlage) gezwungen, ihre Unternehmen meist erheblich unter dem wahren Wert zu verkaufen.

12. 6. 1937   Geheimerlaß Heydrichs betr. Schutzhaft für »Rassenschänder« nach Abschluß des ordentlichen Gerichtsverfahrens.

1938

13. 3. 1938   »Anschluß« Österreichs und Beginn der Verfolgung der österreichischen Juden.

28. 3. 1938   Gesetz über die Rechtsverhältnisse der jü-

	dischen Kultusvereinigungen: Jüdische Gemeinden sind nicht mehr Körperschaften des öffentlichen Rechts, sondern nur noch rechtsfähige Vereine.
22.4.1938	Verordnung gegen »Tarnung jüdischer Gewerbebetriebe«.
26.4.1938	Verordnung über die Anmeldung aller jüdischen Vermögen über 5000 Reichsmark.
9.6.1938	Zerstörung der Münchener Synagoge.
14.6.1938	Verordnung über die Registrierung und Kennzeichnung jüdischer Gewerbebetriebe. Anlegung von Listen vermögender Juden bei Finanzämtern und Polizeirevieren.
15.6.1938	»Asozialen-Aktion«: Verhaftung aller »vorbestraften« Juden, einschl. der wegen Verkehrsvergehen u.ä. Belangten, und Einweisung in Konzentrationslager (ca. 1500 Personen).
23.7.1938	Einführung einer Kennkarte für Juden ab 1.1.1939.
25.7.1938	Verordnung über Streichung der Approbationen aller jüdischen Ärzte ab 30.9.1938. Danach können jüdische Ärzte nur noch als »Krankenbehandler« für Juden tätig sein.
10.8.1938	Zerstörung der Nürnberger Synagoge.
17.8.1938	Verordnung zur Durchführung des Gesetzes über die Änderung von Familiennamen und Vornamen: ab 1.1.1939 müssen Juden ihrem Vornamen den Namen »Israel« oder »Sara« hinzusetzen.
27.9.1938	Verordnung über Streichung der Zulassung aller jüdischen Rechtsanwälte ab 30.11.1938. Weitere Tätigkeit nur in Ausnahmefällen als »jüdische Konsulenten« für Juden.
5.10.1938	Verordnung über Reisepässe: Einziehung der Pässe und (erschwerte) Neuausgabe mit Kennzeichen »J«.
28.10.1938	Ausweisung von 15000–17000 Juden, die polnische Staatsangehörige waren.
7.11.1938	Herschel Grynszpan, dessen Eltern von dieser Aktion betroffen sind, erschießt in

	Paris den deutschen Gesandtschaftsrat Ernst vom Rath.
9./10.11.1938	»Reichskristallnacht«: Staatlich organisierter Pogrom gegen die Juden in Deutschland: Zerstörung von Synagogen, Geschäften, Wohnhäusern. Verhaftung von über 26000 männlichen Juden und Einweisung in die Konzentrationslager Dachau, Buchenwald und Sachsenhausen. Mindestens 91 Juden werden getötet.
12.11.1938	Verordnung über »Sühneleistung« der deutschen Juden in Höhe von 1 Milliarde Mark.
	Verordnung zur Ausschaltung der deutschen Juden aus dem Wirtschaftsleben.
	Verordnung zur Wiederherstellung des Straßenbildes bei jüdischen Gewerbebetrieben: Juden haben alle Schäden selbst zu bezahlen.
	Verbot des Besuches von Theatern, Kinos, Konzerten u.a. kulturellen Veranstaltungen für Juden.
28.11.1938	Polizeiverordnung über das Auftreten der Juden in der Öffentlichkeit; Einschränkung der Bewegungsfreiheit etc.
3.12.1938	Einziehung der Führerscheine. Schaffung eines »Judenbanns« in Berlin.
13.12.1938	Verordnung über Zwangsveräußerung (»Arisierung«) jüd. Gewerbebetriebe.
	1939
17.1.1939	Verordnung über das Erlöschen der Zulassung von jüdischen Zahnärzten, Tierärzten und Apothekern.
24.1.1939	Gründung der Reichszentrale für jüdische Auswanderung mit Zentralämtern in Wien und Prag. Forcierung des Auswanderungsdruckes.
30.1.1939	Hitler prophezeit vor dem Reichstag für den Fall eines Krieges »die Vernichtung der jüdischen Rasse in Europa«.
15.3.1939	Besetzung der Tschechoslowakei: »Protek-

torat Böhmen und Mähren«. Einführung der im Reichsgebiet geltenden anti-jüdischen Verordnungen.

	Gesetz über Mietverhältnisse mit Juden:
30.4.1939	Gesetzliche Vorbereitung zur Zusammenlegung jüdischer Familien in »Judenhäusern«, Aufhebung des Räumungsschutzes.
1.9.1939	Deutscher Angriff auf Polen: Beginn des Zweiten Weltkrieges. Zahlreiche Pogrome in Polen.
	In Deutschland Ausgangsbeschränkungen für Juden (im Sommer ab 21 Uhr, im Winter ab 20 Uhr).
21.9.1939	Richtlinien Heydrichs für die Einsatzgruppen in Polen (»Ghettoisierung«).
23.9.1939	Beschlagnahme der Rundfunkgeräte bei Juden.
27.9.1939	Gründung des Reichssicherheitshauptamtes.
12.10.1939	Erste Deportierungen aus Österreich und dem »Protektorat« nach Polen.
	Errichtung des Generalgouvernements in den von Deutschen besetzten Gebieten Polens.
28.10.1939	Erste Einführung des Judensterns in Wloclawek, Polen.
8.11.1939	Hans Frank wird zum Generalgouverneur ernannt (Sitz: Krakau).
23.11.1939	Einführung des Judensterns im ganzen Generalgouvernement.

1940

10.–13.2.1940	Erste Deportation aus Pommern (Stettin, Stralsund, Schneidemühl) nach Lublin in Polen.
20.4.1940	Geheimerlaß des Oberkommandos der Wehrmacht: Entlassung der Mischlinge und Ehemänner von Jüdinnen.
30.4.1940	Erstes bewachtes Ghetto in Lodz wird errichtet.
15.8.1940	Eichmanns Plan, alle Juden nach Madagaskar umzusiedeln.

16.10.1940	Befehl zur Errichtung des Warschauer Ghettos.
22.10.1940	»Aktion Bürckel«: Deportation der Juden aus Elsaß-Lothringen, Saarland, Baden nach Südfrankreich – 1942 nach Auschwitz.
15.11.1940	Hermetische Abriegelung des Warschauer Ghettos.

1941

22./23.1.1941	Erste Judenmassaker in Rumänien.
Febr./April 1941	Deportation von 72 000 Juden ins Warschauer Ghetto.
22.–23.2.1941	Deportation von 400 jüdischen Geiseln aus Amsterdam nach Mauthausen.
7.3.1941	Einsatz deutscher Juden zur Zwangsarbeit.
14.5.1941	Verhaftung von 3600 Pariser Juden.
22.6.1941	Deutscher Angriff auf die Sowjetunion.
Juni/August 1941	Zahlreiche Pogrome in den besetzten russischen Gebieten.
8.7.1941	Einführung des Judensterns in den baltischen Staaten.
31.7.1941	Göring beauftragt Heydrich mit der Evakuierung aller europäischen Juden. Beginn der »Endlösung«.
1.9.1941	Polizeiverordnung über Einführung des Judensterns im Reich ab 19.9. für alle Juden vom 6. Lebensjahr an.
13.9.1941	Erste Versuchsvergasungen in Auschwitz.
27.9.1941	Heydrich wird »Reichsprotektor in Böhmen und Mähren«.
28./29.9.1941	Massenmorde in Babi Yar bei Kiew (34 000 Opfer).
12./13.10.1941	Massaker in Dnjepropetrowsk (11 000 Opfer).
14.10.1941	Erste Deportationsbefehle für deutsche Juden aus dem »Altreich«.
23.10.1941	Verbot der Auswanderung von Juden.
Okt./Nov. 1941	Judenvernichtungen in ganz Südrußland.
25.11.1941	Verordnung über Einziehung jüdischen Vermögens bei Deportation.
Anfang Dez. 1941	Blutbad in Riga, dem auch die ersten Ju-

	dentransporte aus dem Reich zum Opfer fallen (2700 Opfer).
22.11.1941	Blutbad in Wilna (32 000 Opfer).
Ende Dez. 1941	Beginn der Massenvernichtung in Chelmno.
30.12.1941	Blutbad in Simferopol auf der Krim (10 000 Opfer).

1942

15.1.1942	Beginn der »Umsiedlungsaktion« von Lodz nach Chelmno.
20.1.1942	»Wannsee-Konferenz« über die Deportation und Ausrottung des europäischen Judentums (»Endlösung«).
31.1.1942	Bericht der Einsatzgruppe A über die Liquidierung von 229 052 Juden in den baltischen Staaten.
Ende Jan. 1942	Beginn der Deportation nach Theresienstadt.
Febr./März 1942	Massenmord an den Juden in Charkow (14 000 Opfer).
6.3.1942	1. Sterilisationskonferenz: Erörterungen über Sterilisierung der »Mischlinge«.
16./17.3.1942	Das Vernichtungslager Belzec wird errichtet.
Mitte März 1942	Beginn der »Aktion Reinhard«.
21.3.1942	»Umsiedlung« des Lubliner Ghettos: 26 000 Menschen werden nach Belzec, Majdanek und in andere Lager gebracht.
26.5.1942	Bekanntmachung über die Kennzeichnung jüdischer Wohnungen im Reich.
Ab Ende März 1942	Eintreffen der ersten europäischen Judentransporte in Auschwitz.
24.4.1942	Verbot der Benutzung öffentlicher Verkehrsmittel durch Juden im Reich. Ausnahmen für Zwangsarbeiter nur, wenn der Arbeitsplatz mehr als 7 km vom Wohnort entfernt ist. Sitzen in den Verkehrsmitteln verboten. (Weitere Einschränkungen im Laufe des Krieges: Es war Juden u. a. verboten, sich öffentlicher Fernsprecher und Fahrkarten-

automaten zu bedienen, sich auf Bahnhöfen aufzuhalten und Gaststätten zu besuchen; Wälder und Grünanlagen zu betreten; sich Hunde, Katzen, Vögel oder andere Haustiere zu halten; an »arische« Handwerksbetriebe Aufträge zu geben; Zeitungen und Zeitschriften aller Art zu beziehen. Entschädigungslos abgeliefert werden mußten elektrische und optische Geräte, Fahrräder, Schreibmaschinen, Pelze und Wollsachen. Juden erhielten keine Fischwaren, Fleischkarten, Kleiderkarten, Milchkarten, Raucherkarten, kein Weißbrot, kein Obst oder Obstkonserven, keine Süßwaren und keine Rasierseife.)

Anfang Mai 1942	Errichtung des Vernichtungslagers Sobibor.
1.6.1942	Einführung des Judensterns in Frankreich und Holland.
2.6.1942	Beginn der Deportation deutscher Juden nach Theresienstadt.
30.6.1942	Schließung der jüdischen Schulen im Reich.
Juli 1942	Errichtung des Vernichtungslagers Treblinka. Massaker in Minsk, Lida, Slonim und Rowno.
4.7.1942	Beginn der Massenvergasungen in Auschwitz.
15.7.1942	Erster Deportationszug aus Holland nach Auschwitz. Großrazzien in Paris.
22.7.1942	Die »Umsiedlung« der Warschauer Ghetto-Bewohner in die Vernichtungslager Belzec und Treblinka beginnt.
4.8.1942	Erste Deportation aus Belgien nach Auschwitz.
10.–22.8.1942	»Umsiedlung« im Lemberger Ghetto.
28.8.1942	Verhaftung von 7000 staatenlosen Juden im unbesetzten Frankreich.
Aug./Sept. 1942	Deportationen aus Zagreb, Kroatien, nach Auschwitz. Vergasung aus Theresienstadt deportierter Juden bei Minsk.
9.9.1942	Massaker bei Kislowodsk, Kaukasus.

16.9.1942	»Umsiedlung« im Ghetto Lodz beendet (55000 Opfer).
30.9.1942	Hitler wiederholt öffentlich seine Voraussage der Vernichtung des Judentums.
3.10.1942	»Umsiedlung« im Warschauer Ghetto beendet.
4.10.1942	Die deutschen Konzentrationslager werden »judenfrei«: alle jüdischen Häftlinge werden nach Auschwitz geschickt.
18.10.1942	Das Reichsjustizministerium überträgt die Verantwortung für Juden und Ostbürger im Reich an die Gestapo.
27.10.1942	2. Sterilisationskonferenz.
29.10.1942	Massenexekution der Juden in Pinsk (16000 Opfer).
25.11.1942	Erste Judendeportation aus Norwegen nach Auschwitz.
17.12.1942	Die Alliierten versprechen feierlich, die Ausrottung der Juden zu sühnen.

1943

18.1.1943	Erster Widerstand gegen die Deportationen im Warschauer Ghetto.
20.–26.1.1943	Transporte aus dem Ghetto Theresienstadt nach Auschwitz.
5.–12.2.1943	Erste »Umsiedlung« in Bialystok.
27.2.1943	Deportation der jüdischen Rüstungsarbeiter aus Berlin nach Auschwitz.
März 1943	Transporte aus Holland nach Sobibor; aus Prag, Wien, Luxemburg und Mazedonien nach Treblinka.
März/Mai 1943	Zweite »Umsiedlung« in Kroatien.
13.3.1943	Auflösung des Ghettos Krakau.
15.3.1943	Deportationen aus Saloniki und Thrazien.
22.3.1943	Das erste der neuen Krematorien in Auschwitz-Birkenau wird in Betrieb genommen.
19.4.–16.5.1943	Aufstand und Vernichtung des Warschauer Ghettos.
11.6.1943	Himmler befiehlt die Liquidierung aller polnischen Ghettos. Durch Erlaß vom 21.6. auf die Sowjetunion ausgedehnt.

21.–27.6.1943	Liquidierung des Lemberger Ghettos (20 000 Menschen).
25.6.1943	Aufstand und Vernichtung des Ghettos Tschenstochau.
1.7.1943	13. Verordnung zum Reichsbürgergesetz: Unterstellung der Juden im Reich unter Polizeirecht.
2.8.1943	Aufstand in Treblinka.
16.–23.8.1943	Aufstand und Vernichtung des Ghettos Bialystok.
11.9.1943	Beginn der deutschen Razzia auf Juden in Nizza.
11.–14.9.1943	Liquidierung der Ghettos in Minsk und Lida.
11.–18.9.1943	»Familientransporte« aus Theresienstadt nach Auschwitz.
23.9.1943	Liquidierung des Ghettos Wilna.
25.9.1943	Smolensk von sowjetischen Truppen zurückerobert. Liquidierung aller Ghettos in Bjelorußland.
13.10.1943	Italien erklärt Deutschland den Krieg.
14.10.1943	Aufstand in Sobibor.
18.10.1943	Erster Judentransport Rom–Auschwitz.
3.11.1943	Liquidierung des Ghettos Riga. Ermordung der im Konzentrationslager Majdanek verbliebenen Juden (17 000 Opfer).
6.11.1943	Kiew von sowjetischen Truppen zurückerobert.
28.11.1943	Konferenz in Teheran.
15.–19.12.1943	Erster Prozeß gegen deutsche Kriegsverbrecher in Charkow.

1944
Während die sowjetischen Truppen weiter vordringen:

14.4.1944	Erster Judentransport Athen–Auschwitz.
15.5.–8.7.1944	Deportation von 476 000 Juden aus Ungarn nach Auschwitz.
6.6.1944	Beginn der alliierten Invasion in der Normandie.
23.6.1944	Beginn der sowjetischen Offensive.

20.7.1944	Sowjetische Truppen befreien das KZ Majdanek.
25.7.1944	Ghetto Kowno evakuiert.
6.8.1944	Deportation von 27000 Juden aus Lagern östlich der Weichsel nach Deutschland.
23.8.1944	Sammellager Drancy (Paris) befreit. Rumänien kapituliert.
5.9.1944	Ghetto Lodz evakuiert.
11.9.1944	Britische Truppen erreichen Holland.
13.9.1944	Sowjetische Truppen an der slowakischen Grenze.
September 1944	Abtransport aller Juden in holländischen Lagern nach Deutschland. Neue Deportationen von Theresienstadt nach Auschwitz. Letzter Transport aus Frankreich nach Auschwitz.
14.9.1944	Amerik. Truppen an der deutschen Grenze.
23.9.1944	Blutbad im Lager Kluga, Estland. Wiederaufnahme der Deportationen aus der Slowakei.
7.10.1944	Ausbruchsversuch in Auschwitz-Birkenau.
18.10.1944	Hitler befiehlt die Aufstellung des »Volkssturms«.
Ende Oktober	Die Überlebenden des KZ Plaskow (Krakau) werden nach Auschwitz transportiert.
2.11.1944	Die Vergasungen in Auschwitz werden eingestellt.
November 1944	Prozeß gegen den Stab des Vernichtungslagers Majdanek in Lublin.
3.–8.11.1944	Sowjetische Truppen vor Budapest.
18.11.1944	Eichmann deportiert 38000 Juden aus Budapest in die Konzentrationslager Buchenwald, Ravensbrück u.a. Lager.
26.11.1944	Befehl Himmlers zur Zerstörung der Krematorien in Auschwitz-Birkenau.

1945

16.1.1945	Sowjetische Truppen befreien 800 Juden in Tschenstochau und 870 in Lodz.
17.1.1945	Befreiung von 80000 Juden in Budapest.
26.1.1945	Auschwitz wird durch sowjetische Truppen befreit.

4.2.1945	Konferenz von Jalta, Krim.
3.3.1945	Amerikanische Truppen am Rhein.
19.3.1945	Hitler befiehlt die Zerstörung ganz Deutschlands.
6.–10.4.1945	Evakuierung von 15000 Juden aus Buchenwald.
11.4.1945	Buchenwald wird von amerikanischen Truppen befreit.
15.4.1945	Konzentrationslager Bergen-Belsen wird von britischen Truppen befreit.
20.4.1945	Amerikanische Truppen in Nürnberg.
23.4.1945	Sowjetische Truppen vor Berlin.
23.4.–4.5.1945	Evakuierung der Häftlinge aus Sachsenhausen (Berlin) und Ravensbrück. Letzte Massaker der SS-Wachmannschaften.
25.4.1945	Begegnung amerikanischer und sowjetischer Truppen an der Elbe.
28.4.1945	Dachau wird von amerikanischen Truppen befreit.
30.4.1945	Hitler begeht Selbstmord.
2.5.1945	Berlin kapituliert. Vertreter des Internationalen Roten Kreuzes übernehmen Theresienstadt.
5.5.1945	Befreiung von Mauthausen.
7./9.5.1945	Bedingungslose Kapitulation Deutschlands: Ende des Krieges in Europa.
23.5.1945	Himmler wird gefangen und begeht Selbstmord.
6.8.1945	Erste Atombombe auf Hiroshima.
15.8.1945	Japan kapituliert: Ende des Zweiten Weltkrieges.
22.11.1945	Beginn des Nürnberger Prozesses.

Diese Daten wurden zusammengestellt nach Gerhard Schoenberner, *Der gelbe Stern*, Gütersloh 1960; und Wolfgang Scheffler, *Judenverfolgung im Dritten Reich*, Berlin 1964. Einige Korrekturen verdanke ich Hermann Langbein/Wien. Anm. d. Verf.

(Der Abdruck erfolgt mit freundlicher Genehmigung des Autors und der Landeszentrale für politische Bildung NRW, Düsseldorf.)

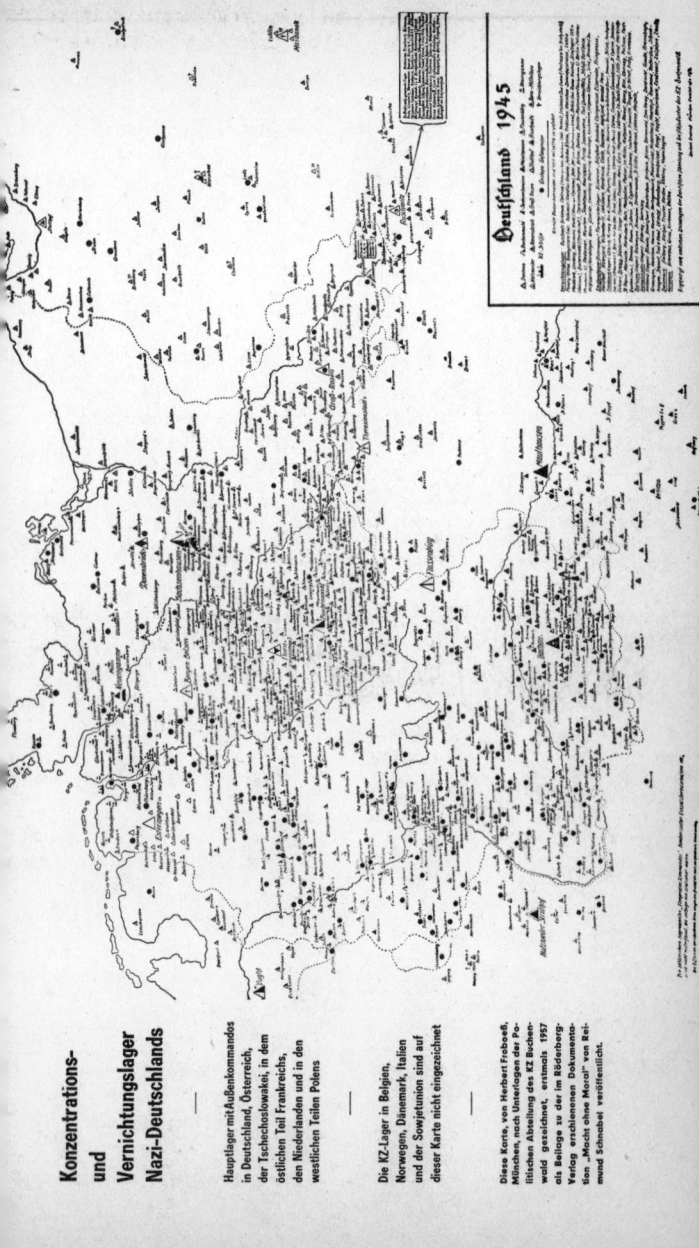

Konzentrations- und Vernichtungslager Nazi-Deutschlands

Hauptlager mit Außenkommandos in Deutschland, Österreich, der Tschechoslowakei, in dem östlichen Teil Frankreichs, den Niederlanden und in den westlichen Teilen Polens.

Die KZ-Lager in Belgien, Norwegen, Dänemark, Italien und der Sowjetunion sind auf dieser Karte nicht eingezeichnet.

Diese Karte, von Herbert Frahneß, München, nach Unterlagen der Politischen Abteilung des KZ Buchenwald gezeichnet, erstmals 1957 als Beitrag zu der im Röderberg-Verlag erschienenen Dokumentation „Macht ohne Moral" von Reimond Schnabel veröffentlicht.

Holocaust –
ein Thema der Zeitgeschichte

Iring Fetscher
Der politische Antisemitismus in Deutschland Enstehung und Funktion

Was im Grauen von Auschwitz endete, hat nicht erst 1933 begonnen. Die wahnsinnige und zugleich technisch perfekte Massenvernichtung europäischer Juden stand am Ende einer Entwicklung und wirft zugleich ein berunruhigendes Licht auf die Gesellschaften und die Menschen, von denen jene Untaten begangen wurden. Eine filmische Vergegenwärtigung der Judenverfolgung im »Dritten Reich«, wie sie die Fernsehserie HOLOCAUST versucht, kann – namentlich für die Jüngeren – ein wichtiges Hilfsmittel sein, um das Grauen sich zu vergegenwärtigen, das sie selbst nicht miterlebt haben. Fürs Begreifen des schier Unbegreiflichen kann die zum anschaulichen Bericht zubereitete Geschichte dagegen nur wenig Hilfe bieten. Niemand kann ohne Scheu an den Versuch herangehen, die politisch benutzte und die zur vernichtenden Gewalt gewordene Judenfeindschaft der Nazis zu analysieren und damit das begreiflich zu machen, was zu verstehen unser Verstand sich weigert. Es muß aber dennoch geschehen, weil es keinen anderen Weg gibt, um die Wiederholung des Grauenhaften womöglich zu verhindern.

Der politische Antisemitismus, oder richtiger die politische Judenfeindschaft kann mit verschiedenen Methoden einer Erklärung nähergebracht werden. Ich will drei Methoden benützen, die jeweils unterschiedliche Aspekte und Dimensionen des Phänomens erfassen, und die in ihrer Kombination fruchtbar werden können. Einmal die *sozialpsychologische* Deutung der Motive jenes spezifischen Fremdenhasses, denen die Juden in ihrer Geschichte so oft ausgesetzt waren, zum anderen die *sozialhistorisch-politische* Deutung der *Funktion*, die der Judenhaß und die organisierte Judenverfolgung im christlichen Abendland und insbesondere in der Neuzeit gehabt hat, und endlich die *geschichtstheologische* Deutung *der Rassenmythologie*, die im nazistischen Wahn von der Weltherrschaft der nordischen (oder »germanischen«) Rasse ihren extremsten Ausdruck fand.

Christliche Wurzeln der Judenfeindschaft

Erst während des gesamten Mittelalters waren die Juden die einzige in den meisten europäischen Ländern ständig anwesende nichtchristliche Minderheit. Zugleich waren sie aber für die christliche Bevölkerung Angehörige des aus der Bibel bekannten Volkes, das den Christus nicht als Messias anerkennen wollte und ihn getötet hatte. Daß auch Jesus selbst ein Jude war und seine zwölf Jünger und die ersten christlichen Gemeinden ebenfalls, trat bei dieser Betrachtung vollkommen zurück. Die absurden Behauptungen »deutscher Christen« in der Nazizeit, daß Jesus kein Jude gewesen sei, konnte sich auf die naive ikonographische Darstellung des »blonden Jesus« stützen. Wie tief antijüdische Vorurteile bis in die katholische Messe hinein in den Volksglauben eingedrungen waren, offenbart noch die bis 1955 gültige Fassung der Karfreitagsmesse. Dort wurde das »Oremus et pro perfidis Judaeis« mit »beten wir auch für die treulosen Juden« übersetzt, obwohl das »perfidis« wohl angemessener mit »ungläubig« wiedergegeben worden wäre. In der Anweisung zum Ritual hieß es: »An dieser Stelle unterläßt der Diakon die Aufforderung zur Kniebeugung, die sonst bei jedem dieser Gebete für verschiedene Völker erfolgt«, es solle nämlich »nicht das Andenken an die Schmach erneuert werden, mit der die Juden um diese Stunde den Heiland durch Kniebeugungen verhöhnten.«[1] Diese 1955 beseitigte Diskriminierung konnte sich übrigens nicht auf den Bibeltext im Mathäus- und Markusevangelium stützen, in dem es heißt, daß die »Kriegsknechte des Landpflegers«, also Römer – nicht Juden, spottend Jesus krönten und die Knie vor ihm beugten.

Die rechtliche Stellung der jüdischen Minderheiten war fast überall höchst prekär. Nirgends besaßen sie das volle Bügerrecht. In den Städten des deutschen Reiches genossen sie zwar meist – gegen entsprechende hohe Steuern – den Schutz des Kaisers, dem daher auch die Städte im Falle einer Konversion eine Entschädigung für die entstandene finanzielle Schädigung zahlen mußten. Oft genug aber dienten jüdische Gemeinden auch schon damals als Sündenböcke und Blitzableiter für den Volkszorn, wenn eine allgemeine Teuerung, Hungersnöte oder

Seuchen das Volk unruhig machten und die Obrigkeit sich gefährdet fühlte. Anhängern eines weithin noch mythisch-religiösen Weltbildes lag es nahe für Epidemien, Hungersnöte und Naturkatastrophen »Schuldige« zu suchen, die jene »Strafe des Himmels« herausgefordert hatten. In solchen Fällen war es weit bequemer, die Schuld bei der unter den Christen lebenden jüdischen Gemeinde zu suchen als bei sich selbst. Häufig genug wird aber auch religiöse Selbstanklage mit aggressiver Feindschaft gegen Juden kombiniert (wie z. B. bei Martin Luther).

Da die Zünfte Juden den Zutritt verwehrten und Grundbesitz von ihnen nicht erworben werden durfte, waren sie fast ganz auf den Handel angewiesen. Hinzu kam noch, daß das kanonische Zinsverbot Christen lange Zeit hindurch den Geldhandel (das Ausleihen von Geld gegen Zinsen) untersagte, während doch infolge der Zunahme der Warenwirtschaft schon ein erhebliches Bedürfnis nach Leihgeld vorhanden war. Die Juden wurden daher in die Rolle der Geldverleiher geradezu gedrängt. Als später das Bankwesen – von Italien kommend – sich ausbreitete, blieb ihnen vielfach nur noch der kleine Geldverleih (die »Pfandleihe«) und die unsichere, arme Kundschaft übrig. Die christlichen Fugger und Welser waren längst große Kauf- und Bankherren, als die meisten jüdischen Geldverleiher noch auf Kleingeschäfte angewiesen blieben. Erst im Zeitalter des Absolutismus tauchten hier und da Bankiers auf, die als »Hofjuden« die Finanzierung des bürgerlich-zentralistischen modernen Staates übernahmen. Hannah Arendt hat aber zu Recht darauf hingewiesen, daß mit Beginn des modernen industriellen Kapitalismus die Rolle der jüdischen Privatbankiers vollständig gegenüber den großen Aktienbanken und Industriefirmen (die in ihrer Mehrheit »christlich« waren) zurücktrat. Max Weber hat gegen die These von Werner Sombart überzeugend nachgewiesen, daß der Kapitalismus keineswegs das »Produkt der Juden« war, sondern von italienischen Bankiers, holländischen und englischen Kaufleuten, calvinistischen und puritanischen Geschäftsleuten entfaltet wurde, während die Juden eher eine altertümliche Form des vorkapitalistischen Geld- und Warenhandels repräsentierten.[2] Dennoch – für den kleinen Mann blieben die Juden Symbole der »Geldmacht«, Repräsentanten eines unverstandenen ökonomischen Geschehens, das ihn bedrohte und auf das er mit Judenhaß reagierte.

Wenn der Teufel auf gotischen Tafelbildern oft mit jüdischen

Zügen (einschließlich des »gelben Judenflecks«, durch den Juden gekennzeichnet wurden) ausgestattet wurde, so war das vermutlich ein Ausdruck jenes zugleich volksreligiös und sozial bedingten Judenhasses. Auch Martin Luther, »der Volksmann«, bewegt sich im Rahmen dieser populären Tradition, wenn er in seiner unflätigen Schrift *Von den Juden und ihren Lügen* erklärt, man dürfe sie nicht mit den Päpstlichen und den Türken (die doch seine Erzfeinde waren) zusammen nennen, sondern »allein mit dem Teufel, ihrem Vater, Herrn und Gott«. Auch hier wird übrigens wieder ein falsch interpretiertes Bibelzitat (Johannes 8, 44) antijüdisch mißbraucht. Jesus sagt an dieser Stelle zu jüdischen Gottesgelehrten: »Ihr habt den Teufel zum Vater«. Daß er damit nicht das jüdische Volk meinte, liegt auf der Hand.

Die volkstümliche christliche Auffassung von den Juden bildete bis ins 19. und 20. Jahrhundert hinein den Hintergrund für die politisch benutzbare Judenfeindschaft. Sie hatte, wie mir scheint, zwei Wurzeln:

1. Die Juden waren als präsente und doch geheimnisvollfremdartige Gruppe eine ständige Bedrohung für die Selbstgewißheit der christlichen Gemeinden. Religiöse Abweichung wurde (wie später auch die Unterschiede der Konfessionen) als Infragestellung des eigenen Glaubens empfunden, worauf mit entsprechender Aggressivität reagiert wurde. In einer vom christlichen Weltbild geprägten Kultur bedeutete das die Erschütterung der allgemeinen Lebensgrundlage. Die theologische These, daß die Juden als unabhängige Zeugen für die historische Wahrheit des Jesus von Nazareth unentbehrlich sind, war kaum Bestandteil des Volksglaubens.

2. Für Anhänger eines mythisch-magischen Weltbildes waren Epidemien, Hungersnöte, Teuerungen ebensoviele »Gottesgerichte«, für die die jüdischen Mitbürger als Sündenböcke oft genug herhalten mußten.

Politische und soziale Wurzeln der Judenfeindschaft

Von der sozialen Sonderstellung der Juden während des Mittelalters war schon die Rede. Vielfach waren sie für die kleinen Leute die typischen Repräsentanten der »Geldmacht«, auch wenn sie selbst meist in bedrückten wirtschaftlichen Verhältnissen lebten.

Paradoxerweise hängt die Verstärkung der Judenfeinschaft und die Entstehung des politischen Antisemitismus mit der Heraufkunft des liberalen und demokratischen Zeitalters zusammen. Auf die ersten Gesetze zur partiellen Befreiung der Juden reagierten vor allem klerikale Kreise mit antisemitischen Pamphleten. Die Juden wurden attackiert, aber im Grunde war der Liberalismus, die intellektuelle und ökonomische Freiheit gemeint. Dabei spielte vermutlich auch die Tatsache eine Rolle, daß auch Juden unter den Vorkämpfern für religiöse Toleranz und wirtschaftliche Freiheit waren. Mit der Einführung demokratischer Wahlrechtsordnungen entstand schließlich für politische Eliten die Notwendigkeit, Massenanhang zu mobilisieren. Wer sich nicht auf die bewußt zu machenden Interessen von Mehrheiten stützen konnte, war dabei leicht versucht, *Volksvorurteile* zu nutzen. Im Zusammenhang mit dem neuen Nationalismus (der auch erst im demokratischen Zeitalter eine Rolle spielt) erwies sich dabei vielfach auch der Antisemitismus als ein nützliches Vehikel.

Zu antijüdischen Ausschreitungen kam es 1848 im Anschluß an die Revolution – vor allen in ländlichen Gegenden Süddeutschlands. Agrarischer Antisemitismus blieb während des ganzen Jahrhunderts ein weit verbreitetes Phänomen. Eine Enquête des »Vereins für Sozialpolitik« stellte in den neunziger Jahren fest, daß in der Tat Bauern vielfach durch Ratenkäufe und Überschuldung in finanzielle Schwierigkeiten gekommen waren, und daß sich unter ihren Gläubigern jüdische (allerdings ebenso auch nichtjüdische) Händler befanden. Schuld an diesen Konkursen war freilich einmal die allgemeine Konjunkturentwicklung und zum andren die mangelnde ökonomische Erfahrung der Bauern. Judenhaß war eine bequeme Antwort auf ihre Lage.[3]

Städtischer Antisemitismus taucht in Deutschland im größeren Umfang erst nach 1871 auf. Er ist ein typisches Produkt der Gründerkrise. Als 1873 auf den kurzen, von den »französischen Milliarden« gespeisten »Gründerboom« mit seiner Überspekulation der Krach folgte, waren mit einem Male Juden als Sündenböcke auch in den Städten gesucht. Das Bildungsbürgertum und erhebliche Teile des Kleinbürgertums hatten sich an der wilden Spekulation beteiligt, und »als dann die Misere kam, waren natürlich die Juden schuld« (Max Wirth:

Geschichte der Handelskrisen). Die damals grassierende juden-feindliche Stimmung wurde auch von der Presse aufgegriffen und verstärkt. Typisch dafür war eine Artikelserie des Literaten Glagau in der *Gartenlaube*. In seinen Artikeln kombinierte Glagau antiliberale und antijüdische Motive. Die Juden, denen die Schuld am »Gründerschwindel« zugeschoben wird, werden mit dem Wirtschaftsliberalismus identifiziert: Das Judentum »kennt nur den Handel und auch davon nur noch den Schacher und Wucher. *Es arbeitet nicht selber*, sondern läßt andere für sich arbeiten [...] Sein Zentrum ist die Börse«. Damit sind bereits typische Klischees fixiert, die noch im Antisemitismus der Nazis eine zentrale Rolle spielen: die Juden als Inbegriff von Handel, Börse und Bankwesen und der angebliche Gegensatz von ehrlichem, christlichem, arbeitendem Kapital und arbeitslosem Einkommen jüdischer Geldmenschen.

Soweit das gehobene Bildungsbürgertum noch Hemmungen hatte, sich offen zum Antisemitismus zu bekennen, wurden ihm diese 1879 durch Heinrich von Treitschkes Artikel in den angesehenen *Preußischen Jahrbüchern* genommen. Seine Vorwürfe gegen die Juden betreffen neben dem »Gründungsschwindel«, den angeblich überdimensionalen Einfluß auf die (liberale) Presse, der sich in »einer gemütsrohen Kritik an deutsch-christlichen Einrichtungen« ausdrücke. Ein paar besonders hämische Formulierungen wie die Erinnerung an des Tacitus »odium generis humani« und die Rede von einer »Schar hosenverkaufender Jünglinge, die Jahr für Jahr aus dem Osten nach Deutschland zuwandert«, machten die Runde. Der Aufsatz endete mit dem berüchtigten Satz: »Die Juden sind unser Unglück«, den die Nazis zu einem ihrer wichtigsten Schlagworte machten. [4]

Ehe wir uns die Benützung des Antisemitismus durch interessierte politische Kreise ansehen, müssen wir noch eine psychologische Deutung der Judenfeindschaft erwähnen, die vor allem von *Theodor W. Adorno* und *Max Horkheimer* immer wieder hervorgehoben worden ist: Im Haß auf die Gestalt »des Juden« versteckt sich auch ein Stück *Selbsthaß*. [5] Gerade in Gesellschaften, in denen die warenproduzierende Wirtschaft im Grunde ideell wegen des Vorherrschens feudaler Wertvorstellungen nicht akzeptiert wird, während sie doch faktisch das Verhalten beherrscht, neigen Kaufleute und Händler oft dazu, ihr eigenes Tun im Grunde zu verachten. So war für den deutschen Bourgeois insbesondere der Kaiserzeit der Reserveoffiziersgrad oder die Zugehörigkeit zu einer pseudofeudalen Studentenverbindung weit wichtiger als der geschäftliche Erfolg. An den zu Karrikaturen entstellten Gestalten ihrer jüdischen Konkurrenten konnten diese Bürger das hassen, was sie selbst insgeheim an sich selber verachteten: den Geschäftsmann. Indem sie sich antisemitisch gebärdeten, bewiesen sie gleichsam vor sich und anderen, daß sie »frei von jenem Geist der Berechnung und des Geschäftemachens« waren, von dem sie doch wußten, daß es auch ihr eigener war. Den Zusammenhang zwischen dem populären Bild »des Juden« und einem den Gesetzen der Marktwirtschaft sich anpassenden Geschäftsmann hat Karl Marx schon 1844 in seiner Schrift *Zur Judenfrage* aufgewiesen. Für den marxistischen Sozialismus gibt es aber eine Befreiung von dieser Gestalt durch Aufhebung der kapitalistischen Gesellschaftsordnung, ein Weg, der dem seine Tätigkeit verachtenden Händler versperrt ist.[6]

Benutzung der Judenfeindschaft durch konservative Parteien

Von dem mehr oder minder spontan (wenn auch schon früh unter Beihilfe von Publizisten und Pfarrern) entstehenden Antisemitismus muß man die *Benutzung* dieser Ressentiments durch politische Parteien unterscheiden, wie sie mit dem Beginn des demokratischen Zeitalters immer häufiger wird. In Österreich waren es vor allem die katholische Partei, in Deutschland die Christlich-Sozialen des Hofpredigers Stöcker und – wenn auch nur vorübergehend – die Konservativen, die sich der Judenfeindschaft als Vehikel bedienten. Grund für diese Instrumentalisierung war die Notwendigkeit, für eine politische Gruppe, die von Haus aus keine Massenbasis besaß, Massenanhang im Kleinbürgertum oder auch unter den Arbeitern zu rekrutieren.

Es war kein Zufall, daß die politische Nutzung der Judenfeindschaft in Deutschland ziemlich genau gleichzeitig mit der gesetzlichen Diskriminierung der Sozialdemokraten (dem »Sozialistengesetz«) im Jahre 1878 begann. Adolf Stöcker wollte das Christentum »hineintragen in den Kampf gegen Sozialdemokraten und Liberale«. Dabei stellte sich sehr rasch heraus, daß ein Massenanhang für diese Partei nur im Kleinbürgertum zu gewinnen war und daß antisemitische Reden unter dem Stichwort »zur Judenfrage« ihm den größten Zulauf brachten.

Offenbar kam auch Otto von Bismarck die Stöckersche Agitation in diesem Augenblick ganz recht. Er arbeitete nämlich im Parlament auf eine Umgruppierung der politischen Kräfte hin. Bisher war er von den Ultrakonservativen und von den Zentrumsblättern als Freund der Liberalen und der Juden angegriffen worden, jetzt wollte er mit Hilfe jener Parteien seine Abwendung von der Freihandelspolitik im Reichstag durchsetzen. Als er jedoch durch die Abspaltung der Nationalliberalen seinen Zweck erreicht hatte, ließ Bismarck Stöcker wieder fallen. Im Jahre 1887 hat er dessen Reichstagskandidatur verhindert. Nur während der kurzen Regierungszeit Kaiser Friedrichs III., als Bismarck an eine neue liberale Gefahr glaubte, näherte er sich noch einmal den Antisemiten an. Schließlich führte 1890 eine Beschwerde des Großherzogs von Baden zur vorzeitigen Pensionierung des Hofpredigers Stöcker.

Die *Konservative Partei* stützte sich vor allem auf den grundbesitzenden Adel, der einen erheblichen Teil seiner Arbeiter »mitbrachte«, und auf die Bauern, die im agrarischen Adel ihre angestammten Interessenvertreter erblickten (obgleich in Wirklichkeit die Interessen der Mittel- und Kleinbauern, die vor allem Milch, Gemüse, Geflügel etc. produzierten und der adligen »Getreidefabrikanten« keineswegs übereinstimmten). Mit der Verringerung des Anteils der ländlichen Bevölkerung an der Wählerschaft entstand daher das Bedürfnis, woanders Ersatz zu suchen. In dem Bemühen, kleinbürgerliche, städtische Schichten anzusprechen, nahm die Konservative Partei 1892 in ihr »Tivoli-Programm« zu diesem Zweck auch einen antisemitischen Passus auf:

> »Wir *bekämpfen den* vielfach sich vordrängenden und *zersetzenden jüdischen Einfluß auf unser Volksleben.* Wir verlangen für das christliche Volk eine christliche Obrigkeit und christliche Lehrer für christliche Schüler.«[7]

Mit der Formel »zersetzender jüdischer Einfluß« war der Geist aufgeklärter Toleranz und des Liberalismus gemeint, der die traditionelle Bindung der Untertanen an Thron und Altar gefährden konnte. Gleichzeitig mit diesem Passus tauchten im Programm der Konservativen erstmals Forderungen zugunsten des »notleidenden Mittelstands« auf. Kampfansagen an das Warenhaus, die Börse, das Bankkapital und die »vaterlandslose Sozialdemokratie« waren dieser Klientel aus der Seele gesprochen.

Von der Benutzung des Antisemitismus durch konservative politische Gruppen, die auf diese Weise ihre fehlende Massenbasis sich zu beschaffen suchen, muß man diejenigen Parteien unterscheiden, die gleichsam aus dem Geist der Judenfeindschaft heraus entstanden sind. Die Führer dieser Parteien glauben im allgemeinen selbst an ihre antisemitischen Hirngespinste und vermögen daher auch sehr viel wirksamer als die zurückhaltenden Konservativen oder Klerikalen die Volks-Ressentiments zu mobilisieren und zu nützen. Vor dem Ersten Weltkrieg waren diese Parteien zwar noch relativ schwach, aber immerhin gab es doch schon eine Reihe von Gruppierungen und Personen, die deutlich den Rassenantisemitismus und den Vertreibungs- und Vernichtungswillen der Nazis vorwegnahmen. 1907 waren sie mit 27 Abgeordneten im Reichstag vertreten.

Typische Vertreter waren u. a. Dr. Henrici, der 1880 mit seinen fanatischen rassenantisemitischen Reden noch weit mehr Zulauf fand als Stöcker. Henrici forderte gleichzeitig eine »*expansive Kolonialpolitik*« des Deutschen Reiches, weil nur in ihr »die Germanen den Juden überlegene wirtschaftliche Kräfte mobilisieren können«. Der radikale Rassenantisemitismus ist also kombiniert mit imperialistischem Streben nach Herrschaftsausbreitung. Noch typischer dürfte der Marburger Bibliothekar Dr. Böckel sein, der 1887 als erster Antisemit in den Reichstag gewählt wurde. Der erfolgreiche Kampf gegen die Juden war für ihn Voraussetzung für »die Wiedergeburt des reinen, unverfälschten deutschen Gedankens. Das deutsche Volk soll durch den Antisemitismus sich wieder *als germanische Rasse im Gegensatz zur jüdischen Rasse* fühlen lernen«. An dieser Forderung wird klar, daß die »Gegen-Rasse« als Mittel zur Herstellung des fehlenden nationalen Selbstbewußtseins herhalten soll. Indem alles Negative auf die »Gegen-Rasse« projiziert wird, bleiben alle hohen und wertvollen Eigenschaften der eignen Rasse vorbehalten. Der jüdischen »Bodenlosigkeit« wird die eigene »Bodenständigkeit«, den angeblichen »jüdischen Verrat« und der »jüdischen Hinterlist« die »deutsche Treue« gegenübergestellt. Während der wirkliche Grund für fehlendes bürgerliches Selbstbewußtsein der Deutschen darin liegen dürfte, daß sie keine erfolgreiche Revolution (wie die Niederländer, Engländer und Franzosen) gemacht und ihre freiheitlichen Traditionen (wie den Bauernkrieg) verdrängt haben, sucht Dr. Böckel die Erklärung im mangelnden *Rassebewußtsein*, das er durch Bekämpfung der Juden »zurückgewinnen« möchte. Die praktischen politischen Forderungen Bökkels zeigen, auf welche Volkskreise er mit seiner Propaganda zielt: Maximalarbeitstag, höhere Löhne, Kampf gegen Mietwucher und hohe Hypothekenzinsen, Zusammenschluß von Handwerkern gegen die Konkurrenz der Fabriken. Das alles sind Forderungen, die nicht nur Handwerker und kleine Kaufleute, sondern offenbar auch Arbeiter und Angestellte ansprechen sollen.

Auch der mit offizieller Förderung zur Unterstützung der Tirpitzschen Flottenpolitik gegründete *Alldeutsche Verband* geriet seit 1907 – unter dem Einfluß des Vorsitzenden Heinrich Claß – immer mehr in antisemitisches Fahrwasser. Hier wird – wie bei Dr. Henrici – der koloniale Expansionismus mit der Judenfeindschaft verbunden. «*Die rassenbiologische Weltanschauung*«, schreibt Claß 1913 in den *Alldeutschen Blättern*, sagt uns, daß es Führerrassen und Folgerassen gibt. Die Geschichte ist nichts weiter als die Geschichte der Kämpfe zwischen den Führerrassen. Insbesondere sind Eroberungen stets ein Werk der Führerrassen. […] Solche Menschen können erobern, dürfen erobern, sollen erobern! Und sie sollen auch Herren sein, sich und den andern zu Nutz und Frommen! Das gilt für die Neuzeit genau so gut wie für das Altertum...«

In den politischen Forderungen von Claß spielt die »Lösung der Judenfrage« eine zentrale Rolle. Er will die Juden aus allen öffentlichen Ämtern vertreiben, ihnen das aktive und passive Wahlrecht nehmen, die Tätigkeit als Theaterleiter, Anwalt und Lehrer untersagen, den Besitz von Geschäften und Banken verbieten und sie schließlich – zu guter letzt – mit einer um 100 % erhöhten Steuer belasten. Woher ihr zu versteuerndes Einkommen kommen soll, bleibt dabei sein Geheimnis. Im übrigen sollten alle Juden, die nach 1871 eingewandert waren, das Reichsgebiet verlassen. Damit sind bis auf die Judenvernichtung so gut wie alle späteren Forderungen der Judenpolitik der Nazis schon 1913 von Heinrich Claß genannt worden.[8]

Die Judenfeindschaft dient den Nazis einmal instrumental als Mittel, um gewisse antikapitalistische (sozialistische) Tendenzen in der Bevölkerung umlenken zu können. Sie bildet aber darüberhinaus auch den Kern der rassenideologisch begründeten Vernichtungs- und Weltherrschaftspläne der Nazis uns insbesondere auch Adolf Hitlers.[9]

Seine Entdeckung der Möglichkeit einer Umwandlung des antikapitalistischen Kampfes in einen antisemitischen hat Adolf Hitler in äußerst instruktiver Weise in *Mein Kampf* selbst geschildert: »Als ich den Vortrag Feders über ›die Brechung der Zinsknechtschaft‹ hörte, wußte ich sofort, daß es sich hier um eine *theoretische Wahrheit* handelt, die von *immenser Bedeutung* für die Zukunft des deutschen Volkes werden mußte. Die scharfe Scheidung des Börsenkapitals von der nationalen Wirtschaft bot die *Möglichkeit der Verinternationalisierung* der deutschen Wirtschaft entgegenzutreten, *ohne* zugleich mit dem *Kampf gegen das Kapital überhaupt* die Grundlage einer unabhängigen völkischen Selbsterhaltung zu bedrohen.«[10]

Was Hitler eine »theoretische Wahrheit« nannte, war in Wirklichkeit freilich nur die propagandistische Brauchbarkeit einer Unterscheidung zwischen dem (angeblich) raffenden jüdischen und dem (angeblich) schaffenden deutschen Kapital. In einem *Gespräch mit Rauschning* hat Hitler selbst zugegeben, daß das Parteiprogramm keinerlei Realisierungschance besaß: »Die Masse, sagte er, braucht etwas für ihre Phantasie, und sie braucht feste, bleibende Lehrsätze. [...] Der Nationalsozialismus ist werdender Sozialismus, der sich nie vollendet.«[11] Feder hatte seinen Antikapitalismus auf die Zirkulationssphäre (Banken und Börsen, Kaufhäuser etc.) beschränkt, Hitler schränkte diesen kleinbürgerlichen Antikapitalismus weiter auf das »jüdische Finanzkapital« ein. In der Praxis der Wirtschaftspolitik der Nazis trat dann an die Stelle der Vergesellschaftung die Arisierung, die Übernahme jüdischen Eigentums durch sogenannte Arier (d. h. bei den Nazis gut angeschriebene christliche Unternehmer).

Der Antisemitismus bot aber noch einen zweiten instrumentalen Vorteil. Er erlaubte nämlich den Sozialismus – unter gleichzeitiger Betonung des eignen sozialistischen Wollens – zu bekämpfen. In *Mein Kampf* hatte Hitler bereits verkündet: »Die Frage der Zukunft der deutschen Nation ist die Frage der

Vernichtung des Marxismus.« Um den Marxismus zu bekämpfen, stürzen sich die Nazis freilich kaum in intellektuelle Unkosten. Daß Hitler selbst nicht einmal das ABC des Marxismus kannte, offenbart er im Gespräch mit Rauschning, wo er Marx als Vertreter der Grenznutzenlehrer bezeichnet. Von den meisten Parteirednern wurde vor allem immer wieder die Tatsache, daß Marx aus einer jüdischen Familie stammte, als hinlänglicher »Beweis« der Verkehrtheit des Marxismus angesehen. Gregor Strasser, der immerhin als »linker Nazi« galt, meinte: »Der Marxismus ist der Machtkampf der internationalen Hochfinanz gegen die nationalwirtschaftliche Selbständigkeit der Völker.«[12] Durch die Behauptung, der »internationalistische Kapitalismus« und der »marxistische Sozialismus« seien insgeheim verbündete Agenturen einer jüdischen Weltverschwörung, wurden ganz erhebliche Einsparungen an Erklärungskosten erzielt. Die Welt wurde einfach und überschaubar. Verschwörungstheorien entlasten intellektuell und emotional. Das mag *ein* Grund für ihre Beliebtheit sein.

Übrigens konnten Zeitgenossen ganz ähnliche Thesen auch bei einem erfolgreichen Unternehmer wie Henry Ford lesen. Auch für Ford waren die Bolschewiki und die Börsianer von Wallstreet (sowie die Pressetycoons) Teile einer weltweiten Verschwörung (vermutlich gegen die Firma Ford?).[13] Ford bedient sich übrigens für einige seiner Thesen einer Fälschung, die unter dem Titel *Die Protokolle der Weisen von Zion* in zahlreichen Auflagen vor und während der Nazizeit im Umlauf war. Die von der zaristischen Geheimpolizei hergestellte Schrift besteht in einer Umschreibung des Buches von Maurice Joly *Dialogue aux Enfers entre Machiavel et Montesquieu* (1864), das als Protokoll einer Diskussion auf dem *Zionisten-Kongreß* 1897 in Basel ausgegeben wurde. Die Rechtsschutzabteilung Basel des Schweizerischen Israelitischen Gemeindebundes hat 1933 einen interessanten Textvergleich zwischen Joly's Buch und zwei deutschen Ausgaben der »Geheimnisse« publiziert, die die Fälschung klar erkennen läßt.[14] Den russischen Polizisten fehlte es offenbar an Phantasie, sonst hätten sie sich auch die Form ihres Pamphlets aus den Fingern gesogen.

Wenn aber der zum Antisemitismus umfirmierte Antikapitalismus und der als Antimarxismus verkleidete Antisozialismus Instrumente der Nazi-Propaganda waren, so stellten die Rassenideologie und die Weltherrschaftsträume der Führer ein bewegendes Motiv ihrer Handlungen dar. Es ist für uns nur schwer begreiflich, wie im übrigen zu durchaus rationaler Analyse der Realität fähige Menschen diese schlechthin irrationale Ideologie wirklich glauben konnten. Zumindest im Falle Hitlers, Himmlers, Goebbels und einiger anderer kann kein Zweifel daran bestehen, daß sie diesen Glauben wirklich gehabt haben.

Einige marxistische Imperialismustheoretiker unterstellen den Nazis und ihrer Politik mehr Rationalität und Realitätssinn, als tatsächlich vorhanden war. Sicher ist es kein Zufall, daß Hitler auch dann noch auf der Fortsetzung des Krieges bestand, als er materiell nicht mehr zu gewinnen war. Wenn es sich um den weltweiten Kampf zwischen der edlen arischen und der jüdischen Gegen-Rasse handelt, kann es keinen Kompromißfrieden geben, sondern nur den totalen Sieg oder den Untergang. Andere Rechtfertigungen für die Fortsetzung des Kampfes gab es – spätestens nach Stalingrad – nicht mehr. Die vagen Hoffnungen auf ein »Wunder« – wie die auf den Tod Roosevelts gesetzten Erwartungen – genügen kaum, um die verbohrte Beharrlichkeit der Naziführung zu erklären. Hermann Rauschning erinnert sich an ein Gespräch mit Hilter im Jahre 1932/33. Schon damals habe ihm Hitler erklärt: »Wir werden nicht kapitulieren. […] niemals. […] Wir können untergehen, vielleicht. Aber wir werden eine Welt mitnehmen. Muspili. Weltenbrand«. Dazu habe Hitler ein Motiv aus Wagners Götterdämmerung gesummt.

Der einzige Versuch einer Deutung dieser rassenbiologischen Weltanschauung, den ich kenne, stammt von dem im vergangenen Jahr verstorbenen französischen Jesuitenpater Gaston Fessard, der auch durch seine Teilnahme am Widerstand gegen die Besatzungsmacht bekannt geworden ist. Die Nazis, so lautet sein Argument, wollten der germanischen oder nordischen Rasse eine naturhafte (biologische) Auserwähltheit und ein aus ihr abgeleitetes Recht auf Weltherrschaft vindizieren. Der Mythos von der erwählten Rasse kann aber nicht friedlich koexistieren mit dem Gottesvolk der Juden und dem aus dieser Wurzel entspringenden christlichen Glauben an die besondere Beziehung der Menschen zu Gott. Um Platz zu machen für die Bewährung und Durchsetzung seines heidnischen Mythos, muß der Nationalsozialismus daher sowohl gegen die lebendigen Juden als auch gegen das Christentum vorgehen.[15] Nach der »Endlösung der Judenfrage« wäre zweifellos der offene Kampf gegen das Christentum auf die Tagesordnung gesetzt worden. Das theologische Volk und der Glaube an die Transzendenz müssen vollständig negiert werden, damit das biologisch auserwählte Volk triumphieren kann.

Fessard behauptet nicht, daß Hitler und seinen Anhängern dieser Zusammenhang bewußt gewesen sei. Es genügt, wenn ihr grenzenloser Haß letztlich auf diese Weise erklärt werden kann. Wenn es ein Gottesvolk gibt, das durch die Jahrtausende hindurch von seinem Gott bewahrt wurde, und wenn es einen transzendenten Gott gibt, dann kann der biologische Mythos von der auserwählten Rasse nicht wahr sein. Der fanatische Zerstörungswille wäre dann der krampfhafte Versuch eines »Wahrheitsbeweises« für einen nichtverifizierbaren Mythos. [16]

Politiker, deren Ziel ausschließlich die Erringung und Bewahrung von Macht für sie selbst und ihre Gruppe oder Partei ist, werden bei der Suche nach geeigneten Mitteln der Massenmobilisierung immer wieder auf das Instrument des Ressentiments und des Hasses auf ohnmächtige Minderheiten stoßen. Stets ist es einfacher, solchen Haß zu nutzen als ihn durch sachliche Analyse zu überwinden oder für vernünftige Ziele der eigenen Politik zu werben, falls man solche hat. Es ist auch immer weit bequemer, die Schuld an Mißständen auf Sündenböcke abzuschieben als rationale Analysen über die realen Zusammenhänge anzustellen. Vielleicht kann auf absehbare Zeit die Judenfeindschaft dieser Rolle zumindest in der Bundesrepublik Deutschland nicht mehr spielen. Aber es ist durchaus denkbar, daß andere soziale Minderheiten an ihre Stelle treten: Kommunisten, Intellektuelle, Gastarbeiter, Lesbierinnen oder schlicht Jugendliche, die alternative Lebensformen erproben.

Duldsamkeit, die Fähigkeit zum Ertragen von Andersartigkeit und abweichenden Meinungen gehört zu den elementaren Tugenden von Demokraten. Diese Tugend muß gelernt und eingeübt werden. Vierunddreißig Jahre nach dem Ende der Naziherrschaft und des Krieges ist dieser Lernprozeß in Deutschland keineswegs schon abgeschlossen. Nicht einmal die Kollektivscham über die Taten deutscher Mitbürger in der Nazizeit reicht aus, um judenfeindliche Ausschreitungen und schwachsinnige Judenwitze zu unterdrücken. Anwälte, die in KZ-Prozessen offen ihre Sympathie für ihre nazistischen Mandanten zum Ausdruck bringen, werden von der Presse nur gelegentlich leise getadelt. Schon beim geringsten Verdacht politischer Sympathie mit angeklagten linken Gewalttätern müssen Anwälte aber mit Verdächtigungen und Beschimpfungen rechnen und werden unter Umständen vom Verfahren ausgeschlossen. Es geht mir nicht um die Frage der Angemessenheit oder Unangemessenheit dieser Ausschlüsse, sondern um das politische Klima, das sich in diesen unterschiedlichen Reaktionen spiegelt.

Die zur Entscheidung heranstehende Frage der Aufhebung der Verjährungsfrist für Mord in der Nazizeit kann auch mit akzeptablen Argumenten negativ beantwortet werden. Bedrückkend aber sind die Gründe, die von den meisten Anhängern einer definitiven Verjährung heute angeboten werden. »Das deutsche Volk«, so hört man, »wolle nichts mehr von den Naziverbrechen hören, es habe es satt, mit ihnen politisch erpreßt zu werden.« Was sich hier stolz gebärdet, ist die Rancune des Feiglings. Mögen andere darüber denken, wie sie wollen, für uns Deutsche gibt es keine Rechtfertigung für die Verdrängung eines Kapitels unserer Geschichte, dessen Düsternis nur durch die Heldentaten weniger mutiger Widerstandskämpfer erhellt wird. Es genügt nicht, wenn wir erkannt haben, »wie es dazu kommen konnte«. Wir müssen auch dazu beitragen, daß es sich nie wiederholt. Das Verdrängte aber kehrt unweigerlich wieder.

(Überarbeitete Fassung eines Vortrages, den der Autor am 18. 6. 1978 gehalten hat. Der Abdruck erfolgt mit freundlicher Genehmigung des Autors.)

Anmerkungen

[1] Schott: *Meßbuch der heiligen Kirche*, Freiburg 1934 (Jubiläums-Auflage), S. 330.
[2] Vgl. u. a. Max Weber: *Wirtschaftsgeschichte*, München/Leipzig 1924: »Dazu kam, daß das Wucherverbot der Kirche den Geldhandel verpönte, andererseits dieser unentbehrlich war und die Juden dem kirchlichen Gesetz nicht unterstanden. [...] Die Juden erlangten in diesen Geschäften im Laufe der Jahrhunderte eine Virtuosität, die sie berufen und begehrt machte. Aber dies war Pariakapitalismus, nicht rationaler Kapitalismus, wie er im Okzident entstanden ist. Daher findet sich unter den Schöpfern der modernen Wirtschaftsorganisation, den Großunternehmern, kaum ein Jude. Dieser Typus war christlich und nur auf christlichem Boden denkbar. Daß die Juden an der Entstehung

des rationalen Kapitalismus keinen Anteil hatten, war schon deshalb nicht anders möglich, weil sie außerhalb der Zünfte standen...« (S. 307).

»Für die Sprengung dieses (traditionalistischen) Vorstellungskreises dürfen nicht wie W. Sombart (*Die Juden und das Wirtschaftsleben*, München/Leipzig 1911) verantwortlich gemacht werden. Die Stellung der Juden während des Mittelalters ist soziologisch mit der einer indischen Kaste in einer im übrigen kastenlosen Umwelt zu vergleichen: Sie waren ein *Pariavolk*. [...] Im Mittelalter waren die Juden ein *Gastvolk*, sie standen außerhalb der bürgerlichen Gesellschaft und konnten z. B. in keinen Stadtbürgerverband aufgenommen werden, weil sie an der Abendmahlsgemeinschaft nicht teilnehmen, also auch zur coniuratio nicht gehören konnten...« (S. 305 f). Vgl. auch M. Weber: *Wirtschaft und Gesellschaft*, Bd. II, S. 812.

³ Paul Massing: *Rehearsal for Destruction. A Study of Political Antisemitismus,* New York 1949, deutsch *Vorgeschichte des politischen Antisemitismus*, Frankfurt 1959.

⁴ Theodor Mommsen hat damals Treitzschke mit einer Schrift *Auch ein Wort über unser Judentum* (1880) kritisch geantwortet und ihm vorgehalten, er habe »den Kappzaun der Scham« jener starken Bewegung abgenommen.

⁵ Vgl. hierzu auch Nathan W. Ackerman/Marie Jahoda: *Antisemitismus and Emotional Disorder. A Psychoanalytic Interpretation*, New York 1950.

⁶ Das Bild, das K. Marx in der Schrift *Zur Judenfrage* vom Juden entwirft, kann leicht als antisemitisch mißverstanden werden. Marx tritt aber einmal gegen die Behauptung Bruno Bauers auf, Juden könnten keine gleichberechtigten Staatsbürger sein und weist nach, daß der moderne Staat sich gegenüber dem religiösen Bekenntnis seiner Bürger neutral (gleichgültig) verhält, so daß Christen wie Juden gleichermaßen Staatsbürger sein können, zum anderen aber fordert er eine über die bürgerliche Demokratie hinausgehende »Emanzipation«, die nicht Religionsfreiheit, sondern Freiheit »von Religion« mit sich bringen werde. Das religiöse Judentum wird daher zum Beispiel für die Beschränktheit, von der die bürgerliche Revolution gerade nicht befreit hat. Darüber hinaus erscheint aber – das mißverstandene und Marx offenbar weithin unbekannte – Judentum als Inbegriff der Verhaltensregeln, die im Kapitalismus allen Gesellschaftsgliedern aufgezwungen werden. Daher auch seine Rede von Christen, die »innerlich Juden« seien.

⁷ Salomon: *Deutsche Parteiprogramme*, Bd. II, S. 65.

⁸ Daniel Frymann (d. i. Heinrich Claß): *Wenn ich der Kaiser wär': Politische Wahrheiten und Notwendigkeiten*, Leipzig 1912; 1914: 15. erweiterte Auflage 25000. Übrigens bezeugt Claß – wie viele ältere Rassenantisemiten – den Zionisten »seine Achtung«, weil sie dem »Naturgesetz der Rasse« folgend die Assimilierung ablehnen.

⁹ Vgl. Hitlers »Testament« vom 29. 4. 1945 in Johannes Hohlfels (Hg.): *Dokumente der deutschen Politik und Geschichte*, Bd. 5, S. 526 ff.

¹⁰ Adolf Hitler: *Mein Kampf*, Bd. I (1935), S. 232.

¹¹ Hermann Rauschning: *Gespräche mit Hitler*, 2. Auflage, New York 1940, S. 177. Vgl. auch: »Mögen sie (die Unternehmer) doch Grund und Boden oder Fabriken besitzen soviel sie wollen. Das entscheidende ist, *daß der Staat durch die Partei über sie bestimmt*, gleich, ob sie Besitzer oder Arbeiter sind. Verstehen Sie, alles dies bedeutet nichts mehr. *Unser Sozialismus greift viel tiefer*. Er ändert nicht die äußere Ordnung der Dinge, sondern er ordnet allein das Verhältnis des Menschen zum Staat, zur Volksgemeinschaft. Er ordnet es mit Hilfe der einen Partei. Besser würde ich sagen, mit Hilfe eines Ordens« (S. 179f).

¹² Gregor Strasser, *Freiheit und Brot*, Berlin 1928, S. 12. Vgl. auch Josef Goebbels, *Bolschewismus in Theorie und Praxis*, Rede auf dem Parteikongreß Nürnberg 1936: »Es handelt sich bei ihm (dem Bolschewismus, d. V.) um einen pathologischen verbrecherischen Wahnsinn, *nachweisbar von Juden erdacht und von Juden geführt* mit dem Ziel der Vernichtung der europäischen Kulturvölker und der Aufrichtung einer international-jüdischen Weltherrschaft über sie. Der Bolschewismus konnte nur im Gehirn von Juden entstehen, und der sterile Boden des Asphalts der Weltstädte allein hat ihm Ausbreitungsmöglichkeiten gegeben. [...] Es sei hier zu allem Überfluß noch einmal ausdrücklich betont, daß [...] wir dabei in keiner Weise antisozialistische oder gar kapitalistische Interessen verfochten. Unser Kampf gegen den Bolschewismus ist kein Kampf gegen, sondern gerade *für den Sozialismus*, aus der tiefen Erkenntnis heraus geboren, daß wahrer Sozialismus nur verwirklicht werden kann, wenn seine gemeinste und kompromittierendste Mißgeburt, der jüdische Bolschewismus, aus dem Felde geräumt ist« (S. 3).

¹³ Vgl. Henry Ford: *Der internationale Jude*, (englisch: 1920); Leipzig (Hammer Verlag) 1921: »Die einzige Staatsform, gegen die sich das jüdische Streben richtet, ist jede nicht-jüdische Staatsordnung; das einzige Kapital, das es angreift, ist das der Nicht-Juden.« Und Ford zitiert Lord Eustace Percy, der gesagt habe: »Im östlichen Europa scheinen oft *Zionismus und Bolschewismus nebeneinander* zu gedeihen, gerade so wie der jüdische Einfluß die republikanischen und sozialistischen Ideen während des ganzen 19. Jahrhunderts bildete, bis zur jungtürkischen Revolution in Konstantinopel. [...] Nicht, weil der Jude sich um die positive Seite radikaler Theorien bekümmert, auch nicht, weil es ihn verlangt, am nicht-jüdischen Nationalismus oder an nicht-jüdischer Demokratie teilzunehmen, sondern weil keine bestehende nicht-jüdische Staatsform ihm anders als verhaßt sein kann« (S. 185). Dieses Kapitel ist übrigens betitelt: »Der alljüdische Stempel auf dem Roten Rußland« (S. 176). »Dem Nicht-Juden gegenüber wird der jüdische Charakter des Bolschewismus geleugnet: im Schoße und in der Stille der jüdischen Gemeinden, oder unter dem jüdischen Dialekt versteckt, oder in der jüdisch-nationalistischen Presse verborgen, findet man stolze Bekenntnisse – dem eigenen Volke gegenüber – daß der Bolschewismus jüdisch ist« (S. 177).

¹⁴ Mir liegen zwei Editionen vor, die 1945 von französischen Hochschuloffizieren aus den Büchereien von Studentenverbindungen beschlagnahmt wurden: *Die zionistischen Protokolle. Programm der in-*

ternationalen Geheimregierung, aus dem Englischen übersetzt nach
dem im Britischen Museum befindlichen Original, mit einem Vor- und
Nachwort von Theodor Fritsch, Leipzig (Hammer Verlag), 1924, 80 S.
und *Die Geheimnisse der Weisen von Zion,* herausgegeben von Gott-
fried zur Beek, Charlottenburg (Verlag ›Auf Vorposten‹), 1920, 256 S.
und eine Literaturliste *Werke über Geheimbünde*, in der vor allem
Freimaurer-Literatur und »Enthüllungen« enthalten sind. Die von der
Rechtsschutzabteilung Basel des Schweizerischen Israelitischen Ge-
heimbundes im Oktober 1933 herausgegebene Dokumentation enthält
Textstellen aus dem Buch Joly's *Dialogue aux Enfers entre Machiavel et
Montesquieu* und aus den beiden erwähnten Ausgaben der *Protokolle*
(in Editionen von 1933).

[15] Gaston Fessard: *Le Mystère de la Société, Recherche sur le Sens de
l'Histoire*, in: *Recherches de Science Religieuse*, 1948, Nr. 1 und 2.

[16] Franz Neumann: *Behemoth. Struktur und Praxis des Nationalsozialismus 1933–1944*, Köln 1977 (englisch 1942) gibt eine interessante
Hypothese zur Erklärung der Massenvernichtung der Juden im Kriege:
»Die auf Befehl der Nazis von immer breiteren Schichten des deutschen
Volkes praktizierte Verfolgung der Juden verwickelt diese Schichten in
eine kollektive Schuld. Die Teilnahme an einem so ungeheuren Verbrechen wie der Ausrottung der Ostjuden macht die deutsche Wehrmacht, das deutsche Beamtentum und breite *Massen zu Mittätern und
Helfern dieses Verbrechens und macht es ihnen daher unmöglich, das
Naziboot zu verlassen*« (S. 583). Das könnte zumindest eine wesentliche Nebenabsicht gewesen sein, aber ganz geht der Rassenwahn in dieser rationalen Erklärung nicht auf.

Eberhard Jäckel
Hitler und der Mord an den europäischen Juden

Widerlegung einer absurden These

Es gab in jenen Jahren eine verbreitete Redensart, die lautete: Wenn das der Führer wüßte! Anwendbar und angewendet gleichermaßen auf die kleinen Widrigkeiten des täglichen Lebens wie auf die großen Schrecken des Regimes erleichterte sie den Unmut der Volksgenossen über verspätete Eisenbahnen, das schlechte Wetter oder die Trunksucht eines Gauleiters, aber auch über Ungerechtigkeiten und Verbrechen. Der Scherz hatte wie so viele eine tiefere Bedeutung, und er war keineswegs staatsfeindlich. Er entrückte den Führer, der sich doch nicht um alles kümmern konnte, den Unzulänglichkeiten und Eigenmächtigkeiten seiner Untergebenen.

Zum Anwendungsbereich der Formel gehörte von Anfang an auch der Mord an den Juden. Man traute ihn Himmler zu und seinen finsteren Schergen in SS und Gestapo, nicht aber dem Führer, der, wenn er davon gewußt hätte, dagegen eingeschritten wäre. So raunte es schon im Kriege, so wurde danach gesprochen, so schrieben und schreiben es die Neonazis, die man besser Paläonazis nennen sollte.

Zu Hilfe kommt ihnen dabei der Umstand, daß es in dieser Sache einen schriftlichen, von Hitler unterzeichneten Befehl nicht gibt. Man suchte eine Zeitlang danach, und als man ihn nicht fand, wandten die Historiker sich anderen Fragen zu. Kein ernsthafter Wissenschaftler zog je den Schluß, das furchtbarste aller Verbrechen des Jahrhunderts habe gegen Hitlers Willen und ohne sein Wissen begangen werden können.

Doch nun kommt einer, ein Engländer dazu, und tischt in einem ansehnlichen Buch die absurde These wieder auf. Er hat Quellen und Anmerkungen zur Hand und ist sich seiner Sache so sicher, daß er tausend amerikanische Dollar ausgesetzt hat, die er einer karitiven Einrichtung stiften will, falls jemand ein Dokument aus der Kriegszeit beibringt, das beweist, Hitler habe vor Oktober 1943 die biologische Liquidierung der westeuropäischen Juden befohlen oder auch nur davon gewußt.

Das ist kühn, doch der kühne Wetter hat sein Geld sicher angelegt. Er hütet sich nämlich wohl, das Urteil etwa einer Akademie oder einer wissenschaftlichen Gesellschaft zu überlassen. Er entscheidet selbst und allein, ob er widerlegt ist. Das ist natürlich nicht die feine englische Art von fair play. Es ist nichts als ein Werbetrick.

Der gewitzte junge Mann, von dem die Rede ist, heißt David Irving und sein Buch ›Hitler's War‹. Es löste alsbald einen Sturm in Presse, Rundfunk und Fernsehen aus. Die Kritiken waren durchweg negativ. Der Oxforder Regius Professor of History, Hugh Trevor-Roper, eine der größten Autoritäten auf dem Feld, nannte Irvings Methode defekt.

Das Buch hat eine seltsame Vorgeschichte. Es erschien zuerst 1975 unter dem Titel ›Hitler und seine Feldherren‹ auf deutsch. Die Aufnahme war zwar kritisch, lobte aber das neue Quellenmaterial. Das Buch rief keine Entrüstung hervor. Die Erklärung ist einfach. Die provozierende These stand nicht darin. Sie war sorgsam eliminiert worden. Irving distanzierte sich daraufhin von dem Buch und untersagte eine weitere Auflage mit der Begründung, es sei ohne sein Zutun wesentlich gekürzt und entstellt worden.

Der Direktor des Ullstein-Verlages, Wolf Jobst Siedler, kann demgegenüber ins Feld führen, daß er Irving schon ein Jahr vor der Veröffentlichung, am 7. Mai 1974, gerade hinsichtlich der »Behandlung der Judenliquidationen« geschrieben hatte, »daß in einem Hause, für das ich die Verantwortung trage, kein Buch erscheinen wird, das ich politisch und historisch nicht verantworten kann«, und daß er hinzugefügt hatte: »Sollten Sie ganz anderer Meinung sein, müßten wir uns trennen.« Irving trennte sich nicht.

Da Irvings britische und amerikanische Verleger nicht Siedlers Skrupel hatten, gelangte die These dann doch auf den Markt und macht nun auch in Deutschland ihre Runde, begierig aufgenommen von den sattsam bekannten interessierten Kreisen. Schon hört man, die Verteidiger im Düsseldorfer Majdanek-Prozeß hätten sich darauf berufen. Es wird Zeit, daß wir uns damit auseinandersetzen.

Irving klagt jetzt gelegentlich, man tue ihm unrecht, wenn man seine These zum Judenmord zur Hauptsache mache, denn das Buch widme ihr nur einen Bruchteil der insgesamt 926 Seiten. Das ist nicht ganz falsch. In dem Buch stehen in der Tat viele andere Dinge, und nicht alle davon sind schockierend, manche im Gegenteil lesenswert und einige sogar erhellend. Aufsehenerregend indessen ist nur die These, und es ist Irving selbst, der sie schon auf den ersten Seiten mit Nachdruck in den Vordergrund rückt.

Die dauerhafteste der vielen Legenden um Hitler betreffe, so schreibt er, »the Führer's involvement in the extermination of the Jews«. Seine Analyse habe zu zwei Schlußfolgerungen geführt: im Kriege seien Diktatoren grundsätzlich schwach und nicht in der Lage, alle Tätigkeiten der ausführenden Organe zu kontrollieren; und die Schuld an dem blutigen und geistlosen Massaker der Juden liege bei einer großen Anzahl von Deutschen und nicht nur bei Hitler. Gewiß, er habe mit seinen antisemitischen Reden den Haß geschürt, er und Himmler hätten die SS geschaffen, er habe die Konzentrationslager errichtet. Aber es gebe den unbestreitbaren Beweis (the incontrovertible evidence), daß Hitler am 30. November 1941 anordnete, es solle »keine Liquidierung« der Juden geben.

Daß es gleichwohl dazu kam, sei teils eine »Verlegenheitslösung« gewesen (so auf deutsch im englischen Text). Hitler habe nämlich fraglos die Abschiebung der europäischen Juden in die eroberten Ostgebiete angeordnet. Dort aber seien die Behörden auf der mittleren Ebene (SS, Gauleiter, Reichskommissare) mit dem Problem der Unterbringung der zügeweise eintreffenden Deportierten nicht fertig geworden, und so hätten sie sie einfach liquidiert, teils auch um sie auszuplündern und teils in »zynischer Extrapolation« von Hitlers antisemitischen Gesetzen.

Die These ist raffinierter als der möglichst alles leugnende Revisionismus und mag gerade darum Glauben finden. Hitler bleibt mit zahlreichen Verbrechen behaftet, aber ganz so viele, wie die »Legende« behauptet, seien es denn doch nicht gewesen, und gegen den Judenmord habe er sich gestemmt, so gut oder vielmehr so schlecht er es vermochte.

Irvings Argumentation vollzieht sich auf drei Bahnen. Erstens gibt es den schriftlichen Befehl nicht. Zweitens sprach Hitler auch im engen Kreise seiner Umgebung nicht davon. Irving hat sie alle befragt, die Adjutanten, Kammerdiener und Sekretärinnen, und niemand hatte Hitler davon reden hören. Drittens und vor allem gibt es den Gegenbefehl vom 30. November 1941. Er ist Irvings Prachtstück. Nicht weniger als sechsmal zitiert er ihn, und die einzige Abbildung des Buches zeigt ihn in Faksimile.

Es ist eine Seite aus Himmlers handgeschriebenem Notizbuch. Oben steht: »Telephongespräche 30. XI. 1941. Wolfsschanze.« Himmler rief demnach fünf Personen an, eine davon war um 13.30 Uhr »aus dem Bunker« Heydrich, und über dieses Gespräch heißt es unter anderem: »Judentransport aus Berlin. keine Liquidierung.« Dazu Irving: »Um 13.30 Uhr mußte Himmler aus Hitlers Bunker Heydrich den ausdrücklichen Befehl durchsagen, Juden seien nicht zu liquidieren.«

Man braucht keine fachliche Ausbildung, es genügt ein Minimum an Vernunft und Logik, um dieses überaus miese Kunststück einer Quelleninterpretation zu durchschauen. Aus der Weisung, einen bestimmten Judentransport nicht zu liquidieren, macht Irving den allgemeinen Befehl, Juden schlechthin nicht zu liquidieren. Genau das Gegenteil ist richtig. Wenn Hitler generell Liquidierungen nicht angeordnet hatte, war es sinnlos, daß er sie in einem Einzelfall untersagte. Daß er es tat, belegt geradezu, daß es den generellen Befehl gab und diesmal eine Ausnahme gemacht werden sollte. (Man weiß übrigens sogar, was die Ursache war, und daß die Liquidierung bald darauf nachgeholt wurde.)

Irvings übrige Interpretationskünste sind nicht viel besser. Wer sich mit der sogenannten Endlösung beschäftigt, muß davon ausgehen, daß sie der Geheimhaltung unterlag. Die einschlägigen Akten tragen den Vermerk »Geheime Reichssache«, und selbst in ihnen wird das Töten mit chiffrierten Ausdrücken wie etwa »Umsiedlung« umschrieben.

Es zeugt daher von Unkenntnis oder von Voreingenommenheit und wahrscheinlich von beidem, den Aussagen von untergeordneten Bediensteten in dieser Sache Bedeutung beizumessen. Übrigens haben fünf von Irvings Gewährsleuten inzwischen erklärt, sie hätten nur gesagt, daß Hitler in ihrer Gegenwart nicht von den Vernichtungslagern gesprochen habe; sie seien jedoch keineswegs der Meinung, daß Hitler nicht gewußt habe, was mit den Juden geschah.

Offenbar versteht Irving nicht einmal, genaue Fragen zu stellen. Jedenfalls scheint er nie darüber nachgedacht zu haben, wie die Untersuchung eines Entscheidungsvorganges vorgehen muß, an dessen Anfang die höchste Geheimhaltungsstufe steht. Er sieht und sammelt nur, was auf seinen Reim paßt.

Es bleibt Irvings letztes Argument: der fehlende schriftliche

Befehl. Das ist natürlich in sich auch nicht beweiskräftig. So einfach vollzieht sich Geschichte nicht, gewissermaßen gegen Quittung und Beleg. Es sind viele Dinge in der Welt, die nicht in den Akten sind. Gleichwohl ist diese Tatsache des Nachdenkens wert, und vielleicht ist die Forschung bisher wirklich zu rasch über sie hinweggegangen.

Daß Hitler Antisemit war, bestreitet niemand. Wohl aber verkennen viele die besondere, unverwechselbare Art seines Antisemitimus. Man findet ihn schon 1927 im zweiten Band von ›Mein Kampf‹:

> Kein Volk entfernt diese Faust [des Juden] anders von seiner Gurgel als durch das Schwert. [...] Ein solcher Vorgang ist und bleibt aber ein blutiger.

Und noch deutlicher einige Seiten weiter:

> Hätte man zu Kriegsbeginn und während des Krieges einmal zwölf- oder fünfzehntausend dieser hebräischen Volksverderber so unter Giftgas gehalten, wie Hunderttausende unserer allerbesten deutschen Arbeiter aus allen Schichten und Berufen es im Felde erdulden mußten, dann wäre das Millionenopfer der Front nicht vergeblich gewesen. Im Gegenteil: Zwölftausend Schurken zur rechten Zeit beseitigt, hätte vielleicht einer Million ordentlicher, für die Zukunft wertvoller Deutschen das Leben gerettet.

Hitler nannte als erster die Begriffe: Entfernung, blutig, Beseitigung und – unter dem Eindruck des Ersten Weltkrieges – Giftgas. Man wird sagen dürfen, daß ihm der Mordgedanke nicht fremd war. Und wenn man bedenkt, daß er das gleichfalls in ›Mein Kampf‹ entworfene außenpolitische Programm Punkt für Punkt ausführte, darf man ihm auch bei seinem antijüdischen die gleiche Konsequenz zutrauen.

Kein anderer, weder Himmler noch Goebbels, die Irving als die Hauptverantwortlichen hinstellt, hatte je so gesprochen wie Hitler. Sie aber, die Treuesten der Treuen, sollen die Tat hinter seinem Rücken begangen haben.

Es ist hundertfach belegt, daß Hitler alle wichtigen Entscheidungen, oft zur Überraschung seiner engsten Mitarbeiter, allein traf, und daß er auch und gerade im Kriege stets einen vollständigen Überblick über alle Schauplätze behielt. Er kümmerte sich um zahllose Einzelheiten, um die Bewegungen von Divisionen und Regimentern, die Anzahl zu erschießender Geiseln, die Ausgestaltung von Orden. Es ist schlechthin unvorstellbar, daß ihm die Judenmorde, ein riesiges Unternehmen mit Tausenden von Beteiligten, von den Opfern ganz zu schweigen, auch nur einen Tag entgehen konnten. Bormann allermindestens, der allwissende Sekretär, hätte es ihm unverzüglich mitgeteilt. Aber man mußte es Hitler nicht zutragen. Der Führer wußte gut genug, was vor sich ging.

Er hatte das Vorhaben sogar öffentlich angekündigt, und zwar am 30. Januar 1939 vor dem Großdeutschen Reichstag. Dies waren seine Worte, deren fundamentale Bedeutung erst später ganz offenbar werden wird:

> Ich will heute wieder ein Prophet sein: Wenn es dem internationalen Finanzjudentum inner- und außerhalb Europas gelingen sollte, die Völker der Welt noch einmal in einen Weltkrieg zu stürzen, dann wird das Ergebnis nicht die Bolschewisierung der Erde und damit der Sieg des Judentums sein, sondern die Vernichtung der jüdischen Rasse in Europa.

Dies war für Hitler seit ›Mein Kampf‹ das eine seiner beiden Kriegsziele. Das andere war die Eroberung von sogenanntem Lebensraum im Osten. Deswegen begann für ihn der Krieg eigentlich erst mit dem Einfall in die Sowjetunion. Alle vorherigen Unternehmen waren nur Feldzüge, die den Weg nach Rußland freimachen sollten. Mit dem Zusammenbruch Frankreichs im Sommer 1940 war die Bahn frei. Unmittelbar danach begann er mit den Vorbereitungen.

In diesem Zusammenhang gewinnt eine unscheinbare Quelle an Bedeutung. Nach dem Kriege hat Felix Kersten, Himmlers Masseur und Vertrauter, berichtet, sein Patient habe ihm einmal folgendes gesagt: Unmittelbar nach dem Frankreich-Feldzug sei er ins Führerhauptquartier gerufen worden, und dort habe ihm Hitler eröffnet, er, Himmler, werde die Ausrottung der europäischen Juden durchführen müssen. Er habe dagegen Einwände erhoben, den Plan der Ansiedlung der Juden auf Madagaskar berfürwortet, aber der Führer habe auf dem Befehl bestanden.

Die Quelle ist zugegebenermaßen nicht sehr gut, zumal da Kersten die Geschichte in den verschiedenen Ausgaben seines Buches verschieden erzählt. Aber sie hat viel Wahrscheinlichkeit für sich. Zur gleichen Zeit nämlich eröffnete Hitler den Generälen seinen Eroberungsplan. Daß aber Eroberung von Lebensraum und Ausrottung der Juden aufs engste zusammenhingen, ja sich gegenseitig bedingten, ergibt eine vertiefte Einsicht in Hitlers Weltanschauung.

Wahrscheinlich klingt auch, daß Himmler Einwände erhob. In den von Deutschland besetzten Gebieten lebten damals fast vier Millionen Juden, im zu erobernden Rußland mindestens noch einmal so viele. Ungefähr die Hälfte waren Frauen und Kinder. Sie alle sollte Himmler zusammentreiben und umbringen. Ganz abgesehen von den ungeheuren Transport- und Organisationsproblemen brauchte er dazu Hunderte, wenn nicht Tausende von Soldaten oder Polizisten, die bereit waren, diese Wehrlosen, Männer, Frauen und Kinder, zu töten. Man kann begreifen, daß er die Aufgabe für undurchführbar hielt, daß ihn das blanke Entsetzen packte.

Ein Nachhall davon ist in seinen späteren Geheimreden immer wieder zu spüren. Am 6. Oktober 1943 sagte er, die Judenfrage sei für ihn »die schwerste Frage meines Lebens« geworden, und fuhr dann fort:

> Der Satz »Die Juden müssen ausgerottet werden« mit seinen wenigen Worten, meine Herren, ist leicht ausgesprochen. Für den, der durchführen muß, was er fordert, ist es das Allerhärteste und Schwerste, was es gibt. […] Es trat an uns die Frage heran: Wie ist es mit den Frauen und Kindern? Ich habe mich entschlossen, auch hier eine ganz klare Lösung zu finden. Ich hielt mich nämlich nicht für berechtigt, die Männer auszurotten – sprich also, umzubringen oder umbringen zu lassen – und die Rächer in Gestalt der Kinder für unsere Söhne und Enkel groß werden zu lassen. Es mußte der schwere Entschluß gefaßt werden, dieses Volk von der Erde verschwinden zu lassen.

Am 5. Mai 1944:

> Den Juden war es vom Führer angekündigt worden, bei Beginn des Krieges oder vor dem Kriege: »Wenn ihr noch einmal die europäischen Völker gegeneinander hetzt, dann wird das nicht die Ausrottung des deutschen Volkes bedeuten, sondern die Ausrottung der Juden.« […] Sie mögen mir nachfühlen, wie schwer die Erfüllung dieses mir gegebenen soldatischen Befehls war, den ich befolgt und durchgeführt habe aus Gehorsam und aus vollster Überzeugung.

Am 24. Mai 1944:

> Eine andere Frage, die maßgeblich für die innere Sicherheit des Reiches und Europas war, ist die Judenfrage gewesen. Sie wurde nach Befehl und verstandesmäßiger Erkenntnis kompromißlos gelöst.

Und am 21. Juni 1944:

> Es war die furchtbarste Aufgabe und der furchtbarste Auftrag, den
> eine Organisation bekommen konnte: den Auftrag, die Judenfrage
> zu lösen.

Wer denn außer Hitler sollte Himmler den furchtbaren Auftrag, den soldatischen Befehl erteilt haben? Zwischen beiden
stand niemand mehr. Wenn aber Himmler, wie Irving glauben
machen will, ohne Wissen und gegen den Willen Hitlers gehandelt hätte, wie hätte er sich dann auf einen Befehl berufen können? Sollte Hitler nach der Eigenmächtigkeit auch noch hinnehmen, daß ihm fälschlich die Verantwortung zugeschoben
wurde? Nein, diese Äußerungen sind eindeutig.

Unübersehbar aber ist auch, daß Himmler den Auftrag nicht
gerne übernommen hatte. Man kann annehmen, daß es Wider-
rede gegeben hatte, und gerade das mag erklären, warum Hitler
den Befehl nicht schriftlich erteilte.

Am Anfang war nur ein Gespräch unter vier Augen, so un-
gewöhnlich, von so grauenhaften Perspektiven, daß man es
nicht zu Papier zu bringen wagte. Hitler hat übrigens auch in
anderen Fällen angeordnet, »in der ganzen Angelegenheit
möglichst kein Papier entstehen zu lassen«. Später, als Himmler
sich beugte, durfte er keinen schriftlichen Befehl mehr beanspruchen. Er war kleinmütig, war »laurig« gewesen und mußte
nun beweisen, daß er ein treuer Gefolgsmann war. So mag sein
Zaudern in um so größere Entschlossenheit umgeschlagen sein.

Im Frühjahr 1941 traten die Vorbereitungen in ihr letztes
Stadium. Die militärische Planung war abgeschlossen. Nun
wurde der ganze Herrschaftsapparat bis hin zum Kaukasus aufgestellt. Jetzt wurden die Einsatzgruppen gebildet, die nach
dem Angriff hinter der vorrückenden Front Juden und Kom-
missare erschossen. Damals auch erhielt Himmler in einem
schriftlichen Erlaß vom 13. März 1941, der ihn gegenüber der
Armee auswies, »Sonderaufgaben im Auftrage des Führers, die
sich aus dem endgültig auszutragenden Kampf zweier entge-
gengesetzter politischer Systeme ergeben«.

Eroberungskrieg und Judenmord waren koordiniert. Alfred
Rosenberg, designierter Reichsminister für die besetzten Ostgebiete, schrieb damals nach einer Unterredung mit Hitler in
sein Tagebuch: »Was ich heute nicht niederschreiben will, aber
nie vergessen werde.« Am 22. Juni 1941 setzte sich die furchtbare Maschine in Gang.

Am 31. Juli beauftragte Göring den Chef der Sicherheitspolizei und des SD, Heydrich, mit der Vorbereitung der »angestrebten Endlösung der Judenfrage«, und dieser hielt daraufhin am 20. Januar 1942 die große Wannsee-Konferenz ab, mit der der ganze deutsche Herrschaftsbereich in das Mordprogramm einbezogen wurde.

Wieder ist der Befehl nicht von Hitler unterzeichnet und auch nicht von Himmler, Heydrichs unmittelbarem Vorgesetzten. Es mag eine Erklärung sein, weil es Hitlers Denkungsart entspräche, daß nun auch Göring, der designierte Nachfolger des Führers, in die Verantwortung genommen, auf das Werk verpflichtet, gewissermaßen festgelegt werden sollte.

Daß Hitler der eigentliche Urheber und natürlich vollständig unterrichtet war, dafür gibt es zahlreiche Belege. Auch hüllte er sich keineswegs immer in Schweigen. So sprach er etwa am 1. Dezember 1941 zu seiner Tischrunde im Führerhauptquartier:

> Viele Juden sind sich auch des destruktiven Charakters ihres Daseins nicht bewußt gewesen. Aber wer Leben zerstört, setzt sich dem Tod aus, und etwas anderes geschieht ihnen auch nicht!

Am 14. Dezember war Rosenberg bei Hitler und besprach eine geplante Rede. In einem Vermerk schrieb er:

> Ich stände auf dem Standpunkt, von der Ausrottung des Judentums nicht zu sprechen. Der Führer bejahte diese Haltung.

Natürlich bejahte er sie. Das Unternehmen war ja geheim. Aber offenbar wußten die beiden genau, wovon sie sprachen.

Am 27. März 1942 vertraute auch Goebbels das Geheimnis seinem Tagebuch an:

> Aus dem Generalgouvernement werden jetzt, bei Lublin beginnend, die Juden nach dem Osten abgeschoben. Es wird hier ein ziemlich barbarisches und nicht näher zu beschreibendes Verfahren angewandt, und von den Juden selbst bleibt nicht mehr viel übrig. Im großen kann man wohl feststellen, daß 60 % davon liquidiert werden müssen, während nur noch 40 % in die Arbeit eingesetzt werden können. Der ehemalige Gauleiter von Wien, der diese Aktion durchführt, tut das mit ziemlicher Umsicht und auch mit einem Verfahren, das nicht allzu auffällig wirkt. An den Juden wird ein Strafgericht vollzogen, das zwar barbarisch ist, das sie aber vollauf verdient haben. Die Prophezeiung, die der Führer ihnen für die Herbeiführung eines neuen Weltkriegs mit auf den Weg gegeben hat, beginnt sich in

der furchtbarsten Weise zu verwirklichen. Man darf in diesen Dingen keine Sentimentalität obwalten lassen. Die Juden würden, wenn wir uns ihrer nicht erwehren würden, uns vernichten. Es ist ein Kampf auf Leben und Tod zwischen der arischen Rasse und dem jüdischen Bazillus. Keine andere Regierung und kein anderes Regime konnte die Kraft aufbringen, diese Frage generell zu lösen. Auch hier ist der Führer der unentwegte Vorkämpfer und Wortführer einer radikalen Lösung, die nach Lage der Dinge geboten ist und deshalb unausweichlich erscheint. Gottseidank haben wir jetzt während des Krieges eine ganze Reihe von Möglichkeiten, die uns im Frieden verwehrt wären. Die müssen wir ausnützen. Die in den Städten des Generalgouvernements freiwerdenden Ghettos werden jetzt mit den aus dem Reich abgeschobenen Juden gefüllt, und hier soll sich dann nach einer gewissen Zeit der Prozeß erneuern.

Die Eintragung ist in vieler Hinsicht bemerkenswert. Sie ist zunächst einmal überaus genau. Was bei Lublin begann, war der Massenmord in der ersten nicht mehr fahrbaren, sondern stationären Gaskammer, und zwar im Lager Belzec, das am 16. März seine Tätigkeit aufgenommen hatte, und der ehemalige Gauleiter von Wien war Odilo Globocnik, für die Aktion verantwortlicher Höherer SS- und Polizeiführer in Lublin. Elf Tage später kannte Goebbels das Verfahren im einzelnen.

Bemerkenswert deutlich ist aber auch seine Beklemmung spürbar. Zweimal gebraucht er das Wort barbarisch. Mit Mühe redet er sich ein, die Aktion sei notwendig, und zweimal verweist er dabei auf Hitler: Er hat die immer wieder zitierte »Prophezeiung« (vom 30. Januar 1939) gegeben, und er ist auch hier »der unentwegte Vorkämpfer und Wortführer«.

Nur noch als Kuriosität sei angemerkt, daß Irving, obwohl er die Eintragung kennt, behauptet, nirgends in den Goebbels-Tagebüchern finde sich eine Anspielung auf Hitlers angebliche Initiative bei der Ausrottung der Juden.

Während das blutige Werk im geheimen vollbracht wurde, wenngleich es gerüchtweise an der ganzen Front und in der Heimat bekannt war, entfaltete Hitler einen eigentümlichen Ehrgeiz, in seinen öffentlichen Reden immer erneut davon zu sprechen. Im Jahre 1942, auf dem Höhepunkt, tat er es nicht weniger als fünfmal.

Am 1. Januar:

Der Jude aber wird nicht die europäischen Völker ausrotten, sondern er wird das Opfer seines eigenen Anschlags sein.

Am 30. Januar:

Ich habe am 1. September 1939 im Deutschen Reichstag schon ausgesprochen – und ich hüte mich vor voreiligen Prophezeiungen –,
daß dieser Krieg nicht so ausgehen wird, wie es sich die Juden vorstellen, nämlich, daß die europäischen Völker ausgerottet werden,
sondern daß das Ergebnis dieses Krieges die Vernichtung des Judentums sein wird.

Am 24. Februar:

[…] meine Prophezeiung wird ihre Erfüllung finden, daß durch diesen Krieg nicht die arische Menschheit vernichtet, sondern der Jude
ausgerottet werden wird. Was immer auch der Kampf mit sich bringen oder wie lange er dauern mag, dies wird sein endgültiges Ergebnis sein.

Am 30. September:

Ich habe am 1. September 1939 in der damaligen Reichstagssitzung
zwei Dinge ausgesprochen: […] zweitens, daß, wenn das Judentum
einen internationalen Weltkrieg zur Ausrottung etwa der arischen
Völker anzettelt, dann nicht die arischen Völker ausgerottet werden,
sondern das Judentum.

Am 8. November:

Sie werden sich noch der Reichstagssitzung erinnern, in der ich erklärte: Wenn das Judentum sich etwa einbildet, einen internationalen Weltkrieg zur Ausrottung der europäischen Rassen herbeiführen
zu können, dann wird das Ergebnis nicht die Ausrottung der europäischen Rassen, sondern die Ausrottung des Judentums in Europa
sein. Man hat mich immer als Propheten ausgelacht. Von denen, die
damals lachten, lachen heute Unzählige nicht mehr, und die jetzt
noch lachen, werden es vielleicht in einiger Zeit auch nicht mehr tun.
Diese Erkenntnis wird sich über Europa hinaus über die ganze Welt
verbreiten. Das internationale Judentum wird in seiner ganzen dä-
monischen Gefahr erkannt werden, dafür werden wir Nationalsozialisten sorgen.

Die monotone Hartnäckigkeit ist wahrhaft erstaunlich. Es
scheint, als habe Hitler sein Werk vor der Geschichte manifest
machen wollen. Vielleicht auch wollte er seinen Mordgehilfen
zu verstehen geben, daß er mit seiner Autorität hinter ihnen
stand. Nicht einmal die wiederholte Umdatierung der Ankündigung auf den 1. September 1939, den Tag des Kriegsbeginns,
an dem er übrigens die Judenfrage gar nicht erwähnt hatte,

dürfte ein Versehen gewesen sein. Diese Worte sind nichts als ein einziges großes und bewußtes Bekenntnis.

Im Angesicht des Endes, als der Krieg zwar verloren, der Mord an den Juden aber immerhin vollbracht war, wurde Hitler noch deutlicher. Die Niederschriften seiner letzten Gespräche sind ein umstrittener Text, weil offenbar eine andere Hand darin herumgeschrieben hat. Aber diese Äußerung vom 13. Februar 1945 ist unverfälschter und unverfälschbarer Hitler:

> Ich habe gegen die Juden mit offenem Visier gekämpft. Ich habe ihnen bei Kriegsausbruch eine letzte Warnung zukommen lassen. Ich habe sie nicht im Ungewissen darüber gelassen, daß sie, sollten sie die Welt von neuem in den Krieg stürzen, diesmal nicht verschont bleiben würden – daß das Ungeziefer in Europa endgültig ausgerottet wird.

Und auch diese, im vollen Eingeständnis der Niederlage, vom 2. April 1945:

> Das mit Füßen getretene deutsche Volk sollte sich in seiner nationalen Ohnmacht stets bemühen, die Gesetze der Rassenlehre hochzuhalten, die wir ihm gaben. In einer moralisch mehr und mehr durch das jüdische Gift verseuchten Welt muß ein gegen dieses Gift immunes Volk schließlich und endlich die Oberhand gewinnen. So gesehen, wird man dem Nationalsozialismus ewig dafür dankbar sein, daß ich die Juden aus Deutschland und Mitteleuropa ausgerottet habe.

Vier Wochen später, am 29. April, am Tage vor dem Selbstmord, bekannte Hitler sich noch einmal zu seinem Werk, in dem von seiner Hand unterzeichneten Testament:

> Ich habe aber auch keinen Zweifel darüber gelassen, daß, wenn die Völker Europas wieder nur als Aktienpakete dieser internationalen Geld- und Finanzverschwörer angesehen werden, dann auch jenes Volk mit zur Verantwortung gezogen werden wird, das der eigentlich Schuldige an diesem möderischen Ringen ist: Das Judentum! Ich habe weiter keinen darüber im Unklaren gelassen, daß dieses Mal nicht nur Millionen Kinder von Europäern der arischen Völker verhungern werden, nicht nur Millionen erwachsener Männer den Tod erleiden und nicht nur Hunderttausende an Frauen und Kindern in den Städten verbrannt und zu Tode bombardiert werden dürften, ohne daß der eigentlich Schuldige, wenn auch durch humanere Mittel, seine Schuld zu büßen hat.

(Erstmals gekürzt veröffentlicht in *Frankfurter Allgemeine Zeitung* vom 25.8.1977, S. 17. Der Abdruck erfolgt mit freundlicher Genehmigung des Autors.)

Eberhard Jäckel
Noch einmal:
Irving, Hitler und der Judenmord

David Irving triumphiert, und ich muß gestehen, daß ich ihm dazu verholfen habe. Der gewandte historische Schriftsteller hatte in seinem Buch ›Hitler's War‹ behauptet, der Mord an den europäischen Juden sei ohne Wissen und gegen den Willen Hitlers vollbracht worden. Überzeugende Belege gab es für diese absurde These nicht, alles sprach vielmehr dagegen, und ich hatte in dieser Zeitung (vom 25. 8. 1977) das eine widerlegt, das andere in Auswahl zusammengestellt. Danach warf Irving mir in einem Leserbrief (am 23. 9. 1977) vor, ich habe die »verschiedenen neuen Dokumente« nicht erwähnt, die seine These untermauerten, zum Beispiel (er nannte nur eines) »Hitlers Anordnung im Frühjahr 1942, daß die Endlösung bis zur Zeit nach dem Kriegsende zu verschieben sei«.

Gab es eine solche Anordnung? Auf meine Frage antwortete Irving, es gebe sie zwar nicht mehr, aber beim Nürnberger Prozeß habe es sie noch gegeben; sie sei damals in einer sogenannten Staff Evidence Analysis registriert worden und anschließend »verschwunden«. Man spürte förmlich Irvings Verdacht: da hatte das Nürnberger Gericht die Wahrheit entdeckt, und, weil sie nicht sein durfte, verschwinden lassen.

Daraufhin ging ich der Sache nach und fand, da Irving die Signaturen angegeben hatte, ohne Mühe alles, sowohl die Registrierung wie das Dokument, und dieses sowohl in einer Kopie unter den Nürnberger Gerichtsmaterialien wie als Original im Bundesarchiv. Es war also keineswegs »verschwunden«. Ich sandte es Irving und fügte hinzu, wie es zu verstehen sei. Er war so entzückt davon, daß er seine früheren »Beweise« fallenließ und unter sorgsamer Fortlassung meiner Auslegung in einer Pressenotiz, die sogar in einige Zeitungen Eingang fand, kundtat, nunmehr sei der Beweis gefunden. Er hat folgenden Wortlaut:

»Herr Reichsminister Lammers teilte mir mit, der Führer habe ihm gegenüber wiederholt erklärt, daß er die Lösung der Judenfrage bis nach dem Kriege zurückgestellt wissen wolle. Demgemäß haben die gegenwärtigen Erörterungen nach Meinung von Herrn Reichsminister Lammers lediglich theoretischen Wert. Er werde aber auf alle Fälle dafür besorgt sein, daß nicht durch einen überraschenden Vortrag von anderer Stelle ohne sein Wissen grundsätzliche Entscheidungen gefällt werden.«

Stand es da nicht schwarz auf weiß? Fragen konnte man, so schien es, allenfalls, wieso nach dieser Anordnung und trotz ihrer Millionen von Juden ermordet wurden. War Hitler wirklich ein machtloses Phantom, dessen Befehl nicht befolgt wurde? Fragen mochte man auch, wieso denn Hitler, wenn er, wie Irving behauptet, von der Sache nichts wußte, ihre Zurückstellung anordnete.

Indessen ist das weniger wichtig als die ernsthafte Frage, was es mit diesem Schriftstück auf sich hat. Es trägt weder eine Über- noch eine Unterschrift und auch kein Datum. Schon deswegen muß man es, wenn man es verstehen will, interpretieren. Wer war der, dem Lammers seine Mitteilung machte, und wann war das? Es ist offensichtlich, daß nur der Zusammenhang derlei Fragen zu beantworten vermag. Er allerdings erschließt sich ohne Schwierigkeit.

Das Stück entstammt einer Akte des Reichsjustizministeriums, und zwar dem Band ›Behandlung der Juden‹ (Signatur R 22/52). Nur wenige Seiten kommen in Betracht. Da ist ein Brief vom 12. März 1942, in dem der amtierende Reichsjustizminister Schlegelberger an den Reichsminister und Chef der Reichskanzlei Lammers ins Führerhauptquartier schreibt, ihm werde soeben »über das Ergebnis der Sitzung vom 6. 3. betreffend Behandlung der Juden und Mischlinge vorgetragen«. Dort schienen sich, so fährt er fort, Entschlüsse vorzubereiten, die er zum großen Teil für völlig unmöglich halten müsse, und weil das Ergebnis ja die Unterlage für die Entschließung des Führers bilden solle, wäre es ihm dringend erwünscht, sich noch rechtzeitig mit ihm (Lammers) »über die Angelegenheit zu unterhalten«.

Lammers antwortet am 18. März, er sei gern bereit, wenn er voraussichtlich gegen Ende des Monats wieder nach Berlin komme, sich mit Schlegelberger »über diese Frage zu unterhalten«. Tatsächlich kam er, wie andere Akten ausweisen, am 28.

März und hatte am 10. April eine Besprechung mit Schlegelberger.

Inzwischen hatte dieser am 5. April ein langes Memorandum ›Betrifft: Endlösung der Judenfrage‹ aufgesetzt, das an nicht weniger als sieben hohe Reichsbehörden gerichtet war. Gegenstand war die rechtliche Behandlung von jüdischen Mischlingen ersten und zweiten Grades, unterteilt in fortpflanzungsfähige und nicht mehr fortpflanzungsfähige, und im Mittelpunkt stand die Frage von Scheidungserleichterungen bei Ehen zwischen Deutschblütigen und Juden. Mit solcherlei Problemen beschäftigten sich die gründlichen Beamten des Justizministeriums seit langem und führten mit anderen Behörden Ressortkonflikte.

Genau zwischen diesen Papieren liegt unser »Beweisstück«, und der Schluß drängt sich auf: Verfasser der Aktennotiz und Gesprächspartner von Lammers war Schlegelberger, Ort der Handlung die Besprechung vom 10. April, Gegenstand die Sorgen des Justizministeriums, und nun erschließt sich ohne weiteres auch der Sinn der von Lammers mitgeteilten Erklärung Hitlers.

Gemeint war nicht die blutige Endlösung der Judenfrage, nicht der Mord an den Juden. Dafür war der Justizminister ganz und gar unzuständig. An wen auch hätte er die »Anordnung« Hitlers weitergeben sollen? Ihm unterstanden nur etwa Richter, Staatsanwälte und Gefängnisbeamte. Den Mord aber betrieben die Untergebenen von Himmler, Heydrich und Eichmann; er ging von der Partei-Kanzel und dem Reichssicherheitshauptamt aus.

Für Schlegelberger hingegen hieß die Endlösung der Judenfrage die Entrechtung der deutschen Juden in ihren vielfältigen Aspekten, über eine solche Frage sprach er mit Lammers, und dieser gab zur Antwort, dies alles sei im Augenblick sehr theoretisch, und der Führer wünsche es bis nach dem Kriege zurückgestellt zu wissen. Das kann man verstehen: Hitler hielt nie viel von Juristen, im dritten Kriegsjahr gab es für ihn Wichtigeres als Scheidungserleichterungen für Mischehen, ganz abgesehen davon, daß all dieses sich ja nach dem Kriege erübrigt habe, weil es dann keine Juden mehr geben werde.

Die Juristen blieben übrigens bei der Sache. Noch anderthalb Jahre später erörterte Lammers mit Bormann, wieder unter dem Betreff ›Endlösung der Judenfrage‹, einen Verordnungsentwurf über die Scheidung deutsch-jüdischer Mischehen, und wieder heißt es in einem Vermerk vom 6. Oktober 1943: »Der

Leiter der Partei-Kanzlei (Bormann) war der Auffassung, daß der Führer auch jetzt nicht bereit sein werde, den Bericht entgegenzunehmen. Es bestand Einigkeit darüber, daß infolgedessen die Angelegenheit zurückgestellt werden müsse.«

Dies alles weiß Irving. Er aber, der immer nur sieht und sammelt, was auf seinen Reim paßt, wird sich auch jetzt nicht davon abbringen lassen, unter Zurückstellung der Lösung der Judenfrage das zu verstehen, was er darunter verstehen will. Man wird seine neuuntermauerte These bald in Buchform zur Kenntnis nehmen können, vielleicht mit erneutem Dank an den hilfreichen Historiker, das Beweisstück aufgespürt zu haben.

(Erstmals abgedruckt in der *Frankfurter Allgemeinen Zeitung* vom 22. 6. 1978, S. 23. Der Abdruck erfolgt mit freundlicher Genehmigung des Autors.)

Ino Arndt/Wolfgang Scheffler
Organisierter Massenmord an Juden in Nationalsozialistischen Vernichtungslagern

Ein Beitrag zur Richtigstellung apologetischer Literatur

Vorbemerkung von Martin Broszat

Der folgende Beitrag beansprucht nicht, durchweg das Resultat originärer Erforschung bisher unbekannter Tatsachen zu sein. Durch ihn soll vielmehr auf der Basis wissenschaftlich gesicherter Erkenntnisse zusammenhängende Grundinformation gegeben werden über einen zentralen nationalsozialistischen Verbrechenskomplex, den die Verantwortlichen des Dritten Reiches selbst sorgsam abzuschirmen trachteten und dessen Spuren sie noch nachträglich systematisch zu beseitigen suchten: die Massenvergasung von Juden während des Zweiten Weltkrieges. Es muß angenommen werden, daß dieser Verbrechenskomplex, trotz der umfangreichen historischen und – vor allem – gerichtlichen Ermittlungen, die seiner Aufklärung dienten, und obwohl auf ihn innerhalb und außerhalb der Bundesrepublik so häufig Bezug genommen wird, sich auch heute noch im Halbdunkel sehr ungenauen Wissens befindet, wobei zuzugeben ist, daß sich die historische Detailaufhellung z. T. noch immer in einem fragmentarischen Zustand befindet. Dieser Mangel an gesichertem Wissen hat – wie schon in früheren Jahren – den Boden bereitet für mancherlei neuerdings wieder ins Kraut geschossene apologetische Tendenzliteratur und Agitation mehr oder weniger eindeutig rechtsextremistischer Provenienz, die die Existenz jener mit Vergasungsanlagen ausgestatteten Massentötungs-Stätten, die seit 1941/42 in den besetzten polnischen Gebieten errichtet und »in Betrieb« genommen wurden, methodisch in Zweifel zu ziehen, wenn nicht überhaupt abzuleugnen sucht.

Die technisch-fabrikmäßige Tötung von wohl mindestens 3 Millionen jüdischen Menschen durch Gas in diesen Lagern (Chelmno, Sobibor, Belzec, Treblinka, Majdanek und Auschwitz-Birkenau) stellt innerhalb des Gesamtkomplexes der nationalsozialistischen Judenvernichtung den quantitativ größten Teilvorgang dar. Daneben fanden systematische Massenerschießungen von Juden statt, exekutiert vor allem durch die mobilen Einsatzgruppen und spätere stationäre Kommandos der Sicherheitspolizei sowie allgemeine Polizeieinheiten in den besetzten sowjetischen Gebieten (die Zahl der jüdischen Opfer überschritt hier sicher die Millionengrenze) und durch örtliche Einheiten der Sicherheitspolizei und der Polizei im Generalgouvernement. Als dritter Groß-Komplex der »Endlösung der Judenfrage« kommt hinzu die zahlenmäßig besonders schwer abzuschätzende, aber hoch anzusetzende Zahl von Juden aus dem gesamten europäischen Machtbereich des NS-Regimes, die zwar nicht direkt getötet, aber mittelbar Opfer nationalsozialistischer Verfolgung wurden, weil sie in den Deportationstransporten, den Auffang- und Zwangsarbeiterlagern, Zwangs-Ghettos (auch durch Epidemien) und noch in den letzten Kriegs-Monaten als Folge überstürzter Evakuierungen und zusammengebrochener Versorgung auf den Landstraßen, in Eisenbahnzügen oder in den überfüllten Konzentrationslagern des Altreiches massenweise dahinstarben.

Die Vernichtung durch Gas, obwohl nur ein Teilvorgang innerhalb dieses Gesamtkomplexes, symbolisiert wohl am schärfsten sowohl die perverse rassenideologische Ungeziefer-Vorstellung des Hitlerschen Antisemitismus wie den perfekten und mechanisch-kaltblütigen Charakter ihrer subalternen Durchführung: technischer Genozid ohne Pogromstimmung bei den Tätern, ohne unmittelbar motivierende und erregende religiöse, nationale oder soziale Feindschaftsgefühle, weder schlüssig herzuleiten aus dem ideologischen Haß-Komplex gegen den »jüdischen Bolschewismus«, noch aus jenem aus Angst, Aggression, Vergeltungsbedürfnis heillos gemischten Erregungszustand, der unter bestimmten Bedingungen in allen kriegführenden Armeen »Kriegsverbrechen« auszulösen vermag. Dieser planmäßige Judenmord in den Gaskammern fällt aus den Vergleichs- und Aufrechnungsspekulationen heraus.

Hier liegt unverkennbar ein gewichtiger psychologischer Ausgangspunkt für diejenigen, die sich und anderen gegen die unerschütterliche Evidenz der Fakten einreden wollen, die Judenvergasung habe es gar nicht gegeben, sie ließe sich nicht einwandfrei beweisen, sie sei eine Erfindung der Siegermächte, gestützt auf erpreßte Schuldgeständnisse der vor Gericht gestellten Angeklagten aus den Reihen der SS, Ergebnis systematisch verbreiteter Lüge, mit dem Ziel, das deutsche Volk auf ewig zu belasten, der sich auch die durch »Umerziehung« korrumpierte professionelle Geschichtswissenschaft ebenso wie die mit den Vernichtungslagern befaßte Strafjustiz der Bundesrepublik angeschlossen habe. Die Pathologie solchen Amok-Laufes gegen die Wirklichkeit ist in der diesbezüglichen Broschüren-Literatur mit ihren bezeichnenden Titeln (»Auf der Suche nach der Wahrheit«[1], »Warum werden wir Deutschen belogen«[2], »Hexeneinmaleins einer Lüge«[3], »Die Auschwitz-Lüge«[4]) evident. Sie äußert sich in der Weigerung der betreffenden Autoren und ihrer Gläubigen, ihnen nicht passende historische Informationen überhaupt aufzunehmen und zu verarbeiten (hier hat das Institut für Zeitgeschichte vielfältige einschlägige Erfahrungen), in der armseligen Exklusivität, mit der die betreffenden Winkel-Autoren sich ständig gegenseitig selbst zitieren und aufeinander berufen (ein krasses Beispiel: Heinz Roths Zitat-Broschüren, wohl auch zur Absicherung gegen gerichtliches Vorgehen wegen falscher Tatsachenbehauptungen so kaschiert[5]); ebenso in der – freilich mit bewußtem propagandistischen Kalkül betriebenen Benutzung immer der gleichen falschen Argumente, nicht belegter vermeintlicher Gegen-Dokumente, denen durch solche Wiederholung Wirklichkeit verliehen werden soll[6]. Für die Machart der Argumente sei noch ein Beispiel angeführt aus der schon genannten Broschüre von Heinz Roth, das sich auf eine Auskunft des Instituts für Zeitgeschichte bezieht und sie mit wenigen hurtigen Griffen in ihr Gegenteil verkehrt. Es heißt dort[7]:

»Das Institut für Zeitgeschichte, an das ich eine diesbezügliche Anfrage richtete, gab mir zur Antwort:
›… Was den Führerbefehl zur Ermordung der Juden betrifft…, so ist ein solcher in schriftlicher Form nicht aufgefunden worden, jedoch ergibt sich *aus vielen Zeugnissen*, daß er mündlich erteilt worden sein muß‹.
Man nimmt also an, daß er ›mündlich erteilt worden sein muß‹. Ein solcher Bescheid sagt meines Erachtens so gut wie gar nichts. Wenn eine staatliche Einrichtung wie das Institut für Zeitgeschichte zugeben muß, daß es in einer so wichtigen Angelegenheit keinen schriftlichen Befehl, sondern nur Vermutungen gibt, daß ›er mündlich erteilt worden sein muß‹ (noch nicht einmal ›ist‹), dürfte jeder Kommentar hierzu überflüssig sein.
Es ist also einwandfrei erwiesen, daß es keinen Befehl von höchster Stelle zur Vernichtung der Juden gegeben hat.«

Der französische Journalist Paul Rassinier hat schon vor über 15 Jahren das Muster solcher Apologie-Argumentation in seinen von rechtsgerichteten Verlagen in der Bundesrepublik vertriebenen »Enthüllungs«-Schriften geprägt[8]. Sieht man davon ab, daß auch die häufige Wiederholung von plumpen Erfindungen oder Entstellungen von der zuvor gezeigten Art bei einem in dieser Frage vielfach kenntnislosen, deshalb kaum kritikfähigen und leicht in Verwirrung zu bringenden Publikum ihre Wirkung zu tun vermag, so kam Rassinier und seinen Nachahmern zugute, daß sie sich auch auf einzelne tatsächlich unrichtige oder übertreibende (etwa im Nürnberger Prozeß vorgebrachte) Aussagen von ehemaligen Häftlingen oder Zeugen berufen konnten oder auf sonstige Ungereimtheiten, die in Presse und Literatur über die Judenvernichtung, die Konzentrationslager u. ä. irgendwann und irgendwo verlautbar worden waren. Auf der Basis solcher berechtigten Einzelkritik (etwa an Falschdarstellungen über die – gar nicht in Betrieb genommene – Gaskammer in Dachau oder an Widersprüchen in den Aussagen von Rudolf Höß über die Zahl der in Auschwitz vernichteten Juden, die längst bekannt von ihm selbst eingestanden und von der Zeitgeschichtsforschung natürlich berücksichtigt wurden[9]), wird dann methodisch der Eindruck zu erwecken versucht, als stehe die ganze Kenntnis der Massenvernichtung der Juden, quellenmäßig auf völlig unsicherem Boden.

Zu den Ursachen der Verwirrung trägt u. a. bei, daß die schon institutionell und zuständigkeitsmäßig innerhalb der SS und Sicherheitspolizei klar getrennten Komplexe »Konzentrationslager« und »Judenvernichtung« vielfach in der allgemeinen öffentlichen Erörterung nicht genügend unterschieden werden (zumal in Auschwitz tatsächlich eine Verbindung beider Komplexe gegeben war). So werden z. B. häufig die hohe Sterblichkeit von Häftlingen (auch von Juden) in den Konzentrationslagern und die besonderen vielfältigen Tötungsaktionen, die es in den Konzentrationslagern gegeben hat (Erschießung oder Ermordung von politischen Gegnern, sowjetischen Kommissaren, von Geiseln, kranken oder nicht mehr arbeitsfähigen Häftlingen, Tötung im Zusammenhang mit medizinischen Versuchen an Häftlingen u. a.), mit dem gesonderten institutionellen Vollzug der »Sonderbehandlung der Juden«[10] in Verbindung gebracht – was an sich leicht begreiflich ist –, auch z. B. hinsichtlich des Bestehens von Gaskammern. Wie schon bemerkt, haben Juden-Vernichtungen im institutionellen Sinne

(Durchführung des Programms der »Endlösung«) mittels Vergasungsanlagen ausschließlich in den genannten Lagern in den besetzten polnischen Gebieten stattgefunden. Im allgemeinen gab es dagegen in den Konzentrationslagern zwar Krematorien (zur Verbrennung der im Krieg z. T. massenhaft gestorbenen oder der getöteten Häftlinge), aber keine Vergasungsanlagen. Wo dies im einzelnen doch der Fall war (Ravensbrück, Natzweiler, Mauthausen) [11], dienten sie nicht der Judenvernichtung im Sinne des Programms der »Endlösung«. Sie sollten vielmehr den Tötungskommandos ihre »Arbeit«, die bislang durch Erschießungen, Phenol-Injektionen u. a. ausgeführt wurden, psychisch erleichtern. Die Verwechslung von Konzentrationslagern mit Vernichtungslagern war unmittelbar nach Kriegsende z. T. auch dadurch bedingt, daß in einzelnen Konzentrationslagern, wie z. B. in Bergen-Belsen, bei der Befreiung durch britische Truppen Tausende von Leichen jüdischer Häftlinge aufgefunden wurden, so daß der Eindruck entstehen konnte, es habe sich hier um eines der berüchtigten Vernichtungslager gehandelt. Tatsächlich entstammten viele der in den letzten Wochen vor Kriegsende in Bergen-Belsen [12] ebenso wie in den Außenlagern von Dachau umgekommenen Juden den rasch improvisierten Rückverlegungen und Evakuierungen von jüdischen Arbeitskräften aus noch bestehenden Ghettos, Arbeitslagern und Konzentrationslagern im Osten (Auschwitz), zu denen sich das Regime in der letzten Kriegsphase entschloß.

In der gesamten apologetischen Literatur werden in der Regel die Mengen von Zeugnissen über die Erschießungsaktionen der Einsatzgruppen mit der Fülle ihrer Zahlenangaben über die Ausmaße der einzelnen Aktionen ebenso verschwiegen wie die von Auschwitz und anderen Vernichtungslagern z. T. erhalten gebliebenen Lager-Dokumente und Listen mit ihren Angaben über Juden-Transporte und »Selektionen« und die zahlreichen Unterlagen über die »Auflösung« der Ghettos in Polen in den Jahren 1942/43 und den Abschub dieser Juden in die Vernichtungslager oder die Dokumente über die oft genau rekonstruierbaren Judendeportationen aus Deutschland, Frankreich, Holland, Belgien, Ungarn, Griechenland und anderen besetzten Ländern in den Jahren 1941–1944. Diese Dokumente und Zeugnisse, die teilweise schon in den großen Darstellungen von Reitlinger und Hilberg erwähnt wurden [13], sind später im Eichmann-Prozeß und nicht zuletzt in den großen Prozessen gegen Lager-Funktionäre in den Vernichtungslagern Auschwitz,

Chelmno, Sobibor, Treblinka und Belzec vor Gerichten in der Bundesrepublik erneut kritisch gewertet und durch weitere Feststellungen und Ermittlungsergebnisse ergänzt worden.

Angesichts dessen muß die Leugnung der Massenvernichtung der Juden durch die genannten Autoren und ihre sich auch im Ausland verzweigenden Agitationszirkel geradezu gespenstisch erscheinen. Oft wirksamer als über den Buchmarkt operieren sie durch Flugzettel, die »graue Literatur« sogenannter Aufklärungsschriften – seit einiger Zeit auch durch eine »Deutsche Bürgerinitiative« – und offenbar in der »Provinz« mehr als in den Großstädten. Es hängt aber wohl nicht nur mit dem propagandistischen Aufwand, sondern auch mit der immer noch vorhandenen psychologischen Sperre gegenüber diesem Verbrechenskomplex zusammen, wenn Bürger und nicht wenige Akademiker der Bundesrepublik, z. B. in Schreiben an das Institut für Zeitgeschichte von dieser Propaganda induzierte Fragen stellen, die erkennen lassen, wie gering die gesicherte Kenntnis auf diesem Gebiet ist und in welchem Maße man noch ernstlich zweifelt, ob es das alles – die Judenvernichtung – überhaupt gegeben habe.

Zur Veranschaulichung sei aus einigen solchen Anfragen an das Institut zitiert:

Ein Fritz J. aus Freudenstein (7131) fragt am 7. 1. 73: »Aus den Veröffentlichungen der Autoren Heinz Roth und Paul Rassinier ist u. a. folgendes zu entnehmen

1. Die UNO stellt fest, daß die Verluste der jüdischen Bevölkerung in den Jahren 1939 bis 1945 200 000 Personen betrugen.
2. Die KL auf reichsdeutschem Boden hatten keine Gaskammern.
3. In Dachau wurden nach dem Kriege (1945) auf Anordnung der Amerikaner durch gefangene SS-Leute Gaskammern ausgebaut...

Ich wäre Ihnen dankbar, wenn Sie zu diesen Punkten Stellung nehmen könnten...«.

Unter Bezugnahme auf Schriften von H. Roth und die angebliche UNO-Feststellung über nur 200 000 jüdische Todesopfer während des Krieges (vgl. oben Anm. 7) fragt Dr. N. aus Gelnhausen am 29. 3. 73: »Als Vater von drei schulpflichtigen Kindern fühle ich mich verpflichtet, mich mit dem Wahrheitsgehalt beider Nachrichten auseinanderzusetzen und wäre Ihnen dankbar, wenn Sie mir bei der Wahrheitsfindung helfen würden.«

Am 22. 8. 73 fragt Pfarrer B. aus Helmstedt: »Wie kommt es, daß in den meisten Geschichtsbüchern und deutschen Lexica mit einer Zahl von 5–6 Millionen durch die Nazis umgebrachte Juden gerechnet wird, wohingegen die UNO nur mit 200 000 im letzten Krieg getöteten Juden rechnet?«

Der Filialleiter H. aus Augsburg schreibt am 25. 10. 73: »Ein gewisser Herr Heinz Roth, dessen Bücher Ihnen möglicherweise bekannt sind, hat mir unaufgefordert die beiliegenden Schriften zugeschickt... Gab es in Auschwitz Gaskammern und wieviele? Wodurch ist bewiesen, daß diese nicht etwa nachträglich eingebaut wurden...?«

Herr E. aus Weiden fragt am 31. 1. 74: »Ein Bekannter von mir ist kürzlich in den Besitz einer Broschüre ›Deutsche Bürgerinitiative‹ gekommen, die den Titel ›Die Auschwitz-Lüge‹ trägt. Im wesentlichen geht es dabei um die Gaskammern zur Judenvernichtung...«.

Herr B. aus Neumünster schreibt am 13. 3. 74: »Ich bitte um Auskunft, ob in Bergen-Belsen Gasöfen [sic!] gebaut wurden und in der NS-Zeit Menschen darin vergast worden sind?«

Major a. D. F. aus München teilt am 20. 2. 74 mit, einer seiner Freunde, »ein ehemaliger Lehrer am Goethe-Institut« habe ihm das beiliegende, von Heinz Roth stammende Flugblatt geschickt, das, wie er mitteilte, »in der Bahn verteilt wurde«.

Der Lehrer F. aus Gütersloh fragt am 20. 8. 74: »Ich unterrichte Geschichte... In einer Unterprima kursiert dort ein Heft von Heinz Roth... Mich interessiert vor allem, wie es mit der angeblichen Erklärung der UNO aussieht...«.

Der Bundesbahndirektor a. D. W. schreibt am 27. 10. 74: »In letzter Zeit kommen mir immer wieder Veröffentlichungen vor Augen, die Art und Ausmaß der Judenvernichtung wenigstens infrage stellen, meist aber in einer Weise darstellen..., daß 1. die allgemeine Schätzung von 6 000 000 durch das ›Dritte Reich‹ vernichteter [Juden] weit übertrieben ist, 2. es regelrechte Gaskammern, z. B. in Auschwitz, nie gegeben habe...«.

Nicht das wahrscheinlich hoffnungslose Bemühen, festgelegte Apologeten – ihre durchschaubaren Fangfragen sind hier auch nicht zitiert worden – eines Besseren belehren zu wollen, leitet diesen Beitrag, sondern die Erfahrung mit den meist aufrichtig gemeinten Anfragen, die vorstehend auswahlweise wiedergegeben wurden. Der Beitrag wurde im Auftrag des Instituts für Zeitgeschichte von Frau Dr. Arndt, die sich in diesem Institut seit Jahren mit einschlägigen Anfragen und Gutachten zu befassen hat, geschrieben. Herr Dr. Scheffler (Berlin) wurde gebeten, sie mit kritischem Rat und ergänzenden Informationen zu unterstützen. Daraus erklärt sich die Doppelautorschaft. Der Artikel kann auch als Sonderdruck einzeln beim Institut für Zeitgeschichte bezogen werden. Für den Tatbestand der Menschenvernichtung durch Vergasungsanlagen und vor allem die großen Juden-Vernichtungslager in den besetzten polnischen Gebieten legt er die wichtigsten Fakten und Zusammenhänge dar. Er stützt sich dabei auch auf die Ergebnisse gerichtlicher Untersuchungen und Verfahren, die die Kenntnis dieser Vorgänge unter kritischer Verwendung sämtlicher einschlägiger Dokumente erheblich bereichert haben. Oft wegen ihrer vorsichtigen, im Zweifelsfalle für den Angeklagten oder für Nichtbeweisbarkeit plädierenden Urteile gescholten, hat die Justiz in der Bundesrepublik gerade im Bereich der Vernichtungslager mit ihrem umfangreichen, viele Jahre lang tätigen Ermittlungsapparat zur Aufklärung dieses nationalsozialistischen Verbrechenskomplexes vielfach mehr geleistet als es den Historikern möglich gewesen wäre. Es steht zu erwarten, daß sie die Hunderte von Seiten der Urteilsbegründungen, in denen sie die Verhältnisse in Chelmno, Sobibor, Belzec und Treblinka aufzeichnete, in absehbarer Zeit in der Form einer von der Zentralen Stelle der Landesjustizverwaltungen besorgten Edition auch der breiten Öffentlichkeit zugänglich machen wird. Die Nichtigkeit der apologetischen Tendenz-Literatur, von der hier die Rede war, wird sich dann vollends erweisen.

*

Die Methode für die spätere Massenvernichtung der Juden durch Gas, die neben den Massenerschießungen (wie sie auf dem besetzten sowjetischen Territorium in großem Umfang von den Einsatzkommandos der Sicherheitspolizei und des SD bzw. durch Einheiten von SS und Polizei im Generalgouvernement, vornehmlich anläßlich der Ghettoräumungsaktion, vorgenommen wurden) seit 1942 zunehmend zur Anwendung kam, war seit Anfang 1940 während der als »Aktion T 4«[14] bekannten Tötung erwachsener Anstaltspfleglinge erprobt worden. Bei diesen unzutreffend als Euthanasie bezeichneten Tötungen (es handelte sich nicht um Sterbehilfe, sondern um Lebensvernichtung oder – in der nationalsozialistischen Terminologie[15] – um »Vernichtung lebensunwerten Lebens«) verlegte man die Insassen aus ihren ursprünglichen Anstalten in besonders dafür eingerichtete Tötungsanstalten und brachte sie dort in einer als Duschraum, anfänglich auch als Inhalationsraum getarnten Vergasungsanlage durch einströmendes Kohlenmonoxyd (CO) um. Nach 1945 angestellten gerichtlichen Ermittlungen[16] zufolge hatten die Gaskammern in den sechs Tötungsanstalten (Grafeneck/Württ., Hadamar bei Limburg, Brandenburg/Havel, Bernburg/Saale, Hartheim b. Linz und Sonnenstein b. Pirna) etwa Zimmergröße (ca. 15 m² Grundfläche, 2,50–3 m Höhe), waren bis zur Höhe von 1,80 m gekachelt, mit Bänken ausgestattet, mit luftdichten Türen verschlossen und mit Brauseattrappen an der Decke und/oder 10 cm oberhalb des Fußbodens verlaufenden Leitungsrohren versehen, die in einen Vorraum führten. Innerhalb des Vergasungsraums waren die Leitungen angebohrt. Aus dem Vorraum ließ der Tötungsarzt das CO aus Stahlflaschen in die Leitungen und beobachtete durch ein kleines Fenster den etwa 20 Minuten dauernden Vergasungsvorgang. Sogenannte Desinfektoren lüfteten den Gasraum durch Absaugen des CO und durch Zufuhr von Frischluft. Nach ungefähr 45 Minuten wurden die Gaskammern geöffnet und die Leichen auf Spezialtragbahren in die mit Koks oder Rohöl beheizten, stationären oder fahrbaren Verbrennungsöfen befördert[17].

Trotz sorgfältiger Geheimhaltung und Tarnung (die Aktion lief als »Geheime Reichssache« unter der höchsten Geheimhaltungsstufe, die Anstalten waren abgesperrt und bewacht, hatten eigene Standesämter, das Personal – Ärzte, Pfleger, ferner zumeist aufgrund zufälliger Empfehlungen dienstverpflichtete Personen, nur zum Teil Angehörige von SS und Polizei – war kaserniert und unter schwerer Strafandrohung zur Verschwiegenheit verpflichtet, die Benachrichtigung der Angehörigen enthielt fiktive Todesursachen usw.) wurde bekannt, was in diesen Anstalten vor sich ging. Proteste von Vertretern beider Konfessionen und von Anstaltsleitern, Anzeigen von betroffenen Familienangehörigen bei den Staatsanwaltschaften, gehäufte Todesanzeigen in den Tageszeitungen und sich verstärkende Gerüchtebildung usw. führten, zwei Jahre nach Beginn der Vorbereitungen auf eine mündliche Weisung Hitlers im August 1941 zur offziellen Beendigung der Aktion in den Tötungsanstalten, der zwischen 80 000 und 100 000 Menschen zum Opfer gefallen sind.

Betroffen von »T 4« waren auch etwa 1000 jüdische Pfleglinge und außerdem bestimmte Insassen von Konzentrationslagern (Geisteskranke, Invaliden und andere unerwünschte Häftlinge, z. B. Juden, sogenannte Berufverbrecher, Polen, Tschechen), in denen man die Aktion fortsetzte, nachdem sie in den obengenannten Anstalten schon eingestellt war. Die Tötung

»lebensunwerter« oder besonders unerwünschter KL-Häftlinge erfolgte parallel in einer besonderen Aktion unter dem Decknamen »14 f 13« in allen damals bestehenden Konzentrationslagern, dauerte über den Stop der Vernichtungsaktion in den genannten sechs Anstalten hinaus bis (wenigstens) April 1943 und kostete ungefähr 20 000 Häftlingen das Leben[18].

Die erfolgreiche Erprobung der Menschenvernichtung durch Kohlenmonoxyd und die dabei gewonnenen »Erfahrungen« des Bedienungspersonals im Umgang mit der Technik des Vernichtungsapparates bildeten die unmittelbare Vorgeschichte und eine wesentliche Voraussetzung der bald nach Beendigung der »Aktion T 4« außerhalb des Altreichs in den besetzten Gebieten im Osten einsetzenden Tötungen unvergleichbar größeren Umfangs (für die die schon erwähnte Bezeichnung Massenvernichtung üblich geworden ist), insbesondere der »Endlösung der Judenfrage«, wie sie in den Gaskammern der Vernichtungslager und in den von den Einsatzgruppen der Sicherheitspolizei und des SD verwendeten Gaswagen durchgeführt wurde. Die Tätigkeit der Einsatzgruppen und -kommandos[19] ist an dieser Stelle wegen der Verwendung jener – »Spezial-«, »S-« oder auch »G-Wagen« genannten – mobilen Vernichtungsmaschinerie zu erwähnen, die nach demselben Prinzip wie die Gaskammern funktionierte und deren Einsatz einem doppelten Zweck dienen sollte: einmal erhoffte man eine Beschleunigung der Massentötungen und zum anderen erwartete man eine Entlastung für das exekutierende SS- und Polizeipersonal von dem extremen psychischen Druck, der sich aus den Massenerschießungen von Frauen und Kindern am Rande schon vorbereiteter Massengräber nachweislich ergeben und unliebsam bemerkbar gemacht hatte. Beide Erwartungen erfüllten sich im übrigen zum größten Teil nicht.

Diese Gaswagen, im Auftrag des Referats Kraftfahrwesen (II D 3a) des RSHA von einer Fahrzeugfirma montiert, waren luftdicht verschließbare, mit Zinkblech ausgeschlagene Kastenaufbauten (Höhe 1,70, Länge 5,80 m) auf LKW-Fahrgestellen, in die durch einen Verbindungsschlauch Motorabgase eingelassen wurden. Das Ladegewicht betrug 4500 kg, das »Ladegut« bestand aus 40–60 (oder mehr) Juden, die man unter dem Vorwand einer »Umsiedlung« o. ä. in diese Wagen einsteigen ließ und sie durch das im Motorabgas enthaltene Kohlenoxyd erstickte[20]. Die Vergasung dauerte ca. 15 Minuten und erfolgte teils am Verladungsort, teils bei abseits gelegenen, vorbereiteten Gruben, in die die Leichen geworfen wurden oder auf der Fahrt dorthin.

Aufgrund erhalten gebliebener Dokumente[21] steht fest, daß (insgesamt vermutlich 30) Gaswagen seit Dezember 1941 von den vier Einsatzgruppen (A, B, C und D) in der Sowjetunion und seit Februar 1942 vom BdS in Serbien zur Räumung des Judenlagers Semlin in Jugoslawien benutzt worden sind[22].

Über die »Leistungsfähigkeit« dieser Wagen gibt ein in mehrfacher Hinsicht aufschlußreicher (wie der gesamte Vorgang als »Geheime Reichssache« deklarierter) Aktenvermerk des Referats II D 3 des RSHA vom 5. Juni 1942[23] Aufschluß: In knapp 6 Monaten haben »drei eingesetzte Wagen 97 000 verarbeitet« (die nähere Bezeichnung, daß es sich um »Juden« handelte, ist naheliegenderweise aus Tarnungsgründen unterblieben), »ohne daß Mängel an den Fahrzeugen auftraten«.

Diese seit Dezember 1941 benutzten Wagen lieferten die Tötungsmaschinerie des ersten Vernichtungslagers, das Ende 1941 in dem Dorf Chelmno am Ner[24] (deutsch: Kulmhof), im damaligen Warthegau, eingerichtet wurde. Das »Sonderkommando Lange«, unter Leitung des Kriminalkommissars Herbert Lange, das sich bei der als »Evakuierung« bezeichneten Ermordung von über 1500 Geisteskranken im Durchgangslager Soldau/Ostpreußen in der Zeit vom 21. 5 bis 8. 6. 1940 schon einschlägig bewährt hatte[25] und dem HSSPF in Posen für »besondere Aufgaben« unterstellt war, bezog im Oktober oder November 1941 das am Flußufer gelegene (»Schloß« genannte) Herrenhaus einer ehemaligen polnischen Domäne, beschlagnahmte die öffentlichen Gebäude des Dorfes und einige von Polen bewohnte Häuser[26]. Der Schloßbezirk wurde an den zum Dorf hin offenen drei Seiten mit einem hohen Bretterzaun, zur Flußseite hin mit einem Maschendrahtzaun abgeschlossen und war nur durch ein ständig bewachtes Tor zugänglich. Am Ende eines langen, ins Freie führenden Kellergangs errichtete man eine ansteigende Holzrampe, die beiderseits mit Sichtblenden versehen war und in eine ca. 4 m breite Öffnung mündete, d. h. so breit war, wie Rückwand (2 m) und geöffnete Flügeltüren eines Gaswagens.

Etwa 5 km nordwestlich von Chelmno entstand in einem größeren Waldgelände, durch das die Straße und die Bahnlinie führten, das sogenannte Waldlager: das gänzlich eingezäunte

Jagen 77, in dem mehrere Meter tiefe und unterschiedlich große Gruben ausgebaggert wurden.

Den etwa Anfang Dezember 1941 beginnenden Vernichtungsaktionen in Chelmno fielen als erste die Juden der näheren Umgebung zum Opfer (z. B. aus Dabie, Sompolno und Kolo). Den auf LKWs antransportierten Juden wurde im Schloß erklärt, sie kämen zum Arbeitseinsatz nach Deutschland, vorher jedoch müsse gebadet und die Kleidung desinfiziert werden. In einem Auskleideraum registrierte man pro forma ihre Wertsachen, die zusammen mit der Kleidung und dem Gepäck an die Ghettoverwaltung Lodz geschickt wurden[27] und führte die unbekleideten Juden dann unter Bewachung in den am Ende des Kellergangs an die Rampe herangefahrenen Gaswagen, schloß die Wagentüren, verband Auspuff mit dem Zuführungsschlauch zum Wageninneren und ließ den Motor laufen. Nach ca. 15 Minuten wurde der Schlauch abgekoppelt, der Gaswagen zum Waldlager gefahren und dort von einem jüdischen Arbeitskommando (»Waldkommando« genannt) entladen, das die Leichen nach versteckten Wertsachen untersuchen und sie dann in die ausgebaggerten Massengräber legen mußte (seit Frühjahr 1942 benutzte man Verbrennungsöfen). Während des Vergasungsvorgangs nur betäubte Juden erschoß man im Waldlager. Nach oberflächlicher Säuberung des Wageninneren von Blut und Exkrementen durch das »Waldkommando« fuhr der Gaswagen zum Schloß zurück, wo das jüdische »Schloßkommando« inzwischen Kleidung und Gepäck der gerade Getöteten weggeräumt hatte, und »verarbeitete« die nächste Gruppe.

Von Mitte Januar bis Mitte Mai 1942 und ab September 1942 war Chelmno Transportziel der im Ghetto Lodz – zumeist als nicht arbeitsfähig – selektierten Juden (darunter viele der im Oktober 1941 aus dem Reichsgebiet deportierten Personen), dazwischen kamen weitere Transporte aus den Landkreisen des Warthegaus. Sie nahmen gegen Ende 1942 ab und hörten im Frühjahr 1943 auf. Ende März 1943 löste man das Lager auf, erschoß die Mitglieder des jüdischen Arbeitskommandos, sprengte das Schloß und beseitigte die Spuren des Vernichtungslagers. Dazu gehörten auch Exhumierung und Verbrennung der vergrabenen Leichen durch das Sonderkommando 1005, das 1942/1943 eingesetzt worden war und seinen Spezialauftrag – die Beseitigung der Spuren von Massengräbern in den besetzten Ostgebieten – in Chelmno begonnen hatte[28]. Die

Angehörigen des Sonderkommandos Kulmhof, dessen Leitung im März 1942 an SS-Hauptsturmführer (Hstf.) Hans Bothmann übergegangen war, kamen nach Beendigung ihrer Tätigkeit – dekoriert mit dem Kriegsverdienstkreuz – fast geschlossen zum Einsatz bei der Waffen-SS-Division »Prinz Eugen« nach Jugoslawien, wurden von da aus jedoch schon ein Jahr später nach Chelmno zurückversetzt, um bei der zwischen Himmler und Greiser vereinbarten »Verringerung«[29] und anschließenden Auflösung des Ghettos Lodz mitzuwirken, die vom 23. Juni bis 14. Juli 1944 dauerte und ähnlich wie die vorausgegangene Aktion, d. h. unter Verwendung von Gaswagen, verlief (seit August 1944 wurden Ghettoinsassen von Lodz nach Auschwitz deportiert). Das Sonderkommando war danach bis Anfang 1945 neuerlich mit der Spurenbeseitigung beschäftigt: Im Oktober/November 1944 erschoß es einen Teil der jüdischen Arbeitshäftlinge; Mitte Januar 1945 ging man daran, die restlichen Geheimnisträger zu beseitigen. Während dieser Aktion versuchten einige Juden eine Gegenwehr, dabei gelang zwei von ihnen die Flucht. Sie haben den Krieg überlebt und in einem Prozeß gegen Mitglieder des Lagerpersonals ausgesagt.

Das Schwurgericht in Bonn hat die Gesamtzahl der jüdischen Opfer des Vernichtungslagers Chelmno mit mindestens 152 000 angenommen.

Mit der Errichtung des zweiten Vernichtungslagers, dem ersten des »Einsatzes Reinhard« wurde im Winter 1941/42 in Belzec[30], einem kleinen, an der Bahnlinie Lublin–Lemberg im Kreis Tomaszow-Lubelski gelegenen Ort, begonnen. Dieses Lager, wie auch die übrigen noch entstehenden, unterschied sich von Chelmno durch die Verwendung einer stationären und somit »leistungsfähigen« Vergasungsanlage und dadurch, daß es in die Zuständigkeit des SS- und Polizeiführers im Distrikt Lublin, Odilo Globocnik, fiel. Globocnik, von Himmler mit der Durchführung der als »Einsatz Reinhard« bezeichneten Judenvernichtung in Ostpolen beauftragt, koordinierte die drei ihm unterstellten Vernichtungslager Belzec, Sobibor und Treblinka und organisierte die Sammlung und Verwertung des den vernichteten Juden geraubten Eigentums. Zu diesem Zweck richtete er in seinem Stab in Lublin die Hauptabteilung »Einsatz Reinhard« ein, mit deren Leitung er seinen Adjutanten, Hermann Höfle, beauftragte. In seiner Dienststelle wurden zumeist auch die Angehörigen des »Einsatzes Reinhard« in einer besonders protokollierten »Verhandlung« auf ihre Aufgaben verpflichtet, insbesondere darauf, daß die Vorgänge bei der »Judenumsiedlung Gegenstand einer Geheimen Reichssache sind«.

Aufbau und Organisation des ersten Vernichtungslagers im Distrikt Lublin, Belzec, oblag allerdings dem Stuttgarter Kriminalkommissar Christian Wirth, der bereits seit Winter 1939/40 aktiv an der Durchführung der »Euthanasie« beteiligt war[32]. Wirth, der bis August 1942 Kommandant des Vernichtungslagers Belzec war, wurde im Herbst 1942 zum Inspekteur des »Einsatzes Reinhard« mit Sitz in Lublin ernannt. Er war unter der Oberleitung Globocniks der eigentliche Organisator der drei Vernichtungslager. Die fortbestehende Bindung an die »T 4« wurde durch die weitere Besoldung des zu Globocnik kommandierten Personals aus den Euthanasieanstalten durch die Kanzlei des Führers und die Tatsache unterstrichen, daß die personelle Betreuung und Entscheidungen, wie Abkommandierungen etc. weiter über diese Berliner Dienststelle liefen, die in ständiger Kurierverbindung mit dem nach Polen entsandten Personal blieb.

An einem Nebengleis der Strecke Lublin–Lemberg wurde ein ca. 250 x 200 m großes Areal abgezäunt und in Lagerbereich I und II geteilt. Im Lagerbereich I befanden sich Unterkünfte für die Wachmannschaften (ukrainische Hilfswillige, darunter auch Volksdeutsche, die aus dem SS-Ausbildungslager Trawniki stammten; das deutsche Personal, Angehörige der »T 4«, einige SS- und Polizeiangehörige, war außerhalb des Lagers untergebracht) und die »Arbeitsjuden«, Entkleidungsbaracken, der Sammelplatz für die antransportierten Juden und die Entladerampe. Ein sogenannter Schlauch, ein enger, nicht einsehbarer Gang, verband den ersten mit dem zweiten Lagerbereich, in dem die Vernichtung stattfand. Anfänglich – das Lager war seit Mitte März 1942 »betriebsbereit« – gab es in Belzec nur einen mit Blech ausgeschlagenen Vergasungsraum in einer Holzbaracke; sein Fassungsvermögen betrug ca. 100 bis 150 Personen. Zur Tötung verwendete man die schon bekannte Methode der Motorabgase. Erste Opfer waren Mitte März 1942 die aus dem Lubliner Ghetto deportierten Juden. Der Ablauf des Vernichtungsvorgangs glich dem von Chelmno: Nach Ankunft im Lager – der Antransport erfolgte in Güterwagen – wurde den Juden erklärt, sie kämen zum Arbeitseinsatz, müßten jedoch zuvor entlaust und gebadet werden. Nach Geschlechtern getrennt führte man sie in die Entkleidungsbaracken, hieß sie ihre Wertsachen an besonderen Schaltern abgeben (den Frauen wurden die Haare abgeschnitten[33]) und dann trieb man sie, die Männer voran, durch den »Schlauch« in die Vergasungsanlage[34].

Zwei Monate nach Beginn der Tötungen ersetzte man die Baracke durch einen massiven Steinbau mit sechs, ca. 4 x 5 m großen Gaskammern, je drei rechts und links eines Ganges, die durch luftdicht abgeschlossene und nur von außen zu öffnende Türen zugänglich waren. Ins Freie, auf die zum Abtransport der Leichen dienenden Rampen führten mit Gummidichtungen versehene Schiebetüren. Die Gaszufuhr erfolgte durch ein Röhrensystem; je nach der körperlichen Widerstandsfähigkeit trat der Tod nach 15–20 Minuten ein. Angehörige des jüdischen Arbeitskommandos mußten nach Beendigung der Vergasung die Leichen, um deren Handgelenke sie Lederriemen streiften, in ausgebaggerte Gruben, ca. 100–150 m hinter dem Gebäude, zerren. Auf dem Weg dorthin hatte ein aus jüdischen Zahnärzten bestehendes Kommando den Leichen etwa vorhandene Goldzähne auszubrechen. Auf dem Transport schon umgekommene oder für den Gang von den Güterwagen zur Entkleidungsbaracke und durch den Schlauch in die Gaskammern zu schwache Juden (einschließlich Kinder unter drei Jahren) wurden unmittelbar zu den Gruben gebracht bzw. dort erschossen.

Bedingt durch den Neubau der Vernichtungsanlage fanden im Mai und Juni 1942 vermutlich nur wenige Vergasungen in Belzec statt; sie wurden im Juli wieder aufgenommen und dauerten bis Ende 1942. Soweit bisher feststellbar, waren die Hauptvernichtungszeiten in Belzec: ab 14. März bis Mitte April 1942 (Transporte aus den Distrikten Galizien und Lublin); in geringem Maß Ende Mai bis erste Hälfte Juni 1942 (Transporte aus den Distrikten Krakau, Lublin und Galizien); ab 21./27. Juli bis Ende November/Anfang Dezember 1942 (Transporte aus den Distrikten Krakau, Lublin, Galizien und nichtpolnischen Gebieten). Auch Anfang Januar 1943 haben vermutlich noch einige Vergasungen stattgefunden (Transporte aus Galizien)[35]. Im September 1942 wurde mit der Exhumierung der in den Massengräbern verscharrten Leichen begonnen, die man auf zwei aus Eisenbahnschienen konstruierten Scheiterhaufen verbrannte. Diese Aktion war im Frühjahr 1943 beendet, danach riß man die Gebäude ab, ebnete das Gelände ein und bepflanzte es. Teile der deutschen Lagerbesatzung gingen, wie auch Angehörige der anderen Vernichtungslager, mit Globocnik, der im September 1943 von seinem Posten als SSPF Lublin abgelöst und zum HSSPF Adriatisches Küstenland befördert wurde, als Einheit »R« nach Triest. Die restlichen Arbeitshäftlinge wurden nach Sobibor gebracht und dort erschossen. Die Zahl der Opfer von Belzec liegt vermutlich über 600000[36].

Das zweite, zu Globocniks Aufgabenbereich gehörende Vernichtungslager entstand im April 1942 bei Sobibor, im östlichen Teil des Generalgouvernements, nahe dem Bug und der Grenze zum Reichskommissariat Ukraine[37]. Erster Lagerkommandant war der auch schon bei der »Aktion T 4« tätig gewesene SS-Obersturmführer (Ostuf.) Franz Stangl, sein Nachfolger wurde im Herbst 1942 SS-Ostuf. Franz Reichleitner. Ein Vorkommando von der SS-Zentralbauverwaltung Lublin errichtete dieses Lager auf der Höhe der etwa 5 km südlich des Dorfes gelegenen Bahnstation Sobibor. Dort boten ein Waldstück und ein westlich der Bahnlinie Wlodawa–Cholm laufendes Nebengleis mit einem Rangiergleis (an das die Rampe für die ankommenden Transporte angebaut wurde) günstige Geländevoraussetzungen. Das in vier Bereiche[38] aufgeteilte, ca. 70 ha große Gebiet wurde umzäunt, später außerhalb der Umzäunung noch vermint und ähnlich wie das Lager Belzec eingerichtet; das sogenannte Lager III (im nördlichen Teil des Gesamtkomplexes) war das eigentliche Vernichtungslager mit dem Gaskammer-Gebäude, das als Massivbau mit Betonfundament konstruiert war und in dem drei Gaskammern (4×4 m) nebeneinanderlagen. In einem Anbau war der Vergasungsmotor installiert, von dem ein Röhrensystem in die Kammern führte und in Brausedüsen endete.

Anders als in Belzec erfolgte in Sobibor der Abtransport der Leichen zu den ausgehobenen Gruben in Feldbahnloren. Seit Anfang Mai 1942 war das Lager, nach einer Probevergasung, »betriebsfertig«, nachdem die Masse des deutschen Lagerpersonals (vorwiegend auch hier Angehörige der »T 4«, neben einigen SS- und Polizeiangehörigen) im April eingetroffen war. Die Abwicklung der ankommenden Deportationszüge verlief nach einem ähnlichen Schema wie in Belzec, wobei das Täuschungsmanöver noch mit Hinweisen auf einen zu gründenden Judenstaat perfektioniert wurde. Besonders für die holländischen Transporte (vom 2./3. März bis 20. Juli 1943 insgesamt 19 Transporte mit 34314 Personen), die in normalen Personenzügen ankamen, wurde die Täuschung über den wahren Zweck des Lagers noch ergänzt (angebliche Gepäckaufbewahrung, Anfertigung von Postkarten an Angehörige mit dem Absender »Arbeitslager Wlodawa« usw.).

In Sobibor trat ab Mitte Juni bis zum Oktober 1942 eine Pause ein. Abgesehen von der allgemeinen Transportsperre Ende Juni/Anfang Juli waren hierfür vornehmlich Umbauarbeiten an den Gleisanlagen auf der Strecke zum Vernichtungslager der Grund[39]. In diese Zeit fiel auch die Vergrößerung der Vernichtungskapazität: Im Herbst 1942 riß man das alte Gebäude (teilweise) ab und verdoppelte die Zahl der Gaskammern auf sechs.

Nach Sobibor kamen neben umfangreichen Transporten aus den Niederlanden, dem Reichsgebiet und der Slowakei, aber vor allem die Juden des Distrikts Lublin. Hauptvernichtungszeiten waren: Ab Anfang Mai bis ca. 10 Juni 1942 (Transporte vornehmlich aus dem Distrikt Lublin), ca. 8. Oktober bis Anfang Dezember 1942 (Transporte aus dem Distrikt Lublin und dem Reichsgebiet), Anfang März bis Ende August 1943 (Transporte aus dem Distrikt Lublin, den Niederlanden, Frankreich, Sowjetrußland u. a.).

Auch in Sobibor war die Lagerleitung gezwungen, zur Leichenverbrennung überzugehen, da die infolge der Sommertemperaturen stark verwesenden Toten die Gruben aufquellen ließen, Leichenwasser abgaben, Ungeziefer anlockten, unerträglichen Gestank verbreiteten und die Trinkwasserversorgung aus den Tiefbrunnen des Lagers zu vergiften drohten. Mit einem Greifbagger wurden die verwesten Leichen in Gruben befördert und auf Eisenbahnschienen über Betonfundamenten verbrannt. Seit dieser Zeit verbrannte man auch die soeben erst durch Gas Getöteten sofort.

Nach einem Aufstand der Häftlinge der jüdischen Arbeitskommandos am 14. Oktober 1943 wurde das Lager geschlossen und abgebrochen. Für diese Arbeiten mußte eine Gruppe jüdischer Häftlinge aus Treblinka herangezogen werden, da man alle Häftlinge in Sobibor, denen während des Aufstands die Flucht nicht gelungen war, als Vergeltung erschossen hatte. Es haben etwa 30 Juden den Aufstand und das Lager überlebt. Die Zahl der Opfer wird auf mindestens 250000 geschätzt[40].

Das dritte, nach der Opferzahl größte Vernichtungslager des »Einsatzes Reinhard« befand sich etwa 5 km südlich des Dorfes und der Station Treblinka an der von Sieldce nach Ostrow führenden Bahnlinie, im nordöstlichen Teil des Distrikts Warschau, in der Nähe eines schon 1940 errichteten Arbeitslagers, das Treblinka I genannt wurde[41]. Treblinka II[42] entstand östlich der Gleise auf einem ca. 20 ha großen Areal, das wegen seiner Geländebeschaffenheit – eine längliche, bewaldete Anhöhe – nicht einzusehen war und mit einem etwa 3 m hohen, mit Reisig durchflochtenen Stacheldrahtzaun zusätzlich getarnt wurde. Der Aufbau des Lagers erfolgte im Frühjahr 1942 unter Leitung der SS-Zentralbauleitung Warschau durch eine Liegnitzer und einer Warschauer Firma, die sich polnischer und jüdischer Arbeitskräfte – letztere z. T. aus Treblinka I – bedienten und war Anfang Juli beendet. Die Gliederung des Lagers (nach der noch zu beschreibenden Reorganisation im Frühherbst 1942) entsprach weitgehend der aus Sobibor bekannten: in dem sogenannten unteren, auch Arbeits-, Wohn- oder Auffanglager genannten Bereich waren die Unterkünfte für das deutsche Lagerpersonal, das aus etwa 40 Personen bestand (zum überwiegenden Teil Peronal der »Euthanasie-Aktion« das einheitlich in SS-Uniformen gekleidet war, sowie einige Angehörige der Waffen-SS bzw. der Allgemeinen SS und der Polizei), für die ukrainischen Wachmannschaften (ca. 120 aus Trawniki) und für die im Lager arbeitenden jüdischen Handwerker, die aus den ankommenden Transporten ausgesucht wurden, ferner Verwaltungs-, Vorrats- und ähnliche Baracken, der sogenannte Auffangplatz und der »Bahnhof«, d. h. eine Bahnhofsattrappe mit Bahngleis, Bahnsteig, Fahrkartenschaltern, Fahrtrichtungshinweisen usw., die bei den Ankommenden den Eindruck erwecken sollte, sie seien in einem Durchgangslager zum Weitertransport. Noch zum unteren Lager gehörte das »Lazarett«, das ebenfalls durch Stacheldraht und Reisig abgetrennt war und dessen Funktion später zu beschreiben ist.

Durch einen mannshohen, mit Reisig eingeflochtenen Stacheldrahtzaun war das untere vom oberen Lager (im südöstlichen Teil des Areals), dem Vernichtungsbezirk (Totenlager), getrennt. Dort befand sich das auf Betonfundament aus Ziegelsteinen errichtete Gashaus mit drei Kammern (4 x 4 oder 3 x 4 m, ca. 2,60 m hoch), in die die Abgase des im Maschinenraum installierten Dieselmotors geleitet wurden. Luftdicht schließende Türen führten in die einzelnen Kammern, die nur von außen, von der für die Beseitigung der Leichen dienenden Rampen her, mit Klapptüren zu öffnen waren. Zum Transport der Leichen in die Gruben verwendete man – wie in Sobibor – anfänglich eine Feldbahn; wegen technischer Pannen (die im Laufschritt von den jüdischen Arbeitshäftlingen zu bewegenden Loren sprangen häufig aus den Schienen) ging man dazu über, das Verfahren mit der Hand und schließlich mit Holzbahren bewerkstelligen zu lassen.

Die Vergasungen begannen am 23. Juli 1942 mit der Vernichtung eines Transportes von etwa 5000 Juden aus Warschau, nachdem Himmler am 19. Juli in Lublin den Befehl zur endgültigen Räumung des Generalgouvernements von Juden gegeben hatte. Mitte Juli hatte SS-OGrf. Wolff, Chef des Persönlichen Stabes beim RFSS, telefonisch beim Staatssekretär im Verkehrsministerium wegen der termingemäßen Abfertigung der Deportationszüge mit polnischen Juden interveniert und am 28. 7. erfahren, daß seit dem 22. 7. »täglich ein Zug mit je 5 000 Juden von Warschau nach Treblinka, außerdem zweimal wöchentlich ein Zug mit je 5000 Juden von Przemysl nach Belzek« (sic!) fährt. »Auch im Namen des Reichsführers-SS« dankte Wolff am 13. August »herzlich« für diese Mitteilung und nahm »mit besonderer Freude« davon Kenntnis, »daß jeden Tag ein Zug mit je 5000 Angehörigen des auserwählten Volkes nach Treblinka fährt und wir doch auf diese Weise in die Lage versetzt sind, diese Bevölkerungsbewegung in einem beschleunigten Tempo durchzuführen«. Wolff hat den Staatssekretär, »diesen Dingen auch weiterhin« seine Beachtung zu schenken[43].

Die seit dem 23. Juli also täglich und seit dem 6. August vorübergehend zweimal täglich (vermutlich mit Ausnahme von Sonntag) aus der polnischen Hauptstadt eintreffenden »Umsiedlerzüge« in dieser Größenordnung, zu denen noch Transporte aus anderen Orten des Distrikts Warschau sowie aus den Distrikten Lublin und Random kamen, überstiegen die Tötungs- und Bestattungskapazität des Lagers und die »Fähigkeit« des ersten (auch von der Aktion »T 4« übernommenen) Lagerleiters, Dr. med. Eberl, für das reibungslose Funktionieren der Vernichtungsmaschinerie zu sorgen. Der Lagerbetrieb nahm chaotische Ausmaße an, die ankommenden Züge stauten sich während der heißen Tage des Sommers, die Leichenberge konnten nicht beseitigt werden. Nach einer Besichtigung durch Globocnik Ende August/Anfang September 1942 wurde Eberl abgelöst, Wirth mit der Reorganisation des Lagers beauftragt, eine vorübergehende Transportsperre und der Bau eines neuen, größeren Gasthauses[44] angeordnet und als neuer Lagerleiter der bisher als Kommandant von Sobibor fungierende Franz Stangl eingesetzt.

Laut Fahrplanordnung Nr. 243 der Generaldirektion der Ostbahn in Krakau wurde ab 1. September 1942 der Bahnhof Treblinka bis auf weiteres für den öffentlichen Personenverkehr gesperrt, um die »reibungslose Abfertigung der Umsiedlersonderzüge zu ermöglichn«[45].

Mitte September, nach Fertigstellung des neuen Gaskammergebäudes wurde die Tötung in verstärktem Ausmaß wieder aufgenommen; sie verliefen nach dem im Prinzip schon aus Belzec und Sobibor bekannten Plan: bei Ankunft im Lager erfolgte die Täuschungsansprache über den bevorstehenden Arbeitseinsatz und die dafür notwendige gründliche Reinigung, dann trennte man auf dem Umschlagplatz die Männer und Jugendlichen von den Frauen und Kindern, trieb diese in die Auskleidebaracke, wo ihnen sogenannte Goldjuden alle Wertsachen abnahmen, die Kleidung mußte gebündelt abgelegt, die Schuhe mit einem extra verteilten Bindfaden zusammengebunden werden, dann wurde vom Friseurkommando das Abscheren der Haare besorgt und die Frauen und Kinder schließlich, häufig mit dem Hinweis, das Wasser werde schon kalt, in den in die Gaskammern führenden »Schlauch« gejagt (für den aus Treblinka auch Bezeichnungen wie »Himmelfahrtsallee« oder »Weg ohne Rückkehr« bekanntgeworden sind). Dann folgten die Männer und Jugendlichen, nachdem man von ihnen auf dem Umschlagplatz besonders kräftige, junge Männer oder bestimmte Handwerker selektierte und den verschiedenen jüdischen Arbeitskommandos zugeteilt hatte.[46] Im »Schlauch« trieb man die Opfer mit erhobenen Händen unter Stock – und Peitschenschlägen in die Gaskammern, deren Fassungsvermögen bis ans äußerste ausgenutzt wurde. Nach Schließen der Türen wurde mit dem Ruf »Iwan, Wasser«! – Ukrainer bedienten den Motor – der Befehl zum Anlassen des Motors gegeben. Der Vergasungsvorgang dauerte 30 bis 40 Minuten, dann wurden die Türen geöffnet und mit dem Abtransport der Leichen begonnen. Etwa Überlebende wurden auf dem Weg zu den Gruben erschossen, ebenso jene Juden, die man nicht mehr in die Gaskammern hatte zwängen können und für die eine gesonderte Vergasung zu aufwendig gewesen wäre. Auf dem Weg zu den Gruben wartete das »Dienstkommando«, um bei den Ermordeten vorhandene Goldzähne zu entfernen. Das Zahngold wurde gesäubert und fand seinen Weg über die Lagerverwaltung nach Berlin, wo es eingeschmolzen wurde.

Ebenfalls nicht vergast wurden alte, kranke oder sonst gehunfähige Personen. Diese, bei Ankunft befragt, ob sie ärztlicher Hilfe bedürften, brachte man in das «Lazarett». Hierher kamen auch nicht mehr leistungsfähige oder sonst der Willkür des Lagerpersonals preisgegebene Arbeitsjuden. Das »Lazarett«, das von außen nicht einsehbar war, bestand aus einer großen Leichengruppe, in der fast ständig Feuer brannte. Die Opfer, die bei Betreten des Gebietes auch eine kleine Bretterbude sahen, die mit dem Zeichen des Roten Kreuzes versehen war, mußten sich ausziehen, auf den am Rand der Grube befindlichen Erdwall mit dem Gesicht den Toten zugewandt setzen, um von hinten erschossen zu werden. Auf diese Weise fanden Tausende ein barbarisches Ende. Der Geruch der Leichenverbrennung lag pestilenzartig über der Gegend und führte sogar zu Kommentaren der Ortskommandantur der Wehrmacht in Ostrow, die sich über die Geruchsbelästigung beklagte[47].

Die Massengräber[48] in Treblinka wurden im Frühjahr 1943 geöffnet und die Leichen unter Zuhilfenahme eines Greifbaggers auf besonders konstruierte Verbrennungsanlagen gehoben und verbrannt. Die Asche wurde gesiebt (etwa noch vorhandene Knochen zerstampft) und, mit Erde vermischt, zur Auffüllung der ausgeräumten Gruben benutzt.

Die Hauptvernichtungszeiten in Treblinka erstreckten sich vom 23. Juli 1942 bis Januar 1943 (Transporte aus Stadt und Distrikt Warschau, aus den Distrikten Radom und Lublin, Bezirk Bialystok, Theresienstadt), Februar bis Mitte März 1943 (Bezirk und Stadt Bialystok), Ende März bis Anfang April 1943 (Transporte aus Bulgarien und Griechenland), Mitte August 1943 (Stadt Bialystok).

Am 2. August 1942 brach in Treblinka eine Häftlingsrevolte aus[49], während der etwa 600 Häftlingen die Flucht gelang, von denen 40 das Kriegsende überlebt und zum Teil als Zeugen in den beiden Düsseldorfer Treblinka-Prozessen ausgesagt haben. Bei dem Aufstand wurden Teile des Lagers, nicht jedoch die Vernichtungsanlage zerstört, so daß die Vergasungen noch bis Oktober 1943 fortgesetzt werden konnten. Dann wurden die Gebäude abgerissen, das Gelände eingeebnet, die restlichen 25–30 Arbeitsjuden erschossen und das Lager Ende November 1943 aufgelöst.

Nach den Feststellungen des Schwurgerichts im *ersten* Düsseldorfer Treblinka-Prozeß (1964/65), die auf dem vom gutachtenden Sachverständigen ausgewerteten (unvollständig erhaltenen) amtlichen Unterlagen (Fahrplänen, Telegrammen, Waggonzetteln), dem sogenannten Stroop-Bericht, der Literatur und auf Zeugenaussagen beruhen, sind in Treblinka mindestens 700 000 Menschen, überwiegend Juden, aber auch Zigeuner (ca. 1000) getötet worden. Der Gutachter im *zweiten* Düsseldorfer Treblinka-Prozeß (1969/70) kam aufgrund neuester Forschungsergebnisse zu einer Zahl von 900 000 Opfern[50].

Von den bisher dargestellten vier Vernichtungslagern unterscheiden sich die beiden übrigen, Auschwitz und Lublin-Majdanek: Diese Lager waren sowohl Konzentrationslager im üblichen Sinne des Begriffs (nicht nur Juden-Lager) mit dem im weiteren Verlauf der Kriegszeit wesentlichen Zweck der Ausbeutung der Häftlingsarbeitskraft, wie auch – zu einem späteren Zeitpunkt – Vernichtungslager.

Im folgenden wird nur auf diesen Teil des Gesamtkomplexes der Auschwitzer Lager eingegangen werden und im übrigen auf die zahlreiche Literatur verwiesen.

Das größte, zweifellos berüchtigste und neben Dachau bekannteste Konzentrationslager der nationalsozialistischen Zeit entstand in den sogenannten Eingegliederten Ostgebieten, bei der (1939) ungefähr 12 000 Einwohner zählenden Stadt Auschwitz[51], an der Sola, ca. 30 km südöstlich von Kattowitz und 50 km westlich von Krakau, wo sich südlich der Stadt und – ein wichtiges Auswahlkriterium – nahe der Bahnlinie Bielsko–Chrzanow ein Kasernengelände befand, dessen Gebäude ohne große bauliche Veränderungen als Häftlingsunterkünfte benutzt werden konnten. Im Mai 1940 wurde das Lager eröffnet, erster Kommandant wurde Rudolf Höß, der – im November 1943 von Arthur Liebehenschel abgelöst – im Mai 1944 von seinem inzwischen innegehabten Posten als Chef des Amtes D I (Zentralamt der Amtsgruppe D – Konzentrationslager) des SS-Wirtschafts-Verwaltungshauptamt (WVHA) nach Auschwitz zurückkehrte, um die Vernichtung der ungarischen Juden zu organisieren[52].

Im Zuge der Errichtung des Lagers wurde die in der Umgebung der Kasernen lebende polnische Bevölkerung evakuiert, u. a. auch die des etwa 2 km westlich von Auschwitz gelegenen

Dorfes Birkenau (Brzezinka), das in das ca. 40 km² große »Interessengebiet des Lagers« einbezogen wurde.

Im März 1941 inspizierte Himmler das Lager und befahl Höß, in Birkenau ein »Kriegsgefangenenlager Auschwitz« zu errichten, das eine – allerdings nicht realisierte – Kapazität von 100 000 Häftlingen haben sollte[53]. Mit dem Bau dieses Lagers wurde im Oktober 1941 begonnen, die Häuser des Dorfes wurden, bis auf wenige Ausnahmen, abgerissen.

Vermutlich im Laufe der zweiten Hälfte des Jahres 1941 – nach seiner Darstellung im Sommer – wurde Höß zu Himmler nach Berlin beordert und erhielt den Auftrag, Pläne zur Errichtung von Massenvernichtungslagern für die Endlösung der Judenfrage in Auschwitz zu entwickeln[54].

Ob die erste, für Anfang September 1941 überlieferte[55] Vergasung von Menschen in Auschwitz schon im Zusammenhang mit diesem Höß erteilten Befehl stand, seine eigene oder – wie er angab – eine während seiner Abwesenheit vom Schutzhaftlagerführer Fritzsch oder sonst jemandem ergriffene Initiative gewesen ist, kann wohl nicht mehr geklärt werden. Bei dieser Vergasung sperrte man aus dem Häftlings-Krankenbau ausgesonderte Häftlinge sowie aus Kriegsgefangenenlagern (im Verfolg des »Kommissarbefehls«[56]) überstellte russische Kriegsgefangene – insgesamt über 800 Personen – in die luftdicht abgeschlossenen Kellerzellen des Arrestbunkers (Block 11) und schüttete Zyklon B[57] hinein. Als am nächsten Tag noch Häftlinge lebten, wurde Gas nachgeschüttet. Wiederum einen Tag später mußten mit Gasmasken ausgerüstete Häftlinge der Strafkompanie die Leichen der Vergasten aus den Kellerzellen holen und zum Verbrennen in das im November 1940 errichtete Krematorium (später auch »altes« oder »Krematorium I« genannt) bringen. Wegen der für dauernde Vergasungszwecke unzulänglichen räumlichen Gegebenheiten des Blocks 11 benutzte man für weitere Vergasungen den entsprechend ausgestatteten Leichenraum des Krematoriums.

Diese so erprobte Methode der Massentötung unter Verwendung von Zyklon B wurde – vermutlich seit Januar 1942 – bei der Ermordung der nach Auschwitz deportierten Juden angewandt. Ein im nordwestlichen Lagerbereich von Birkenau gelegenes Bauernhaus wurde für Vergasungen umgebaut und erhielt die Bezeichnung Bunker I. Die Vergasten, es waren Juden aus Oberschlesien, wurden in Massengräbern in der Nähe des Bunkers verscharrt. Massengräber wurden bis etwa Mitte

September 1942 benutzt; nach einem zweiten Inspektionsbesuch Himmlers in Auschwitz am 17. und 18. Juli 1942, bei dem er sich auch die Vergasung eines gesamten Transports von Anfang bis Ende angesehen hatte, überbrachte SS-Standartenführer (Staf.) Paul Blobel[58] den Befehl Himmlers, die Massengräber freizulegen und die Leichen zu beseitigen. Damit wurde in Birkenau gegen Ende September 1942 begonnen, nachdem Höß im Beisein von Blobel die Verbrennungen in Chelmno besichtigt hatte. Unter Zuhilfenahme von brennbaren Flüssigkeiten wurden die Vergasten auf Scheiterhaufen verbrannt, später – zusammen mit den exhumierten Leichen – in Gruben. Anfang Dezember 1942, nach Beendigung der »Enterdungsaktion« wurden die 300 Häftlinge des dafür gebildeten Sonderkommandos im Krematorium in Auschwitz vergast. Diese Liquidierungen wiederholten sich häufig: auf diese Weise wurden die Geheimnisträger, d. h. die Mitwisser der Vergasungen, beseitigt. Ende Juni 1942 richtete man ein weiteres Bauernhaus – es wurde Bunker II genannt – für Vergasungen ein, begann aber zur gleichen Zeit mit der Planung großer Vernichtungsbauten, Krematorien genannt, die sowohl Gaskammern wie Einäscherungsanlagen enthalten sollten, da die »Kapazität« der beiden Bunker (I für ca. 800 und II für ca. 1200 Menschen in insgesamt 5 Gaskammern) für die im Frühjahr 1942 angelaufenen und seit Juni in schneller Folge eintreffenden sogenannten RSHA-Transporte mit deportierten Juden aus Deutschland und den deutschbesetzten Gebieten nicht ausreichte. Nach Einholung entsprechender Angebote vergab die Zentralbauleitung der SS in Auschwitz im Sommer 1942 Aufträge für Krematoriumsbauten (an die Firma Huta in Kattowitz) und für deren technische Einrichtungen (an die Firma Topf und Söhne in Erfurt). Mit dem Bau wurde im Herbst auf dem westlichen Lagergelände von Birkenau begonnen, die vier neuen Krematorien wurden zwischen dem 22. März und dem 25. Juni 1943 fertiggestellt und der Lagerkommandantur zur Benutzung übergeben. Von der zwischen Auschwitz und Birkenau verlaufenden Bahnlinie zweigte man im Frühjahr 1944 ein Nebengleis ab und führte es in den Lagerbereich hinein, wo es bei den beiden südlich gelegenen Krematorien in einer langen Rampe endete.

Die Krematorien II und III (sie wurden unter Einbeziehung des alten Krematoriums im Stammlager Auschwitz weiternumeriert[59]) waren einstöckige, nicht unterkellerte Bauten (ca. 55 × 12 m), die mit je fünf Dreikammeröfen ausgestattet waren und eine Verbrennungskapazität von je 1440 Leichen pro 24-Stunden-Tag hatten. Angebaut waren je zwei unterirdisch liegende Räume, von denen der größere als Entkleidungs- und der zweite als Vergasungsraum diente, dessen Fassungsvermögen (lt. Anklageschrift im Frankfurter Auschwitz-Prozeß) je 3000 Menschen betrug. Die Leichen wurden auf Loren zu Aufzügen befördert, die in den oberirdisch gelegenen Ofenraum führten. Die beiden nördlicher gelegenen Krematorien IV und V, in denen die drei Funktionsräume in einem Gebäude untergebracht waren, hatten zwar größere Außengrundmaße (ca. 67 x 12 m), aber eine geringere Kapazität: In dem einen Achtkammerofen jedes dieser Krematorien konnten pro Tag ca. 770 Leichen eingeäschert werden; die Kapazität der Vergasungsräume konnte bisher nicht ermittelt werden[60].

Nach Inbetriebnahme der neuen Vernichtungsanlagen riß man den Bunker I ab, ließ aber Bunker II stehen und verwendete ihn, wenn die Zugfolge der RSHA-Transporte zu dicht war, als Hilfsanlage.

Dem Ablauf des Vernichtungsvorgangs in Birkenau – wie auch in allen anderen Vernichtungslagern – waren detaillierte verwaltungstechnische Planungen vorausgegangen: In kontinuierlicher Zusammenarbeit mit dem Reichsverkehrsministerium (Reichsbahnrat Stange) stellte der im RSHA zuständige Leiter des Referats IV B 4 (Judenangelegenheiten, Räumungsangelegenheiten), SS-Obersturmbandführer Adolf Eichmann (bzw. sein Transport-Offizier, Obersturmführer Franz Novak), Fahrpläne und Transportzüge für die Deportation der in Deutschland und den deutschbesetzten Gebieten erfaßten Juden zusammen, während die örtlichen Dienststellen der Reichsbahn und der Geheimen Staatspolizei die lokalen Gegebenheiten absprachen. Die bevorstehende Ankunft eines Transportes wurde von der Ausgangsstation dem Referat IV B 4, der Amtsgruppe D des WVHA und der Zielstation mitgeteilt. IV B 4 und die KL-Verwaltung in Oranienburg konnten daraufhin den Lagern zusätzliche Weisungen erteilten. Die Lagerkommandantur z. B. in Auschwitz informierte daraufhin ihrerseits die mit der Abwicklung der ankommenden Transporte befaßten Lagerabteilungen: u. a. den Wachsturmbann, den diensthabenden Arzt, das Vergasungskommando. (In den Lagern Ostpolens lief die telefonische Ankündigung eines Transportes über die Hauptabteilung »Einsatz Reinhard«, bzw. die sicherheitspolizeiliche Dienststelle in Warschau für Treblinka.) Um das Abstellgleis wurde eine Postenkette gezogen und die Ankommenden angewiesen, sich unter Zurücklassung ihres gesamten Gepäcks auf der Rampe aufzustellen. Wenn nicht der gesamte Transport vergast werden sollte, fand eine Vorselektion in der Weise statt, daß altersmäßig sich gleichende Gruppen sowie Gruppen von Frauen bzw. Frauen mit Kindern (bis etwa 14 Jahre) gebildet wurden. Aus diesen Gruppen selektierten (meist) Ärzte diejenigen Personen, die nicht (wenigstens nicht sofort) in die Gaskammern geschickt wurden, sondern als arbeitstauglich angesehen und im Lager und in den Nebenlagern von Auschwitz, in denen auch Industriebetriebe errichtet worden waren, als Arbeitskräfte benötigt oder wegen besonderer beruflicher Qualifikationen (ärztliches Pflegepersonal u. ä.) gebraucht wurden. Die auf diese Weise Selektierten wurden in die »Lagerevidenz« aufgenommen und erhielten Häftlingsnummern. Arbeitsunfähige, d. h. Kranke, Alte und körperlich Schwache aus den RSHA-Judentransporten, wurden sofort nach Ankunft in Birkenau zur »gesonderten Unterbringung« oder »Sonderbehandlung« überstellt, mit anderen Worten: sofort vergast. Angehörige der Politischen Abteilung zählten beide Gruppen, um das WVHA über die Abwicklung der jeweiligen Transporte schriftlich zu unterrichten[61].

Nach der Selektion wurde den für die Vernichtung Bestimmten gesagt, sie kämen zum Arbeitseinsatz und müßten vorher desinfiziert werden; man führte sie dann zu den – auch durch eine Postenkette abgesicherten – Krematorien, die Gehunfähigen zur schnelleren Abwicklung auf Lastwagen der Fahrbereitschaft. In den Entkleidungsräumen ermahnte man sie, ihre Kleidung sorgfältig aufzuhängen und sich die Nummer des Kleiderhakens zu merken. Um sie bis zuletzt über das ihnen bevorstehende Schicksal zu täuschen, gingen SS-Leute mit in die Gaskammern hinein; sie sprangen erst im letzten Augenblick heraus und verriegelten die Türen. Das in einem Rot-Kreuz-Wagen antransportierte Gas wurde von »Desinfektoren« genannten Angehörigen des Vergasungskommandos (sie waren mit Gasmasken geschützt) in die Gaskammern geschüttet: In den Krematorien IV und V durch ein kleines Seitenfenster, in den Krematorien II und III (in denen Brauseattrappen installiert waren) durch Öffnungen in der Decke, die im Inneren der Kammern in hohlen, durchlöcherten Blechsäulen endeten, in denen Spiralen angebracht waren, die das gekörnte Zyklon B verteilten. Der Befehl zum Einwerfen des Gases und zum Öffnen der Türen wurde vom ärztlichen Lagerpersonal gegeben. Der Vergasungsvorgang dauerte in der Regel 10–15 Minuten, dann wurde für etwa 20 Minuten bei geöffneten Türen eine Entlüftungsanlage eingeschaltet und mit der Räumung der Gaskammern begonnen. Diese Arbeit hatten die Angehörigen des jüdischen »Sonderkommandos« (es bestand bis zur Ankunft der Ungarn-Transporte im Mai 1944 aus ca. 400 Juden und wurde dann um ca. 500 verstärkt) zu leisten; sie mußten auf dem Weg zu den Verbrennungsöfen (bzw. -gruben) den Leichen die Goldzähne entfernen und den weiblichen Toten die Haare abschneiden.

Man verbrannte nach Möglichkeit mehrere Leichen gleichzeitig in einem Ofen, mußte jedoch häufig, wenn die »Kapazität« nicht ausreichte bzw. Anlagen durch Überlastung ausfielen, im Freien einäschern.

Zwischen dem Bereich der Krematorien II und III und dem der Krematorien IV und V lag ein aus ca. 30 Baracken bestehender, von den Häftlingen (wegen des Vorhandenseins aller nur vorstellbarer Güter) »Kanada« genannter Komplex, in dem die gesamte Hinterlassenschaft der Vergasten aufbewahrt, von Häftlingen sortiert und für die Verteilung durch die NSV an Bombengeschädigte, Umsiedler und Fremdarbeiter vorbereitet wurde; ein Teil der Textilien und Schuhe fand für die Vervollständigung der Häftlingsbekleidung Verwendung.

Wertsachen und Geldbeträge wurden in der SS-Standortverwaltung sortiert und zusammen mit dem in Barren eingeschmolzenen Zahngold an das WVHA abgeführt, Tausende von Uhren (soweit erforderlich, im KL Sachsenhausen repariert) zum größten Teil an die Waffen-SS und an die Wehrmacht abgegeben und das abgeschnittene Frauenhaar für industrielle Verwertung (z. B. Herstellung von Haargarnfüßlingen für U-Boot-Besatzungen) bestimmt, während Kleidung an Umsiedlungslager, an die NSV usw. geliefert wurde.

Nach der (vorübergehenden) Rückkehr von Höß in Auschwitz Anfang Mai 1944 (Liebehenschel wurde zum Kommandanten des KL Lublin ernannt), begann man in Birkenau mit den Vorbereitungen für die Ankunft der großen Ungarn-Transporte, die zwei Monate nach der deutschen Besetzung (19. 3. 1944) anliefen. In der Zeit vom 16. Mai bis etwa Anfang/Mitte Oktober sind während der gründlichsten und umfassendsten Deportation, die je in einem der im deutschen Machtbereich gelegenen Staaten durchgeführt worden ist, über

400 000 ungarische Juden nach Auschwitz verschleppt worden. Während dieser Zeit, in die auch die endgültige Liquidierung des Anfang September 1943 in Birkenau eingerichteten sogenannten Familienlagers, in das in mehreren Transporten Juden aus dem Ghetto Theresienstadt mit dem Vermerk »SB [= Sonderbehandlung] mit 6monatiger Quarantäne« (d. h. Ermordung nach Ablauf dieser Frist) sowie die Liquidierung des Zigeunerlagers fiel, haben die Vergasungen und Verbrennungen ein bisher unbekanntes Ausmaß erreicht.

Am 7. Oktober 1944 brach ein Aufstand der bei den Krematorien II und IV eingesetzten Sonderkommandos aus, in dessen Verlauf die Häftlinge das Krematorium IV in Brand setzen konnten. Etwa 250 von ihnen gelang die Flucht, sie wurden aber bei Rajsko, wo sie sich in einer Scheune verbarrikadiert hatten, von der SS überwältigt. 200 weitere Angehörige des Sonderkommandos wurden in Birkenau erschossen.

Gegen Ende November wurde mit dem Abbruch des Krematoriums II begonnen; diese Maßnahme stand zweifellos im Zusammenhang mit dem Befehl Himmlers, die Vergasungen einzustellen[62], Anfang Dezember 1944 wurde das »Abbruchkommando Krematorium III« gebildet; was von diesen beiden Gebäuden noch übriggeblieben war, wurde am 20. Januar 1945 und das Krematorium V schließlich am 26. Januar, einen Tag vor der Besetzung des Lagers durch die Rote Armee, gesprengt. Die Zahl der in Auschwitz durch Gas ermordeten Juden liegt bei weitem über einer Million.

Auf das sechste Lager und außer Auschwitz einzige in der Doppelfunktion von Konzentrations- und Vernichtungslager wird im Rahmen dieses Aufsatzes mit Rücksicht auf den Ende November 1975 vor der 17. Strafkammer des Landgerichts Düsseldorf eröffneten Majdanek-Prozeß nicht eingegangen[63].

Eine abschließende Bilanz der in den hier beschriebenen Vernichtungslagern zwischen 1941 und 1944 getöteten Juden vorzulegen, ist nicht möglich, da hierzu die meisten Vorarbeiten noch fehlen. Ohnehin wird man nur annähernde Ergebnisse erzielen können, da eine Vielzahl quellenmäßiger Schwierigkeiten eine endgültige Lösung verhindert. Die Angaben der Gerichte[64] beruhen zum Teil auf Schätzungen der Nachkriegszeit, zum Teil u. a. auf Gutachten, in denen ein erster Versuch unternommen wurde, verwertbare Angaben zu erarbeiten. Wie auch immer weitergehende Untersuchungen ausfallen werden, es wird sich im wesentlichen nur darum handeln, die Abgrenzungen zwischen den einzelnen Vernichtungslagern näher zu bestimmen. An dem riesigen zahlenmäßigen Gesamtumfang der Opfer der »Endlösung« wird sich kaum etwas ändern. Schon jetzt steht aber fest, daß, nach der Zahl der Opfer, Treblinka, neben Auschwitz die meisten Toten forderte, während die Abgrenzung der Transporte nach Belzec und Sobibor im Einzelfall die größten Schwierigkeiten bereitet. Alle bisher unternommenen Ansätze haben auch gezeigt, daß intensive Nachforschungen trotz der fragmentarischen Quellenlage oft überraschend weiterführende Ergebnisse erbrachten. Die eingangs genannte Zahl von 3 Millionen Menschen, deren Tod allein durch Vergasungsanlagen herbeigeführt wurde, stellt eine Mindestzahl dar, von der schon jetzt sicher ist, daß die wirkliche Zahl erheblich darüber liegt.

Die Diskussion über die Gesamtproblematik ist im wissenschaftlichen Raum zu führen, apologetische Spekulationen, wie sie Martin Broszat eingangs zitierte, sind angesichts der vorhandenen und hier zum Teil ausgebreiteten Fakten gespenstische Spiegelfechtereien, die jeder realen Grundlage entbehren.

(Der Aufsatz erschien zuerst in den *Vierteljahrsheften für Zeitgeschichte* 24 (1976), S. 105 ff. Der Abdruck erfolgt mit freundlicher Genehmigung der Autoren.)

Anmerkungen

[1] Reihentitel mehrerer von Heinz Roth seit 1970 in dessen Selbstverlag in Oldenhausen/Lumda (bei Marburg) herausgegebenen Schriften.

[2] Titel einer von Heinz Roth 1973 im Refo-Druck u. Verlag H. F. Kathagen in Witten herausgebrachten Broschüre.

[3] Titel eines 1970 von Emil Aretz im Verlag Franz von Bebenburg in Pähl herausgegebenen Buches.

[4] Titel einer Schrift von Thies Christophersen, 1972 beim Kritik-Verlag in Mohrkirch (Postleitzahl 2341) erschienen. Der Herausgeber, Rechtsanwalt Manfred Röder, wurde am 23. Februar 1976 von einer Darmstädter Strafkammer wegen Volksverhetzung verurteilt (Frankfurter Allgemeine Zeitung) Nr. 46, 24. Februar 1976, S. 3). Vgl. auch das Urteil des Richterdienstsenats des Oberlandesgerichts Hamburg vom 1. Juli 1975 (Az. RDS 1–47) in: Deutsche Richterzeitung, November 1975, S. 373.

⁵ Ein, allerdings eingestelltes, Ermittlungsverfahren gegen Heinz Roth wegen der Beschuldigung der Volksverhetzung fand bei der Staatsanwaltschaft des Landgerichts Gießen 1973/74 statt.

⁶ Ein Beispiel bildet die deutschsprachige Schrift von Alexander Scronn [wahrscheinlich Pseudonym], General Psychologus, Eine Studie der psychologischen Kriegführung gegen das Deutschtum, 1965 in Brasilien erschienen (als Verlag ist angegeben: Itatiaia Buchversand, Postanschrift Itatiaia E.F.D.B. Estado do Rio). Scronn schreibt auf Seite 42 dieser Schrift: »Mittlerweile hat sich die UNO mit der Frage der Kriegsverluste beschäftigt und zwar für alle Völker, die am Kriege teilnahmen. Diese Unterlagen hat das Canadian Anti-Defamation Comitee of Christian Laymen (Juristen) verwendet und festgestellt, daß zweihunderttausend Juden in den zwölf Jahren der Hitler-Regierung 1933–1945 gestorben sind, gleich welcher Todesart, also durch Tötung, Verurteilung, als Partisan oder Saboteur, erschossen, durch Bomben, die auch auf Lager fielen, oder durch sonstige Kriegseinwirkungen; aber auch durch natürlichen Tod, also Krankheit und Alter.« Diese Todes-Verluste, so heißt es auf derselben Seite bei Scronn weiter, »beziehen sich auf eine jüdische europäische Gesamtbevölkerung von vier Millionen«. Ganz abgesehen davon, daß diese Angaben voller Unklarheiten und Fehler sind (die Zahl der europäischen Juden allein im territorialen Machtbereich der Achsenmächte nach dem Stande von 1941/42 bezifferte sich 1939 auf rund 9 Millionen), ist es bezeichnend, daß die »Feststellungen« der UNO ebenso wenig wie die des »Canadian-Anti-Defamation Comitee« durch irgendwelche näheren Angaben belegt und mithin Scronns Behauptungen jeder Nachprüfbarkeit entzogen sind. Eine Anfrage des Instituts für Zeitgeschichte [IfZ] bei Scronns Verlag in Brasilien blieb unbeantwortet. Gleichwohl wird diese apokryphe, jeglicher Glaubwürdigkeit schon auf den ersten Blick entbehrende Angabe (bei Scronn bleibt überhaupt unklar, ob er die angebliche Feststellung von 200 000 jüdischen Kriegstoten auf die UNO oder das »Canadian Anti-Defamation Comitee« zurückführt) seit Jahren (meist kurz als »Feststellung der UNO«) in der deutschen apologetischen Tendenz-Literatur herumgereicht. So z. B. in der im Folgenden (Anm. 7) zitierten Broschüre von Heinz Roth auf der ersten Seite; ebenso in einem 1973 u. a. in Münchener Schulen verteilten Werbe- und Propaganda-Handzettel (offensichtlich aus dem Roth-Kreis stammend, herausgegebenen vom MUT-Verlag, 3091 Asendorf, ein Exemplar im IfZ) in folgender apodiktischer Form: »Wußten Sie, daß die sicher beklagenswerten Verluste des jüdischen Volkes – nach Feststellungen der UNO, die keinen Grund hat, irgend ein Volk besonders in Schutz zu nehmen – zweihunderttausend betragen haben?«

Die Vertretung der Bundesrepublik Deutschland bei den Vereinten Nationen teilte dem Institut für Zeitgeschichte am 1. 8. 74 mit:

»Nach Kenntnis der Vertretung haben sich die Vereinten Nationen nicht mit der von Ihnen angeschnittenen Frage der Kriegsverluste befaßt. Dagegen hat der Unterausschuß zur Diskriminierungsverhütung und für den Minderheitenschutz der Vereinten Nationen mit Resolution 4 (XXVI) vom 19. September 1973 die Erstellung einer Studie über Völkermord (Genocide) beschlossen und mit ihrer Durchführung den Sonderberichterstatter Ruhashyankiko (Rwanda) beauftragt. ... Im übrigen bemerke ich, daß die von Ihnen in Ihrem abschriftlich übermittelten Schreiben vom 22. August 1973 an das Auswärtige Amt erwähnte Zahl von 200 000 jüdischen Opfern des NS-Regimes mit Sicherheit nicht auf Feststellungen der Vereinten Nationen beruht.«

[7] Heinz Roth, Warum werden wir Deutschen belogen?, Witten 1973, S. 40. Hervorhebung durch Verfasser.

[8] Zu nennen sind hier vor allem P. Rassinier, »Die Lüge des Odysseus«, und »Was nun Odysseus?«, beide im Priester-Verlag in Wiesbaden (1959 bzw. 1960) herausgegeben, und die im Druffel-Verlag (Leoni am Starnberger See) 1962 erschienene Schrift »Zum Fall Eichmann, Was ist Wahrheit? oder Die unbelehrbaren Sieger«.

[9] Vgl. hierzu Rudolf Höß, Kommandant in Auschwitz, Stuttgart 1958, S. 162 f.

[10] Die zum Zwecke der Vernichtung deportierten Juden wurden überhaupt nicht Konzentrationslagerhäftlinge oder nur dann, wenn sie – wie z. T. in Auschwitz – von der Vernichtung vorläufig ausgenommen (»selektiert«) und zur Arbeit als Häftlinge in die KL überstellt wurden.

[11] Vgl. hierzu u. a. die einschlägigen Aufsätze in: Studien zur Geschichte der Konzentrationslager, Schriftenreihe der Vierteljahrshefte für Zeitgeschichte, Nr. 21, Stuttgart 1970; K.Z. Lager Natzweiler Struthof, herausgegeben von dem Comité National pour l'Erection et la Conservation d'un Mémorial de la Déportation au Struthof, 1966.

[12] Vgl. hierzu Eberhard Kolb, Bergen-Belsen, Geschichte des »Aufenthaltslagers« 1943–1945, Hannover 1962.

[13] Gerald Reitlinger, Die Endlösung, Hitlers Versuch der Ausrottung der Juden Europas 1939 bis 1945, Berlin 1956 (1. Aufl.), 1961 (4. verb. Aufl.); Raul Hilberg, The Destruction of the European Jews, Chicago 1961. Hinzuweisen ist auch auf eine Reihe regionaler Studien, von denen als Beispiel die von Paul Sauer herausgegebene Dokumentation über die Verfolgung der jüdischen Bürger in Baden-Württemberg durch das nationalsozialistische Regime 1935 bis 1945, 4 Bde, Stuttgart 1966 ff. (Veröffentlichung der staatlichen Archivverwaltung Baden-Württemberg Bd. 16, 17, 20 und Beiband 20) genannt sei.

[14] Benannt nach dem Sitz der »Zentraldienststelle« in der Tiergartenstraße 4, die der Kanzlei des Führers direkt unterstellt und für die verwaltungsmäßige und technische Durchführung der Aktion eingerichtet worden war. Vgl. auch Nürnbg. Dok. NO-426; ferner Peter Brokmeier, Die Vorstufe der Endlösung, in: Gewerkschaftliche Monatshefte 21 (1970), S. 28–37.

[15] Vgl. Klaus Dörner, Nationalsozialismus und Lebensvernichtung, in dieser Zeitschrift 15 (1967), S. 121–152.

[16] Vgl. hierzu die zahlreichen rechtskräftigen Urteile deutscher Schwurgerichte in: Justiz und NS-Verbrechen, Sammlung deutscher Strafurteile wegen nationalsozialistischer Tötungsverbrechen 1945–1966, bearbeitet von A. L. Rüter-Ehlermann und C. F. Rüter (Universität Amsterdam), Band I–XIII, Amsterdam 1968–1975; aus

der zahlreichen Literatur: Alice Platen-Hallermund, Die Tötung Geisteskranker in Deutschland, Frankfurt/M. 1948; Alexander Mitscherlich, Medizin ohne Menschlichkeit, Frankfurt/M. (Fischer Taschenbuch Nr. 2003) 1978; Helmut Ehrhard, Euthanasie und Vernichtung »lebensunwerten« Lebens, Stuttgart 1961; Gerhard Schmidt, Selektion in der Heilanstalt 1939–1945, Stuttgart 1965; Lothar Gruchmann, Euthanasie und Justiz im Dritten Reich, in dieser Zeitschrift 20 (1972), S. 235 ff.

[17] Die vorbereitenden Versuche wurden in der Anstalt Brandenburg/Havel vorgenommen. An ihnen war bereits u. a. der spätere Inspekteur des »Einsatzes Reinhard« und erste Kommandant des Vernichtungslagers Belzec, Christian Wirth, beteiligt. An der Wahl der Tötungsart usw. war neben der Kanzlei des Führers u. a. auch das Kriminaltechnische Institut (KTI) des Reichskriminalpolizeiamtes (RKPA) beteiligt.

[18] Vgl. dazu vor allem H. G. Adler, Der verwaltete Mensch, Studien zur Deportation der Juden aus Deutschland, Tübingen 1974, S. 245–248; Martin Broszat, Konzentrationslager, in: Anatomie des SS-Staates, Bd. II, Olten u. Freiburg/Br. 1965, S. 125; Helmut Krausnick, Judenverfolgung, ebenda, S. 407 ff.; Nürnb. Dok. PS-1151, NO-1007; Hermann Langbein, ... wir haben es getan, Wien 1964, S. 17 ff. » 14 f 13« war ein Aktenzeichen der Dienststelle des Inspekteurs der Konzentrationslager beim RFSS bzw. (ab März 1942) des WVHA, Amtsgruppe D; »14 f« war im Aktenplan für die Konzentrationslager die Bezeichnung für »Todesfälle von Häftlingen«, Bundesarchiv Koblenz (künftig: BA), NS 19/1829.

[19] Vgl. dazu allgemein: Krausnick, a.a.O. (Anm. 17), S. 360–380; Andreas Hillgruber, Die »Endlösung« und das deutsche Ostimperium als Kernstück des rassenideologischen Programms des Nationalsozialismus, in dieser Zeitschrift 20 (1972) S. 133–135; Alfred Streim, Zum Beispiel: Die Verbrechen der Einsatzgruppen in der Sowjetunion, in: NS-Prozesse, Nach 25 Jahren Strafverfolgung: Möglichkeiten – Grenzen – Ergebnisse, hrsg. vom Adalbert Rückerl, 2. erg. Aufl., Karlsruhe 1972, S. 65–106.

[20] Vgl. hierzu das rechtskräftige Urteil des Schwurgerichts bei dem Landgericht Hannover vom 6. Juni 1966 – Az. 28a 2/65, 2 Ks 2/65 – gegen ehemalige Angehörige des Amtes D II (Kraftfahrwesen) des RSHA (IfZ Archiv Sign. Gh 05.11). Wenn im folgenden auf Urteile in NSG-Verfahren verwiesen wird, sollte man sich immer des Unterschiedes juristischer und historischer Begriffswelt und Betrachtungsweisen bewußt sein. Die gerichtlichen Untersuchungen können in bestimmten Fällen unsere Kenntnisse wesentlich erweitern, da der den Justizbehörden zur Verfügung stehende Apparat und die gesetzlichen Voraussetzungen ganz andere Untersuchungsmöglichkeiten bieten, als diejenigen Arbeitsmittel, die dem Historiker zur Verfügung stehen. Andererseits kann die personen- und tatbezogene Untersuchung der Justiz die historische Forschung nicht ersetzen, da sie zumeist punktuell und mit anderen Zielvorstellungen vorgeht und viele, für den Historiker unabdingbare Faktoren, unberücksichtigt lassen kann und muß. Dies gilt

insbesondere für allgemeine Betrachtungen in Urteilen, wie auch für die Tatsache, daß verstorbene Personen zumeist nicht in den Rahmen gerichtlicher Untersuchungen mit einbezogen werden. Außerdem muß darauf verwiesen werden, daß ein Urteil nur die zur Urteilsbegründung unbedingt notwendigen Betrachtungen enthält, während andere, manchmal historisch höchst wichtige Faktoren, die auch im Verfahren erörtert wurden, für die Urteilsfindung aber unwichtig sind, keine Erwähnung im Urteilstext erfahren. So sind viele historisch wichtige mündliche Aussagen in den einzelnen Verfahren zu großen Teilen für immer verloren, zumal es leider eine systematische Prozeßbeobachtung zu keinem Zeitpunkt gegeben hat. Der Historiker muß im Einzelfall entscheiden, was aus den einzelnen Urteilstexten überprüfbar und differenzierbar übernommen werden kann und was nicht. Verantwortliche Geschichtsschreibung allein aufgrund von Gerichtsurteilen ist nicht möglich.

[21] Nürnbg. Dok. PS-501 (abgedruckt in: Der Prozeß gegen die Hauptkriegsverbrecher vor dem Internationalen Militärgerichtshof Nürnberg 14. November 1945–1. Oktober 1946, Nürnberg 1949, [künftig zit.: IMT], Bd. XXVI, S. 102–110), s. a. NS-Prozesse, a.a.O., S. 75ff. u. Dokumentenanhang.

[22] Der Chef des Verwaltungsstabes beim Militärbefehlshaber in Serbien, SS-Gruppenführer Dr. Harald Turner schrieb am 11. April 1942 an den Chef des Persönlichen Stabes beim RFSS, SS-Obergruppenführer Wolff: »... Schon vor Monaten habe ich alles an Juden im hiesigen Lande greifbare erschießen und sämtliche Judenfrauen und -Kinder in einem Lager konzentrieren lassen und zugleich mit Hilfe des SD einen ›Entlausungswagen‹ angeschafft, der nun in etwa 14 Tagen bis 4 Wochen auch die Räumung des Lagers endgültig durchgeführt haben wird...« (Kopie im IfZ). Am 8. Juni 1942 gab es laut Vortrag des Befehlshabers der Sicherheitspolizei und des SD in Serbien, SS-Obersturmbannführer Dr. Schäfer, anläßlich eines Besuches des Oberbefehlshabers Südost, General Kuntze, in Serbien »keine Judenfrage mehr« (Nürnbg. Dok. NOKW-926).

[23] Eichmann-Prozeß, Beweisdokument Nr. 1443, abgedruckt in NS-Prozesse a.a.O., Dokumentenanhang.

[24] Chelmno liegt etwa auf halber Strecke zwischen Warthbrücken und Dabie Kolskie (vgl. Deutsche Heereskarte, 1 : 300 000, Blatt Q 53).

[25] Korrespondenz zwischen dem HSSPF im Wehrkreis XXI (Posen) und OGruf. Wolff vom Persönlichen Stab des RFSS vom 18. 10. 1940 bis 22. 4. 1941 (Mikrofilm IfZ Archiv Sign. MA-325/8833-39). Ähnliche Aufgaben hatte der »SS-Wachsturmbann Eimann« schon von Oktober bis Dezember 1939 gelöst: In pommerschen Irrenanstalten 1400 und in der Irrenanstalt Konradstein ca. 2000 »unheilbar Geisteskranke beseitigt« (Nürnbg. Dok. NO-2275). Es wird meistens übersehen, daß sämtliche bei der »Endlösung der Judenfrage« praktizierten Tötungsarten – Vergasung, Massenexekutionen, Einzeltötungen – bereits anläßlich der Ermordung der angeblich Geisteskranken praktiziert worden waren. Die Entstehungsgeschichte der »Endlösung« wird von

Wolfgang Scheffler im Rahmen einer grundsätzlichen Untersuchung der Judenausrottungspolitik des Nationalsozialismus im Zusammenhang mit einem Forschungsprojekt des Columbus Centre der University of Sussex bearbeitet.

Zu den Vorgängen in Soldau vgl. Nürnbg. Dok. NO-1069-1076. Historisch ungeklärt blieb bisher die Frage, ob Gaswagen nicht bereits im Rahmen der Räumung westpreußischer Pflegeanstalten 1940 im Einsatz waren. Verschiedene Hinweise deuten an, daß diese damals als »Kaisers Kaffeegeschäft(s) Wagen« getarnt verwandt wurden.

²⁶ Vgl. hierzu die rechtskräftigen Urteile des Schwurgerichts beim Landgericht Bonn vom 30. März 1963 – Az. 8 Ks 3/62; Revision BGH Urteil vom 25. November 1964 – Az 2 Str 71/64; Urteil Landgericht Bonn vom 23. Juli 1965, Schwurgericht beim Landgericht Hannover vom 18. November 1963 – Az. 2 KS 1/63, 28a 12/62 –, Schwurgericht beim Landgericht Kiel vom 26. November 1965 – Az 2 Ks 1/65, I 77/65 gegen ehemalige Angehörige des deutschen Lagerpersonals (IfZ Archiv Sign. Gh 09.05/2, Gb 05.14, Gk 05.07) und nach Marian Muszkat, Polish Charges against German War Criminals, Warschau 1948; Wladyslaw Bednarz, Extermination Camp at Chelmno, in: German Crimes in Poland, Bd. I, Warschau 1946, S. 109 ff.

²⁷ Vgl. Faschismus–Getto–Massenmord, Dokumentation über Ausrottung und Widerstand der Juden in Polen während des Zweiten Weltkrieges, hrsg. vom Jüdischen Historischen Institut Warschau, 2. Aufl. 1961, Dokument 304 und 307; bis Ende Mai 1942 waren 370 Waggons mit Kleidung gesammelt worden; Dokumenty i Materialy, Bd. III, Getto Łodzkie, Warschau 1946; D. Dabrowska, Zaglada skupisk Zydowskich w »Kraju Warty« w okresie okupacji hitlerowskiej, in: Biuletyn Żydowskiego Instytutu Historycznego w Polsce, Warschau 1955, Nr. 13–14, S., 122 ff.

²⁸ Vgl. hierzu das rechtskräftige Urteil des Schwurgerichts bei dem Landgericht Hamburg vom 4. Februar 1968 – Az (50) 9/67, 147 Ks 2/67, 141 Js 204/60 gegen ehemalige Angehörige des Sonderkommandos Blobel (IfZ Archiv Sign. Gh 02.21), vgl. auch Anm. 58 und Hefte von Auschwitz, hrsg. vom Państwowe Muzeum w Oswięcimiu (1959 ff.), Heft 3 (1960), S. 89 u. 122 und das Verfahren gegen ehemalige Angehörige der Einsatzgruppen (Fall 9) in Nürnberg.

²⁹ Schreiben Reichsstatthalter Greiser an SS-Obergruppenführer (OGruf.) Pohl, den Chef des WVHA, vom 14. 2. 1944 (Nürnbg. Dok. NO-519), in dem die Unterredung Greisers mit Himmler vom 12./13. 2. 1944 in Posen referiert wird. Mit »rund 100 000 Juden« hatte Greiser in einem Schreiben an Himmler vom 1. 4. 1942 gemeint (Nürnbg. Dok. NO-246), würde die »Aktion der Sonderbehandlung... in den nächsten 2–3 Monaten abgeschlossen werden können«. Greisers führende Beteiligung an der Errichtung des ersten Vernichtungslagers in seinem Gau ist bis jetzt ununtersucht geblieben. Bereits am 2. Januar 1942 kündete er die völlige Entjudung des Warthegaus an. Vgl. hierzu wie zum Gesamtkomplex Artur Eisenbach, Operation Reinhard, Mass Extermination of the Jewish Population in Poland, in: Polish Western Affairs 3 (1962), No. 1. Ein Gerichtsverfahren gegen den HSSPF Warthe,

SS-OGruf. Koppe, kam infolge Verhandlungsunfähigkeit Koppes nicht zustande.

[30] Zur Lage von Belzec vgl. Deutsche Heereskarte (1 : 300 000), Blatt S 51. Vgl. hierzu das rechtskräftige Urteil des Schwurgerichts bei dem Landgericht München vom 21. Januar 1965 – Az. IV 56/64, 110 Ks 3/64 gegen den ehemaligen Adjutanten des Kommandeurs von Belzec (IfZ Archiv Sign. Gm 07.39); vgl. auch die »Aufzeichnungen eines deutschen Unteroffiziers vom 31. 8. 1942«, abgedruckt in dieser Zeitschrift 7 (1959), S. 333–336; Eugene Szrojt, Belzec Extermination Camp, in: German Crimes in Poland, Bd. II, Warschau 1947, S. 89ff. sowie Rudolf Reder: Belzec, Krakau 1946. – Das Vernichtungslager Belzec ist das einzige Lager des »Einsatzes Reinhard«, das nicht in einem großen Prozeßverfahren systematisch durchleuchtet worden ist, da das angeklagte ehemalige Lagerpersonal unter Berufung auf den Befehlsnotstand außer Verfolgung gestzt wurde. Eine Besonderheit der Untersuchung dieses Lagers bildet allerdings der Umstand, daß es von diesem Vernichtungslager fast keine Überlebende gab, die als Zeugen zur Verfügung standen.

[31] Diese Tarnbezeichnung ist vermutlich von Globocnik (ob vor oder nach dem Tode Heydrichs ist noch ungeklärt) gewählt worden, um Heydrichs Urheberschaft der technischen Durchführung der Endlösung zu dokumentieren. Die Bezeichnung hat sich jedoch damals über den engeren Bereich der Dienststelle des SSPF Lublin kaum eingebürgert. Globocnik benutzte in seinen abschließenden Berichten vom November 1943 und Januar 1944 an Himmler (vgl. Nürnbg. Dok. PS-4024 sowie die damit teilweise identischen NO-056-064 und NO-3034) die auch heute geläufige Bezeichnung »Aktion Reinhardt« (man findet die Schreibweisen »Reinhardt« und »Reinhard«), die er in vier »Gebiete« unterteilte: »A– die Aussiedlung selbst«, über die aus naheliegenden Gründen nur knapp und nur für Eingeweihte verständlich berichtet wurde (so z. B. mit der Formulierung: »die für diese Aktion… erstellten Einrichtungen sind zur Gänze weggeräumt. Aus Überwachungsgründen ist in den Lagern je ein kleiner Bauernhof entstanden…«, vgl. Nürnbg. Dok. NO-057), »B) die Verwertung der Arbeitskraft«, belegt durch Betriebsberichte und Umsatzzahlen, »C) die Sachverwertung«, die als Gesamtergebnis – aufgeschlüsselt nach Geld und Devisen, Edelmetallen, Juwelen und sonstigen Werten sowie Spinnstoffen – den Wert von über 178 Mill. RM erbracht hatte und schließlich »D) die Einbringung verborgener Werte und Immobilien«, womit u. a. die Erfassung jüdischer In- und Auslandsforderungen und deren Abtretung an die SS-eigene »Ostindustrie« gemeint war. Trotz Transportschwierigkeiten konnten, laut Bericht vom Chef des SS-WVHA vom 6. 2. 1943 (vgl. Nürnbg. Dok. NO-1257) bis zu diesem Zeitpunkt schon 825 Waggons mit »Textil-Altmaterial aus der Judenumsiedlung« u. a. an das Reichswirtschaftsministerium, die Volksdeutsche Mittelstelle und die Reichsjugendführung aus den Lagern in Lublin und Auschwitz zur Weiterverteilung abgegeben werden. Dazu gehörten u. a. 135 000 Paar Männer-, 114 000 Paar Frauen- und 22 000 Paar Kinderschuhe; über die Verwendung von 127 000 Herren- und

Damenuhren entstand eine über ein Jahr dauernde Korrespondenz zwischen dem WVHA und Himmler (vgl. Nürnbg. Dok. NO-2003, -2749, -2751 und -2753-2756); über den Ablieferungsmodus des in den KL »angefallenen Zahngoldes« an das WVHA z. B. waren genaue Anweisungen ergangen (vgl. u. a. Nürnbg. Dok. NO-1521). Zum Gesamtkomplex vgl. auch den Artikel von Artur Eisenbach, Operation Reinhard, Mass Extermination of the Jewish Population in Poland, a.a.O., und eine Reihe weiterer Nürnberger Dokumente, die im einzelnen hier nicht aufgeführt werden können.

[32] Vgl. auch Schreiben von Viktor Brack, dem Stabsleiter der Kanzlei des Führers, an Himmler vom 23. 6. 1942 (Nürnbg. Dok. NO-205).

[33] Ein Waggon mit 3000 kg Frauenhaar war bis Anfang Februar 1943 an das Reichswirtschaftsministerium abgeliefert worden; es sollte für Industriezwecke verwendet und zu Garn versponnen werden (vgl. Nürnbg. Dok. NO-1257 und USSR-511).

[34] In Einzelheiten weichen die hier verwendeten Ermittlungsergebnisse geringfügig von polnischen Nachkriegsermittlungen ab (German Crimes in Poland, hrsg. von der Central Commission for the Investigation of German Crimes in Poland, Warschau 1947, Bd. II und Marian Muszkat, a.a.O.), so z. B. gab es mehrere (3) Gaskammern in der Baracke, wurden die Frauen zuerst in die Gaskammern getrieben. Zur Person und zum Bericht von Gerstein über die Massenvergasungen in Belzec und Treblinka vgl. die quellenkritische Edition von Hans Rothfels in dieser Zeitschrift 1 (1953), S. 177–194, ferner Saul Friedländer, Kurt Gerstein oder die Zwiespältigkeit des Guten, 1967.

[35] Während es im Einzelfall außerordentlich schwierig ist, noch festzustellen, welche Transporte aus den genannten Distrikten nach Belzec und welche nach Sobibor gegangen sind, kann man den Zeitrahmen für die Lager leichter bestimmen.

[36] Vgl. NS-Prozesse, a.a.O., S. 36 f.

[37] Zur Lage von Sobibor vgl. Deutsche Heereskarte (1 : 300 000), Blatt S 62. Vgl. hierzu die rechtskräftigen Urteile des Schwurgerichts bei dem Landgericht Hagen vom 20. Dezember 1966 – Az S 6/64 – und des Schwurgerichts bei dem Landgericht Düsseldorf vom 22. Dezember 1970 – Az. XI – 148/695, 8 Ks 1/69 gegen frühere Angehörige des Lagerpersonals von Sobibor (IfZ Archiv Sign. Gh 01.05/2 und Gd 05.51/2); ferner Z. Lukaszkiewicz, Sobibor extermination camp, in: German Crimes in Poland, Bd. II, Warschau 1947, S. 99 ff. und Muszkat a.a.O.

[38] Mit der Errichtung eines Lagers IV wurde im Lauf des Sommers 1943 begonnen: Gemäß einer Anordnung Himmlers vom 5. 7. 1943 (Nürnbg. Dok. NO-482) sollte Sobibor, aus Tarnungsgründen als »Durchgangslager« bezeichnet, in ein Konzentrationslager umgewandelt und dort eine »Entlaborisierungsanstalt« für Beutemunition eingerichtet werden. Die Umwandlung in ein KL erfolgte auf Gegenvorstellungen des WVHA zwar nicht; das Lager IV ist offenbar nicht mehr fertiggestellt worden.

[39] Vgl. hierzu das Schreiben des Staatssekretärs im Reichsverkehrs-

ministerium Ganzenmüller an SS-Ogruf. Wolff vom 28. Juli 1942, Nürnbg. Dok. NO-2207; Vermerk über die Konferenz zwischen Vertretern des Reichsverkehrsministeriums und des RSHA am 26. und 28. September 1942, abgedruckt in Dokumente über Methoden der Judenverfolgung im Ausland, herausgegeben von der United Restitution Organization, Frankfurt/M. o. J., S. 75 f.

[40] NS-Prozesse, a.a.O., S. 37.

[41] Vgl. Vorläufiges Verzeichnis der Haftstätten unter dem RFSS 1933–1945, hrsg. vom Internationalen Suchdienst, Arolsen 1969, Bd. I, S. 433. Zur Lage von Treblinka vgl. Deutsche Heereskarte (1 : 300 000), Blatt R 53.

[42] Vgl. hierzu die rechtskräftigen Urteile des Schwurgerichts bei dem Landgericht Düsseldorf vom 3. September 1965 – Az. II – 93/63 S, 8 I Ks 2/64 – und vom 22. Dezember 1970 – Az XI – 148/69 S, 8 Ks 1/69 gegen Angehörige des ehemaligen Lagerpersonals (IfZ Archiv Sign. Gd 05.12/2 und Gd 05.12/2). Z. Łukaskiewicz, The Treblinka Extermination Camp, in: German Crimes in Poland, Bd. I, S. 95 ff.

[43] Schriftwechsel Wolff-Ganzenmüller: Nürnbg. Dok. NO-2207; Himmlers Befehl vom 19. Juli 1942: NO-5574.

[44] Während der Gerichtsverhandlungen konnte nur die Mindestzahl der im neuen Gebäude enthaltenen Gaskammern festgestellt werden. Die Angaben über die Gaskammerzahl differieren zwischen 6 und 10, hinsichtlich der Maße stimmen jedoch die Angaben der Angeklagten und die der als Zeugen befragten ehemaligen Häftlinge darin überein, daß das Fassungsvermögen der neuen Kammern, von denen nur die Hälfte benutzt wurde, etwa doppelt so groß war wie das der alten, die weiter in Betrieb blieben. Bei Benutzung von drei oder vier Kammern konnten bei jedem Vergasungsvorgang und bei voller Ausnutzung des Fassungsvermögens Hunderte von Menschen vernichtet werden.

[45] Fahrplananordnungen der Reichs- bzw. der Ostbahn von August 1942 bis August 1943 für »Umsiedler«-Transporte nach Treblinka (Mikrofilm IfZ Archiv, Sign. MA-708/1).

[46] Auf die Bedingungen, unter denen die Arbeitsjuden zu leben gezwungen waren, kann im Rahmen dieses Aufsatzes nicht eingegangen werden. Nur sei angemerkt, daß die Lagerverhältnisse durch zwei große Gerichtsverfahren mit einer Fülle von Zeugenaussagen Abgründe menschlichen Leidens offenbarten und dokumentierten, die kaum zu schildern sind.

[47] BA/MA, RH 53 – 23/v. 17. Allein diese Tatsache zeigt, daß es nicht gelang, die absolute Geheimhaltung der Vernichtungsvorgänge zu erreichen. Über die ukrainischen Wachmannschaften gelangten Nachrichten über das Geschehen in Belzec, Sobibor und Treblinka in die Umgebung der Lager, da diese in ihrer dienstfreien Zeit auch außerhalb der Lager anzutreffen waren. Auch im SS-Ausbildungslager Trawniki, das die Wachmannschaften für die Vernichtungslager stellte, wußte man von der Aufgabe der Lager. Durch jüdische Kundschafter wurden die wahren Verhältnisse wowohl in Lublin wie in Warschau bekannt. Weitere Hinweise zu diesem Komplex befinden sich in den Berichten der Feldkommandanturen der einzelnen Distrikte.

⁴⁸ Über Zahl und Größe der Massengräber in Treblinka konnten während der Schwurgerichtsverfahren keine sicheren Feststellungen getroffen werden; einer Angabe zufolge hat eine der Gruben etwa 80 000 Leichen enthalten (vgl. NS-Prozesse, S. 49). Als nach den verheerenden Luftangriffen auf Dresden im Februar 1945 die Beseitigung der Opfer Schwierigkeiten bereitete, wurden auf dem Altmarkt der Stadt Eisenroste aufgestellt und die Toten zu Tausenden verbrannt. Durchgeführt wurde diese Arbeit von »ukrainischen Hilfswilligen«. Es handelte sich dabei um die neuformierte Mannschaft des frühren SS-Ausbildungslagers Trawniki und es ist ziemlich sicher, daß sich darunter auch frühere Wachmannschaften der Vernichtungslager befanden, die über einschlägige Erfahrungen verfügten.

⁴⁹ Yankel Wiernik: A Year in Treblinka, New York o. J.; Jean François Steiner, Treblinka, Die Revolte eines Vernichtungslagers, Oldenburg 1966, S. 344.

⁵⁰ Vgl. NS-Prozesse, a.a.O., S. 38. Der »Stroop-Bericht« ist in der Blauen Serie (IMT) Bd. XXVI, S. 628 ff. abgedruckt (Nürnbg. Dok. PS-1061).

⁵¹ Zur Lage von Auschwitz s. Deutsche Heereskarte (1 : 300 000), Blatt Q 51. Vgl. hierzu das rechtskräftige Urteil des Schwurgerichts bei dem Landgericht Frankfurt/M. vom 20. Juni 1965 – Az 4 Ks 2/63 – gegen Angehörige des Lagerpersonals. (IfZ Archiv Sign. Gf 03.16/1–5); Hefte von Auschwitz, insbesondere das in den Heften 2–4 und 6–8 enthaltene Kalendarium der Ereignisse im Konzentrationslager; den autobiographischen Aufzeichnungen von Höß (vgl. Anm. 9); Jan Sehn, Konzentrationslager Oswiecim-Brzezinka, Warschau 1957; Hermann Langbein, Der Auschwitz-Prozeß, Eine Dokumentation, 2 Bde. 1965; Bernd Naumann, Auschwitz, Bericht über die Strafsache gegen Mulka und andere vor dem Schwurgericht Frankfurt, 1965; Auschwitz, Zeugnisse und Berichte, hrsg. von H. G. Adler, H. Langbein und E. Lingens-Reiner, 1962.

⁵² Unter Liebehenschel wurde das Lager aufgeteilt in KL Auschwitz I (Stammlager), Auschwitz II (Birkenau), Auschwitz III (Buna-Monowitz mit allen Nebenlagern). Kommandant des Lagers I wurde im Mai 1944 Stubaf. Richard Baer, nachdem Liebehenschel nach Majdanek versetzt worden war. Am 25. November 1944 wurden unter Baer Auschwitz I und II zum KL Auschwitz vereinigt, das bisherige Lager III zum selbständigen KL Monowitz. Vgl. hierzu das Kalendarium in den Heften von Auschwitz (Heft 6–8).

⁵³ Für Plan und Realisierung, Belegstärke und Aufteilung des Lagerkomplexes vgl.: Kommandant von Auschwitz, S. 96.

⁵⁴ Vgl. IMT, Bd. XI, S. 440 ff.; Kommandant in Auschwitz, S. 113.

⁵⁵ Eintrag im Kalendarium der Hefte von Auschwitz (3) für den 3. 9. 1941.

⁵⁶ Hierzu Hans-Adolf Jacobsen, Kommissarbefehl und Massenexekution sowjetischer Kriegsgefangener, in: Anatomie des SS-Staates, II, S. 163–198; Kommandant in Auschwitz, S. 155.

⁵⁷ Zyklon B ist der Handelsname für ein nach dem I. Weltkrieg entwickeltes hochgiftiges Schädlingsbekämpfungsmittel, das aus flüssiger

Blausäure besteht, die, in (meist körnigem) Trägermaterial (z. B. Kieselgur) aufgesaugt, in der gasförmigen Phase bei ca. 18° wirksam ist. Es dient zur Entwesung von Großräumen (z. B. Barackenlagern, Schiffen, Kasernen), insbesondere auch zur Bekämpfung der Fleckfieber übertragenden Kleiderlaus. Eingeatmetes Zyklon B blockiert die Sauerstoffaufnahme in den Zellen und führt so in kürzester Zeit zum Tod durch Atemstillstand. Während des Krieges war die Degesch (Deutsche Gesellschaft für Schädlingsbekämpfungsmittel mbH) in Frankfurt/Main die alleinige Vertriebsfirma des Gases; sie bediente sich zum Weitervertrieb der Firmen Tesch und Stabenow, Internationale Gesellschaft für Schädlingsbekämpfungsmittel mbH in Hamburg (Testa) und der Heerdt-Lingler GmbH in Frankfurt/Main (Heli). Das Zyklon B wurde im Krieg in Dessau und Kolin (im damaligen Protektorat) hergestellt (vgl. die Urteile in den Verfahren gegen den ehemaligen Geschäftsführer der Degesch, abgedruckt in: Justiz und NS-Verbrechen, a.a.O. Bd. XIII, S. 105 ff.). Auf Antrag erteilte das WVHA Fahrgenehmigungen von Auschwitz nach Dessau zur Abholung von »Material für Sonderbehandlung« oder »Materialien für die Judenumsiedlung« vgl. Nürnbg. Dok. NO-2360-2363), s. a. Raul Hilberg, a.a.O., S. 567–571 und die dort genannten Dokumente.

[58] Himmler besichtigte nicht nur die Vernichtung in Auschwitz. Im Februar 1943 informierte er sich auch in Sobibor über die Einzelheiten des Tötungsvorganges. Paul Blobel, Führer des Einsatzkommandos 4a der Einsatzgruppe C, u. a. verantwortlich für das berüchtigte Massaker in Babij-Jar bei Kiew, dem Ende September 1941 über 33 000 Juden zum Opfer gefallen sind, im sog. Einsatzgruppen-Prozeß (Fall 9) in Nürnberg angeklagt und zum Tod verurteilt, wurde Anfang 1942 von Heydrich mit der spurenlosen Beseitigung der Massengräber in den Vernichtungslagern beauftragt. Nach verschiedenen anderen Versuchen erwies sich schließlich die Verbrennung der Leichen auf Rosten aus Eisenbahnschienen als effektivste Methode. Seit Ende 1942 erstreckte sich der Auftrag auch auf die Beseitigung der Massengräber in den besetzten Ostgebieten, in denen die Opfer der von den Einsatzgruppen seit Beginn des Rußlandkrieges durchgeführten Liquidierungen vergraben waren. Das Blobelsche Unternehmen hatte – nach dem entsprechenden Aktenzeichen des RSHA – die Bezeichnung »Aktion 1005« (vgl. NS-Prozesse, a.a.O., S. 77 ff.).

[59] Höß, a.a.O., S. 160–163, verwendet eine andere Numerierung; wir folgen hier der in den Heften von Auschwitz gebräuchlichen.

[60] Die Angaben über die Verbrennungskapazität laut Schreiben der Zentralbauleitung der Waffen-SS und Polizei in Auschwitz an die Amtsgruppe C (Bauwesen) des WVHA vom 28. 6. 1943 (vgl. Hefte von Auschwitz, 4, S. 110).

[61] Höß, a.a.O., S. 162, gibt an, daß diese Auschwitzer Unterlagen – gemäß einer Anordnung Himmlers – nach jeder größeren Aktion zu vernichten waren.

[62] Nürnbg. Dok. PS-3762; die letzte Vergasung hat – laut Eintrag im »Kalendarium« (Hefte von Auschwitz, 8) am 28. 11. 1944 stattgefunden. Das genaue Datum des Einstellungsbefehls konnte bisher noch nicht geklärt werden.

[63] Vgl. zu Majdanek u. a.: Zeszyty Majdanka (Hefte von Majdanek) 1–7 (1965–1973), herausgegeben vom Państwowe Muzeum in Majdanek; Biuletyn Głównej Komisji Badania Zbrodni Hitlerowskich w Polsce, Heft IV (1948), S. 63ff.; T. Berenstein/A. Rutkowski, Juden im Konzentrationslager Majdanek 1941–1944, in: Biuletyn Żydowskiego Instytutu Historycznego w Polsce, Nr. 58 (1966); Alexander Werth, Rußland im Krieg 1941–1945, München 1965, S. 590ff. und eine Reihe Nürnberger Dokumente, die hier im einzelnen nicht aufgeführt werden.

[64] Hingewiesen werden muß darauf, daß für die gerichtlichen Ermittlungen und für die Urteilsfindung nur eine unangreifbare Mindestzahl der Ermordeten notwendig ist, die Gesamtzahl der Getöteten im übrigen keine juristische Bedeutung hat. Vgl. NS-Prozesse a.a.O. S. 36.

Margarete Mitscherlich-Nielsen
Die Notwendigkeit zu trauern

Es sind viele Versuche – ökonomischer, historischer, psychologischer Art – unternommen worden, um die Entwicklung zu verstehen, die zu Hitler und zum Nationalsozialismus geführt hat. Letztlich blieb sie bisher ungeklärt.

Über lange Zeit wehrte man sich in Deutschland dagegen, in »der Vergangenheit zu wühlen«. Diejenigen, die sich mit der Schuld aus der nationalsozialistischen Ära auseinandersetzten, wurden als »Sühnedeutsche« diffamiert.

Das scheint sich in letzter Zeit geändert zu haben. Eine sogenannte Hitlerwelle überschwemmte Deutschland. Zahlreiche Bücher und Filme über Hitler erschienen. Sie hinterließen allerdings nicht selten den Eindruck, als ginge es jetzt vor allem darum, die eigene gefühlsmäßige Beteiligung an der Machtergreifung Hitlers und dem, was unter ihm geschah in den Hintergrund zu rücken und diesen Geschehnissen gegenüber eine sachliche Einstellung zu gewinnen. Man sollte doch endlich, so hieß es, zu einer distanzierten historischen Betrachtung der Hitlerzeit auch in Deutschland fähig sein.

In Tat und Wahrheit stand man aber hier den meisten dieser Filme und Bücher recht hilflos gegenüber, denn die nationalsozialistische Vergangenheit liegt nach wie vor wie Mehltau auf diesem Lande. Es kann meines Erachtens keine Rede davon sein, daß sie wirklich tiefergehend bewältigt wurde, sofern millionenfacher Mord denn überhaupt zu bewältigen ist. Man sollte auch nicht für Sachlichkeit – im Sinne der Gefühlsdistanzierung – plädieren, sondern dafür, daß die innere und äußere Auseinandersetzung mit dem, was unter Hitler geschah, weiter geht oder erst wirklich beginnt. Eine scheinbare Versachlichung der Vergangenheit kann nur zu einer erneuten Verdrängung unserer gefühlsmäßigen Beteiligung an ihr führen.

Um die Fähigkeit zu trauern zu entwickeln, ist eine besondere Art der Erinnerungsarbeit notwendig, die die Wiederbelebung unserer damaligen Verhaltensweisen, unserer Gefühle und Phantasien einschließt. Die historische und psychologische Beschäftigung mit der Person Hitlers, mit seinen Kindheits- und Jugendträumen, mit seiner »Karriere«, so wichtig solche Untersuchungen sind, scheint mir dennoch von geringerer Bedeutung zu sein, als die Erforschung unserer selbst. Es gilt herauszufinden, warum Hitler einen so unglaublichen Einfluß auf uns, die meisten Deutschen, auszuüben und unser Gewissen seinen falschen Idealen entsprechend zu pervertieren vermochte.

Seitdem wir das Buch ›Die Unfähigkeit zu trauern‹ geschrieben haben, hat sich manches im politischen Bild Deutschlands geändert. Ob das die kollektive Einstellung zum unbewältigten Kern der Vergangenheit einschließt, muß in Frage gestellt werden, denn die Durcharbeitung dessen, was zum Nationalsozialismus führte, ist, was die Beteiligung des Einzelnen daran, seine seelisch-geistigen Identifikationen mit dieser Zeit betrifft, noch nicht geleistet worden. Das hat – so meine ich – das Beispiel Filbinger vor kurzem jedem deutlich gemacht. Auch die heute Zwanzigjährigen, an die die Eltern ihre Abwehr gegen die Vergangenheit weitergegeben haben, leben immer noch im Schatten der Verleugnung und Verdrängung von Ereignissen, die wir nicht ungeschehen machen können.

Trauer ist ein seelischer Vorgang, in dem ein Individuum einen Verlust mit Hilfe eines immer wiederholten, schmerzlichen Erinnerungsprozesses langsam zu ertragen und durchzuarbeiten lernt, um danach zu einer Wiederaufnahme lebendiger Beziehungen zu den Menschen und Dingen seiner Umgebung fähig zu werden.

Zwischen der Abspaltung der Gefühlsbeteiligung den Erinnerungen der Vergangenheit gegenüber und einem sozialen und geistigen Immobilismus in unserem Lande besteht ein Zusammenhang – das war unsere These in dem Buch ›Die Unfähigkeit zu trauern‹. Aus Deutschland ist ein im wesentlichen dem Konsum zugewandtes Wirtschaftsland geworden, das mit der gefühlsmäßigen Verleugnung seiner nationalsozialistischen Vergangenheit auch die Beziehung zu Traditionen, Werten, geistigen Möglichkeiten des vorhitlerschen Deutschland mehr oder weniger verloren hat. Um keine Mißverständnisse aufkommen zu lassen: es geht hier nicht um nostalgische Rückwendung zu verlorenen Zeiten, sondern vielmehr um eine lebendige und kritische Auseinandersetzung mit ihnen, anstatt die Geschichte einfach zu vergessen oder fallen zu lassen. Denn es ist bekannt, daß die falschen und pervertierten Ideale der Hitlerzeit auf manche wohlangesehene Tradition, Ideale und typische Verhaltensweisen der autoritätsgläubigen deutschen Gesellschaft fußten, in der das Gehorsamsideal bindend war. Je stärker der Zwang zum Gehorsam, um so heftiger ist die untergründige Aggression, die aber auf Grund der Strafangst und mit Hilfe von Idealisierungen der Autorität abgewehrt wurde. Das ist einer der Gründe, warum in Deutschland Idealisierung und Aggression besonders haltbar miteinander verbunden sind. Die totale Abwehr der Vergangenheit hindert uns aber sowohl daran, die falschen von den erinnerungswürdigen Werten und Idealen unterscheiden zu lernen, als auch ihren Zusammenhang und ihre Wirkung auf die Gegenwart erkennen zu können.

Alternative zur Durcharbeitung der Vergangenheit ist Verjährung ohne Trauerarbeit. Man wartet darauf, daß die Täter, Mittäter und Mitläufer aussterben. Vor kurzem ist die juristische Verjährung von Mord und den Verbrechen des Nationalsozialismus erneut diskutiert worden. Weder in England noch in Italien oder den USA gibt es eine Verjährung für Mord. Wie und in welcher Form ein Mörder bestraft werden soll und kann, ist ein Problem für sich. Das hängt von den Motiven eines Mörders, dessen Schuldfähigkeit etc. ab, steht aber mit dem Problem der Verjährung in keinem Zusammenhang. Ich erwähne das, weil nicht selten Verjährung mit der Fähigkeit zu verzeihen oder derjenigen, Gnade vor Recht stellen zu können, verwechselt wurde.

Auch kann man die Verbrechen unter Hitler mit individuellem Mord nicht gleichsetzen. Bei ihnen haben wir es mit Massenuntaten unvorstellbaren Ausmaßes und unvorstellbarer Grausamkeit zu tun. Eine Verjährung kann für ein solches Geschehen meines Erachtens gar nicht in Frage kommen – schon gar nicht, solange die Opfer oder die Kinder der Opfer noch leben. Wir hätten damit auch die falsche Alternative gewählt: Verjährung anstatt Erinnerungs- und Trauerarbeit.

Die Auswirkung der Folterungen, Erniedrigungen und Morde auf die zweite Generation, auf die Kinder der Opfer, ist mehrfach untersucht worden. Bei vielen von ihnen wurden tiefgehende psychische Schädigungen festgestellt.

Auch die Nachkommen der Täter und Mitläufer haben, wie wir wissen, erhebliche psychische Probleme. Die positive Identifikation mit den Eltern und das Selbstwertgefühl ist weitgehend gestört oder eine Verleugnung der Probleme mit entsprechender Gefühlskälte und Beziehungsabwehr ist oft die Folge. In einem kürzlich erschienenen Buch von J. Becker wurden die Terroristen als die »Kinder Hitlers« bezeichnet. So einfach ist dieses weltweite Problem wahrscheinlich nicht zu lösen, aber etwas Wahres ist doch daran. Denn das Defizit an Idealen der Jugend in Deutschland und das gleichzeitige Bedürfnis danach und die damit verbundene Gefahr weiterer unglücklicher Idealisierungen ist unübersehbar. Ohne Ideale lebt es sich aber offenbar schlecht. Der Aufbau eines Selbstwertgefühls ist von dem Besitz von Idealen und der Möglichkeit ihrer Verwirklichung weitgehend abhängig. Wenn man seinem Leben kein Ziel setzen und ihm keinen Sinn zu geben vermag, breitet sich das Gefühl der Leere und Hoffnungslosigkeit aus. Um dem zu entgehen, werden oft Führer oder Ideale zweifelhafter Art gesucht, deren Ziele nicht in Frage gestellt und deswegen rücksichtslos verfolgt werden. Indem man sich mit Hilfe des gleichen Führers, der gleichen Ideale und Ziele einer Gruppe zugehörig fühlen kann, läßt sich das Selbstachtungsdefizit durch gegenseitige Idealisierung weitgehend beheben. Man zahlt dafür mit erheblichen Denkeinschränkungen und oft mit Gewissensverdrehungen. Abweichungen von den in der Gruppe herrschenden Meinungen und Idealen werden nicht geduldet oder grausam bestraft. Das alles ist bekannt. Wir haben es unter Hitler erfahren, in verwandelter Form aber auch bei den Terroristen oder bei manchen Sektenbildungen. Das wurde uns kürzlich durch die tragischen Ereignisse in Guayana erneut vor Augen geführt.

Idealismus, Idealisierung und Utopien können aber verschiedenen – negativen wie positiven – Zwecken dienen. Im Namen von Idealen können, wie wir es im Dritten Reich erlebten, unvorstellbare Grausamkeiten begangen werden. Utopien und Illusionen verbinden sich mit Selbsttäuschungen und Realitätsverkennungen. Dennoch wäre es auf Grund solcher schlechten Erfahrungen sinnlos, das Kind mit dem Bade auszuschütten und auf die seelischen und kulturellen Möglichkeiten zu verzichten, die sich mit Phantasien, Idealen und Utopien in einer langen Geschichte und im Leben des Einzelnen, insbesondere in der Entwicklung des Jugendlichen, verbinden. Diese Gefahr besteht aber, wenn mit der gefühlsmäßigen Abwehr der jüngsten Vergangenheit auch eine auf Phantasie und Innerlichkeit beruhende deutsche Tradition vergessen und verdrängt wird. Das hat, sofern ich ihn recht verstanden habe, auch Syberberg in seinem Film ›Hitler, ein Film über Deutschland‹ darstellen wollen.

Die meisten Menschen unseres Landes sind gegenwärtig allerdings vorwiegend an Technik und Wirtschaft und der davon abhängigen ökonomischen Sicherheit interessiert. Das kann man gewiß niemanden zum Vorwurf machen, schon gar nicht in einer Zeit, in der die Arbeitslosigkeit zunimmt und in der sich die Chancen für eine gesicherte berufliche Zukunft für alle jungen Menschen verschlechtert. Wer in der Wirtschaft und Ökonomie Erfolg hat, ist sich seiner politischen und gesellschaftlichen Karriere sicher. Die wenigsten verlangt es dann danach, sich mit den Manipulationen auseinanderzusetzen, denen ihre Wertvorstellungen dauernd unterworfen werden. Aber sie spüren dennoch, daß Wohlstand mit Glück oder innerer Zufriedenheit offenbar nicht so einfach gleichzusetzen ist.

In letzter Zeit war häufig von der Neidtheorie die Rede. Das Ausland würde der Bundesrepublik, viel mehr als der DDR und Österreich, ihre nationalsozialistische Vergangenheit vorhalten, weil es neidisch und eifersüchtig auf den wirtschaftlichen Erfolg der Bundesrepublik sei. Daß Neid und Eifersucht den Erfolgreichen gegenüber von vielen Menschen empfunden wird, ist klar. Wenn aber diese Neidtheorie von uns Deutschen dazu verwendet wird, eigene Schuld- oder Schamgefühle erneut zu verdrängen und zu verleugnen und die Erinnerung an die Vergangenheit abzublocken, dann haben wir es mit einer neuen Welle der Unfähigkeit zu trauern zu tun. Das heißt, die Ich-Entleerung, der Phantasiemangel, die fehlende Kreativität wird gefördert, die z. B. unsere Gesellschaft beim Wiederaufbau der Städte daran hinderte, neue Konzepte zu entwickeln und zu verwirklichen, die die Beziehung zwischen den Geschlechtern stagnieren läßt, weil unsere patriarchalische Gesellschaft keine Alternativen zu konzipieren vermag, die auf dem Gebiet der Schulplanung neue kreative Versuche scheitern läßt und vieles mehr.

Zusammenfassend läßt sich sagen: statt einer politischen und geistigen Durcharbeitung der Vergangenheit und dem Suchen nach neuen Ideen, Idealen, Konzepten für die lebendige geistige Struktur der Bundesrepublik vollzog sich die explosive Entwicklung der deutschen Wirtschaft.

Diese in sich nicht unproblematische Entwicklung als Anlaß

dafür zu nehmen, um mit Hilfe der Neidtheorie das Erinnert-werden an die Nazivergangenheit abzublocken, verstärkt die Stagnation in der geistigen Entwicklung der Bundesrepublik, die nur durch immer erneute Auseinandersetzung mit dem, was uns zu Hitler führte, durchbrochen werden kann.

Wenn hier von »bewältigen« der Vergangenheit in der Gegenwart die Rede ist, dann ist damit eine Folge von Erkenntnisschritten gemeint, die aufgrund von Erinnern, gefühlsmäßigem Wiederholen und Durcharbeiten dieser Vergangenheit Aufklärung darüber schafft, wie der Sprung von gestern ins Heute zustande gekommen ist und welchen Preis wir für den wirtschaftlichen Aufschwung unseres Landes gezahlt haben. Vom Volk der Auserwählten, das seine irrationalen Größenphantasien, seine Autoritätshörigkeit und dem damit in Zusammenhang stehenden untergründigen Rivalitäts- und Vaterhaß verschob und auslebte, sind wir zum Volk der wirtschaftlich Erfolgreichen geworden, das nur noch Fakten gelten lassen will und in dem Phantasien und Utopien, aber auch Schuldgefühle keinen Platz mehr haben sollen. Deswegen wird auch die Tatsache des Elends der Dritten Welt, von deren billigen Arbeitskräften und Rohstoffen unser Wohlstand weitgehend abhängt, möglichst verdrängt.

Auch auf die Gefahr hin, mich zu wiederholen, möchte ich noch einmal direkt auf die Thesen der ›Unfähigkeit zu trauern‹, und was damit gemeint ist, zurückkommen. Denn ohne Wiederholung unserer damaligen seelischen Erlebnisweisen und ohne immer erneutes Durcharbeiten unseres Verhaltens, gibt es keine Fähigkeit zu trauern.

Um nach dem Untergang des Hitler-Reiches die Angst, die Schuld und die Scham zu vermeiden, wurden also seelische Abwehrvorgänge von der Art der Verdrängung, der Verleugnung, der Projektion wie z. B.: nicht die anderen, sondern wir waren die unschuldigen Opfer etc. eingesetzt. Denn wenn überhaupt Erinnerung sein mußte, geschah das meist als Aufrechnung der eigenen gegen die Schuld der anderen. Die bedauernswertesten Opfer waren dann imgrunde wir selber.

Mit Hilfe der Dehumanisierung vor allem der Juden, später auch der Polen und Russen, gelang es, das Gewissen der Deutschen umzudrehen. Der Mord an Millionen schutzlos Verfolgter läßt sich keineswegs wie selbstverständlich auf Vorgesetzte, schließlich auf den Führer selbst verschieben. Daß es dazu kommen konnte, setzt sich faktisch aus sehr vielen schuldhaften

Entscheidungen und Handlungen Einzelner zusammen. Man braucht sich nur daran zu erinnern, wie die große Masse der Deutschen zusah oder daran teilnahm, wie die Juden diffamiert und zu Untermenschen erklärt wurden. Ohne diese Teilnahme und Übereinstimmung der Bevölkerung mit diesem Urteil über die Juden wäre der schließlich erfolgte Massenmord nicht möglich gewesen.

In der *Frankfurter Allgemeinen Zeitung* vom 29. 12. 1978 wird in einem Leitartikel Nahum Goldmann erwähnt. Er sagte: »Niemand von uns hat jemals daran gedacht, Vergebung zu gewähren.« Natürlich kann niemandem vergeben werden, der an so unvorstellbar grausamen Taten teilnahm, wie sie in der Endlösung zur Ausführung kamen. Dafür kann es auch meines Erachtens keine Verjährung geben. Etwas anderes ist es, ein ganzes Volk für alle Zeiten zu verurteilen. Um das zu vermeiden, gilt es von immer neuer Warte aus, die Motive zu untersuchen, und zwar von diesem Volk selber, die dazu führten, daß es so unbedenklich teilnahm an den Herrschaftsansprüchen Hitlers, seinem grausamen Rassismus und der Verdrehung des Gewissens durch ihn. Nur so wird schließlich die Fähigkeit zur Trauer um diesen Abschnitt unserer Geschichte und der eigenen direkten oder indirekten Beteiligung daran sich einstellen können. Da die Verleugnungsarbeit sich gleichermaßen auf die Anlässe für Schuld, Scham und Trauer erstreckt, wird die mit dieser Abwehrhaltung zusammenhängende Lernunfähigkeit von einer Generation auf die nächste weitergegeben.

Auch um Hitler, der von der Masse der Deutschen doch so sehr geliebte Führer, wurde bekanntlich nicht getrauert. Mit Hilfe der Projektion: »Er war an allem schuld«, gelang sehr schnell der Rückzug von bisherigen sehr starken Gefühlen. Als Anlaß zur Trauer sollte aber nicht nur der Tod Hitlers als realer Person angesehen werden, sondern vielmehr der Verlust dessen, was er präsentierte: das kollektive Ich-Ideal. Sein Tod, seine Niederlage und seine Entwertung durch die Sieger bedeutete den Verlust eines narzißtischen Selbst-Objektes, d. h. eine Verarmung und Entwertung des eigenen Selbst. Die Vermeidung dieses Traumas muß als unmittelbarster Anlaß der Entwirklichung und Verleugnung des Hitler-Reiches nach dem Kriege angesehen werden. Die siegreichen Gegner konnten ohne Entwertungsgefühle, um die Opfer dieses Krieges trauern, die Deutschen dagegen waren zunächst zentral in ihrem Selbstwert getroffen und wehrten offenbar mit aller Kraft das

Erlebnis einer melancholischen oder depressiven Verarmung des Selbst und dem ihm entsprechenden seelischen Zusammenbruch ab. Denn zwischen Trauer und Melancholie besteht ein wesentlicher Unterschied: in der Trauer um ein geliebtes Wesen fühle ich mich zunächst verarmt, aber nicht meines Selbstwertes beraubt. Das aber ist die Erfahrung des Melancholikers. Um dieses unerträgliche Gefühl zu vermeiden, wurde zunächst möglichst alles verdrängt, was mit der eigenen Anteilnahme an den Geschehnissen des Dritten Reiches zu tun hatte.

Aber Abwehr kollektiv entstandener Schuld und der damit verbundenen Gewissensqualen oder Melancholie ist offenbar leicht, wenn sie wiederum im Kollektiv geschehen kann. Anstelle der trauernden Auseinandersetzung und um depressive Ängste zu vermeiden, reagierten wir offenbar mit manischer Überaktivität und ausschließlicher Konzentration auf das Geschehen und den Erfolg in der äußeren Welt.

Solange wir jedoch die direkte oder indirekte Beteiligung an den »unbeschreiblich grausam ausgeführten Massenverbrechen« nicht wirklich zur Kenntnis nehmen wollen, wirkt sich das nicht nur auf unser Geistesleben aus, sondern verhindert auch eine emotionell getragene Aussöhnung mit unseren ehemaligen Gegnern, auch dann, wenn uns politische und militärische Bündnisse und Handelsbeziehungen mit ihnen verbinden. Die in Deutschland so gern als Erklärung benützte Neidtheorie, wann immer Kritik an uns geäußert wird, kann deswegen einer solchen tiefergehenden Aussöhnung nur im Wege stehen.

Die Deutschen werden, ob sie wollen oder nicht, nach wie vor vom Ausland unter der Lupe ihrer Vergangenheit angesehen. Dabei handelt es sich weniger um Vorurteile, sondern vielmehr um »Nachurteile«, wie Stephanie Roussel kürzlich im deutschen Fernsehen feststellte (›Frühschoppen‹ vom 24. 12. 78). In unserer Neigung, einen globalen Rückzug aus der eigenen Vergangenheit anzutreten, werden wir also bis heute im wesentlichen vom Ausland gestört.

Nach dem Kriege richteten wir bekanntlich unser schwer gestörtes Selbstwertgefühl wieder auf, indem wir uns mit den idealisierten politischen Vormündern in Ost und West in oft übertriebener Weise identifizierten. In der Bundesrepublik waren es nach der Niederlage Hitlers vor allem die USA, die als Vorbild galten. Die Überangepaßtheit und scheinbare politische Apathie der Jugendlichen in den 50iger Jahren läßt sich wohl nicht nur als Folge des überwältigenden Verlustes ideeller

Werte und der gleichzeitigen Verleugnungsarbeit diesem Verlust gegenüber verstehen, sie war auch Ausdruck der neu vorgenommenen Idealisierungen der westlichen Welt und des festen Glaubens an die Verwirklichung demokratischer und sozialer Ideale durch sie. Erst das Beispiel des Vietnam-Krieges, dessen Problematik die ältere Generation nicht wahrzunehmen bereit war, ließ die Diskrepanz zwischen Ideal und Wirklichkeit unübersehbar werden. Das führte im Laufe der 60iger Jahre zu einer Politisierung der Jugend mit zunehmend kritischer Einstellung zu den bisher idealisierten politischen Vorgängen im eigenen Land und in der westlichen Welt. Es kam dabei zu schwierigen und oft tiefgreifenden Auseinandersetzungen mit großen Teilen der älteren Generation, die sich dadurch in ihrem mühsam wieder-aufgebauten Selbstwertgefühl zentral angegriffen fühlte. Je starrer die Abwehrhaltung gegen die Durcharbeitung der Vergangenheit ist, umso leichter ist dann das auf Verleugnung aufgebaute neue Selbstwertgefühl zu lädieren. Um Kritik auszuhalten, muß die Selbstachtung eines Menschen einigermaßen gut fundiert sein.

Mehrt oder mindert sich nun seither in der Bundesrepublik die Toleranz, abweichende Meinungen zu ertragen, insbesondere solche, die die gängigen Wertvorstellungen und das Selbstbild der Deutschen in Frage stellen?

Die allgemeine Reaktion auf das Bekanntwerden der Massenmorde in den Konzentrationslagern war, wie wir wissen, schwach oder von Abwehr bestimmt. Bis heute interessieren sich nur wenige für die Prozesse, die sich mit den an den Morden Beteiligten befassen. Am Majdanek-Prozeß, einem der größten der NS-Prozesse, der augenblicklich in Düsseldorf stattfindet, beteiligt sich die Öffentlichkeit kaum, die meisten wissen gar nicht, daß er stattfindet. Von den an den Verbrechen des Nationalsozialismus Beteiligten wurden, seitdem es NS-Prozesse gibt – wie allgemein bekannt ist – prozentual nur eine sehr geringe Anzahl verurteilt, wenige davon zu längeren Gefängnisstrafen. Dagegen gab es auf die Aktionen der Terroristen in Deutschland eine ganz andere Reaktion. Hier wurden uneingeschränkte Verfolgung und Verurteilung jedes Einzelnen mit aller Härte gefordert. Die gesamte deutsche Öffentlichkeit beteiligte sich mit starkem Affekt an der Verurteilung der Terroristen, wobei deren sinnlose und grausame Morde hier gewiß nicht verharmlost werden sollen. Dennoch verglichen mit den schwachen Reaktionen auf Massenmorde unvorstellbar grausamer Natur fallen die oft an Hysterie grenzenden Reaktionen auf die Handlungen einiger weniger ins Abseits geratener Aktivisten besonders ins Auge. Sie genügten, um die Demokratie, deren Grundlage nach wie vor die Meinungs- und Gedankenfreiheit ist, erneut heftigen Angriffen auszusetzen. Ganz anders als über diejenigen, die sich an Hitlers Untaten beteiligt hatten, oder gar über seine Mitläufer, erregte man sich jetzt über die sogenannten »Sympathisanten«. Wer nur zu verstehen oder zu erklären versuchte, was die Terroristen zu ihrem Verhalten oder zu ihren unsinnigen Taten trieb, galt als verfolgungswürdig und mancher, der je die bestehenden Wertvorstellungen und die ihnen entsprechenden politischen Handlungsweisen einer Kritik zu unterziehen gewagt hatte, wurde als geistiger Urheber der »Terrorszene« angesehen.

Das alles zeigt meines Erachtens, daß der psychologische Immobilismus als Folge der Unfähigkeit zu trauern sich bis heute vor allem darin offenbart, daß die meisten Deutschen nicht gewillt sind, das Auseinanderfallen von Ideal und Wirklichkeit im eigenen Lande auch nur wahrzunehmen. Entsprechend zeigen manche eine Neigung denjenigen, der sie darauf aufmerksam macht, als einen Feind anzusehen, den es von der Gesellschaft auszuschließen gilt. Die Unfähigkeit, Kritik zu ertragen, hängt natürlich mit der Labilität des Selbstwertgefühls der Deutschen eng zusammen.

Die Möglichkeit eines kreativen geistigen Neubeginns, der an geschichtliche und kulturelle Erfahrungen und Traditionen sowohl anzuknüpfen als auch kritisch damit umzugehen vermag, wird also mit davon abhängig sein, ob eine gefühlsmäßige Auseinandersetzung mit der Vergangenheit zustandekommen kann. Die Abwehr dagegen schließt die heutige Generation ein, auch wenn sie direkt an den Ereignissen des Dritten Reiches nicht beteiligt war. Ob sie wollen oder nicht, sind sie mit ihren Eltern identifiziert, übernehmen entweder deren Verleugnungen oder Verdrängungen oder befinden sich in einem blindwütigen Kampf gegen die ältere Generation. Dabei neigen sie dazu, mit der gleichen Starrheit oder dem gleichen Fanatismus wie ihre Eltern zur Zeit Hitlers, ihre Werte und Ideale zu verteidigen. – Ich möchte meine Ausführungen mit einer Forderung Freuds beenden: »Nichts darf uns davon abhalten, die Wendung der Beobachtung auf unser eigenes Wesen und die Verwendung des Denkens zu seiner eigenen Kritik gutzuheißen.« (S. Freud, 1927, Die Zukunft der Illusion, G. W. XIV, S. 356)

»Die Verschwörung
des Schweigens ist aufgebrochen«

Ivo Frenzel
Anruf erwünscht – ›Holocaust‹

Das Westdeutsche Fernsehen hat bereits seit Beginn der 70er Jahre systematisch Sendungen mit Zuschauerbeteiligung erprobt. Die Sendung *Anruf erwünscht* ist viermal jährlich ein fester Bestandteil seines Programms. In jedem Falle handelt es sich dabei um mehrstündige Live-Sendungen zu aktuellen und kontroversen Themen. Im Studio diskutieren jeweils Experten und Betroffene verschiedener Interessenrichtungen. Der Zuschauer kann sich während der Sendung telefonisch direkt an die Studio-Redaktion wenden, und seine Fragen und Stellungnahmen werden, soweit wie ihnen möglich, in der laufenden Sendung berücksichtigt. Dieses Grundschema galt auch für die vier Sendungen *Anruf erwünscht – Holocaust.*

Neu war bei den HOLOCAUST-Sendungen jedoch zweierlei: Zum ersten Mal wurde das Programm bundesweit über alle dritte Programme ausgestrahlt, und zum ersten Mal widmete sich *Anruf erwünscht* an vier Abenden innerhalb einer Woche einem einzigen Thema. Dadurch waren besondere Aufgaben sowohl für die Zusammensetzung der Diskussionsrunden als auch für den Telefondienst zu lösen.

Die Redaktion ging bei der Planung der Sendungen von der Erwartung aus, daß sehr unterschiedliche Anrufe eingehen würden. Von vornherein war erstens mit kritischen Stimmen zum Film zu rechnen, zweitens mit speziellen Fragen zur Zeitgeschichte, drittens aber auch mit Zuschauern, die in erster Linie das Bedürfnis hatten, ihre emotionale Betroffenheit zu artikulieren. Entsprechend wurde die Zusammensetzung der Diskussionsrunden geplant: Verfolgte, Historiker, Psychologen und Programmverantwortliche sollten Auskunft geben.

Natürlich konnte es nicht ausbleiben, daß die Gesprächsteilnehmer im Studio nicht nur Fragen beantworteten, sondern unter dem Eindruck des HOLOCAUST-Filmes auch ihre persönlichen Standpunkte diskutierten.

Die Telefonisten waren eigens für ihre schwierige Aufgabe geschult worden. Sie mußten freundlich und sachlich mit zum Teil erregten, zornigen, aber überwiegend auch tief betroffenen und häufig weinenden Zuschauern umgehen. Jeder Anruf im Studio wurde auf einem Handzettel schriftlich festgehalten. Außer dem Inhalt der Mitteilung wollten wir noch den Wohnort, das Alter und das Geschlecht des Anrufers wissen. Diese Daten werden für die statistische Auswertung der Anrufe von Wichtigkeit sein.

Eine erste Strukturierung des Materials besogten während der laufenden Sendungen vier Mitarbeiter der *Anruf erwünscht*-Redaktion, die mit Sachkunde und persönlichem Engagement ebenso zum Gelingen der aufwendigen Live-Sendungen beigetragen haben wie alle im Studio beteiligten Mitarbeiter des WDR, vor allem auch die bis an die Grenze der Erschöpfung arbeitenden Telefonisten.

Uwe Magnus
Die Einschaltquoten und Sehbeteiligungen

Mit Überraschung sind von den weitaus meisten Beteiligten und Interessierten die Einschaltquoten für die Fernsehspiel-Serie HOLOCAUST aufgenommen worden: 31, 35, 37 und 40 % für die vier in einer Januarwoche von Montag über Dienstag und Donnerstag bis Freitag ausgestrahlten Folgen. Nur wenige hatten mit einer derart starken, geschweige denn noch stärkeren Resonanz gerechnet.

Zieht man die verfügbaren empirischen Indizien heran, so gelangt man im wesentlichen zu drei Faktoren, die gemeinsam zu einer Erklärung hinführen.

Zu nennen ist dabei ohne Zweifel das Thema der Judenverfolgung und -vernichtung, das auf ein bestehendes oder stimuliertes Interesse traf. Ein Beleg dafür ist die respektable Einschaltquote von 20 %, die von der in der Vorwoche ausgestrahlten vorbereitenden Dokumentation ›Endlösung‹ erreicht wurde. Noch schlüssiger spricht dafür, daß nach den HOLOCAUST-Folgen zur anschließenden Diskussion zu später Stunde bis Mitternacht im Durchschnitt 14,3 % aller Geräte eingeschaltet blieben.

Als zweiter Faktor darf die Spielhandlung bezeichnet werden, die zu der unerwartet großen Resonanz beigetragen hat. Sie wäre nicht zustande gekommen, wenn der Themenkomplex in Form einer Dokumentation in das Programmangebot aufgenommen worden wäre. Als ein kleines Indiz dafür darf gelten, daß bei der Folge I von HOLOCAUST nennenswerte Gruppen von Zuschauern zunächst die teilweise parallel ausgestrahlte Spielserie ›Liebe zu Lydia‹ bevorzugten, dann aber umschalteten, so daß die Quote bei HOLOCAUST während der Sendung von 23 auf 33 % anstieg.

Der dritte wesentliche Faktor schließlich war evidentermaßen die immense und wohl kaum vorher dagewesene Voraus-Publizistik, die der Serie gewidmet worden ist.

Akzeptiert man diese drei zusammenwirkenden Faktoren, so

verbietet sich jede monokausale Erklärung etwa durch Hinweis auf die von den Amerikanern gewählte Darstellungsform der Dramatisierung und Personalisierung des Themas, bei deren Beschreibung einzelne Stimmen nun fast schon dazu neigen, sie für verbindlich zu erklären für künftige Produktionen.

Antwort geben die Erfahrungen mit HOLOCAUST aber auch noch auf eine andere, im vorhinein viel diskutierte Frage: die der Placierung in den Dritten Programmen. Es waren stets schon die Programmangebote in den Dritten und nicht die Dritten Programme als solche – wie häufig angenommen –, von denen die Resonanz beim Publikum bestimmt wurde. Den unentdeckten dritten Knopf am Fernsehapparat gab es aus der Perspektive des Zuschauers nicht. HOLOCAUST hat dies erneut offenbart.

Daß die Einschaltquoten in den verschiedenen Sendegebieten unterschiedlich waren, ist wohl zum Teil dadurch zu erklären, daß auch die Voraus-Publizistik im Umfang nicht überall gleiche Intensität aufwies; so ist denkbar, daß sie in Nordrhein-Westfalen, dem Standort des die Serie betreuenden WDR, am stärksten war, was sich in der entsprechenden regionalen Quote niedergeschlagen haben könnte. Stärkere Schwankungen der Quoten in kleineren Sendegebieten wie Westberlin oder Saarland gehen wohl auf die kleineren regionalen Haushalts-Stichproben zurück, die größere Fehlertoleranzen aufweisen.

Ein deutlicherer Indikator für die Aktivität Fernsehen als die Einschaltquote ist die direkte Sehbeteiligung (sie fällt deshalb niedriger aus als die Quote, weil praktisch nie alle Haushaltsmitglieder zusammen vor dem Apparat sitzen – zwar schon im Einzelfall, nie aber im Durchschnitt).

Übersicht über die Einschaltquoten und Sehbeteiligungen bei HOLOCAUST *und den anschließenden Diskussionen*

| | Eingeschaltete Geräte in % | Erwachsene ab 14 J. | | Kinder | | | |
| | | | | 8–13 J. | | 3–7 J. | |
		in %	in Mio.	in %	in Mio.	in %	in Mio.
1. Folge HOLOCAUST	31	24	10,16	4	0,21	1	0,04
›Anruf erwünscht‹	11	7	2,96	0	0,05	0	0,00
2. Folge HOLOCAUST	35	28	11,66	7	0,41	2	0,05
›Anruf erwünscht‹	13	9	3,93	0	0,02	0	0,01
3. Folge HOLOCAUST	37	31	13,21	9	0,53	2	0,07
›Anruf erwünscht‹	15	12	4,95	1	0,70	1	0,02
4. Folge HOLOCAUST	40	32	13,43	15	0,89	2	0,06
›Anruf erwünscht‹	18	15	5,59	2	0,10	0	0,00

Diese exaktere Resonanzmessung relativiert – wie immer – den Eindruck, der von der Einschaltquote ausgeht. Trotz des überraschenden Ausklangs, den HOLOCAUST fand, saß nach diesen Zahlen aber doch nicht die Mehrheit der Nation vor den eingeschalteten Dritten Programmen, sondern – was als überaus respektabel bezeichnet werden sollte – jeweils ein Viertel bis ein Drittel. Dies darf auch als eine milde Warnung vor der quantitativen Überschätzung der Spontan-Reaktionen in Gestalt von Anrufen und Zuschriften verstanden werden.

Nun sagen diese Sehbeteiligungen noch nichts darüber aus, wer überhaupt HOLOCAUST gesehen hat, und es interessiert, wie groß die Gruppen der Zuschauer waren, die jeweils eine, zwei, drei oder alle vier Folgen gesehen haben. Dies zeigt der folgende Überblick.

Sehbeteiligung bei HOLOCAUST

	Erwachsene ab 14 Jahren	
	in %	in Mio.
Es haben…		
eine Sendung gesehen	14,3	6,0
zwei Sendungen gesehen	10,8	4,6
drei Sendungen gesehen	10,5	4,4
alle vier Folgen gesehen	12,6	5,3
somit überhaupt HOLOCAUST gesehen	48,1	20,3

Nach diesem Resultat, das die »Gesamt-Reichweite« der Sendungen zeigt, ist erneut zu relativieren – diesmal in der anderen Richtung: 48 %, das heißt fast die Hälfte der erwachsenen Bevölkerung im Sendegebiet und in Westberlin hat HOLOCAUST gesehen; dies ist erstaunlich und ermutigend, auch im Vergleich mit anderen Serien, die mit gleicher Anzahl von Folgen zu höheren Gesamt-Reichweiten – zum Beispiel ›Roots‹ mit über 60 % – gelangt sind.

Abschließend soll die Frage interessieren, bei welchen demographischen Gruppen – Männer, Frauen, Ältere, Jüngere – die Serien stärkeren oder geringeren Anklang gefunden hat.

Eine geringfügige Abweichung von der durchschnittlichen

Sehbeteiligung bei Männern und Frauen ergibt keine Basis für Interpretationen; die Resonanz war bei beiden Geschlechtern praktisch gleich.

Bei den Altersgruppen ist zu konstatieren, daß die Älteren (ab 50 Jahre) deutlich unter- und die mittleren Jahrgänge (30–49 Jahre) stark überrepräsentiert sind – zum einen eine tendenzielle Abwehrhaltung bei Zuschauern, die sonst überdurchschnittlich viel fernsehen, andererseits überdurchschnittlich starkes Interesse. Daß die Jüngeren (14–29 Jahre) eine nahezu durchschnittliche Sehbeteiligung aufweisen, sollte positiv bewertet werden, da diese Gruppe mit starker Affinität zum Hörfunk im Fernsehpublikum meist oder fast immer untervertreten ist.

Wird nach Bildungsgraden untergliedert, so bilden die beiden oberen Bildungsgruppen in stärkerem Umfang als im Durchschnitt das Publikum von HOLOCAUST, wohingegen die untere Bildungsschicht sich dem Programmangebot tendenziell eher entzogen hat.

Übersicht über die durchschnittlichen Sehbeteiligungen in Untergliederung nach demographischen Gruppen (in %)

allgemein im Durchschnitt:	28,75
Männer:	29,5
Frauen:	28,0
Altersgruppen	
14–29 Jahre:	27,5
30–49 Jahre:	34,5
50 Jahre und älter:	24,25
Bildungsgruppen	
Volksschule ohne Lehre:	24,75
Volksschule mit Lehre:	31,25
weiterführende Schulen und Hochschulen:	29,25

Als bemerkenswert sei zum Abschluß die Sehbeteiligung der 8- bis 13jährigen Kinder angefügt. Sie stieg von 4 % bei der ersten Folge über 7 und 9 auf 15 % bei der vierten Folge. Mag zwar zur letzten Sehbeteiligungsquote (Freitagabend) das nahende Wochenende beigetragen haben, so läßt der Anstieg insgesamt auf wachsende Bekanntheit der Serie und zunehmendes Interesse daran schließen.

Julius H. Schoeps
Angst vor der Vergangenheit?

Notizen zu den Reaktionen auf ›HOLOCAUST‹

Vorbemerkung der Herausgeber: Der Autor, Historiker an der GHS Duisburg, war Mitglied der Panel-Redaktion bei den ›Anruf erwünscht‹-Sendungen zu HOLOCAUST. Sein nachfolgender Beitrag gibt persönliche Erfahrungen wieder. Seine Eindrücke können und wollen daher nicht die Ergebnisse der später erscheinenden wissenschaftlichen Auswertung der Zuschauerreaktion durch den WDR vorwegnehmen.

Niemand hatte eine derartige Reaktion auf HOLOCAUST erwartet. Daß ein kommerzieller Fernsehfilm für das amerikanische TV-Publikum es geschafft hat, den Gemütszustand der bundesrepublikanischen Bevölkerung aufzuwühlen, ist eine Sensation ersten Ranges. Im WDR gingen die Verantwortlichen vor der Sendung davon aus, daß zwar einige Telefonanrufe eingehen, die Zahl der Anrufe den üblichen Rahmen (Sendung: ›Anruf erwünscht‹) aber nicht übersteigen würde. Auch in der Panel-Redaktion, die eingesetzt worden war, um die eingehenden Anrufe für die anschließende Diskussionsrunde auszuwerten, war man noch kurz vor der Sendung der Meinung, daß es nicht schlimmer als sonst kommen, daß man einige relativ ruhige Abende vor sich haben würde.

Auf das Angebot, an der Panel-Redaktion mitzuwirken, hatte ich spontan zugesagt. Zwei Gründe waren es, die mich dazu veranlaßten. Einmal reizte es mich als Wissenschaftler, der sich mit Problemen der Zeitgeistforschung befaßt, die Möglichkeit zu nutzen, die Stimme des Volkes in Form von Telefonanrufen ungefiltert zu hören. Zum anderen war ich natürlich einigermaßen gespannt, wie die Reaktionen der Fernsehzuschauer auf dieses brisante Thema ausfallen würden. Ich rechnete fest damit, daß die Mehrzahl der Anrufer im WDR sich kritisch bis ablehnend gegenüber dem Film äußern würden. Publizisten und Politiker hatten in den Monaten zuvor Stimmung gegen HOLOCAUST gemacht, so daß ich eigentlich nicht recht daran glaubte, daß der Film in dem zusammengeschalteten Dritten Programmen das Publikum erreichen würde.

Schon Stunden vor Ausstrahlung des Films meldeten sich die ersten Anrufer, die sich darüber beschwerten, daß der Film überhaupt in Deutschland gezeigt würde. Die Tendenz war eindeutig negativ. Die wochenlange Stimmungsmache gegen den Film, der Vorwurf der Trivialität, die Unterstellung mangelnder Authentizität und Glaubwürdigkeit, schlug sich in den Meinungen der Anrufer nieder, die den Film verurteilten, ohne ihn noch gesehen zu haben. Nachdem der Film ca. 30 Minuten lief, änderte sich die Tendenz. Der Film zeigte Wirkung. Die von den Telefonisten auf DIN A5-Karten protokollierten Anrufe ließen erkennen, daß das Fernsehpublikum in zunehmendem Maße Anteil am Schicksal der Familie des jüdischen Arztes Josef Weiss zu nehmen begann.

Wer die ersten telefonischen Reaktionen auf den Film zur Kenntnis nahm, erhielt den überraschenden Eindruck, es habe in der Bundesrepublik bisher überhaupt noch keine nachhaltige Auseinandersetzung mit der NS-Vergangenheit gegeben. Auf einen Zettel schrieb ich, um den Trend der Anrufe zu kennzeichnen: »Starke Emotionalität – mit zunehmender Tendenz«. Die meisten Anrufe kreisten um die Begriffe ›Vergessen‹, ›Schuld‹ und ›Wie konnte es dazu kommen?‹. Mir drängte sich das Gefühl auf, als ob viele Anrufer das Bedürfnis verspürten, mit irgend jemandem zu reden, ihre Betroffenheit, Bestürzung und Scham loszuwerden. Einige der jungen Leute, die pausenlos damit beschäftigt waren, Anrufe entgegenzunehmen, meinten auf meine Frage nach ihren ersten Eindrücken, so etwas hätten sie noch nie erlebt, sie hätten fast den Eindruck, »seelsorgerische Dienste« zu leisten.

Noch während der Film ausgestrahlt wurde, unternahm die Redaktion den ersten Versuch, Kategorien zu schaffen, um die Anrufe einzuordnen. Es schälten sich Komplexe heraus wie z. B. Sachfragen zum Film, Positive und Negative Äußerungen zum Film überhaupt, Anfragen zu historischen Zusammenhängen und Fakten, Persönliche Bekenntnisse, Antisemitische und Neonazistische Stellungnahmen. Die erste Sichtung ergab auch eine besondere hohe Anzahl von Anrufen, deren Einordnung im ersten Augenblick Schwierigkeiten zu bereiten schien. Immer wieder meldeten sich Fernsehzuschauer mit der Meinung, ob es denn nicht an der Zeit sei, einen Schlußstrich zu ziehen, endlich zu vergessen. »Es muß mal Schluß mit der Geschichte sein«, erklärte ein erregter Anrufer, der lautstark die Auffassung vertrat, HOLOCAUST sei eine »unnötige Sendung«, das »Volk würde unnötig aufgeputscht«. Äußerungen dieser und ähnlicher Art legten wir zumeist unter dem Stichwort ›Verdrängung‹ ab. Darunter fielen auch Stellungnahmen, die den organisierten Judenmord mit der Bombardierung Dresdens im Februar 1945 aufrechnen wollten oder die Judenvernichtung mit der Erklärung zu entschuldigen suchten, auch andere Völker hätten Grausamkeiten begangen. Typisch war die häufig geäußerte Auffassung, die Amerikaner als Produzenten von HOLOCAUST sollten sich etwas mehr zurückhalten, denn sie hätten schließlich die Ausrottung der Indianer auf dem Gewissen. »Was würden die Amerikaner sagen«, meinte ein Anrufer, »wenn Deutsche einen Film über die Indianervernichtung drehen würden?«

Antisemitische Stellungnahmen, die über die Telefonleitungen hereinkamen, wurden von der Redaktion besonders beachtet. Das war nicht immer einfach, weil häufig antijüdische Vorbehalte nicht direkt, sondern verklausuliert geäußert wurden. Die Stellungnahmen konnten dabei sehr unterschiedlicher Natur sein. So war es möglich, daß ein Zuschauer sich über die »projüdische Tendenz« des Filmes beschwerte, oder ein anderer meinte, Juden hätten den Film finanziert, Juden hätten den Film produziert, Juden hätten dafür gesorgt, daß der Film in der Bundesrepublik gesendet würde, um dem Ansehen der Deutschen in der Welt zu schaden. »Wann«, fragte dieser Zuschauer, »wird endlich Schluß gemacht mit der Hetze?« Sehr viel eindeutiger noch waren Anrufe wie der: »Die Judenbrut sollte man endlich vergessen.« Oder: »Auschwitz gab es und es war nötig…« Es gab Anrufer, die erklärten, Hitler und Heydrich seien doch eigentlich Juden gewesen. Unausgesprochen stand dahinter die absurde Vorstellung, die Juden selbst hätten die Verantwortung für ihre Vernichtung zu tragen. Es war aufschlußreich, daß die meisten dieser Anrufe anonym erfolgten, d.h. die Anrufer waren auf Befragen nicht bereit, etwas zu ihrer Person auszusagen. Eine der Äußerungen (»Man hätte alle Juden umbringen sollen«) wurde vom Moderator der Sendung in der Diskussion zitiert. Noch Tage später meldeten sich Zuschauer, die es nicht für möglich hielten, daß 1979 jemand so

etwas gesagt haben könne. Es fiel jedoch auch auf, daß die als
»antisemitisch« zu kennzeichnenden Stellungnahmen von Sendung zu Sendung abnahmen. Viele der Anrufer hatten im übrigen Schwierigkeiten mit dem Begriff »Jude« überhaupt etwas
anzufangen. Immer wieder fragten Anrufer: »Was ist ein Jude?,
»Woher kommt der Antisemitismus?«, »Warum hat man die
Juden verfolgt?«.

Es häuften sich im Laufe der Abende, an denen HOLOCAUST
ausgestrahlt wurde, die Stimmen, die nichts gesehen, nichts gehört und nichts gewußt haben wollten. Manche schämten sich,
klagten sich selbst an, einige weinten. »Die Lager waren den
Deutschen nicht bekannt«, teilte ein Anrufer mit. Ein anderer
hatte etwas gehört, aber das, was unter vorgehaltener Hand ge-
flüstert wurde, für »Feindpropaganda« gehalten. Noch ein anderer schließlich rief an und ließ wissen, daß er mitangesehen
habe, wie jüdische Männer in einer Holzsynagoge verbrannt
wurden. Die starke emotionale Betroffenheit, der offensichtliche seelische Druck, unter dem viele Zuschauer standen,
machte sich in Anrufen Luft, wie dem einer jungen Frau aus
München, die vor Schluchzen kaum sprechen konnte: »Ich bin
erschüttert. So was muß man sich auch mal ansehen. Aus Büchern weiß man nicht, wie das ausgesehen hat. So etwas darf nie
mehr vorkommen. Hoffentlich können alle Deutschen noch gut
schlafen!« Und ein junger Mann aus dem Rheinland erklärte
mit zitternder Stimme: »Wenn das wahr ist, was da gesendet
worden ist, möchte ich meinen Paß als Deutscher abgeben.«

Sehr bald stellte sich heraus, daß das Wissen bzw. Nichtwis-
sen um den Mord an den europäischen Juden sich zu einem zentralen Fragenkomplex entwickelte. Dutzende von Anrufern ba-
ten wiederholt um die Klärung der Frage des Verhältnisses von
Wehrmacht und Waffen-SS, wolten den Unterschied zwischen
den Bewachtungs- und Mordkommandos einerseits und dem
uniformierten Personal andererseits wissen. Ehefrauen riefen
an, sie wären mißtrauisch gegenüber ihren Männern geworden,
sie wüßten nicht, was diese in der NS-Zeit gemacht hätten. Mir
schien es fast, als ob in manchen Familien gerade diese Frage
den Familienfrieden nachhaltig gestört hat. Wiederholt erreichten uns Anrufe, in denen versichert wurde, dank HOLOCAUST sei
zum ersten Mal eine Diskussion in der Familie in Gang gekommen. Söhne teilten mit, sie hätten ihre Väter gefragt, die als
Soldaten an der Ostfront waren, ob sie nichts von Auschwitz,
Sobibor, Belcec und Treblinka gehört hätten. Väter riefen em-

pört im Studio an, sie müßten sich vor ihren Söhnen rechtfertigen. Typisch war der Anruf einer 83jährigen aus Münster, die verzweifelt berichtete: »Unser 18jähriger Enkel beschimpft uns als verlogenes Volk. Will mit uns nichts mehr zu tun haben und ausziehen. Wir sind total fertig.«

Erstaunlich war es, daß ein großer Teil des HOLOCAUST-Publikums nach Ende des Films nicht abschaltete, sondern weiter – an vier Abenden bis Mitternacht – auf Empfang blieb. Auch bei der anschließenden Diskussionsrunde ließen die Anrufe nicht nach. Es war einer der seltenen Fälle, wo Film und Information in einen optimalen Einklang gebracht werden konnten. Das Feedback mit dem Publikum funktionierte. Die Anrufer bezogen in den anschließenden Experten-Debatten Stellung, äußerten Sachfragen, die wiederum über die Panel-Redaktion und den Moderator an die Experten weitergegeben wurden. Es fehlte auch nicht an Kritik. Einer der häufigsten Vorwürfe war der, daß die Teilnehmer zu sehr Selbstdarstellung betrieben, zu wenig auf die Wünsche und Fragen der Zuschauer eingingen. Kritisiert wurde häufig die akademische Sprache der Diskussionsteilnehmer, die von vielen Zuschauern offensichtlich nicht verstanden wurde. Manche Anrufer bedauerten auch, daß nur Ältere in der Diskussionsrunde säßen. Häufig wurde die Forderung erhoben, jüngere Teilnehmer für die Diskussion einzuladen. Auch wurde beklagt, daß nicht auf den Völkermord in Kambodscha und die Folterungen in Lateinamerika eingegangen würde. Die Mehrzahl der Anrufer hatte an den jeweiligen Gesprächsrunden jedoch nichts auszusetzen. Bedauert wurde höchstens die späte Sendezeit, die viele Zuschauer zu Unmutsäußerungen bewegte.

Was wurde nicht, oder was wurde nur ungenügend in der Diskussionsrunde behandelt? Wiederholt fragten Anrufer, wie sich die Kirchen im Dritten Reich verhalten, warum sie sich nicht schützend vor die Juden gestellt hätten. Ob es denn zutreffe, erkundigten sich Zuschauer, daß der Papst, die Geistlichkeit, stumm geblieben seien, als die Juden umgebracht wurden. Viele, hauptsächlich jüngere Anrufer wollten wissen, warum sich die Welt in Schweigen gehüllt habe, warum die Juden sich nicht gewehrt, alles mit sich hätten geschehen lassen. Was sei mit dem jüdischen Vermögen geschehen, das beschlagnahmt und eingezogen wurde. Ob es stimme, wurde gefragt, daß von der Verfolgung einer einzigen jüdischen Familie mindestens fünf oder mehr deutsche Familien profitiert hätten. Es kamen auch die Fragen nach der Rolle der Industrie, ihrem Interesse an den »billigen« Arbeitskräften. Die Zuschauer wollten wissen, ob es tatsächlich die IG-Farben gewesen seien, die das Zyklon B hergestellt hätten, das Gas, mit dem der organisierte Massenmord gespenstische Wirklichkeit wurde.

Nach vier Abenden im Studio E des WDR, nach ungefähr 10 000 eingegangenen Telefonanrufen, hatte ich und habe ich noch das Gefühl, daß etwas in Bewegung geraten ist. Für viele Bundesbürger war HOLOCAUST ein emotionaler Einstieg, die erste Begegnung mit den fast unvorstellbaren Greueln des NS-Systems. Es sind nicht wenige, denen bewußt geworden ist, daß sie den im Namen des deutschen Volkes begangenen Judenmord verdrängt, die Auseinandersetzung mit der Vergangenheit bisher gescheut hatten. Ob der Hollywood-Film HOLOCAUST eine Wende in diesen Einstellungen signalisiert, wird die Zukunft erweisen.

Anruferzahlen

Montag, 22. 1. 1979 1. Sendetag:	5 200 (ARD) davon 4 400 beim WDR (915 unter der Sondernummer 2871, die für die Diskussionsrunde ausgewertet wurden)
Dienstag, 23. 1. 1979 2. Sendetag:	7 300 (ARD), davon 6 500 beim WDR (2 441 unter der Sondernummer 28 71, die nun auch tagsüber besetzt ist bis einschließlich Samstagabend)
Mittwoch, 24. 1. 1979 ohne Sendung:	4 852 (ARD), davon 4 510 beim WDR (1 544 unter der Sondernummer 28 71)
Donnerstag, 25. 1.1979 3. Sendetag:	5 988 (ARD), davon 4 495 beim WDR (2 394 unter der Sondernummer 28 71)
Freitag, 26. 1. 1979 4. Sendetag:	6 748 Anrufe (ARD), davon 5 172 beim WDR (2 322 unter der Sondernummer 28 71)
Samstag, 27. 1. 1979	Beim WDR noch 1 620 Anrufe, davon 1 120 auf der Sondernummer 28 71 (Die anderen ARD-Anstalten wurden nicht mehr gezählt)

Insgesamt wurden auf der WDR-Sondernummer 10 736 Anrufe angenommen und für eine Auswertung protokolliert.

Zuschauer fragen –
Verfolgte, Betroffene und Historiker antorten

Vorbemerkung der Herausgeber: Aus den vier, insgesamt mehr als sechsstündigen Diskussionssendungen zu HOLOCAUST, in denen die Studiogäste vor allem auf Zuschauerfragen eingehen sollten, werden hier nur Äußerungen wiedergegeben, die dem besseren Verständnis des Films dienlich waren oder wichtige zusätzliche Informationen zur Zeitgeschichte gaben. Zugunsten einer besseren Übersicht für den Leser wurde die chronologische Reihenfolge weithin aufgegeben. Die ausgewählten Diskussionsbeiträge erscheinen hier in einer systematischen Gliederung, die sich an hauptsächlichen und besonders häufig gestellten Fragen der Zuschauer orientiert.

Warum wird dieser amerikanische Film über die deutsche Vergangenheit gezeigt und in welchem Maße gibt er überhaupt die Realität wieder?

HÜBNER: Zu der Frage: Warum haben wir den Film gezeigt? Ganz sicher, da bin ich mit vielen meiner Kollegen einig, um dieses Thema noch mal zur Diskussion zu stellen – und zwar für die Bevölkerung der Bundesrepublik. Ich meine, das ist ein wichtiger Film, trotz seiner qualitativen Mängel, die sicher dem aufmerksamen Zuschauer aus der älteren Generation aufgefallen sein müssen. Zur Frage, warum man den Film denn nicht in Deutschland gedreht hat: Ich glaube, so wie dieser Film gedreht ist, so wie er in seiner Fassung vorliegt, hat er einen Grad der Unbefangenheit gegenüber dem Phänomen, mit dem wir konfrontiert werden, die für Deutsche gar nicht möglich ist. Wir sind, auch wenn sich jüngere mit diesem Thema beschäftigen, eben doch befangener, eben viel gebundener an das, was geschehen ist, als dies eben Amerikaner sind. Zudem ist das Thema im Deutschen Fernsehen in den letzten Jahren unendlich oft behandelt worden, aber immer unter einem engen Aspekt. Und hier haben wir die »globale« Geschichte – wenn ich das Wort einmal verwenden darf – einer jüdischen Familie über einen Zeitraum von 12 Jahren. Ihr widerfährt alles, was in dieser Zeit geschehen ist an vielen Millionen Juden in ganz Europa.

KOGON: Ich finde die Dramaturgie des Films wäre völlig durcheinander geraten, wenn die historische Realität tatsächlich in aller Breite gezeigt worden wäre. Das betrifft ja auch die Frage, ob Deutsche einen solchen Film hätten machen können. Wir wären mit unserer Gründlichkeit und dem Versuch, ganz objektiv zu sein, in eine solche Fülle von Details geraten, daß es einfach nicht möglich gewesen wäre, so eine Geschichte auf dem Hintergrund der realen Geschichte zu erzählen. Mir scheint diese Methode also besser zu sein. Buchenwald ist mir in der Annäherung genügend richtig wiedergegeben. Es sind ein paar Ausnahmesituationen gezeigt worden, die nicht diese Bedeutung im Lager hatten.

Das Lager hat entsetzliche, ja unvorstellbare Zeiten durchgemacht. Ich war z. B. 1944 in einer Sondersituation dort: Ich war ein zur Isolation bestimmter Häftling, ich war in einem Sonderblock. Ich sah jeden Morgen vom ersten Stock der Baracke aus, wie die nackten Leichen aus dem sogenannten kleinen Lager herausgeworfen wurden, um ins Krematorium gefahren zu werden. Ich könnte Ihnen also wirklich ohne Übertreibung lange solche Details erzählen. Das konnte der Film nicht bieten. Ich finde, daß er genügend die Realität angezeigt hat.

FRENZEL: Einige unserer Zuschauer haben dies auch bestätigt, so hat eine Zuschauerin aus Hamburg, die auch im KZ als Häftling war, gesagt: »Das stimmt alles nicht, so werden viele Leute in Deutschland heute sagen, ich aber sage: Es stimmt, ich war im KZ.« Ein anderer Zuschauer hat gesagt: »Das stimmt, zu 90 % beruht dieser Film auf Tatsachen. Es ist erstaunlich, wie gut dieser Film das geschafft hat.«

KOGON: Es gibt eine ungeheuere Literatur zu den Lagern. Wer sich tatsächlich informieren will, kann sich informieren.

HÜBNER: Die Frage wurde eben gestellt: Ist der Film realistisch? Hier muß man, glaube ich, fragen, für wen der Film realitisch ist. Die Hälfte der Bevölkerung in der Bundesrepublik kann das gar nicht beurteilen, ob er realistisch ist oder nicht. Und auch durch Literatur kann man zwar Erfahrung sammeln, aber kontrollieren können eigentlich nur die, die das wirklich erlebt haben.

JACOBSEN: Das ist richtig. Wenn man sich die Folgen von HOLOCAUST angesehen hat, muß man zu dem Ergebnis kommen: Dieser Film *untertreibt*. Er kann die ganze grausame Wirklichkeit dieser Vernichtungspolitik gar nicht einfangen; das kann man weder mit Worten noch mit Dokumentationen und Filmen. Der Film hat, soweit das möglich ist, historische Fakten *im wesentlichen* richtig wiedergegeben.

Aber wir kommen natürlich doch zu dem Problem: Welche Hilfestellung können wir leisten? Ich bin nicht der Meinung, daß es sich hier um eine Rechtfertigungs-Diskussion handeln sollte, sondern was wir versuchen müssen, ist – insbesondere der jungen Generation gegenüber –, verständlicher zu machen, an ausgewählten Problemen, wie man sich in einem totalitären System verhalten kann, wo die Grenzen und Möglichkeiten, die Schwierigkeiten liegen. Man stellt sich vieles tatsächlich zu leicht vor. Ich hatte eine interessante Diskussion mit 300 Studenten; da kam die Frage auf – aber in *Mein Kampf* stand doch schon alles drin, warum habt Ihr daran nicht geglaubt? In diesem Zusammenhang muß man u. a. auf den Entwicklungsprozeß 1919–1933–1938/39 hinweisen und die perfide Taktik Hitlers der Verschleierung.

DE BOOR: Ich möchte dazu sagen: Ich finde, das stimmt. Der Film untertreibt. Es ist aber auch notwendig, daß dieser Film untertreibt, und das möchte ich kurz begründen: 1945, nach der Befreiung, nach Kriegsende, wurden ja in den verschiedenen Besatzungszonen Tausende von Menschen als Anschauungsunterricht in die Konzentrationslager geführt. Die Erfahrungen, die diese Menschen dort gemacht haben, waren fürchterlich, weil sie das nicht erwartet hatten. Wir nennen das eine traumatische Erfahrung, die radikal etwas zerstört, ohne darauf vorbereitet zu sein. Ähnlich würde es, denke ich, im Hinblick auf das Echo von Zuschauern sein, wenn dieser Film ein historischer getreuer Dokumentarfilm sein wollte. Man kann das Grauen historisch nicht darstellen, sondern man muß eine Form wählen, in der es dem Zuschauer möglich ist, wenigstens ein Stück weit sich innerlich einzufühlen in die Akteure in diesem Film. Nur dadurch, glaube ich, kommt diese Betroffenheit überhaupt zustande und diese unzählig vielen Zuschriften und Anrufe. Wenn das nicht so wäre, würde eine absolute Wahrnehmungsmauer, eine innerliche Wahrnehmungsmauer, auftreten. Es würde gesagt: Das ist übertrieben und das ist ja gar nicht wahr, das gab es ja gar nicht. Insofern ist dieser Film sehr gut.

Mir ist eine Assoziation gekommen zu dem Phänomen, das die griechische Tragödie seinerzeit auf Menschen ausgeübt hat, in denen ja Unvorstellbares, Unmögliches dargestellt wurde: Vatermord, Inzest usw., lauter fürchterliche Sachen, die als solche unkomensuabel waren. Aber die Tragödiendarstellung, in der symbolisch etwas dargestellt wurde, mit dem die Leute sich innerlich und wirklich beschäftigen konnten, hatte eine ausgesprochene karthatische Reaktion zur Folge. Insofern finde ich den Film so gut, weil er wirklich die Menschen von vorne herein innerlich anspricht, und nicht mit dieser Blockade innerlich zumacht.

ROHRBACH: Dies ist kein Dokumentarfilm, d. h., die Hauptfiguren des Films sind erfunden. Die Ereignisse, die mit ihnen geschehen, sind historische Ereignisse. Sie haben sich zugetragen mit wirklichen Menschen, die aber in diesem Film nicht als die bestimmten, identifizierbaren Menschen vorkommen können, weil jedes Einzelschicksal, das man hätte zeigen wollen, nur ein Einzelschicksal gewesen wäre und nicht das gesamte Feld der Verfolgung der Juden wiedergegeben hätte. Insofern war es notwendig, hier im Zentrum der Geschichte Figuren aus vorhandenen Figuren zusammenzusetzen.

HÜBNER (direkt dazu): Vielleicht muß man an dieser Stelle sagen, daß dies eine erlaubte Form der Darstellung ist, vergleichbar etwa mit der Literatur.

KOGON: Es tut mir schon leid, daß es sehr wichtige Szenen gibt, die sich so nicht abgespielt haben können, die aber leicht anders hätten dargestellt werden können und dann der historischen Realität auch noch entsprochen hätten. [....] Das ist schade, es sind ein paar solcher Stellen drin, aber das kann nicht den Wert des Ganzen entscheidend beeinflussen.

ROHRBACH: Dieser Film leistet nicht die Aufarbeitung der Ursachen. Das will er nicht, das kann er auch nicht. Aber ganz sicher gibt er eminente Anstöße dazu, über die Ursachen nachzudenken. Ein weiteres Argument nehme ich auch sehr ernst: Wird in diesem Film nicht zu viel emotionalisiert, und wird durch das Emotionalisieren nicht das Nachdenken verstellt? Ich glaube, daß gewisse emotionale Anstöße notwendig sind, wenn die Menschen über diese Mauer des Schweigens und über die Barriere der Verdrängungen hinweg dazu kommen sollen, auch diese Zeit aufzuarbeiten. Was die autoritären Strukturen angeht, so muß man die begreifen, um überhaupt etwas über die Motivation dieser SS-Leute zu erfahren. Denn purer Sadismus, wie immer er auch im Spiel gewesen sein mag, kann es nicht gewesen sein. Ich meine auch, daß man nicht damit auskommt, abzuheben auf die deutsche Fähigkeit und Neigung, alles irgendwelchen administrativen Prozessen zu unterwerfen. Es war sicher mehr im Spiel. Wenn der Dorf sagt: »Wenn ich meine Kinder ansehe, weiß ich, daß ich das Richtige tue«, so ist das ein Satz, der auch von Himmler gesprochen sein könnte. Diese wahnsinnige Mischung aus Herrenmenschentum, einem verqueren Idealismus und selbstverordneter ›historischer Aufgabe‹ ist außerordentlich schwer darzustellen. Aber nur so kann man das begreifen von den Motivationen und Ursachen, die zur Vernichtung der Juden durch die SS führten.

SCHEEL: Ich finde, ein Vorteil dieses Films liegt darin, daß er historische Forschung aufgearbeitet im Umfeld darstellt, verdichtet auf die Geschichte von zwei Familien hin. Hierbei wird in der Geschichte der zwei Familien die Seite der Verfolgten und die Seite der Verfolger behandelt […] Und lassen Sie es mich deutlicher machen: Uns nutzt es nichts, wenn wir vier Stunden lang Sendungen über Dokumente und Forschungen ausstrahlen und ansehen, sie würden gar nicht angenommen werden. Diese Forschungssituation umzusetzen und auf Familienschicksale verdichtet darzustellen, darin scheint mir der Wert des Filmes zu liegen für uns heute.

Dieser Wert wird auch in anderen Dingen deutlich. Zum Beispiel in dem, was ich jetzt als Ergebnis einer Ausstellung zur »Reichskristallnacht« in Hannover beobachtet habe. Diese Ausstellung ist inzwischen von über 35 000 Menschen besucht worden, auch von vielen Schulklassen. Und was ist das Ergebnis des Besuches dieser Schulklassen? Die Schülerinnen und Schüler fragen nach bei Großeltern und Eltern, lesen in Zeitungsarchiven nach, forschen auf jüdischen Friedhöfen und arbeiten so zum Beispiel die Frage auf: wie die vorhergehenden Generationen zum Thema ›Juden‹ Stellung genommen haben, was sie getan haben und was sie nicht getan haben? Und dahinter steht transparent das Problem, ob die gleiche Frage nicht auch einmal an diese junge Menschen gestellt wird.

Warum ist dieser Film nicht in Deutschland gedreht worden?

SCHEFFLER: Täuschen wir uns doch nicht darüber hinweg, daß das Thema ›Judenverfolgung‹ und ›Judenvernichtung‹ durch den Nationalsozialismus in den letzten 30 Jahren trotz aller Aufklärung literarischer und wissenschaftlicher Bemühungen unbeliebt, sehr oft in den Konsequenzen gemieden und mit Tabus durchsetzt war. Jede andere Analyse der Zeit wäre irrig. Daran änderten auch die vielfältigen Versuche von Kirchen, Bildungsinstitutionen, Wissenschaftlern und Medien nichts. Es ist doch eine Tatsache, daß in den vergangenen Jahrzehnten die kontinuierliche Auseinandersetzung mit diesem Thema sehr oft auf Unverständnis und teilweise auf Ablehnung stieß. Die Verkrampftheit in den Diskussionen hierzu war und ist noch unübersehbar. Daher auch die Scheu, ein derartiges Thema mit soliden Kenntnissen überzeugend und auch allgemein verständlich darzustellen. Darüber hinaus muß man aber auch sagen: Das Geschehen in Sobibor ist nicht darstellbar, höchstens andeutbar. Ebenso die Verlorenheit, in der sich die Juden im Generalgouvernement befanden, oder die tiefe Verzweiflung jener deutschen Juden, denen die Auswanderung nicht möglich war, die verarmt und diffamiert ihrem Schicksal entgegengingen.

Wie konnte das geschehen?

BROSZAT: Bei der Beantwortung der Frage »Wie konnte das geschehen?« müssen wir das Prozeßhafte des Vorgangs in Erinnerung bringen, die qualitativ unterschiedlichen drei großen Perioden der Judenverfolgung. Für die erste Phase von 1933–1938 ist charakteristisch, daß die Juden-Diskriminierung mit der vom NS-Regime ausgehenden totalitären Einschüchterung keineswegs vollständig erklärbar ist. Die Nazis konnten sich auch stützen auf eine starke Virulenz antijüdischer Vorurteile in einem breiten Teil der Bevölkerung. Die überwiegend gesetzlichen Maßnahmen, die damals getroffen worden sind, stießen in hohem Maße auf Applaus bei einem großen Teil der

Abb. 5: »Reichskristallnacht« in Berlin: Brand einer Synagoge. (Photo: Bilderdienst Süddeutscher Verlag, München)

Bevölkerung. Das gilt vor allem für die Herausdrängung der Juden aus zahlreichen beruflichen und öffentlichen Bereichen. Dann kam die zweite Phase, eingeleitet von der Reichskristallnacht. Zum erstenmal öffentliche Gewalttätigkeiten in großem Maßstab, als Auftakt zur fast totalen Ausschaltung der Juden aus dem wirtschaftlichen und bürgerlichen Leben, ein Prozeß, den man zutreffend als gesellschaftliche Ghettoisierung der Juden bezeichnet hat. Der einleitende Akt der Gewaltsamkeit (»Reichskristallnacht«) war ganz sicher von Goebbels, dem Hauptinitiator, in Gang gesetzt worden, in der Vorstellung, daß die Massen, die bisher mitgegangen waren, mobilisierbar seien auch für derartige Gewalttätigkeiten. Das ist nicht gelungen. Wir haben in bezug auf die Reichskristallnacht sehr ausführliche Berichte von allen möglichen staatlichen und Partei-Dienststellen über das Verhalten der deutschen Bevölkerung. Aus ihnen geht hervor: Die Reaktion der ganz überwiegenden Mehrheit der Deutschen setzte sich zusammen aus peinlicher Berührtheit, Ängstlichkeit und meist schweigender Ablehnung. Es gab nur wenig spontane Bejahung, eine erhebliche Zahl von privaten, z. T. auch öffentlich geäußerten Protesten, jedenfalls keine Massen-Mobilisation im Sinne des Regimes. Mit der Reichskristallnacht und der anschließenden gesellschaftlichen Ghettoisierung der Juden war das Ende der Phase erreicht, in der der Antisemitismus sich noch als Instrument zur Integration und Mobilisierung der Bevölkerung benutzen ließ.

In dieser Phase verschwanden die gebrandmarkten und schließlich (1941) gekennzeichneten, meist verarmten Juden, die – konzentriert in einer Reihe von Großstädten – noch in Deutschland lebten (ca. 150 000 Menschen), immer mehr aus dem Gesichtskreis ihrer nichtjüdischen Nachbarn. Sie befanden sich im sozialen Ghetto, und der letzte Akt der Deportation geschah im großen und ganzen unbemerkt. Das war nicht nur ein Ergebnis des »Augen-zu-machens«, sondern hatte seine Gründe auch in der vorangegangenen gesellschaftlichen Isolierung der Juden.

Der letzte Akt, eingeleitet durch die Deportation, brachte die Juden schließlich weit weg von Deutschland in einen Raum (besetzte polnische und sowjetische Gebiete), in dem die Territorialherrschaft der Sicherheitspolizei und des SD sich am stärksten ausgebildet hatte, weitgehend losgelöst von der normalen staatlichen Verwaltung und Justiz; besonders in den besetzten polnischen Gebieten, wo die eigentlichen Vernichtungslager errichtet wurden, auch sorgsam abgeschirmt von der Öffentlichkeit. Der Bekanntheitsgrad dieser Vernichtungslager war deshalb während des Krieges in Deuschland relativ gering, im Gegensatz zu den schon vor 1939 im Reich selbst errichteten Konzentrationslagern. Wir wissen aufgrund der vielfältigen amtlichen Berichterstattung in bezug auf Bayern z. B., daß zwar manche, wenn auch oft nur als »Gerüchte« bewertete Erzählungen kursierten, die Juden würden im Osten umgebracht, aber der Name Auschwitz z. B. scheint bis Kriegsende in Bayern unbekannt gewesen zu sein.

REICH-RANICKI: Zu dem, was Herr Broszat gesagt hat: Man müsse drei verschiedene Phasen der nationalsozialistischen Judenverfolgung in Deutschland unterscheiden. Einverstanden. Bleiben wir mal bei der ersten Phase, von 1933 bis 1938. Man sollte es unterlassen zu sagen, es sei nicht allgemein bekannt gewesen, was sich abgespielt hat. Im Gegenteil: was sich in diesen Jahren mit den Juden abgespielt hat, hat jeder in Deutschland gewußt. Der Judenboykott am 1. April 1933 war jedem bekannt, das Regime hat das seinige getan, um alle über diesen Boykott zu informieren. Die Juden wurden aus vielen Berufen ausgeschaltet, es gab die Rassengesetzgebung, also die Nürnberger Gesetze. Das alles war allgemein bekannt. Die Verbrennung der Bücher schon im Jahre 1933 richtete sich nicht nur gegen jüdische, aber vorwiegend gegen jüdische Schriftsteller. Die deutsche Intelligenz hat dies gewußt, in mancher Fällen haben sogar Professoren der Germanistik diese Bücher eigenhändig ins Feuer geworfen. Ein anderes Beispiel, das in diesem Film gezeigt wird: die Deportation im Herbst 1938 der Juden nach Polen, der Juden, die polnische Staatsangehörige waren, aber seit Jahrzehnten in Deutschland lebten.

Das war ein Ereignis, das jeder in Berlin kannte: Man wußte doch, daß Tausende von Menschen plötzlich verschwanden, deportiert wurden. Alle sahen, daß es in allen Parks und Grünanlagen gelbe Bänke mit der Aufschrift »Nur für Juden« gab. Eine großer Teil des Volkes hat dies hingenommen. Man kann eigentlich sagen: Alle haben es akzeptiert. Möglicherweise ein Teil ohne Enthusiasmus, auch mit einem Gefühl der Peinlichkeit. Aber eins ist sicher: Dies alles war allgemein bekannt. Und vor allem: Die Konzentrationslager. Wir sprechen hier viel von den Vernichtungslagern. Aber die waren ja viel später! Hingegen hat schon 1933 jeder erwachsene Mensch in Berlin gewußt, daß es Oranienburg gibt und sehr bald wußte jeder in Bayern, daß es Dachau gibt. Was in diesen Lagern geschah, war natürlich nicht nur gegen Juden gerichtet, sondern auch gegen Kommunisten, Sozialdemokraten, Gewerkschaftler, die nicht Juden waren. Auf jeden Fall war es allgemein bekannt. Ich habe den Darstellungen von Herrn Broszat entnehmen müssen, dies alles habe sich mehr oder weniger im Stillen abgespielt. Das stimmt eben nicht: Es hat sich alles ganz klar und deutlich abgespielt.

BROSZAT: Es ist richtig: Das was bis 1938 meist öffentlich und sichtbar mit den Juden geschehen ist, wurde im großen und ganzen von der Mehrheit der Bevölkerung in Deutschland gebilligt. Aber das war noch nicht »Holocaust«, war qualitativ davon unterschieden, und kaum irgend jemand konnte sich damals *diese* spätere Konsequenz vorstellen.

SCHEFFLER: Wie sind die Menschen eigentlich dazu gekommen, derartige Dinge zu vollbringen, an derartigen Taten teilzunehmen? Eine Antwort hierauf muß sich aus vielen Mosaiksteinen zusammensetzen. *Ein* Verhaltensablauf beginnt 1933 mit der Verfolgung der deutschen Juden, wobei man aber auch die Vorgeschichte, die zu den Ereignissen von 1933 führte, nicht unterschätzen darf. Der allmähliche Prozeß der tatsächlichen und »rechtlichen« Diffamierung und Separierung einer Minderheit wurde von der Mehrheit der Bevölkerung hingenommen, ja teilweise aktiv unterstützt. Es wurden die Nürnberger Gesetze ebenso akzeptiert wie der weitere Einengungs- und auch Verleumdungsprozeß in den verschiedensten Bereichen des beruflichen und persönlichen Lebens, bis zu Beginn des Krieges für die handelnden Akteure eine »zu behandelnde Sache« übrigblieb. Diese Methoden hatten bei den Exekutoren Folgen. Die späteren Führer bei den Einsatzgruppen und Einsatzkommandos, die aus der Geheimen Staatspolizei usw. kamen, waren schon vor Kriegsbeginn daran gewöhnt worden, Menschen wie Sachen zu behandeln. Dies nur ein Mosaikstein für eine viel umfassendere Antwort.

Hier erhebt sich auch die Frage, was erfahren eigentlich heute angehende Kriminalkommissare darüber, daß viele ihrer Vorgänger damals in das blutige Geschehen verwickelt waren? Was erfahren junge Polizeibeamte über die Tätigkeit der Polizeibataillone von damals? Was wird an den Verwaltungsakademien über die seelenlose Behandlung der Verfolgten damals durch die Bürokratie gelehrt? Was erfahren angehende Mediziner davon, daß die Lust am Experiment ins Kriminelle damals abglitt? Es ist sicher zweifelhaft, ob die Menschen aus der Ge-

240

schichte lernen, den Versuch dazu muß man immer unternehmen.

JACOBSEN: Ich glaube, das Problem, vor dem wir auch bei dieser Diskussion stehen, ist die Einordnung aller dieser Fakten in den Gesamtzusammenhang der nationalsozialistischen Epoche. Dabei werden drei Gesichtspunkte immer wiederum zu sehen sein. Einmal die spezifische Qualität dieses totalitären Systems, diese können wir u. a. an dem Beispiel: »Wir haben ja gar nicht alles gewußt« erläutern, denn das hängt mit diesem totalitären System zusammen. Darüber hinaus muß man sich vergegenwärtigen, welche Ziele und Methoden die Nationalsozialisten verfolgt haben. Hier ging es um ein rassenideologisches, revolutionäres Programm, das schrittweise – ab 1938 mit Gewalt – in die Tat umgesetzt wurde. Und schließlich ist die Geschichte des Nationalsozialismus vor allem dadurch gekennzeichnet, daß sowohl die Juden als auch die Deutschen, aber ebenso das Ausland dieses System in Ziel und Methoden fundamental unterschätzt haben. Dies muß immer wieder verdeutlicht werden.

LANGBEIN: Die Atmosphäre, in welcher das alles möglich geworden ist, kann man für jemanden, der diese Zeit nicht mitlebt hat, nicht rekonstruieren. Das hat mir kürzlich folgende Episode vor Augen geführt: Ich sprach mit einem Mann, der in der Nazizeit eine führende Stelle bekleidete, und der nachträglich seine Handlungen bereut hat. Er ist Jahrgang 1905, intelligent. Da ich von ihm erfahren wollte, wieso er ein gläubiger Anhänger Hitlers bleiben konnte, fragte ich ihn: »Sie waren im Jahr 1934 doch 29 Jahre alt, als Hitler eine Vielzahl von Personen – ich glaube, es waren über 80 – erschießen ließ, ohne auch nur den Anschein eines Standgerichtsverfahrens oder etwas ähnlichem, und wie er persönlich vor der Öffentlichkeit die Verantwortung für diese eindeutigen Morde übernahm« – ich spreche von dem, was man nachträglich fälschlicherweise als »Röhmputsch« bezeichnet, obwohl inzwischen erwiesen ist, daß es sich keineswegs um einen Putsch gehandelt hat, daß damals nicht nur SA-Führer, sondern zum Beispiel auch ein General und mit ihm seine Frau ermordet wurden. Ich fragte den Mann: »Sie als Akademiker müssen doch erkannt haben, daß damals von der Spitze der Regierung eindeutige Morde begangen wurden, zu denen sich Hitler öffentlich bekannt hat.« Die Antwort des Mannes hat mir wie mit einem Scheinwerfer die geistige Situation beleuchtet, in der seine Generation erzogen worden war. Er sagte: »Damals hat Hindenburg diesen Akt gebilligt, und wenn er sagte, das war richtig, so habe ich eigene Gedanken ausgeschaltet.« Hindenburg war für ihn und seine Generation die Verkörperung der Autorität, an der zu zweifeln nicht gestattet war. Dieser damals 29jährige intelligente Mann scheint mit ein Symptom dieser Zeit zu sein, in der bald so viel ungeheuerlichere Verbrechen möglich wurden.

Was haben wir gewußt?

THALMANN: Ich will hier einige konkrete Beispiele geben, denn es ist einfacher, an Hand eines Beispiels diese Vorgänge zu demonstrieren. Sie sprachen vorhin von den Soldaten an der Ostfront, und diese Soldaten, die keine SS waren, haben, wenn sie nicht selbst handelten, zumindest viel gesehen. Der christliche Schriftsteller Jochen Klepper, der selbst 1940–41 an der Ostfront war, erzählt in seinen Tagebüchern manches, was er hört und sieht. Während eines Urlaubs in Berlin-Nikolassee erfährt er von seinem Nachbarn, von Moltke, über seine schreck-

Abb. 6: Unter den Augen neugieriger Passanten werden jüdische Familien zum Abtransport in die Vernichtungslager zusammengetrieben.
(Photo: Bilderdienst Süddeutscher Verlag, München)

lichen Erlebnisse in Lublin und dem dortigen Getto, der katholische Oberheerespfarrer Hegel und der spätere Funkintendant Herbert Bahlinger berichten aus Polen, das Herz werde dort nicht nur kalt durch den Winter sondern auch durch das Gesehene. Diese Leute erzählen in ihren Familien, und man kann sich fragen, was und wieviel in den Familien erzählt wurde, vielleicht nicht alles. Aber daß Schreckliches geschah, wußten zumindest die Familien der Soldaten und Offiziere.

Ein typischer Fall des Nichtwissenwollens scheint mir – sowohl auf evangelischer wie auf katholischer Seite – das völlige Schweigen vor dem plötzlichen »Verschwinden« einerseits der evangelischen Pfarrvikarin Käte Staritz in Breslau und andererseits des Berliner Dompropstes Lichtenberg. Beide setzten sich 1941 öffentlich für die verfolgten Judenchristen ein und wurden daraufhin verhaftet. Beide kamen ins KZ und starben dort, ohne daß ihre Kirche oder ihre Gemeinde für sie die Stimme erhob.

SCHEFFLER: Folgende Gesichtspunkte gilt es zu beachten, wenn man die Gegebenheiten von damals begreifen will: einmal die *Informationsmöglichkeit*, die der einzelne damals hatte und zum anderen die *Informationswilligkeit*, die er haben mußte, um von den vorhandenen Möglichkeiten Gebrauch zu machen. Ferner müssen die zeitlichen und geographischen Gegebenheiten ebenso in Rechnung gestellt werden wie die eventuelle Funktion, die der Beobachter ausübte. So waren z. B. die Informationsmöglichkeiten im damaligen Generalgouvernement wesentlich umfangreicher als in bestimmten Reichsgebieten. Es ist auch heute wenig bekannt, was allein in Berichten der Wehrmachtsbehörden enthalten war. Beispielsweise berichtete der Ortskommandant von Ostrow, daß die Juden in Treblinka nicht ausreichend beerdigt seien und infolgedessen ein unerträglicher Kadavergeruch die Luft verpeste. Oder die Oberfeldkommandantur Lemberg berichtete, daß das Judentum über sein Schicksal unterrichtet und der Judenrat der Meinung sei, »wir tragen alle unseren Totenschein in der Tasche, es ist nur der Sterbetag noch nicht ausgefüllt«. Oder in Chelmno (Kulmhof) mußte die Schule verlegt werden, weil die Kinder nach dem Schicksal der vielen ankommenden Juden fragten, die dann mit einem »Möbelwagen« (= Gaswagen) abtransportiert wurden. Auch das Verhalten im Verwaltungsbereich im Generalgouvernement ist entsprechend differenziert zu beurteilen. Es hat manchen gegeben, der sich den Geschehnissen zu entziehen versuchte, die Augen schloß, nichts wahrnehmen wollte, und andere, die freiwillig mitmachten, ja mitschossen. Im Schriftwechsel lief die Vernichtung der Juden – und was damit zusammenhing – als »Geheime Reichssache«. Aber was wurde daraus, wenn sich die Geschehnisse auf offener Straße abspielten? Die Umstände der Gettoräumungen waren ein einziger Hohn auf die beabsichtigte Geheimhaltung.

JACOBSEN: Ich habe zum ersten Mal von dieser systematischen Vernichtung in einem deutschen Gefangenenlager in Rumänien gehört, und zwar von kommunistischen Propagandisten. Ich kann ohne Übertreibung sagen: Wir haben es einfach nicht glauben wollen, daß so etwas von Deutschen und im Namen Deutschlands möglich sein würde. Es hat lange gedauert, bis mir klar geworden ist, daß dies alles Realität gewesen ist. Der Prozeß, der zum »bürgerlichen Tod« der Juden führte, ist mir natürlich von Jahr zu Jahr (seit 1938) bewußter geworden.

DE BOOR: Nach meinen Erfahrungen würde ich bestätigen, daß sicherlich ein Großteil der Bevölkerung nichts gewußt hat. Ich weiß nicht zu entscheiden, ob sie nichts wissen wollte, oder ob die Informationen fehlten. Wer hören wollte, konnte hören, denn es ist ja in unzähligen Reden während der Nazizeit von der Vernichtung der Juden in Deutschland und in Europa öffentlich die Rede gewesen. Einzelheiten haben sicherlich nur sehr wenige gewußt. Ich habe durch eine zufällige Begegnung als Sanitätssoldat in einem Luftwaffenlazarett einmal mit einem SD-Angehörigen gesprochen, der im Osten an Vernichtungsaktionen teilgenommen hatte, der im Urlaub nach Hause gekommen ist und kurz vor Ende seines Urlaubs einen Nervenzusammenbruch erlitt, als er nämlich wieder an die Ostfront sollte und mir sagte: Ich kann das einfach nicht mehr, ich halte das nicht mehr aus. Diese Einzelheiten haben sicherlich viele nicht gewußt, aber die beabsichtigte Vernichtung der Juden ist nach meinem Dafürhalten sehr vielen Menschen bekannt gewesen.

Zwischenruf **LANGBEIN:** Sie haben »Juda verrecke!« an die Wand geschrieben.

SCHOLDER: Ich war neun Jahre alt, als der Krieg ausbrach, und ich erinnere mich sehr genau an die unzähligen Plakate »Juden sind hier unerwünscht«. Das hing beispielsweise der Metzgermeister in seinen Laden. Dazu hat ihn am Anfang niemand gezwungen. Das war ein Stück Anpassung, ein Stück Opportunismus. Wenn man diesen Mann gefragt hätte: »Willst du, daß die Juden vernichtet werden?«, so würde der das vermutlich entsetzt abgewiesen haben. Das wollte er nicht.

Auch etwa in der evangelischen Kirche gab es eine Gruppe von sogenannten Deutschen Christen, die sagten, wir wollen die Kirche frei haben von allem jüdischen Einfluß. Die hatten damit natürlich nicht den Gedanken verbunden, daß man die Juden ermordet. Aber es gibt eben Anfänge, die gewisse Konsequenzen in sich haben, ohne daß die Zeitgenossen das immer ganz begreifen können und begreifen wollen. Ich gebe Ihnen Recht, es ist sehr schwer zu sagen, was man wissen und was man nicht wissen konnte. Und es war eben auch schwer einzuschätzen, was denn diese ganze antisemitische Propaganda, das »Juda verrecke!«, wirklich bedeuten sollte. Abr gesehen und zugelassen hat man doch Vieles.

KOGON: Man muß verschiedene Abschnitte des Wissens

Abb. 7: Sofort nach der Machtübernahme begannen zahlreiche SA-Stürme ihre privaten Abrechnungsaktionen mit dem politischen Gegner von gestern. Zehntausende von Menschen verschwanden in den ersten Monaten des Jahres 1933 in den »wilden« Konzentrationslagern. Unser Photo zeigt den Eingang eines solchen Lagers, das auf einem ausgedienten Fabrikgelände 1933 in Berlin errichtet wurde.
(Photo: Bilderdienst Süddeutscher Verlag, München)

und verschiedene Schichten in der Bevölkerung unterscheiden. Die Anfangsgreuel der SS sind vielen Leuten bekannt geworden, aber man hielt das z. B. noch 1933 für Ausartungen der Revolution, die binnen kurzem durch die Ordnungskräfte und durch Hitler selbst wieder beseitigt werden würden. Man hat sich dadurch selbst beruhigt. Nun waren es ja nicht nur Kommunisten, sondern auch Sozialdemokraten und Gewerkschaftler, die in den ersten Monaten schon in provisorische Konzentrationslager kamen. Die Leute kamen zum Teil wieder heraus und versuchten, im Rahmen der Gleichschaltung wieder zu bestehen. Und sie sagten sich: Das wird schon einigermaßen recht werden. Dann kamen die Hitlerschen Erfolge, die sehr stark dazu beigetragen haben – jedenfalls bei einem Großteil der Bevölkerung –, daß sie sich gesagt haben, man muß auch einiges hinnehmen. Nun kam das Problem der jüdischen Verfolgungen, und die Bevölkerung wollte es nicht wahrhaben. Viele schoben das gesamte Problem der jüdischen Bevölkerung von sich weg. Sie waren nicht aktive Antisemiten, die etwa die Vernichtung des jüdischen Volkes gewollt hätten – im Gegenteil. Unter den Nationalsozialisten war verbreitet, daß jeder Deutsche sozusagen »seinen Juden« habe, den er aufgenommen haben wollte. Und da gab es auch individuell in den Jahren 1938/39 durchaus Hilfen, z. B. zur Auswanderung, Flucht über die Grenze. Aber dies sind nur individuelle Fälle.

[...] Dann kam der Krieg, und dann sagten sich viele Deutsche: »Wir haben selber Sorgen genug, warum sollen wir uns um das kümmrn, was wir als Gerüchte hören. Wer konnte es denn dem einzelnen, der Milchfrau, dem Bauern und auch dem Beamten konkret nachweisen? Die Leute meinten, es sei auch sehr viel anti-deutsche Propaganda wie im ersten Weltkrieg im Spiel. Sie waren geneigt, dies alles nicht ganz ernst zu nehmen. Und je mehr sie hörten, um so mehr packte sie allerdings auch der Schrecken. Jeder wußte etwas und schob es dann meistens von sich weg. Wenn man wirklich einen großen Teil der Wahrheit erfuhr, dann packte die meisten die Angst. Es könnte ihnen das gleiche geschehen, sie könnten auch in Konzentrationslager kommen und vernichtet werden. Deshalb haben die meisten aus Angst geschwiegen.

ROHRBACH: [...] Hitler hat im Einverständnis mit den größten Teilen des deutschen Volkes gehandelt. Die Aggressivität, mit der er aufgetreten ist, die Brutalität seiner Reden, die Brutalität seiner Angriffe gegen Kommunismus, gegen das Judentum, gegen Kapitalismus, gegen alles, was nicht deutsch war, geht ja durch diese ganzen Jahre hindurch und hat diese Zeit beherrscht. Insofern hatten wir es ja nicht mit einem unterdrückten Volk zu tun, das jetzt ängstlich nach irgendwelchen Möglichkeiten des Sich-Wehrens oder des Einfluß-Nehmens suchen mußte. Sondern mit einem Volk, das im Prinzip im Einverständnis war – natürlich nicht mit all dem, was dann passierte. Man muß sich das als einen schleichenden Prozeß vorstellen, wobei man nicht sagen kann, an welcher Stelle sich der eine oder der andere ausgeklinkt hat.

JACOBSEN: In dem Film ist das ja dramatisch deutlich geworden; denken Sie an die Familie Weiß oder an den Vorsitzenden des Judenrates im Warschauer Getto. Dieser konnte es sich noch 1941/42 nicht vorstellen, daß 50 000 Juden ganz einfach liquidiert worden sind. Ich glaube, nicht viel anders war es bei der Mehrheit der deutschen Bevölkerung: Wenn ein schwerer Vorwurf erhoben werden muß, was die Mehrheit anbetrifft, so der, daß diese vieles nicht sehen (und hören) wollte. Natürlich spielte hierbei auch die Angst vor Denunziation u. ä. eine Rolle. Die Passivität und die mangelnde Zivilcourage zu helfen, sind viel symptomatischer als das gezeigte radikale Verhalten eines Dorf.

ROHRBACH: Aber muß man nicht doch noch eins hinzunehmen: Es ist jetzt so sehr viel von Angst, von Unterdrückung, von Einschüchterung die Rede gewesen, aber es gab ja die andere Seite, nämlich die Tatsache, daß ein sehr großer Teil, der größte Teil dieses Volkes, Hitler geliebt, verehrt, fanatisch angehimmelt hat. Kann es sein, daß es sich mit der fanatischen Zuwendung zu dieser Führerfigur einfach nicht vertrug, daß es auch diese Schattenseiten gab? Daß man einfach die Liebe, die Zuneigung zu dieser Figur wollte und alles andere verdrängt hat?

JACOBSEN: Absolut richtig! Ich glaube, das ist hier eines der entscheidenden Probleme, ein Mann solcher Erfolge, solcher »Größe«, der »Überwinder Bismarcks«, im Jahre 1938 – ohne Schwertstreich führte er Österreich »heim ins Reich« – ein Mann, der dann noch 1939/40 siegreich in Felgzügen ist, wie es kaum einer für möglich gehalten hat, erhält nunmehr auch weitgehend die Zustimmung jener, die ihm anfangs skeptisch gegenüber gestanden haben. Wir dürfen die Kompensation nicht vergessen: Terror und Konzentrationslager mögen »unschön« sein, aber die Masse sagt: Wo stehen wir heute, was hat der

Führer alles erreicht? Wir haben erschütternde Dokumente gefunden aus dem Jahre 1940, von Leuten, die später in den Widerstand gegangen sind, die nach dem Sieg im Westen (Hitlers Höhepunkt), geschrieben haben, ein Mann solcher Erfolge müsse ein »Mann Gottes« sein. Man muß das alles also tatsächlich immer wieder aus der historischen Entwicklung heraus begreifen, was möglich war, wie groß Begeisterung und Zustimmung waren, um besser zu verstehen, warum große Teile des deutschen Volkes die als negativ empfundenen Erscheinungsformen im Dritten Reich bagatellisiert haben.

**Was hätte man tun können,
und warum gab es so wenig Widerstand?**

JACOBSEN: Da wäre die erste Antwort: Man hätte verhindern müssen, daß ein solches Regime 1933 zur Macht kommt. In dem Augenblick, in dem die Macht im Staate errungen war und diese gefestigt werden konnte, war es ungemein schwierig, mit Erfolg dagegen etwas zu unternehmen, insbesondere in einer Phase, in der dieses Regime offenbar von einem Erfolg zum anderen zu eilen schien. Man denke an die fast beispiellose Erfolgskette Hitlers bis 1940. So waren z. B. beim sogenannten Röhmputsch 1934 viele froh, daß »derartige Elemente« beseitigt worden waren. 1938 – »Reichskristallnacht« –, Hitler auf dem ersten Höhepunkt seiner Macht; im Zusammenhang mit der Tschechoslowakei, als man Krieg führen wollte, kam es zu einem Abkommen mit dem Ausland. 1940 schien Hitler der »größte Feldherr aller Zeiten« zu sein. Aber es gab Verhaltensweisen, auf die man doch nachdrücklich hinweisen muß; Eugen Kogon hat das schon sehr eindrucksvoll getan, indem er die mannigfache Individualhilfe hervorgehoben hat. Und schließlich sollten wir nicht vergessen: Es gab aus allen gesellschaftlichen Schichten Männer und Frauen, die in diesem totalitären System den Mut gehabt haben, gegen dasselbe zu kämpfen, unter Opferung des eigenen Lebens. Ich meine: die deutsche Opposition gegen das NS-Regime – leider waren es nur viel zu wenige. Interessant ist, daß bei allen vorbereiteten Erklärungen der Widerstandsbewegungen für den gelungenen Umsturz in der Programmatik immer wieder zwei Gesichtspunkte besonders herausgestellt worden sind: Wiederherstellung des Rechtsstaates und Wiedergutmachung des Unrechts an den Juden.

SCHOLDER: Das Ganze hat noch einen weiteren Aspekt: Ich finde, wenn man als Historiker diese Zeit durcharbeitet, dann drängt sich geradezu der Begriff des *Verhängnisses* auf. Es gibt eben keine Theorie, die erklärt, warum in der Weimarer Zeit alle vielleicht rettenden Ereignisse zu spät, zu langsam, zu unentschieden kamen, warum damals nichts gelungen ist. Und es gibt auch keine Theorie, die erklärt, warum umgekehrt Hitler in der ersten Zeit wirklich alles gelungen ist, diese ganze beispiellose Erfolgsserie. Dieser Verhängnischarakter wird für mich etwa auch sichtbar in der ganzen Reihe der mißlungenen Attentate auf Hitler. Es sind ja doch so viele Attentate auf ihn versucht worden, die nach menschlichem Ermessen hätten gelingen müssen. Aber plötzlich geht er überraschend zehn Minuten vorher weg aus dem Münchner Bürgerbräukeller, das war 1938; oder ein Zünder funktioniert nicht. Oder am 20. Juli 1944 steht er ein paar Meter zu weit entfernt. Dieser Verhängnischarakter ist keine normative Kategorie, sondern nur eine deskriptive. Ich will damit nur beschreiben, daß es dies in der Geschichte gibt – solche Zusammenhänge, die wir nicht erklären können. Für mich wird das auch spürbar in dieser Figur von Dompropst Lichtenberg, die ich ja doch sehr eindrücklich fand. Der hat es schon 1933 gewagt, sich dagegen zu wenden, und es sind dann doch eine ganze Reihe von Leuten in den Kirchen gewesen, die das auch gewagt haben: Propst Grüber etwa in Berlin, der ein Büro aufgemacht hat, um Juden zu helfen. Aber alle Versuche, etwas zu bessern, zu ändern, scheiterten eben, und am Schluß bezahlten viele dieser Leute das dann mit ihrem Leben.

ROHRBACH: Das ist sicher ein Stichwort – Verhängnis –, obwohl ich es ungern dabei bewenden lassen würde. Wir, die wir heute in diesem Staat leben, müssen eben auch darüber nachdenken, wie so etwas in Zukunft verhindert werden kann, wie wir die demokratischen Chancen ergreifen, die demokratischen Möglichkeiten unseres Staates entwickeln, um aus dieser Erfahrung und dieser Geschichte zu lernen.

Es wird einiges in Bewegung gesetzt werden, und wir dürfen darauf hoffen, daß HOLOCAUST nicht ganz ohne Wirkung gewesen sein wird. Nicht zuletzt wird der Deutsche Bundestag in einiger Zeit über die Verjährung bei Mord zu entscheiden haben. Er wird dies jetzt unter dem Eindruck von HOLOCAUST tun müssen.

War es wirklich so schlimm?

SCHEFFLER: Seit über 20 Jahren werden die Details in ihrer ganzen Grausamkeit in zahlreichen Gerichtsverhandlungen an vielen Orten der Bundesrepublik in aller Ausführlichkeit erörtert, in einem Ausmaß und in Scheußlichkeiten, die man sich im allgemeinen kaum vorstellen kann. Es ist leider so, und daraus erklärt sich auch ein großes Defizit an Wissen, daß viele dieser Prozesse nicht beachtet worden sind. Man kann fast sagen, daß alle an den Prozessen Beteiligten, einschließlich der Angeklagten, von der Öffentlichkeit im Stich gelassen worden sind. Es ist ein Teil unserer Geschichte, die dort verhandelt wird, die Täter sind auch ein Teil unseres Volkes, und man kann nicht sagen, das geht uns nichts an. War es wirklich so schlimm? Soll man hier von den Einzelheiten berichten, wie sie in den Gerichtssälen zur Sprache kamen? Soll man berichten, wie z. B. die Polizeibataillone gewütet hatten? Soll man schildern, wie bei den Gettoräumungen die Kranken und Alten in den Krankenhäu-

Abb. 8: Zynismus in Dachau (1938): Die Folterknechte sprechen von Frcihcit.
(Photo: Bilderdienst Süddeutscher Verlag, München)

sern usw. erschossen wurden, weil es zu umständlich gewesen wäre, sie abzutransportieren, oder soll man die Einzelheiten von Kinderabschlachtungen erzählen, wie sie an den Füßen gepackt und ihnen durch den Kopf geschossen wurde? Die Gerichtsverhandlungen haben sehr oft gezeigt, daß vieles schlimmer war, als man es sich im allgemeinen vorstellen kann. Wer daran Zweifel hat, sollte die rechtskräftigen Urteile unabhängiger deutscher Gerichte nachschlagen.

Warum haben die Juden sich nicht gewehrt?

THALMANN: Man kann nicht so allgemein von Juden und Passivität sprechen. Unter dem Begriff Jude meint man sehr Verschiedenes: Abgesehen von dem sogenannten Rassejuden gibt es in der Wirklichkeit den religiösen Juden, den kuturell bewußten Juden, den assimilierten Juden. Das kann man nicht einfach alles unter denselben Nenner bringen.

Zum Thema Passivität und Widerstand sollte man auch unterscheiden zwischen individuellen Beschlüssen und Gruppenbeschlüssen, zwischen östlichen und westlichen Ländern. In dieser Hinsicht fehlt in dem Film jeder Hinweis auf die deutsche Besetzung von Norwegen, Dänemark, Benelux, Frankreich, Jugoslawien und Griechenland. Der Vergleich zwischen der Haltung nicht nur der Juden, sondern der Bevölkerung der besetzten Länder zur Judenverfolgung weist auf sehr große Unterschiede, die man auf historische und kulturelle Traditionen zurückführen kann. Gruppenwiderstand war nur möglich bei politisch bewußten Juden oder bei solchen, die eine Unterstützung in der nichtjüdischen Umwelt finden konnten, was in den meisten besetzten Ländern Westeuropas sowie in Jugoslawien der Fall war.

KOGON (direkt dazu): Dies reicht natürlich als Motivation, sich einfach schlachten zu lassen, nicht aus. Die meisten, die sozusagen als Schlachtopfer zur Erschießung gebracht wurden, konnten sich das gar nicht vorstellen. Es wurde ihnen gesagt, daß sie in Familienlager kämen, wo es ihnen viel besser gehe, das glaubten sie den Deutschen. Und wenn sie dann schon nackt da standen, war Widerstand nicht mehr möglich. Was will man denn machen, wenn man sich nicht mehr organisieren kann?

Wieviel Juden haben Auswanderungsanträge gestellt?

THALMANN: Von den 505 000 »Volljuden«, die 1933 noch in Deutschland lebten, waren bis zum Krieg nur 250 000 ausgewandert, da die meisten Juden bis zur Kristallnacht immer noch auf einen Modus vivendi im Dritten Reich hofften. Sofort nach der Machtergreifung und den ersten antijüdischen Maßnahmen waren 37 000 ausgewandert. Zwischen 1934 und 1938 waren es ca. 25 000 pro Jahr; 1938 40 000; 1939 konnten noch 79 000 entkommen. Es ist bemerkenswert, daß die amerikanischen Quoten zwischen 1933 und 1938 die Auswanderung von 150 000 Juden des Reichs nach den USA erlaubt hätten. Nach der Kritallnacht, als auf einmal alles auswandern wollte, war es zu spät, denn Amerika weigerte sich, diese Quoten zu übertragen, zumal Hitler nur eine Auswanderung mit sozusagen leeren Händen erlaubte, was auch zum Teil das Scheitern der im Juli 1938 in Evian (Frankreich) stattfindenden Konferenz von 16 Staaten zur Flüchtlingsfrage erklärt.

Seit April 1938 hatten die Juden des Reichs ihr gesamtes Vermögen – ca. 7 Milliarden Mark – anzumelden. Ca. 2 Milliarden wurden durch »Sühnegelder« und Sondersteuern vom Staat einkassiert. Auch die »Arisierung« der jüdischen Unternehmen bereicherte den Staat, der als Treuhänder einen normalen Verkaufspreis ansetzte und dem jüdischen Besitzer nur einen lächerlichen Anteil davon entweder auf ein Sperrkonto oder in kontrollierten Staatspapieren zukommen ließ. Ferner wurden die diversen »Reichsfluchtsteuern« immer höher angesetzt, so daß eine Auswanderung der nun mittellosen Juden ab 1938 nur mit der Unterstützung ausländischer Verwandten oder Institutionen möglich war.

KOGON: Die Juden wurden gezwungen, ihre Besitztümer vor 1938 zu Schleuderpreisen wegzugeben. Somit war die Auswanderung keine Bereicherung des Staates, sondern eine Bereicherung von bestimmten Leuten. Das zweite war, daß man sehr vielen Juden Devisenvergehen angehängt hat. Zum größten Teil waren es nicht wirklich begangene Verletzungen. Die Urteile hat man benutzt, um ihnen das Vermögen wegzunehmen, das waren dann staatliche Beschlagnahmungen. Besonders von Grundbesitz.

Warum waren die Juden für Nazis Sündenböcke?

SCHOLDER: Ich glaube, man versteht dies alles, was da geschehen ist, nicht, wenn man nicht begreift, daß es die Folge einer totalitären Ideologie war. Die Täter waren der Überzeugung, daß die Ausrottung der Juden die Welt verbessere, daß die Ausrottung vor der Geschichte gerechtfertigt sei. Hitler hat in *Mein Kampf* den unglaublichen Satz geschrieben: »Indem ich mich der Juden erwehre, kämpfe ich für das Werk des Herrn.« Man muß sich vorstellen, was das heißt. Dies war für ihn kein Vorwand, sondern es war seine tiefe Überzeugung, und es ist ihm offensichtlich gelungen, diese Ideologie anderen Leuten beizubringen. Tatsächlich zeigt uns die Geschichte, daß die größten Greuel der Neuzeit fast alle im Namen einer besseren Welt verübt worden sind.

THALMANN: Die Vorurteile, die zur Ablehnung anders gearteter oder anders denkender Menschen führten, wurden bereits lange vor 1933 verbreitet. So bezeichnet zum Beispiel der »vaterländische« sehr gelesene Schriftsteller Walter Flex (der heute wieder eine Straße im Bonner Regierungsviertel hat) in einem Brief von der Ostfront aus dem Jahre 1915 die polnische Bevölkerung als »biologischen Kehrricht«, von den Rumänen heißt es, sie seien »ungleichwertiges Menschenmaterial« und in einem Brief vom 28. 4. 1917 schreibt Flex wörtlich: »Das Wort ›Bruder‹ hat zu tiefen Klang für mich, als daß ich's an Südfranzosen und Kosaken vergeuden möchte.« Solche weitverbreiteten Äußerungen führten zuerst zur Verachtung, dann zur Ablehnung und schließlich zur Annahme einer »Beseitigung der Untermenschen«.

DE BOOR: Der Rassenwahn richtete sich gar nicht ausschließlich gegen die Juden, sondern z. B. auch gegen Zigeuner, gegen Minderheiten, die, mit dem Idealbild der arischen Rasse verglichen, minderwertig waren, so daß es sich gar nicht gelohnt hat, für sie eine Stimme zu erheben.

JACOBSEN: Heute wissen wir, und zwar auf Grund der internationalen Forschung, daß es sich bei dem nationalsozialistischen Programm um ein revolutionäres, rassenpolitisches Programm gehandelt hat. Es ist vielleicht die große Schwäche dieses Films, daß man hier alles zu einseitig auf das Phänomen Judenvernichtung konzentriert hat, denn betroffen waren davon ja nicht nur die Juden, sondern auch die Polen (insbesondere ihre Intelligenz), Russen, – die Slawen als die »Untermenschen« – und Zigeuner als rassische Minderheit. Das hängt alles mit der Vorstellung der Nationalsozialisten zusammen, daß man Europa neu »ordnen« müsse, und zwar auf der Grundlage ganz neuer Wertbegriffe. Hier spielt das Problem des Unrechtsbewußtseins eine Rolle. Himmler hat in seiner berühmten Posener Rede (1943) darauf hingewiesen, daß die Judenvernichtung die schwerste Entscheidung bzw. die schwerste Aufgabe gewesen sei, die er zu bewältigen gehabt hätte, aber diese sei notwendig gewesen, um die historische Mission zu erfüllen; es gelte, Europa im Interesse des Großgermanischen Reiches (»Neuordnung«) judenfrei zu machen. Vor diesem Hintergrund werden viele Zusammenhänge des Films klarer. In diesem Zusammenhang wäre auch der Kommandant von Auschwitz, Höß, zu nennen. Er – eine gespaltene »Persönlichkeit« – verkörperte etwas von dem »neuen« Bewußtsein: Recht ist, was dem deutschen Volk, d. h. der germanischen Rasse nützt; die Juden sind Ungeziefer und müssen daher vertilgt werden.

Wer ist zu den Sonderkommandos abgestellt worden und was war mit der Waffen-SS?

SCHEFFLER: Wenn man manchmal davon ausgeht, die Einsatzgruppen seien nach besonderen Gesichtspunkten zusammengestellt worden, so trifft das im allgemeinen nicht zu. Man hat darauf geachtet, daß in einem bestimmten Verhältnis Angehörige der geheimen Staatspolizei, der Kriminalpolizei, der SD und der Waffen-SS zu den Einsatzgruppen kamen. Es wurden auch Polizeieinheiten und Waffen-SS hinzugenommen. Aus diesem Kreis setzte sich das zusammen, was wir heute unter Einsatzgruppen verstehen. Man darf auch nicht vergessen, daß die Einsatzkommandos nicht erst ab 1941 auftraten. Es gab sie in kleinerer Form bereits bei der Besetzung Österreichs, später im Sudetenland, in der Tschechoslowakei und dann auch in Polen 1939.

Damit keine Mißverständnisse entstehen: Es hat große Teile der Fronttruppen der Waffen-SS gegeben, die mit der Judenvernichtung nichts zu tun hatten. Die Einsatzgruppen setzten sich bekanntlich aus Angehörigen der Geheimen Staatspolizei, der Kriminalpolizei, des SD und abkommandierten Waffen-SS- und Polizeieinheiten zusammen. Diese Abkommandierung bzw. diese Zuteilung ist verschieden gehandhabt worden. Wir haben das Beispiel eines Einheitsführers, der sich weigerte, seine Einheit an Erschießungen teilnehmen zu lassen. Daraufhin wurde er nach Norwegen versetzt und die Einheit kompanieweise auf die Einsatzgruppen verteilt. Das nur als Beispiel. Es besteht über diese Dinge viel Unklarheit, weil auch die Verwaltung der Konzentrationslager nomineller Teil der Waffen-SS wurde. Allerdings gab es auch einen gewissen Personalaustausch zwischen Waffen-SS und Konzentrationslagersystem. Es kommt hinzu, daß Himmler im Laufe der Zeit in Verhandlungen mit dem Oberkommando der Wehrmacht pro Einberufungsjahrgang einen bestimmten Prozentsatz zugestanden bekam, von dem der größte Teil vorher in der allgemeinen SS gewesen war oder sich freiwillig gemeldet hatte. Ferner erhielt Himmler die Zuständigkeit, Volksdeutsche zur Waffen-SS einzuberufen. Zusammengefaßt: Die Waffen-SS hatte viele Gesichter. Will man exakt sein, sind Differenzierungen unvermeidbar.

HÜBNER: Waren es zuerst Abkommandierte, und haben sich dann Freiwillige dazu gemeldet?

BROSZAT: Für die Konzentrationslager läßt sich das eindeutig beantworten. Bis zum Krieg hat die Wachtruppe bei den Konzentrationslagern ausschließlich aus den sogenannten Totenkopfverbänden der SS bestanden, zusammengesetzt aus Leuten, die sich freiwillig zu diesen Verbänden gemeldet haben. Hier ist niemand gegen seinen Willen gezogen worden. Es handelte sich um eine Art Staatssicherheitstruppe, eine bewaffnete SS-Truppe mit gleichzeitig ideologisch-politischem Auftrag. Die Dinge haben sich dann im Krieg sehr verschoben. Der Kern der Funktionäre in den Konzentrationslagern ist nach wie vor aus diesen Totenkopfeinheiten rekrutiert worden, aber je mehr sich dieses Lagerwesen aufgebläht hat, um so mehr sind dann auch Abkommandierungen zur Wachtruppe erfolgt aus Teilen der Waffen-SS, gegen Kriegsende auch aus Wehrmachtseinheiten, so daß am Ende der Wachdienst nichts mehr mit Freiwilligkeit zu tun hatte. Allerdings ist bei jedem Lager sehr genau zu unterscheiden zwischen der Wachtruppe, die den äußeren polizeilich-militärischen Dienst verrichtete und den eigentlichen Lagerfunktionären, Block-, Rapport- und Schutzhaftführern, Kommandanten usw., die sich nach wie vor aus dem Kern der politischen SS, den alten Totenkopfeinheiten rekrutierten. Das gilt auch global für die Kriegszeit: einerseits der harte Kern des politisch-polizeilichen SS-Apparates, bestehend vor allem aus dem SS-Sicherheitsdienst (SD) und der Gestapo, jenem Mixtum von Partei- und Staats-Sicherheitsorganen, die das ausmachte, was Kogon mit dem Begriff des SS-Staates meint.

Einwurf **HÜBNER:** Was war die Gendarmerie?

SCHEFFLR: Himmler unterstand als Chef der deutschen Polizei auch die Ordnungspolizei, d. h. Schutzpolizei und Gendarmerie. Es muß immer daran erinnert werden, daß gerade Polizeibataillone, Gendarmerieeinheiten usw., vor allem im Generalgouvernement und im besetzten sowjetischen Gebiet, in einem nicht bekannten Ausmaß an den Getto-Räumungen und ähnlichen Dingen beteiligt waren.

**Haben viele der Täter
nicht unter Befehlsnotstand gehandelt?**

SCHEFFLER: Die Frage des Befehlsnotstandes gehört zu den umstrittensten und schwierigsten Fragen. Einmal ist das Problem ohne Kenntnis der SS- und Polizeigerichtsbarkeit und die Rolle, die sie innerhalb der SS gespielt hat, nicht zu verstehen. Zum zweiten: Jeder Fall, in dem Befehlsnotstand geltend gemacht bzw. behauptet wurde, muß individuell genau untersucht werden. Wir kennen eine ganze Reihe von Fällen, bei denen derartige Dinge eine Rolle gespielt haben, die mit Schwierigkeiten für die Betroffenen endeten, aber keine, die mit Erschießung oder mit dem spurlosen Verschwinden der Betreffenden im Konzentrationslager ihren Abschluß fanden. Der Einzelne war aktenkundig. Er verschwand nicht, ohne Spuren zu hinterlassen. Man muß darauf hinweisen, daß in den letzten 20 Jahren viele Beispiele zum Thema Befehlsnotstand genannt wurden, die, wenn man sie näher untersuchte, sich als anders gelagert herausstellten.

Ein Beispiel hierzu: Seit über 15 Jahren geistert durch die deutsche Presse ein Fall aus Jugoslawien, wonach ein deutscher Soldat, der sich angeblich geweigert hatte, an einer Partisanenerschießung teilzunehmen, selbst mit exekutiert worden sei. Angeblich sei er nach dem Krieg von seinem Bruder anhand eines Fotos identifiziert worden. Beteiligte an dieser Exekution, einschließlich der in der Einheit tätigen Geistlichen, haben aber bestätigt, daß dieser Vorfall sich nicht ereignete. Trotzdem wird er aber unverändert verbreitet. Damit ich nicht mißverstanden werde: Jeder Fall, in dem diese Dinge eine Rolle spielen, muß beachtet werden, denn jenseits der Frage von Schuld, Versagen oder Anklage ist jeder Fall wichtig und muß untersucht werden.

Zusammengefaßt: Beispiele des *objektiven* Befehlsnotstandes bei Judenerschießungen u. ä. kennen wir bis heute nicht. Dies trifft natürlich nicht für den *subjektiven* Befehlsnotstand zu, der nur individuell zu klären ist. Auf keinem Gebiet wird soviel mit Verallgemeinerungen gearbeitet und dem individuellen Fall letzten Endes Unrecht getan, wie auf dem Gebiet des Befehlsnotstandes. Ich warne vor Verallgemeinerungen.

Widerstand im Warschauer Getto

REICH-RANICKI: Dieser Film hat auch die Verhältnisse im Getto insgesamt auf beschönigende Weise gezeigt, was übrigens kein Vorwurf sein soll. Zugleich hat dieser Film den Widerstandskampf im Getto sehr stark akzentuiert. Man muß sich dessen bewußt sein, daß es einen bewaffneten Widerstand während der ersten großen Deportation nach Treblinka und später Auschwitz, als vom 22. Juli bis Mitte September rund 300 000 Menschen zu den Gaskammern deportiert wurden, daß es damals keinen Widerstand gab. Erst nach dieser ersten Deportation wurde der Widerstand vorbereitet. Die Vorbereitung war außerordentlich schwierig und kompliziert aus einem sehr gewöhnlichen und einfachen Grunde: Es gab im Getto überhaupt keine Waffen, sie mußten also beschafft werden. Die Polen waren nicht bereit, Waffen zu geben. Erst später waren sie bereit, den Juden Waffen zu verkaufen, und zwar gegen sehr hohe Bezahlung. Man muß aber dabei berücksichtigen, daß auch die ponische Widerstandsbewegung nicht über viele Waffen verfügte, obwohl sie zu ihnen natürlich viel eher Zugang hatte, zumal zu den noch verborgenen Waffenlagern der längst geschlagenen polnischen Armee. Dennoch waren auch da Waffen eine rare Ware, und es fiel den Polen nicht leicht, Waffen zu verkaufen. Diese Waffen wurden angekauft, gesammelt, und es wurde der Widerstand vorbereitet. Er begann während der sogenannten zweiten Umsiedlungsaktion, die am 18. Januar 1943 anfing. Da geschah etwas, womit die deutschen Behörden überhaupt nicht gerechnet hatten, nämlich der erste bewaffnete Widerstand. Daher ist diese Aktion schon am 20. bzw. 21. Januar abgebrochen worden, nachdem relativ wenige Menschen deportiert waren. Es war nun für die noch im Getto Verbliebenen völlig klar, daß eine neue und endgültige Aktion das Getto liquidieren sollte. Diejenigen, die noch im Getto waren, hatten jetzt nur noch zwei Möglichkeiten: Sie konnten entwéder fliehen oder Widerstand leisten.

Lager Theresienstadt

FRENZEL liest Fragen der Zuschauer vor:

War Himmler wirklich so anfällig für Grausamkeiten, oder war das ein Zug, der ihm später angedichtet wurde?

Gab es wirklich ausländische Kommissionen, die das Musterlager Theresienstadt besichtigt haben?

Hat es die Künstlerwerkstatt in Theresienstadt tatsächlich gegeben? Sind Skizzen dieser Art – Widerstandsskizzen – gerettet worden?

Gab es wirklich solche Bilder von den Juden, wie sie in dem Film gezeigt wurden?

War es eigentlich möglich, daß eine Frau zu ihrem Mann ins KZ gesperrt wurde?

LANGBEIN: Die Episode in HOLOCAUST, die zeigt, daß eine »arische« Frau – »arisch« ist unter Anführungszeichen zu stellen, denn es ist sicher kein wissenschaftlicher Begriff – sich verhaften läßt, um zu ihrem Mann in ein für Juden bestimmtes Lager zu kommen, scheint mir irreal. Es mag ausnahmsweise vorgekommen sein, daß jemand einen Bekannten bittet, ihn zu denunzieren, damit er zu seinem Angehörigen ins Lager kommt; Theresienstadt war jedoch ein rein jüdisches Sonderlager, in welches keine »Arierin« eingewiesen werden konnte. Hier geht es dem Drehbuchautor offenbar um einen Effekt auf Kosten der Tatsachen.

Theresienstadt war kein KZ, es unterstand nicht der Verwaltung der Konzentrationslager in Oranienburg, es war ein Sonderlager, als eine Art Musterlager gedacht, in welches auch Delegationen von Ausländern geführt werden konnten. So wurde es auch einer Delegation des Internationalen Roten Kreuzes gezeigt. Damals hatte man ein fantastisches Theater in Szene gesetzt. Es wurden Konzerte gegeben, ein Kaffeehaus eingerichtet, einer ausgewählten Gruppe von noch besser aussehenden Gefangenen wurden gute Kleider, ja richtige Toiletten gegeben, damit sie den entsprechenden Rahmen bei den Veranstaltungen boten. Und darüber wurde ein Film gedreht, der erhalten geblieben ist. Die Leute, die die Statisterie für diesen Film darzustellen hatten, wurden nachher nach Auschwitz deportiert und dort vergast.

MÄRTHESHEIMER: Theresienstadt war wirklich eine kleine Stadt, deshalb sehen diese Gebäude so merkwürdig wenig nach Lager oder Baracken aus, es war eine intakte Stadt.

Die Vernichtungslager

LANGBEIN: Die Nationalsozialisten haben vier ausschließlich für die Vernichtung bestimmte Lager aufgebaut: Treblinka, Sobibór, Belzec (das im Film HOLOCAUST irrtümlich als »Belsen« bezeichnet wird) und Chelmno. Daneben gab es zwei Lager, die gleichzeitig Konzentrationslager und Vernichtungs-

Abb. 9: Konzentrationslager Auschwitz: Die »Selektion auf der Rampe«. Hier entschieden SS-Ärzte sofort nach Eintreffen der Transportzüge über Leben und Tod der jüdischen Häftlinge. (Photo: Bilderdienst Süddeutscher Verlag, München)

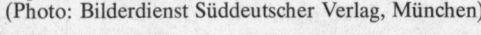

stätte waren: Majdanek und Auschwitz, wobei Auschwitz das weitaus größere war.

Der Vernichtungsvorgang wurde dort folgendermaßen organisiert: Die Juden wurden in großen Transporten zu diesen Lagern gebracht. In Auschwitz wurden sie bei der Ankunft an der Rampe »selektiert«, wie es die SS nannte; das bedeutet, daß SS-Ärzte diejenigen aussuchten, die auf den ersten Blick arbeitsfähig zu sein schienen. Diese wurden als Häftlinge in das Lager eingewiesen. Wer nicht arbeitsfähig schien, wurde sofort zu einer der Gaskammern gebracht. Die SS wollte diese Selektionen möglichst schnell und reibungslos abwickeln, sie hatte dazu ein perfektes System der Täuschung aufgebaut. Den für den sofortigen Tod Bestimmten wurde gesagt, daß sie in ein Bad gebracht würden – an den Decken der Gaskammern waren bekanntlich Duschen montiert, die freilich keine Wasserzuleitung hatten. Wenn Mütter kleine Kinder bei sich hatten, wurden sie erst gar nicht selektiert, sondern mit den Kindern zur Gaskammer geschickt, denn die SS hatte erfahren, daß es zu ihr unliebsamen Szenen kam, wenn man eine arbeitsfähige Mutter von ihrem Kind trennen wollte. Wieviele arbeitsunfähig erklärte Juden sofort getötet wurden, kann man nachträglich nur schätzen. Sicherlich geht die Zahl allein in Auschwitz in die Millionen.

Für diejenigen, die als arbeitsfähig in den Stand der Häftlinge aufgenommen wurden, galt nun das, was in internen, erhalten gebliebenen Dokumenten mit »Vernichtung durch Arbeit« bezeichnet worden ist. Den Häftlingen hat die SS mit Bedacht sehr verschiedene Positionen zugewiesen. Sie baute geschickt eine Hierarchie auf, um die einzelnen Häftlingsgruppen gegeneinander ausspielen zu können. So war zum Beispiel die in Auschwitz geringe Zahl der deutschen Häftlinge allein wegen ihrer Eigenschaft als Deutsche privilegiert. Der jüdische Häftling stand auf der untersten Stufe der Hierarchie, die Russen nahe bei ihnen unten, die Polen etwas höher und so fort. Jeder Häftling hatte zu arbeiten. Dazu wurden Kommandos gebildet. Es gab gute Kommandos, zum Beispiel solche, wo man ein Dach über dem Kopf hatte und vor der Witterung geschützt war, wo man bei der Arbeit nicht auf Schritt und Tritt kontrolliert werden konnte, wo man sich – wie etwa in einer Küche – Essen beschaffen konnte. In solchen guten Kommandos fand nur eine beschränkte Zahl von Häftlingen Platz. Juden waren anfangs völlig von solchen Kommandos ausgeschlossen. Mit diesem System hat die SS den Häftlingen einen harten Kampf ums Dasein aufgezwungen. Wie konnte man – hatte man selbst einen relativ sicheren Arbeitsplatz – seinen Freund in einem guten Kommando unterbringen? Oft nur dann, wenn man einen anderen aus einem solchen Kommando verdrängte. Dieser nackte Kampf ums Überleben wurde von der Lagerführung bewußt entfacht. Bei ihm hatten – wie gesagt – die Deutschen die günstigste und die Juden die ungünstigste Position.

HARPPRECHT (*Anmerkung zu* HOLOCAUST *außerhalb der Diskussion*): Es wurde von Zuschauern während der Sendung festgestellt, daß ich zunächst kaum zu Wort kam. Ich war zu betroffen, um mich in die Debatte zu drängen, und der Diskussionsleiter fragte mich nichts. So blieben ein paar Dinge ungesagt, die mir am Herzen liegen:

Es liegt mir fern, den Eindruck, den die Sendung so offensichtlich bei vielen Zuschauern gemacht hat, mindern zu wollen. Doch einen großen Mangel dieser Produktion, und es gab deren sicher viele, möchte ich erwähnen. Man zeigte das Morden, die Brutalität der SS, man zeigte Gaskammern und hörte das Prasseln der Flammen. Doch in keinem Moment wurde das vermittelt, was das wirklich Unerträgliche in den KZs war: die konstante und tiefe Entwürdigung des Menschen. Man sah niemals, wie wir Häftlinge tagtäglich im eisigen Winter oder in glühender Sonne im Sommer früh und abends stundenlang nach schwerster Arbeit unbeweglich beim »Zählappell« stehen mußten, bis das gesamte Lager abgezählt war. Fast jeder Häftling litt chronisch an Durchfall – niemandem war es gestattet, während des Zählappells aus der Reihe zu treten. Man stand da, mit den entsetzlichsten Bauchkrämpfen und – jawohl, die Scheiße lief uns an den Beinen herunter. Wir waren verlaust, wir waren immer durstig, doch es gab nie genug zu trinken. Unsere Körper waren mit Krätze und offenen Wunden übersät, weil wir keinerlei Vitamine bekamen. Ins »Revier«, das sogenannte Krankenhaus, wagte keiner zu gehen, denn es war die Vorstation zur Gaskammer. In den Baracken stand in der Nacht ein Bottich, in dem man seine Notdurft verrichten mußte, weil zwischen den Appellen keiner hinaus zu den Latrinen durfte. Am Morgen mußte der Bottich von zwei Häftlingen herausgetragen werden – immer zum Überschwappen voll; man war mit Fäkalien begossen, man stank, man ekelte sich vor sich selber und den andern, man konnte sich niemals richtig waschen. Man sah nicht mehr, daß sich vor den Baracken jeden Morgen Leichenberge häuften, von Menschen, die in der Nacht wie die Hunde krepiert waren. Das war der Alltag des KZs – und nicht das manikürte Image von Edelmut, Todesverachtung und Nächstenliebe, das uns der Film vormachen wollte.

Von den jüngeren Zuschauern wurde immer wieder die Frage gestellt, was getan werden kann, damit »so etwas nicht wieder passiert«. Die Antwort darauf ist schwer, doch ich glaube, man sollte vor allem sagen: Ihr könnt Euch selber, Eure Kinder und uns alle schützen, wenn Ihr immer wieder Fragen stellt, und wenn Ihr vor allem Zivilcourage zeigt und nicht so feige seid, wie es Eure Eltern und Großeltern waren. Es gibt in unserm – alles in allem – demokratisch regierten Staat keinen Anlaß, sich bei jedem Konflikt zwischen Staatsgewalt und einzelnen Gruppen so aufzuführen, als sei man mit dem totalen Staat oder dem nackten Faschismus konfrontiert. Das wäre verlogen. Weinerlichkeit ist nicht angebracht. Das schwächt nur die Aufmerksamkeit für die wirklichen Gefahren. Doch in dem Augenblick, in dem die menschlichen Grundrechte bedroht werden – ob von einzelnen oder Gruppen – darf man nicht gleichgültig bleiben. Seid keine Anpasser und keine Kuscher.

LANGBEIN: Neben unzähligen Juden, neben Polen, Franzosen, Tschechen, Russen und anderen, wurden auch viele Zigeuner aus sogenannten »rassischen« Gründen nach Auschwitz deportiert. Die Zigeuner werden in Birkenau – einem Barackenmeer, das 3 km vom Hauptlager entfernt aufgebaut worden war – in einem gesonderten Lagerabschnitt familienweise untergebracht. Das mag schön klingen: Sie wurden nicht auseinandergerissen, hatten außer Lagerarbeiten keine weitere Arbeit. Wie sehr der Schein trog, erfuhr ich bald.

Ich verschaffte mir einmal die Möglichkeit, einen Tag in das Zigeunerlager zu gehen, dessen Sterblichkeitszahlen damals höher waren als die in jedem anderen Lagerabschnitt. Ich habe dort den Krankenbau gesehen, vor allem auch die Baracke, in denen die Frauen lagen, die entbunden haben. Das war der schlimmste Eindruck, den ich von zwei Jahren Aufenthalt in Auschwitz im Gedächtnis behalten habe: Auf dreistöckigen Pritschen lagen die Frauen auf Stohsäcken. Eine Frau, die auf der obersten Pritsche nackt lag, sang vor sich hin. Der Pfleger sagte: »Das ist die glücklichste von allen, sie ist wahnsinnig geworden.« Der Boden in der Baracke war gestampfte Erde, es gab keinerlei hygienische Einrichtungen. Anschließend an diese Baracke war ein Holzverschlag, in dem die Leichen gesammelt wurden. Die meisten waren Babyleichen. Dazwischen liefen Ratten.

Die Hauptsorge der SS war, daß jedes neu geborene Kind sofort die Häftlingsnummer eintätowiert bekommt, damit – wenn es stirbt – richtig verbucht werden kann, wer gestorben ist. Normalerweise wurde den Häftlingen ihre Nummer in Auschwitz in den linken Unterarm eintätowiert. Da die Arme der Babys dafür zu klein waren, wurde diesen ihre Nummer in den Oberschenkel eingestochen.

Die Zigeuner, die in Birkenau unter solchen Verhältnissen leben mußten, hatten schließlich folgendes Schicksal: Diejenigen deutschen Zigeuner, die von der Front nach Auschwitz gebracht wurden – darunter auch solche, die noch Uniform und Auszeichnungen trugen –, sind in ein anderes Lager überstellt und sterilisiert worden. Die restlichen Zigeuner, die die anderthalb Jahre überleben konnten, die das Zigeunerlager bestanden hat, wurden in der Nacht vom 2. zum 3. August 1944 in einer Gaskammer getötet.

MÄRTHESHEIMER: Ich möchte gern wissen, was uns fähig macht, hier so ruhig dieser Erzählung zuzuhören und dabei so zu tun, als hätten wir einen klaren Kopf. Ich möchte wissen, wie wir zu solch einer Leistung fähig werden, wo man eigentlich heulen müßte. Wie können wir den Leuten vorwerfen, daß sie damals nicht geweint haben, als ihre Nachbarn verschleppt worden sind, wenn wir hier selbst so kühl und gelassen sitzen?

LANGBEIN: Man soll nicht nur heulen. Mich berührt in diesem Zusammenhang am meisten, daß ich den Zigeunern gegenüber noch keinen Versuch sehen konnte, ihnen zu sagen, daß man das Unrecht, das ihnen widerfahren ist, wiedergutmachen will, soweit so etwas nachträglich möglich ist. Es gibt Wochen der Brüderlichkeit mit Juden – auch eine solche »Woche der Brüderlichkeit« ist problematisch, denn das Jahr hat 52 Wochen –, aber ich kenne keine Woche, keinen Tag der Brüderlichkeit mit den Zigeunern. Ich weiß aus vielen Fakten, daß sie bis heute diskriminiert sind, in Deutschland so wie in Österreich. Das gilt auch für die finanzielle Wiedergutmachung, deren Problematik schon durch die einfache Frage sichtbar wird, mit welcher Summe man den qualvollen Tod von Eltern oder Kindern wiedergutmachen soll. Ich kenne zum Beispiel einen Zigeuner, der wurde sterilisiert und konnte um diesen Preis sein Leben behalten. Das war bei deutschen Zigeunern manchmal möglich. Er hat wegen dieser Verstümmelung keine Wiedergutmachung mit der Begründung erhalten, daß eine Sterilisierung keine körperliche Verletzung darstellt, welche die Arbeitsfähigkeit einschränkt.

**Wie ist die Darstellung
des Lagers Buchenwald zu beurteilen?**

KOGON: Das, was gezeigt wird, ist eine Auswahl, und das gab es. Die Szenen selbst stimmen. Es gab auch z. B. solche Räume, wo Künstler arbeiteten, die für die SS arbeiteten, die Bilder malten und Möbel herstellten für die SS-Häuser, die Villen der Kommandeure. Z. B. die Szene, wo Karl Weiss und sein Kamerad aufgehängt werden – diese Szenen haben sich zugetragen.

Abb. 10: Das »Baumhängen« – eine der fürchterlichsten Strafen in allen Konzentrationslagern. Dieses Photo wurde aufgenommen von einem Bewacher im Lager Buchenwald.
(Photo: Bilderdienst Süddeutscher Verlag, München)

Abb. 11: Konzentrationslager Auschwitz. Auf dem Photo »selektiert« ein SS-Offizier die soeben eingetroffenen Juden, die noch ihren Davidstern auf ihren Kleidern tragen.
(Photo: Bilderdienst Süddeutscher Verlag, München)

Das »Baumhängen«, die Arme hinten hochgezogen, war eine entsetzliche Qual. Bis auf die Geschichte mit der Schwiegertochter der Familie Weiss ist die Geschichte richtig wiedergegeben. Bei weitem nicht in der vollen Wirklichkeit. Es sind also nur einzelne Ausschnitte. Die Lagerwirklichkeit ist z. B. bei den Prozessen gezeigt worden mit allen Aufnahmen, die die SS selbst gemacht hat.

LANGBEIN: Daß Himmler bei einer Massenexekution eines Einsatzkommandos hinter der Ostfront einmal schlecht wurde, ist verbürgt. Daraufhin hat er gesagt, daß er so etwas seinen Männern nicht zumuten könne, und es wurde dazu übergegangen, nicht durch Erschießungen, sondern durch Giftgas zu töten. Dieser Vorgang, der in Auschwitz im größten Maßstab organsiert worden ist, hatte neben der Tatsache, daß der zum Mord Befohlene sein Opfer nicht unmittelbar töten mußte, die schlaue Einrichtung, daß die Tötung nicht von einem Einzelnen vorgenommen wurde, sondern von einer Vielzahl von Leuten, von denen jeder ein Rad in der großen Organisation der Vernichtung darstellte. Die einen haben die Juden verhaftet, andere begleiteten die Deportationszüge, wieder andere trieben die Opfer bei der Ankunft in Auschwitz aus den überfüllten Waggons heraus, die nächsten haben selektiert, weitere trieben die Selektierten zur Gaskammer und drängten sie in diese hinein, der letzte hat schließlich das Giftgas durch den Schacht in die Gaskammer geworfen. Ist nur der ein Mörder, der das Zyklon-B einwirft? Dieser Vorgang gehörte ab Mitte 1942 bis November 1944 zum Alltag in Auschwitz. In den anderen Vernichtungslagern war derselbe Vorgang organisiert. Jeder, der an diesen alltäglichen Massenmorden teilgenommen hat, konnte das Gefühl bekommen: »Ich bin nur ein kleines Rädchen in einer großen Vernichtungsorganisation, wenn ich ausspringe, kommt ein anderer an meine Stelle, am Vorgang selbst ändert sich nichts.« Und so blieben sie – von den allzuwenigen Ausnahmen abgesehen – bei dieser Tätigkeit. Und damit konnten sie ihr Gewissen beruhigen.

Das ist ja wohl das Unheimlichste, daß diese Menschen, die Tag für Tag bei der Massenvernichtung mitgewirkt haben, sich nachher in die Gesellschaft wieder eingliedern konnten, als ob nichts gewesen wäre. Sie können ruhig schlafen. Ich kenne viele Überlebende aus der Reihe der Opfer, die bis heute keinen ruhigen Schlaf haben.

FRENZEL: Welche Überlebensstrategien gab es? Gab es wirklich Lagerorchester?

LANGBEIN: Es gab in Auschwitz ein Orchester, so wie in Dachau, das auch in dieser Beziehung Vorbild war, und in anderen KZs. Es war der Ehrgeiz der Kommandanten, ein so gutes Orchester zu haben wie sein Kollege in Dachau. Musiker gab es genügend. Sie wurden herausgezogen, in der Häftlingsküche zur Arbeit eingeteilt, wo sie einerseits überdurchschnittlich günstige Überlebenschancen hatten, andererseits immer im Lager waren und daher zur Verfügung standen. Ausgezeichnete Musiker – in der Mehrzahl Polen – gehörten zu diesem Orchester. In Birkenau gab es sowohl im Männer- als auch im Frauenlager ebenfalls Orchester. Hier griff die SS auch auf Juden zurück. Sie hatten jeden Tag beim Ausmarsch und bei der Rückkehr der Arbeitskommandos zu spielen. Beim Tor wurden die Häftlingskolonnen gezählt, der Appell mußte immer stimmen, und Marschmusik sollte helfen, damit die Häftlinge strammer marschieren konnten und ihre Fünferreihen daher leichter gezählt werden konnten.

Das Orchester hatte der SS auch regelrechte Konzerte zu geben. Die Proben dafür fanden im Lager statt. Und das waren Konzerte für diejenigen Gefangenen, die sich die Möglichkeit beschafften, dabei zuzuhören.

DE BOOR: Zu der Frage der Überlebensstrategien. Sie (Langbein) hatten geschildert, welche äußeren Verhältnisse das Überleben erleichtert haben oder nicht. Würden Sie Informationen bestätigen, die immer wieder darauf hinweisen, daß auch die innere, psychische Situation der Häftlinge für das Überleben eine nicht geringe Rolle gespielt hat. Was so schrecklich war im Grunde, war doch, daß diesen Menschen systematisch alle Qualitäten des Menschseins genommen wurden. Sie wurden entmenschlicht, es ist ihre menschliche Person zerbrochen worden, und unter diesem inneren Zusammenbruch kam es dann sehr häufig, sehr rasch auch zu einem Erlöschen des physischen Lebens. Es gibt aber immer wieder Berichte darüber, daß bestimmte Gruppen von Häftlingen, die dieser Vernichtungsideologie eine andere Ideologie entgegensetzen konnten — etwa die Zeugen Jehovas, Mitglieder der Kommunistischen Partei –, die also innerlich sehr straff an einem Ideal, an einer Ideologie orientiert gewesen sind, vom Psychischen her eine größere Zähigkeit, eine größere Chance zum Überleben hatten.

LANGBEIN: Ja, es gab auch hier eine krasse Ungleichheit. Man muß sich nur vorstellen, daß ein Jude, der in der Regel mit seiner ganzen Familie deportiert wurde, auf der Rampe bei der Selektion von dieser getrennt wurde. Anfangs weiß er nicht, wohin seine Frau, seine Eltern, seine Kinder gekommen sind — es wurde gesagt, sie kommen in ein Lager mit leichterer Arbeit. Früher oder später erfuhr er das Schicksal seiner Familienangehörigen. Für ihn war der Schock bei der Einweisung nach Auschwitz natürlich um vieles stärker als zum Beispiel für mich, der ich ohne Familienangehörige nach Auschwitz gebracht worden bin, der nicht bei der Ankunft einer Selektion unterworfen wurde. Hatte dieser Zugangsschock einen Menschen zerbrochen, so sah das der Lagererfahrene diesem an. Man wußte: Der lebt nicht mehr lange. Wer hingegen als bewußter Gegner des Nationalsozialismus ins Lager kam, wußte, daß er nun in der Hand seiner Gegner war. Er trachtete, auch hier noch wenn irgend möglich seinem Feind ein Opfer zu entreißen. Gelang es ihm, seine Moral zu behalten, so war seine Überlebenschance ungleich größer; ihm konnten Lagererfahrene auch wesentlich leichter helfen. Derjenige, für den die Deportation in ein Vernichtungslager wie ein Schicksalsschlag kam, hat oft jede Lebenskraft verloren. Genauso wichtig, ja vielleicht wichtiger als der körperliche Zustand war die psychische Verfassung des Häftlings.

Was taten die Kirchen?

SCHOLDER: Hier kann man nur so beginnen, daß man sagt: Diese ganze Frage der Behandlung der Juden im »Dritten Reich« ist der Punkt, an dem die beiden christlichen Kirchen am tiefsten schuldig geworden sind. Ich glaube, daß es darüber auch in den Kirchen keine ernsthafte Diskussion gibt. Dies ist nach 1945 sehr schnell begriffen worden. Es hat da beispielsweise das »Stuttgarter Schuldbekenntnis« gegeben, das damals noch sehr angegriffen worden ist. Aber auf dem Hintergrund dieses Films begreift man es besser, als man es damals begriffen hat. Dies also vorweg, einfach als Feststellung.

Dann kann man – in einem zweiten Gang sozusagen – ein paar Punkte anführen, warum die Kirchen hier so eindeutig an einer Aufgabe versagt haben, die zweifelsfrei ihre Aufgabe gewesen wäre. Da ist vor allem natürlich die – nicht antisemitische, so kann man es nicht sagen, aber – antijüdische Tradition in der christlichen Kirche zu nennen. Sie geht zum Teil bis auf das Johannes-Evangelium zurück. Es gibt darin eine berühmte Stelle (Joh. 8, 44), wo die Juden Kinder des Teufels genannt werden. Diese Stelle ist übrigens von Streicher und all den Antisemiten immer wieder zitiert worden. Zu dieser langen antijüdischen Tradition gehörte auch die Frage der Mission der Juden, die sich nicht missionieren lassen wollten, ihre scheinbare Halsstarrigkeit und Verstocktheit. Dies zieht sich durch das ganze Mittelalter hindurch. Auch Luther hat ein paar furchtbare Schriften gegen die Juden geschrieben. Dies alles war natürlich kein Rassenantisemitismus, sondern es war ein Antijudaismus, eine Frage zweier Glaubenslehren und Glaubensgemeinschaften, die aufeinanderprallten. Der Jude, der sich taufen ließ, war kein Jude mehr. Er war Christ, und damit war gewissermaßen seine Herkunft vergessen.

Das galt auch für das ganze 19. Jahrhundert. Heinrich Heine etwa konnte sagen: Die Taufe ist das Entreebillet zur deutschen Gesellschaft. Dies war keine sehr feine Sache, aber es war doch immer als eine Möglichkeit da. Der Rassenantisemitismus, dem man nicht entrinnen konnte, war etwas anderes. Aber er wäre zweifellos nicht möglich gewesen, ohne diese lange, vorbereitende Tradition. Sie hat für die Entstehung des Rassenantisemitismus eine entscheidende Rolle gespielt.

Und dann muß man zweitens fragen: Wer sind denn die christlichen Kirchen in Deutschland? Die christlichen Kirchen in Deutschland sind Volkskirchen. Fast jedermann gehört zu einer dieser Kirchen, und wer fragt, was haben diese Kirchen denn gemacht, muß also im Grunde fagen: Was haben wir als Christen in Deutschland gemacht? Die Kirchen als Volkskirchen können im Grunde nur so viel und so wenig tun, wie das Volk selbst.

Es gibt dafür ein wundervolles Beispiel, das ja auch im Film eine Rolle gespielt hat. Bei der Wannsee-Konferenz erklärt der Vertreter des Staates: Bei den Geisteskranken haben doch die Kirchen protestiert, und dann haben wir, weil der Protest so breit war, die Sache abblasen müssen. Das wird uns bei den Juden ganz genauso ergehen. Darauf erwidert ein Vertreter der SS: Kein Mensch wird für die Juden eine Hand rühren – und dies war die Wahrheit. Die Deutschen haben die Ermordung ihrer Geisteskranken und das, was damit verbunden war, nicht hingenommen, und der Protest der Bischöfe war so deutlich, daß Hitler die Aktion beenden mußte. Die Juden hingegen hat niemand verteidigen wollen; niemand hat sich für sie in dieser Weise eingesetzt. Deshalb blieb es im Falle der Geisteskranken bei Einzelaktionen.

ROHRBACH: Herr Scholder, das hat mich eben doch sehr erschreckt, mit welcher Selbstverständlichkeit Sie aus der Position der Kirchen heraus gesagt haben: Nun gut, um die Geisteskranken hat man sich bemüht, aber für die Juden wollte sich niemand einsetzen.

SCHOLDER: Das hängt vielleicht noch mit einem dritten Punkt zusammen. Die Kirchen hatten von 1933 an – zunächst sehr viel stärker die katholische, dann auch die evangelische – das Gefühl, sie seien selbst unmittelbar bedroht. Und sie hatten dieses Gefühl ja durchaus zu Recht. Es gibt 1933 Äußerungen von Kardinal Faulhaber und Kardinal Bertram, die etwa besagten: Wenn wir jetzt für die Juden intervenieren, dann wird der Judenhetze die Jesuitenhetze sehr schnell hinterherfolgen. Wir müssen erst einmal sehen, daß wir einigermaßen beieinander bleiben und unsere Institution funktionsfähig erhalten. Das waren ja doch große und außerordentlich schwierige Entscheidungen, die hier zu treffen waren. Tatsächlich wurden die Kirchen dann ja auch selber immer mehr bedrängt im »Dritten Reich«, und es ist kein Zufall, daß das Eichmann-Referat im Reichssicherheitshauptamt Kirchen und Juden zusammenfaßte. Es gibt ganz zweifelsfreie Äußerungen in entsprechenden Sitzungen und Konferenzen, denen zufolge das Ziel die Zerschlagung der christlichen Kirchen war. Dieses Gefühl der eigenen Bedrängnis, der eigenen Unsicherheit hat die Kirchen dann auch – soweit sie in ihrer verantwortlichen Leitung entscheiden mußte – dazu geführt, daß sie sich nicht auch noch um Leute kümmern wollten, die sowieso so umstritten waren. Deshalb hat man dann auch vielfach die Augen zugemacht.

ROHRBACH: In der Diskussion mit jungen Menschen erlebt man heute, daß sie dafür eigentlich am wenigsten Verständnis haben. Sie sind es gewohnt, in einer Gesellschaft zu leben, die vielfältige Möglichkeiten des Widerstands hat, der Demonstration, des Streiks usw. Man muß wissen, daß diese demokratischen Fähigkeiten den Leuten damals nicht zur Verfügung standen.

**Was einer Generation zu raten wäre,
die dies alles nicht mitgemacht hat.**

REICH-RANICKI: Wenn mich junge Menschen fragen, was sie tun sollen, damit sich nicht wiederholt, was in Deutschland zwischen 1933 und 1945 geschehen ist, dann habe ich für sie, wenn es sich um Christen handelt, einen sehr einfachen Ratschlag: Sie mögen ihr Christentum ernst nehmen. Wenn das deutsche Volk das Christentum ernst genommen hätte, wäre es zu diesem »Dritten Reich« mit all seinen Folgen nicht gekommen. Und dann gibt es vielleicht noch einen Ratschlag: Um eine Wiederholung zu verhindern, muß man die Vergangenheit genau kennen und endlich begreifen, was geschehen ist.

SCHEFFLER: In Verbindung mit dem Wort an Jüngere möchte ich auch eins an die vielen Kritiker aus den Reihen der älteren Generation richten, die vielfach behaupten, es würde zuviel über diese Fragen gesprochen und dabei andere Probleme vernachlässigt. Ein Verdienst des Films besteht wohl darin, daß durch die Eröffnung dieser Diskussion und durch das Hinwegräumen von Tabus die Eörterung der Folgeerscheinun-

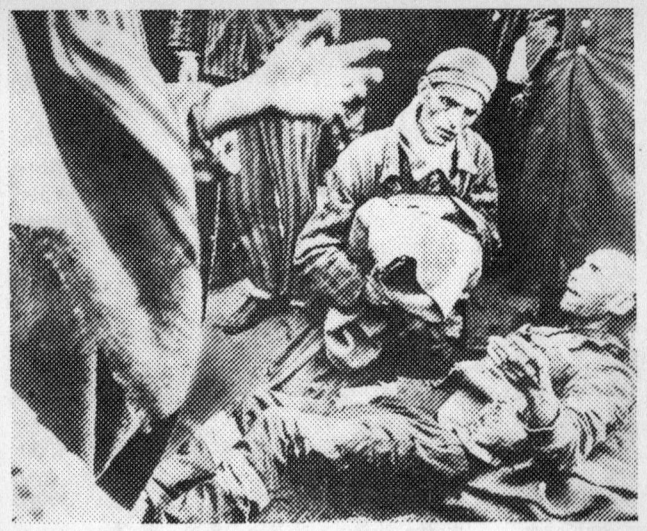

Abb. 12: Befreite Häftlinge (1945) im Konzentrationslager Wobbelin bei Ludwigslust/Mecklenburg.
(Photo: Bilderdienst Süddeutscher Verlag, München)

gen, die unser Volk betroffen haben, unvoreingenommener und etwas leichter wird, ohne daß man sich des Vorwurfs aussetzen muß, das eine zu behandeln und das andere nicht. Es gibt unheimliche Verbindungen zwischen dem einen und dem anderen. Ein Beispiel möchte ich dazu anführen, das die Tragödie des Sterbens von Menschen kennzeichnet. Als in Dresden die Luftangriffe vorbei waren und man anfing, die Opfer auf dem Altmarkt zu verbrennen, stellte man dazu Roste auf. Diese Arbeit wurde zum Teil von ukrainischen Hiwis vorgenommen, Überreste des Bataillons Streibel aus Trawniki, die früher teilweise in den Vernichtungslagern ähnliche Verrichtungen vorgenommen hatten. Ich glaube, es gibt keine grausigere Verbindung zwischen den Geschehnissen, die sich die Geschichte denken konnte. Zusammengefaßt: Die Diskussion über HOLOCAUST bietet die Möglichkeit, mit größerer Freiheit über Folgeerscheinungen zu sprechen, weil man sich der *Unvergleichlichkeit* beider Vorgänge bewußt geworden ist.

HARPPRECHT: Über den Film habe ich nicht mehr viel zu sagen, über Auschwitz kann ich nicht viel sagen, weil man Ausch-

271

witz eigentlich nicht wirklich beschreiben kann. Man ist dort gewesen, und ich muß gestehen, daß ich bei der Szene der Vergasung, als das Zyklon-B da rein geworfen wurde, aus dem Studio rausgegangen bin, ich konnte es mir nicht anschauen.

Ich möchte vielleicht ein paar Worte an unsere jungen Zuschauer sagen, nicht an die, die die Geschichte nicht glauben, es gibt davon wahrscheinlich wenige, und denen stehe ich jederzeit als Zeuge zur Verfügung. Aber vielleicht an die, die sich nicht belastet fühlen, die meinen, daß das ein Problem ihrer Eltern, ihrer Väter, ihrer Mütter, ihrer Großeltern sei, daß sie damit nichts zu tun hätten. Denen muß ich doch ein paar kleine Wahrheiten sagen: Man kann sich ein Volk, seine Familie, seine Gesellschaft nicht aussuchen, man wird in sie hineingeboren. Ich bin auch nicht vor Beginn der Nazizeit gefragt worden, ob ich als Jüdin auf die Welt kommen wollte. Später habe ich mich sicher des öfteren gefragt, ob es nicht besser gewesen wäre, wenn ich nicht als Jüdin auf die Welt gekommen wäre. Aber so war das halt, das hat man akzeptiert. Das mußten meine Eltern akzeptieren, das mußte mein Vater akzeptieren, der als Offizier im 1. Weltkrieg war, meine Mutter und wir Kinder, die wir in einem sehr deutsch geprägten Haus aufgewachsen sind. Meine Eltern mußten die Tatsache, daß sie Juden sind, mit dem Leben bezahlen: Sie wurden umgebracht, sie wurden vergast. Meine Schwester und ich sind wahrscheinlich seit dieser Zeit bewußtere Juden, als wir es vorher waren. Ich sage es heute jedem, der es hören will oder auch nicht, daß ich eine Jüdin bin, und zwar eine Jüdin deutscher Herkunft. Und ob ich es will oder nicht, ich gehöre damit zur jüdischen Geschichte. Ich finde, die jungen Leute, ob sie es wollen oder nicht, gehören zur deutschen Geschichte. Wenn sie sich aus dieser Geschichte und dieser Realität flüchten, dann schaffen sie damit ein Niemandsland von einer Bewußtseinslosigkeit, von einer Verantwortungslosigkeit. In diesem Niemandsland läuft man dann Gefahr, daß sich da Leute hereinsetzen, die Macht wollen und die skrupellos sind. Was dann passiert, das weiß man. Ich glaube, die jungen Deutschen müssen es akzeptieren, Deutsche zu sein mit allen Lasten, die dazu gehören, und dann brauchen sie ihr Haupt nicht mit Asche bestreuen.

LANGBEIN: Wenn manche nun fragen: Warum klagt Ihr schon wieder an?, so mißverstehen sie das Problem, das mit HOLOCAUST angeschnitten wurde. Meiner Meinung nach – und ich glaube, ich darf das auch im Namen anderer, die die KZs durchleben mußten, sagen – geht es heute nicht darum, jemanden schuldig zu sprechen oder jemandem zu verzeihen. Es geht heute darum, vor allem die jungen Menschen, die zweifellos keinerlei Schuld an dem Geschehen tragen, zum Nachdenken darüber anzuregen, wieso so etwas möglich war. Was hat dazu geführt, daß junge Menschen damals imstande waren, in Auschwitz und in anderen Vernichtungslagern Tag für Tag bei dem Massenmorden mitzuwirken, ohne dadurch ihr Gewissen zu belasten? Die Antwort auf diese Frage scheint mir das Wichtigste zu sein. Der Film kann Anstoß sein, darüber nachzudenken, darüber nachher zu diskutieren.

Roderich Reifenrath
Deutschstunden

Die Deutschen haben eine lehrreiche Woche hinter sich. HOLOCAUST, der Leidensweg einer jüdischen Familie aus Berlin, die der nationalsozialistischen Mordmaschine zum Opfer fällt, hat tiefe Furchen in das Bewußtsein von Millionen Menschen gezogen. Der Zusammenprall mit dem schändlichsten Teil der eigenen Geschichte, Initialzündung für eine Welle von Scham, Entsetzen, Mitleid, Zorn und Tausenden von Fragen, könnte vielleicht sogar zum erstenmal nach der Zivilisationskatastrophe in den Vernichtungslagern Hitlers den bislang so glatt funktionierenden Verdrängungsmechanismus überwinden. Das geschieht zu einem Zeitpunkt, da Mörder noch unter uns leben, Juristen und Politiker sich weiterhin mit den Folgen des Dritten Reiches auseinandersetzen müssen (Majdanek-Prozeß, Verjährungsdebatte) und jeder genügend Gelegenheit hätte, seine Phantasie zu beflügeln.

Wer nach einer Begründung dafür sucht, wird mit Erklärungen über das Phänomen Massenmedien allein nicht auskommen. HOLOCAUST wurde nach den Maßstäben jener gedreht, die gegen harte Konkurrenz ihr Produkt behaupten wollen. An Aufklärung hatten sie wohl nicht in erster Linie gedacht, vielleicht als Nebenwirkung mit einkalkuliert. Die Trivialität einzelner Szenen lassen den Schluß zu, daß banal-kommerzielle Gesichtspunkte nicht verschmäht wurden. Einlagen in Hollywood-Manier regten zum Weinen und nicht zum Denken an, wie es in einem Telefonanruf beim Westdeutschen Rundfunk hieß.

Aber ziehen solche Einwände? Daß die Darstellung eines verbrecherischen Regimes am Schicksal weniger Menschen für viele zum Schlüsselerlebnis wurde, liegt natürlich daran, daß sie sich mit den Opfern identifizieren konnten – mit ihren Ängsten, Demütigungen und Leiden. Aber was sich da abgespielt hat, war nicht nur ein kollektiver Ausbruch von Mitgefühl, sondern auch Betroffenheit angesichts der Ungewißheit, wie tief denn die eigenen Familien – Großväter, Väter, Brüder, wohl kaum noch Söhne – in die Verbrechen der Nazis verstrickt waren: Deutschstunde nach allen Regen der Kunst. Nachhilfeunterricht.

Es bleibt dennoch ein schwer verständlicher Vorgang, daß Jahrzehnte nach Auschwitz, Theresienstadt oder dem Warschauer Getto plötzlich Gefühle im Zusammenhang mit einem Thema aufsteigen, dessen emotionaler Gehalt bislang von den meisten Männern und Frauen unter Verschluß gehalten worden ist, die Hitler bewußt erlebt, ihn gewählt oder ihm als Funktionsträger gedient haben. In den Schulen wird die nationalsozialistische Ära nicht mit Vorrang behandelt, zu Hause finden Jugendliche selten Gesprächspartner. Die Nazizeit ist längst zum abgeriegelten Tummelplatz der Historiker geworden.

HOLOCAUST hat nun ein bislang kaum empfundenes Tabu gestört – vor allem bei den nicht vom Schuldkomplex oder Unlustgefühlen belasteten Generationen. Mit Hilfe eines pädagogischen Außenseiters wurden Anstöße gegeben, die im Idealfall bewirken könnten, daß Nachkriegsversäumnisse einer ganzen Nation aufgearbeitet werden.

Doch man sollte seine Erwartungen nicht zu hoch schrauben. Junge Menschen werden jetzt fragen. Und viele dieser Fragen werden an die Altersgruppe gerichtet sein, die am Ende des Zweiten Weltkrieges minderjährig war und danach – wenn überhaupt – die eigenen Eltern zur Auseinandersetzung mit der Kollektivschuld-These gezwungen hat. Die Kindeskinder also stehen immer noch vor Aufräumarbeiten und sie werden, um es schaffen zu können, in erster Linie wissen müssen, wie das alles möglich gewesen ist.

In HOLOCAUST gibt es eine zentrale Figur: den SS-Sturmbannführer Erik Dorf, eine fiktive Gestalt, die meiner Meinung nach kaum besser hätte erdacht und auch gespielt werden können. Dorf, Kleinbürger, ehrgeizig, feige, ausstaffiert mit jener kalten Intelligenz, die Hitlers oder Himmlers wüste Träume auf eine nüchterne Verwaltungssprache brachte und damit ungeheuerlichste Verbrechen erst vollstreckbar machte. Dorf ist der Prototyp des Karrieristen, der seinen privaten Zielen alles unterordnet, morgens Gaskammern bestücken läßt und abends in der Familie die heile Welt zelebriert. Und war doch nicht so abgestumpft, daß kein Unrechtsbewußtsein mehr vorhanden gewesen wäre. Unter anderen historischen Bedingungen hätte man ihn als beflissenen Diener anderer Herren wiedergefunden.

Die Mehrheit des deutschen Volkes hat sich im Dritten Reich so verhalten, wie es der Publizist Sebastian Haffner in seinem Buch *Anmerkungen zu Hitler* beschrieben hat: »Aber wer wollte, konnte unwissend bleiben oder sich unwissend stellen.« Daneben aber gab es die Dorfes – auf allen Ebenen –, die Liebdiener des Systems, seine Säulen. Über sie sollte mit Vorrang in den Schulen und zu Hause gesprochen werden. HOLOCAUST hat endlich das Klima dafür geschaffen.

(*Frankfurter Rundschau* vom 29. 1. 1979. Der Abdruck erfolgt mit freundlicher Genehmigung des Autors.)

Henri Nannen
Ja, ich war zu feige

Lieber Sternleser!

»Habt ihr das gewußt?« lautet die Frage unserer Kinder und Enkelkinder, seit HOLOCAUST am letzten Freitag zu Ende ging. »Und wenn ja, wie konntet ihr es zulassen?«

Ich sehe förmlich, wie Sie sich gewunden haben unter dieser Frage. Sie hatten doch nie etwas gegen die Juden gehabt. Sie haben kein Blut an den Händen, Sie haben Ihren Nachbarn Josef Weiss nicht denunziert. Sie haben ihn – wenn gerade niemand hinsah – sogar noch gegrüßt, als er Ihnen, gezeichnet mit dem gelben Judenstern, auf der Straße begegnete.

Und was heißt hier schon »gewußt«?

Stimmt es denn überhaupt, was dieser in Teilen bis zur Rührschnulze verkitschte US-Film uns da vorgesetzt hat? Wenn schon die Kragenspiegel an den SS-Uniformen falsch sind, wenn es schon in Heydrichs Umgebung keinen Typ wie diesen servilen Herrn Dorf gab, wenn schon – wie in den amerikanischen Kriegsfilmen – die Deutschen nur als dumme Teufel, perfide Technokraten und geile Stiernacken mit Namen Müller auftreten – wenn schon dieser Film über ein so schreckliches Thema nicht auf ein einziges Hollywood-Klischee verzichten kann –, stimmt dann vielleicht auch anderes nicht? Waren es am Ende gar nicht sechs Millionen Gemordeter, sondern doch nur fünf oder vier oder gar nur drei?

O Gott, wozu ist der Mensch imstande, wenn es gilt, der Schuld davonzulaufen! Als ob es da auf ein paar Hunderttausende weniger Erschlagene, Erschossene oder Vergaste ankäme, auf ein paar tausend Säuglinge mehr oder weniger, die man ihren Müttern wegriß und ins Feuer warf, als ob damit das Verbrechen kleiner, zufälliger, entschuldbarer würde.

Nein, es hätte dieses US-Schinkens HOLOCAUST nicht bedurft, um zu beweisen, daß diese »Endlösung der Judenfrage« allein eine Sache der Deutschen ist. Jawohl, eine Sache aller Deutschen meiner Generation, denn schließlich haben ja Hitler, Himmler und Heydrich das blutige Geschäft nicht mit eigenen Händen bewerkstelligt, und sie hätten es auch mit ihren »Einsatzgruppen« nicht besorgen können – ohne uns, ohne Sie und mich.

Denn wenn schon der Sieg über Polen ein deutscher Sieg war und nicht nur der Sieg der Heeresgruppen Bock und Rundstedt, und der Sieg bei Dünkirchen ein deutscher Sieg und nicht nur der Erfolg der 18. Armee, und die Schlacht bei Tobruk ein deutscher Sieg nicht nicht nur Rommels Privatsache – dann ist der Mord an den Juden auch ein deutscher Mord.

Nein, die peinlichen Übertreibungen in der Rahmenhandlung von HOLOCAUST, die unglaubwürdigen Vergewaltigungsszenen, die von den ewigen Verdrängern wollüstig als Vorwand benutzten sachlichen Unrichtigkeiten des Films ändern nichts daran, daß die Wahrheit schlimmer war, als HOLOCAUST sie zeichnen konnte.

Die Mörder waren nicht nur Tölpel und Sadisten, nicht nur Schläger und Karrieristen, sie waren meist leidenschaftslose, gläubige, von der Notwendigkeit ihres Handelns zum Nutzen der deutschen Nation überzeugte und deswegen mit äußerster Zuverlässigkeit mordende deutsche Männer und Frauen.

Und sie und ich, haben wir es denn gewußt?

Nun, wir wollten es jedenfalls nicht wissen. Obwohl wir es hätten wissen müssen.

Nicht, weil die SA schon seit 1933 grölte: »Wenn erst das Judenblut vom Messer spritzt« – das hätte man noch als propagandistischen Klamauk eines politischen Pöbels abtun können. Aber sahen wir denn nicht, wie sich das Straßenbild unserer Städte veränderte? Gellte uns das Geklirr der Fensterscheiben in der Kristallnacht nicht in den Ohren? Nahmen wir es ganz beiläufig zur Kenntnis, daß unsere jüdischen Mitbürger auf Parkbänken nicht mehr ausruhen durften, daß Josef Weiss sich »Josef Israel Weiss« nennen mußte und daß jede jüdische Frau gezwungen wurde, den Namen »Sara« zu führen? Wurden uns Begriffe wie Mischling ersten Grades, Mischehe privilegierte Ehe zu puren Selbstverständlichkeiten? Und »Rassenschande« zu einem angemessenen Begriff für die Liebe zwischen zwei Menschen, von denen der eine Jude war?

Nach der ersten HOLOCAUST-Folge fing meine Frau mitten im

Gespräch zu weinen an. »Erinnerst du dich: Berlin, Meineke-
straße, ein kleines Lebensmittelgeschäft, in dem ich einkaufte.
Und ich ging, keine 20 Jahre alt, vorbei an den alten Damen mit
dem Judenstern und ließ mich bedienen, denn ›Arier‹ hatten
den Vortritt. Mein Gott, was war mit uns los, daß wir es zulie-
ßen?«

Und als man sie dann abholte, die Weiss' die Levis, die Cohns
und die mit dem deutschen Namen Windmüller und Visser und
Glöss und wie in meiner Heimatstadt Emden die Juden hießen,
wohin kamen sie? Haben Sie wirklich geglaubt, man bereite denen, die man da vor Ihren Augen auf Lastwagen lud und in
Viehwaggons sperrte, irgendwo im Osten als »Umsiedler« eine
neue Heimat?

Theresienstadt, Auschwitz, Treblinka, Majdanek – hielt einer
das für Landverschickungsheime für »Andersrassige«? Aus-
sonderungsrampen auf den Endbahnhöfen in Polen; die einen,
weil noch bei Kräften, zur Arbeit, die anderen gleich ins Gas –
das sollte sich nicht bis in die Heimat herumgesprochen haben?
So genau freilich nicht, dank der Diskretion, mit der die Mordmaschine lief. Aber wer sich nicht Augen und Ohren zuhielt
und das Gehirn abschaltete, dem blieb nicht verborgen, daß
hier das perfekteste Verbrechen seinen Weg nahm.

Wir hätten es wissen müssen, wenn wir es nur hätten wissen
wollen. Wer Soldat im Osten war, dem konnten die Judenerschießungen, die Massengräber und beim Rückzug die ausge-
buddelten und verbrannten Leichenberge nicht verborgen bleiben. Ich jedenfalls, ich habe gewußt, daß im Namen Deutschlands wehrlose Menschen vernichtet wurden, wie man Ungeziefer vernichtet. Und ohne Scham habe ich die Uniform eines Of-
fiziers der deutschen Luftwaffe getragen.

Ja, ich wußte es, und ich war zu feige, mich dagegen aufzuleh-
nen.

Ob ich damals noch etwas hätte tun können? Das ist nicht die
Frage. Die verdammte Frage ist, ob es eines amerikanischen
Filmes bedurfte, um uns klarzumachen: Holocaust ist überall.
Auch heute, auch nach 40 Jahren noch.

Und ob wir wiederum zu feige sind, uns dagegen aufzuleh-
nen.

Es war ein junger Hamburger Staatsanwalt, der im August
letzten Jahres die Anzeige eines jüdischen Mitbürgers abwies,
dem ein Nachbar einen an die »dreckige Judensau« adressier-

ten Brief geschrieben hatte. Unter dem Aktenzeichen 54 Js 309/78 ließ der Staatsanwalt Arn Osterloh den Juden wissen: »Die Beleidigungen sind zwar überaus häßlicher Natur, stören aber den Rechtsfrieden über ihren Lebenskreis hinaus nicht.«

Was da nach staaatsanwaltschaftlicher Beurteilung den Rechtsfrieden nicht störte, lautet im Originalton 1978: »Juda verrecke! Du dreckiger Jidde, riech Gas! Judenschwein! Erinnere Dich an 1933! Die Kopfhaut einer Judenstirn, das gibt 'nen prima Lampenschirm.«

Erinnern Sie sich an die kaum faßbare Gleichgültigkeit, mit der die Polizisten im Film HOLOCAUST zusahen, als die SA den alten jüdischen Buchhändler Palitz zusammenschlug? Genauso geht er vorbei 1978, der junge Herr Staatsanwalt Osterloh, und hört nicht hin, und dabei ist er doch keiner von uns Älteren, die wir verseucht sind von unserer unbewältigten Vergangenheit.

Holocuast ist an keine Generation gebunden und an kein Volk. Holocaust ist überall. Und überall bieten sich die Opfer an: Juden, Neger, Langhaarige, Vietkong, Kommunisten, Dissidenten, Terroristen, Schah-Gegner, Radikale – jagt sie, prügelt sie, schafft sie uns vom Hals, am besten ihr schlagt sie tot. Denn wir wollen unsere Ruhe haben, unseren Rechtsfrieden, unsere Friedhofsruhe, unseren Rechtsfriedhof.

Aber damit es nicht eines Tages wieder unsere Kinder und Enkel sind, die sagen können, sie hätten nicht gewußt, wohin die Verachtung der Andersdenkenden, die Unduldsamkeit und schließlich der Haß führen können, zeigen wir die Bilder und Dokumente auf den nächsten Seiten.

Wer mir schreiben will, die alliierten Luftgangster über Dresden, die Amerikaner in Vietnam, die Sowjets in Ungarn, die Israelis im Libanon, die Kommunisten in Kambodscha, sie seien ja alle nicht anders – der sollte sich das Porto sparen. Das Verbrechen der anderen entschuldigt das eigene nie.

Erst, wenn wir nicht mehr zu feige sein werden, unserer eigenen Schuld ins Gesicht zu sehen, und erst, wenn wir bereit sind, ohne Feigheit aufzustehen gegen die ersten Zeichen jeglicher Intoleranz – erst dann mögen wir zumindest für unsere Kinder die Gnade des Vergessens in Anspruch nehmen.

Herzlichst Ihr   Henri Nannen

(*Stern* vom 1. 2. 1979. Der Abdruck erfolgt mit freundlicher Genehmigung des Autors.)

Elke Utgenannt
›Holocaust‹ zwingt
zum gemeinsamen Gespräch

Auslandspresse reagierte positiv

»Ich selbst finde den Film nach wie vor unerträglich schlecht gemacht, zumindest in Teilen. Allerdings war ich beeindruckt von der Reaktion. Wohl zum ersten Mal habe ich erlebt, wie Väter mit Söhnen und wildfremde Menschen als ›Jahrgangsgenossen‹ nach jahrzehntelangem Schweigen wieder über das Thema ›Juden in Deutschland‹ diskutierten. Und endlich einmal nicht mehr vor dem Hintergrund einer falschen Schützengrabenromantik, sondern vor dem Hintergrund der Schuld. Wenn ein Film das schaffen konnte, war er bestimmt nicht ganz schlecht.« Diese Meinung des 42jährigen Taxifahrers Armin Scholte aus Berlin nach Ausstrahlung der umstrittenen amerikanischen Serie HOLOCAUST darf wohl in seiner Aussage für einen wesentlichen Teil der Zuschauer zutreffen.

Es erklärt zwar nicht, warum es in den nahezu 100 Sendungen über die Judenverfolgung in den letzten Jahren den Fernsehanstalten nicht gelungen ist, breitere Publikumsschichten zu erreichen, wohl aber, daß ein sehr großer Teil keineswegs mit der trivialen Vermarktung dieses unermeßlichen und in seinem ganzen Ausmaß nicht faßbaren Leidens einverstanden ist, sie gar nicht durchschaut oder erkannt hat, sondern die Machart des Streifens angesichts dieser Barbarei als unwesentlich empfindet.

Das Echo der Auslandspresse auf die Reaktion der deutschen Bevölkerung nach der Ausstrahlung war durchweg positiv.

In Frankreich, wo das Interesse besonders groß ist, weil die Serie ab 12. Februar im französischen Fernsehen gezeigt wird, schreibt der *Figaro*: »Die Deutschen sehen den Film im Familienkreis. Das ist schon ein historisches Ereignis… Der Kauf der Serie für 1,2 Millionen Mark war eine politische Entscheidung. Das Fernsehen selbst war anfänglich gar nicht interessiert.« Der *Matin*: »30 Jahre danach ist das Interesse in beiden Lagern gleichgroß. Das sichert den regionalen Dritten Programmen eine normalerweise nicht zu registrierende Sehbeteiligung. Man hat den Eindruck, daß die Vergangenheit für einige noch sehr gegenwärtig ist. Sprengsätze zerstörten Sendeanlagen in Koblenz und Münster.« Die Abendzeitung *France Soir* kommt zu dem Schluß: »Die Hälfte der Deutschen ist aufgewühlt, und die andere Hälfte protestiert… 34 Jahre nach Auschwitz hat es den Anschein, als entdeckten die Deutschen erstmals den Horror einer Seite ihrer Geschichte.«

Die *Neue Zürcher Zeitung*: »Das überwiegende positive Interesse, das bisher als statistisches Ergebnis feststeht, könnte allerdings auch darüber hinwegtäuschen, daß in der älteren und mittleren Generation ein starkes zumeist latentes Bedürfnis besteht, die jüngste Vergangenheit auf sich beruhen zu lassen. Überdruß, Scham, Schuldgefühl und wahrscheinlich zum kleineren Teil die Ansicht, daß die Hitler-Epoche so schlimm nicht war, fielen hier zusammen. Die ausgesprochenen Gegner des Films melden sich aber sichtlich nicht so aktiv zu Wort wie die Befürworter. In der Diskussion, die HOLOCAUST vorangegangen ist, hat die Frage eine Rolle gespielt, warum die Bundesrepublik zur publikumswirksamen Darstellung der Judenvernichtung im Dritten Reich auf eine amerikanische Darstellung zurückgreifen mußte und kein entsprechender vergleichbarer deutscher Filmbeitrag zu diesem Thema vorlag. War denn die Bevölkerung über die Grausamkeit in den Konzentrationslagern nicht informiert? Wie hat sich das Ausland verhalten? Die letzte Frage zeigt, daß die ›Vergangenheitsbewältigung‹ nicht allein die Bundesrepublik betrifft. Sie unterliegt in anderen Ländern wie etwa Frankreich und Polen ähnliche psychologischen Barrieren. Anläßlich von HOLOCAUST drängt sich jedenfalls der Schluß auf, daß diese Vergangenheit, ob nun rein nationalsozialistisch oder mit spezifisch deutschen Anteilen… akzeptiert werden muß.«

Als ermutigend bezeichnet die konservative britische Tageszeitung *Daily Telegraph* die Reaktion des deutschen Publikums auf das Fernsehdrama HOLOCAUST: »Schon jetzt ist angesichts der gewaltigen Zuschauerzahlen, der Tausenden von Telefonanrufen und der Flut von Briefen bei den Zeitungen klar, daß HOLOCAUST das vorrangige Diskussionsthema im ganzen Land ist. Millionen von Deutschen, einschließlich einigen im Osten… sind tief bewegt: Einige zu Tränen, einige verärgert, einige zu Ungläubigkeit. Trotz all seiner Schwächen ist der Film mit seiner menschlichen Dichte zwingender als ein Schwall von Büchern und Dokumentationen. Es ist sicherlich heilsam, daß Deutsche mit den Schrecken dieses zwölfjährigen dunklen Zeitalters ihrer Vergangenheit konfrontiert werden. – Es ist ein Trauma und es wird noch lange ein Trauma bleiben, für Deutsche so sehr wie für Israelis. Wie kann eine Nation, die Goethe und Beethoven hervorgebracht hat, jemals mit der Tatsache ins reine kommen, daß sie auch Himmler geschaffen hat, Heydrich – und Auschwitz, den Tiefstpunkt der menschlichen Geschichte? Aber in dieser Woche sind, die Deutschen trauriger, weiser und um so mehr entschlossen, sicherzustellen, daß sich solch eine Abirrung niemals wiederholen wird.«

(*Mannheimer Morgen* vom 29. 1. 1979. Der Abdruck erfolgt mit freundlicher Genehmigung der Autorin.)

Berliner Morgenpost
›Holocaust‹ berührt eine Art Verschwörung des Schweigens

AP/rt *Frankfurt, 24. Jan.*
Entsetzen, Betroffenheit und Kritik hat die amerikanische Film-serie HOLOCAUST *ausgelöst, deren erster von insgesamt vier Teilen am Montagabend im Dritten Programm ausgestrahlt wurde: Die in einem Spielfilm dargestellte Judenverfolgung durch die Natio-nalsozialisten wurde zum Nacht- und Tagesgespräch.*

Bei den Rundfunkanstalten der ARD trafen bis gestern mit-tag insgesamt 5200 Anrufe, davon allein 4400 bei dem für die Serie verantwortlichen westdeutschen Rundfunk, ein. Bei die-sen Reaktionen hätten sich die positiven, ermutigenden und kritischen Äußerungen etwa die Waage gehalten, sagte eine Sprecherin des WDR.

In Bonn erklärte der parlamentarische Staatssekretär im Bundesministerium für Bildung und Wissenschaft Björn Eng-holm (SPD): »Die erste Folge des Filmes bestätigt, daß Ankauf und Ausstrahlung richtig waren und sind. Der Film hätte mei-nes Erachtens sehr gut im Ersten Programm laufen können. Die Darstellung des Faschismus am Beispiel weniger Menschen er-möglicht besser als jede Dokumentation Einblicke in die Un-menschlichkeit, die Schrecken und die Erniedrigungen eines Systems, dessen Geist leider nicht völlig tot ist.«

Willi Weiskirch, CDU-Bundestagsabgeordneter, meinte: »Positiv bewerte ich: Der Film hat alles in allem die bedrük-kende Atmosphäre der beginnenden Judenverfolgung einge-fangen… Ich finde, HOLOCAUST könnte Junge und Alte schon nachdenklich machen. Was ich Negatives zu sagen habe: Die Deutschen in dem Film wirken klischeehaft und darum mitun-ter unglaubwürdig. Ich finde es überdies unzulässig, daß eigent-lich alles, was passiert, auf Nazi-Linie getrimmt ist.

Hamburgs Bürgermeister Hans-Ulrich Klose (SPD) sagte: »Diese Serie ist im 30. Jahr der Bundesrepublik eine wichtige Hilfe zur Aufarbeitung der Vergangenheit. Ich hoffe, daß auch viele junge Menschen HOLOCAUST sehen und daß in Schulen, am Arbeitsplatz und im Elternhaus Diskussionen geführt werden, die für unsere Gegenwart und Zukunft von menschlichem und politischem Nutzen sind.«

Kritik an dem Film richtete sich besonders gegen die Art der Darstellung des Themas. So sagte die 24 jährige Angestellte Karin Andersen aus Hamburg: »HOLOCAUST ist schlecht gemacht und für das Verständnis von Nationalsozialismus absolut nutzlos, weil zumindest in der ersten Folge gesellschaftliche Hintergründe vollkommen ausgeblendet waren.« Und die 30 jährige Angestellte Karin Toben aus Lüneburg meinte: »Der Film war zu plump, um zu beeindrucken.«

Diskrepanzen im Meinungsbild zwischen dem »Mann auf der Straße« und Personen im Blickfeld der Öffentlichkeit gab es bei den ersten Reaktionen auf den Film in Berlin. Vorwiegend negativ äußerten sich befragte Bürger. Der 24 jährige Student Jürgen Gottschlich sagte: »Es ist die Frage, was nach Abzug der Hollywood-Klischees an dokumentarischen Fragmenten zurückbleibt. Durch die Aufmachung wird die Auseinandersetzung mit dem Thema so weit emotionalisiert, daß der Film eine adäquate Auseinandersetzung eher verhindert.«

Der 46 jährige Taxifahrer Armin Scholte sagte: »Der Film ist furchtbar. Die Schrecken der damaligen Zeit sind in Handlungen gepackt, die mich an die amerikanischen Serien erinnern.«

Bei den ablehnenden Stimmen überwogen jene, die nach dem Warum fragten. Wir sollten all dieses vergessen, meinten die Anrufer, nicht alte Wunden aufreißen und nicht das eigene »Nest beschmutzen«. Eine Frau aus Wuppertal rief an und sagte: »Wir weinen schon die ganze Zeit.« Sie wollte wissen, warum die Alliierten nicht früher gegen Hitler vorgegangen seien.

»Wie konnte das geschehen?« war aber wohl die meistgehörte Frage an diesem Abend. Ein jüdischer Zuschauer aus West-Berlin kritisierte den Film mit dem Argument, er schäme sich für die Leute, die die Serie gedreht hätten, um Geld zu verdienen.

Doch viel häufiger kam zum Ausdruck, daß es gut sei, diesen Film zu zeigen. »HOLOCAUST wirkt deprimierènd, bedrückender als ein Dokumentarfilm«, meinte die 24 Jahre alte Sabine Winkelmann, Studentin in Bochum. Sie findet es richtig, den Film zu senden.

Der Generalsekretär des Zentralrates der Juden in Deutschland, Alexander Ginsburg, meinte in Düsseldorf: »Der Film ist notwendig mit allen Problemen, die er aufwirft. Er berührt eine Art Verschwörung des Schweigens, von der man trotz umfangreicher Literatur und zahlreicher Dokumente noch immer sprechen muß. Die ältere Generation hat ihre Erkenntnisse, Erfahrungen und Aktivitäten nicht oder nicht ausreichend weitervermittelt. Es ist ein Verdienst der HOLOCAUST-Produzenten, daß sie diese Problematik weitergeben.«

(*Berliner Morgenpost* vom 24. 1. 1979. Der Abdruck erfolgt mit freundlicher Genehmigung der Redaktion.)

Gerda Marie Schönfeld
Nach ›Holocaust‹ in Klasse 10

»Da kommen die mit so 'nem Schinken, und schon ist die ganze
Nation aufgewühlt«, sagt einer dieser Jungen. Zu Hunderttausenden haben Jugendliche vor dem Fernseher gesessen, Lehrer
haben Stundenpläne umgeworfen, Bildungszentralen massenweise Broschüren verschickt. Haben sie das nun als ihre Geschichte begriffen, die Jungen? Ich habe die zehnte Klasse eines
Hamburger Gymnasiums besucht. Thema: Diskussion über
HOLOCAUST und die Folgen.

Das Gymnasium liegt im Norden Hamburgs, in Poppenbüt-
tel. Die Klasse 10c, 14 Jungen, 13 Mädchen, alle zwischen 15
und 17 Jahren, war einstimmig – bei einer Enthaltung – bereit,
sich alle vier Teile der Serie anzusehen und an der Diskussion
teilzunehmen. Ihr Klassenlehrer ist Hayo Matthiesen, früher
hauptberuflich Journalist, jetzt hauptberuflich Lehrer – auch
DS-Autor. Die 10c hat er seit zwei Jahren. Matthiesen, Jahrgang 1939, gehört zu der Generation, die nicht die Frage fürchten muß: »Was haben Sie damals gemacht?«

Der Stoff »Nationalsozialismus« gehört zum Themenkatalog
der zehnten Klassen. Auch über den Lehrplan hinaus hat Matthiesen sich und seinen Schülern Zeit genommen für das Dritte
Reich. Unter anderem haben sie Auszüge aus Boßmanns Buch
gelesen (»Was ich von Adolf Hitler gehört habe«); sie haben
Dokumentarfilme gesehen und sich geschlossen Fests Hitler-
Film angeschaut. Der Klassenlehrer hat nicht das Gefühl, er
habe beim Thema Nationalsozialismus zu informieren ver-
säumt, obwohl, manchmal denkt er, vielleicht hätte er doch ein
bißchen von der Französischen Revolution kürzen sollen.

Der Wissensstand der Klasse ist beachtlich. Natürlich keiner,
der Hitler für einen Juden hält, oder für einen Kommunisten
oder »für einen bedeutenden Politiker, der Deutschland nach
dem zweiten Weltkrieg wieder auf die Beine brachte und zwi-

schen 1950 und 1956 starb« – Aussagen von 14- bis 17jährigen Haupt- und Berufsschülern, Altersgenossen der Gymnasiasten, gesammelt seinerzeit von Dieter Boßmann.

Die Jungen und Mädchen der Klasse 10c haben vieles über HOLOCAUST in der Zeitung gelesen. Sie sind, wie die Erwachsenen, Opfer einer Publikationsflut, die klarmacht, was man davon zu halten hat: »Hollywood-Kitsch, Geschäftemacherei, sentimentale Klischees, aber trotzdem, für uns vielleicht notwendig. Anders als viele Erwachsene sagen sie ›für uns‹, nicht ›für die Deutschen‹«. Doch sonst haben sie kaum andere Argumente.

»Immer nur die guten Juden und die bösen Deutschen. Hat's denn nicht auch böse Juden gegeben, die Geldverleiher zum Beispiel?« fragt Rolf. Er ist am vehementesten gegen den Film, gegen die Machart, gegen die Wirkung. Andreas meint: »Das Ding ist überdreht.« Soviel Elend und Not sei über eine einzelne Familie nie gekommen. Hannes ist Klassensprecher und in vielen Fächern Klassenbester. Er spricht schnell, wenn er widerspricht. Er widerspricht oft. »Da die Familie ja repräsentativ sein sollte, muß man denen doch alles zustoßen lassen, um alles anzusprechen, was Juden damals passiert ist.« Rolf hätte lieber drei Modellfamilien gehabt: die großbürgerliche Arzt- und die normalbürgerliche jüdische Familie und dann die bösen Juden. »Es gab ja auch andere als diesen allzeit hilfsbereiten Arzt, es gab ja auch jene, die zwölf Prozent Zinsen genommen haben beim Geldverleihen und damit andere ins Elend gestürzt haben früher. Man hätte also auch andersrum argumentieren können und sagen, wie böse die Juden oft waren.« Erschrockenes Lachen in der Klasse.

Andere haben den positiven Deutschen vermißt, den Widerständler. Nur drei davon wären in den ganzen vier Folgen vorgekommen, die sich erkennbar aufgelehnt hätten. Einmal der Pfarrer Lichtenberg (»Der war dann auch bald weg«), die nichtjüdische Inga, Frau des Arztsohnes Karl Weiss, und Onkel Kurt, der Straßenbauingenieur. Nur drei – von soviel Millionen? Hannes macht eine logische Rechnung auf: »Wenn von 50 Millionen Deutschen mal hochgeschätzt 500 000 aktiv im Widerstand waren, dann kannst du in so einem Film nicht mehr als drei zeigen. Das mußt du im Verhältnis sehen.«

Trotz harscher Kritik im Detail findet die Mehrheit der Jungen und Mädchen den Film positiv. Positiv, weil mit Gefühl verbunden; und was damit zusammenhängt, darf ruhig auch ein bißchen kitschig sein. Weil, sagt Sabine, die Kitschszenen die Sache erst menschlich machen. »Sonst hört man immer nur Zahlen, sechs Millionen. Und außerdem, soviel Grausamkeit auf einmal, das hält ja kein Mensch aus.« Die Klasse 10c fabriziert das, wofür allgemein das Wort »Kitsch« gefunden wurde, unter »notwendige Erholungspausen für die Zuschauer, Entschärfung der Brutalität«.

Wären wahrhaftig geschehene Episoden in diesem Sinne nicht viel kitschiger gewesen? Der Gerichtsreporter Gerhard Mauz schilder im *Spiegel* folgende Szenen, Zeugenaussagen aus dem ersten Auschwitz-Prozeß im Jahre 1964 in Frankfurt: Ein KZ-Häftling sieht in einem See eine Frau mit ihrem Boot kentern, springt ins Wasser und rettet sie. Es war eine KZ-Aufseherin. Oder: Ein neunjähriger Junge sagt kurz vor seinem Gang in die Gaskammer: »Das traurigste ist, daß ich nichts mehr dazulernen werde.« Man stelle sich dies in HOLOCAUST vor. Herausgekommen wäre die herzzerreißende Geschichte vom Opfer, das den Täter rettet, vom Kind, altklug Minuten vor dem Tod. Die amerikanischen TV-Produzenten waren gut beraten, sich bei diesen Wahrheiten nicht so genau an die Wahrheit zu halten.

Ein alltägliches Heldenstück

Anderes wurde von den Schülern als unwahrscheinlich empfunden. Hat der SS-Mann Müller tatsächlich die blonde Inga mit auf seine Amtsstube genommen? Und wo, bitte, gibt's im Partisanenlager einen blütenweißen Hochzeitsschleier? Im ersten Fall hatte auch Eugen Kogon Ungenauigkeiten zu bemängeln. Allerdings nicht die Tatsache, daß sich manche SS-Unterchargen ihre Gefälligkeiten gegenüber Häftlingen von deren Ehefrauen vergüten ließen, sondern daß sie eine eigene Amtsstube hatten. Üblicherweise, so Kogon, sei das in einem nahen Hotel geschehen.

Und wie war das mit den KZ-Häftlingen? Im Film liefen sie wohlgenährt durchs Lager und in voller Haarpracht. Nun kennt aber jeder die grauenvollen Bilder mit den schrecklichen Skeletten und den kahlen Köpfen. Zwar waren sich alle einig, daß man nicht für HOLOCAUST die Schauspieler abmagern und ihnen die Köpfe scheren lassen sollte, aber, sagt einer, »da wäre ich dann doch lieber für Genauigkeit gewesen«, für Fotos als Dokumentation, damit nicht der Eindruck entsteht, so schlimm kann das ja nicht gewesen sein. In diesem Dilemma befanden sich auch die Amerikaner: Soll man schon wieder dokumentieren oder lieber spielen, auch um den Preis des Vorwurfs, hier würde geschönt?

Eine häufig wiederholte Frage – nicht in der Klasse 10c, wohl aber während der Sendungen – ist jetzt beantwortet worden: Ja, die Verbrennung in der Synagoge beruht auf Tatsachen. Im Juni 1941 trieb die SS in einem polnischen Dorf fünfhundert Juden zusammen, Männer, Frauen und Kinder, pferchte sie in die Dorfsynagoge, legte Benzin und half mit Sprengstoff nach. Die Frauen hatten noch die Kinder ans Fenster gehalten, um wenigstens sie zu retten. Die SS benutzte sie als Zielscheibe. Vor wenigen Tagen meldete sich ein ehemaliger SS-Angehöriger beim WDR. Er sei damals dabeigewesen. Er könne das mit Fotos und Dokumenten belegen. Der Prozeß fand 1967 in Wuppertal statt.

Eine jüdische Familie, eine deutsche Familie, ein paar andere Figuren drumherum – mit wem, wenn überhaupt, würden sich die Schüler der Klasse 10c am ehesten identifizieren wollen? Mit Onkel Kurt, dem Straßenbauingenieur, dem Nichtparteimitglied, der mit erschrockenem Abscheu sieht, wie sein kleiner Neffe, der Erik, der doch nie ein mutiges Kind war, sich auswächst zu einem Bürokraten-Ungeheuer von allzeit kalter Freundlichkeit? Längst, als Onkel Kurt schon weiß, fragt er noch so, als habe er nichts gewußt und nichts gesehen, ewig zögerlich in seiner stummen Resistenz. Zwar, Onkel Kurt war nie ein Freund der Nazis, aber ein »entschiedener Gegner«, ein Kämpfer gar? Eher war er »der Deutsche«, nicht die Minderheit der ganz Bösen, nicht die Minderheit der ganz Guten, sondern die Mehrheit derer, die wußten und die schwiegen.

Erst am Schluß gelingt ihm sein alltägliches und damals doch lebensgefährliches Heldenstück. Er weigert sich, ein paar Häftlinge vom Straßenbau abzuziehen und damit in den sicheren Gasofen zu schicken. Hannes hält das, und damit hat er sicher recht, für den überragenden Mut einer mittelmäßigen Person. Nicht, daß er gern Onkel Kurt sein wollte. Aber unter den damaligen Umständen sei das besonders zu würdigen.

Erik Dorf, der negative Held, der Milchbubi, willig in der Hand des Systems, ordentlich in der Auflistung der Leichen, verläßlich in der Entwicklung neuer Tötungssysteme, pflichtbewußt in der Meldung des Vollzugs – keiner, der für ihn Sympathien entdecken konnte.

Und Inga, die nichtjüdische Frau des Karl Weiss, die im Hinterzimmer die Familie ihres Mannes versteckt hält, die sich in Gefahr begibt, die immer wieder verzweifelt versucht, mit ihrem Mann in Buchenwald Kontakt zu halten, und sei es um die Preisgabe ihres Körpers? Nein, Inga hätte keines der Mädchen sein wollen. Janette sagt, das mit dem SS-Mann auf dem Zimmer, das hätte sie nie gemacht.

Und Rudi Weiss, der Fußballspieler, der Junge, der als einziger durchkommt, der in Berlin nicht stillhalten will, bis man ihn holt, der sich schlägt und durchschlägt, zum Partisanen wird und sein Ziel erreicht, das Gelobte Land? Heute gehörte er in Israel zu den Pionieren. Als HOLOCAUST in Israel gezeigt wurde, auch der bei uns gekürzte Schluß, als Rudi Weiss in Palästina ankommt, hatten die Zuschauer Tränen in den Augen – nicht aus Erschütterung, aus Stolz und Freude. Rudi Weiss ist *das* junge Israel. Und hier? Hier stieß der Junge mit dem Abenteurerleben, kaum älter als sie selbst, auf herbe Kritik.

Rolf sagt, er hätte nicht einfach abhauen dürfen, einfach seine Familie im Stich lassen. Auch das tschechische Partisanenmädchen hat keinen nachhaltigen Eindruck gemacht. Am ehesten noch Josef Weiss, der allzeit hilfsbereite Arzt.

Was also haben Sechzehn- und Siebzehnjährige aus der Serie, aus den Diskussionen gelernt? Was hat sie besonders bewegt, aufgebracht, erschüttert? Haben sie nicht eher fertige Antworten als wichtige Fragen? Einige – sicher repräsentative – Zitate aus der Klasse 10c:

Ich finde, Aufklärung über den Antisemitismus in der Weimarer Republik wäre wichtiger, als ständig auf diesen sechs Millionen vergasten Juden rumzureiten.

Das halten die uns vor, bis was anderes reif ist, bis vielleicht Idi Amin soweit ist, daß man über den einen Film machen kann.

Was heißt mehr Dokumentationen? Wer guckt sich das schon an? Von den zwanzig Millionen, die »Holocaust« gesehen haben, vielleicht fünf Prozent. Als die Dokumentation »Endlösung« lief, lief im anderen Programm Tegtmeier. Und da rat mal, wer was gesehen hat.

Die Amis sollen mal vor ihrer eigenen Türe kehren, die haben mit dem Film doch bloß Geld machen wollen. Weiß doch jeder, daß NBC neidisch war auf den Konkurrenzrenner »Roots«.

Stimmt echt!

Es ist sicher eine Sauerei, daß mit so einem Film Geld gemacht wird. Aber darum geht es doch nicht. Es geht doch um die Wirkung hierzulande. Und die ist insofern positiv, als sich viele Deutsche jetzt mit der eigenen Vergangenheit beschäftigen.

Ich finde das gut, daß dieser Film gerade in unsere Verjährungsdebatte fällt.

Ich möchte mal wissen, was bringt das dem Ausland, wenn uns noch mal die Vergangenheit aufgebrüht wird? Man will doch bei uns nur Schuldgefühle hervorlocken. Da ist nix mit Aufklärung.

Warum hab' ich den erschossen?

Aber was ist, wenn Schüler schreiben, Hitler war toll? Da muß man doch aufklären, auch mit so einem Film.

Aber was hat man denn davon, wenn aufgeklärt wird? Was hat man denn davon, wenn man weiß, Hitler war böse? Im Endeffekt: Du kannst doch an der Tatsache heute nichts mehr ändern. Und wiedergutmachen kann man auch nichts mehr. Das ist passiert. Das war ein Fehler.

Also einerseits sagst du, Aufklärung nützt nichts, andererseits sagst du, das war ein Fehler. Wie aber lernt man aus Fehlern? Doch nur durch Aufklärung!

Aber wir können doch nichts mehr daran ändern!

Angesichts von sechs Millionen vergasten Juden, mehr als die Hälfte derer, die damals bei uns gelebt haben, kann ich nicht sagen, gut, das ist nun geschehen, da kann man nichts mehr dran ändern. Bei mir hat der Film wirklich Schuldgefühle erzeugt.

Wenn wir so weitermachen, dann wird uns das noch im Jahr zweitausend nachgetragen.

Auch im Jahr zweitausend muß man wissen, was passiert ist. Da darf doch nicht von 33 bis 45 ein weißer Fleck sein.

Warum?

Damit das nicht wieder passiert. Damit in einer Demokratie...

Was heißt hier Demokratie? Als Hitler die Juden vergast hat, war es doch längst aus mit der Demokratie. Zu zeigen, wie es dazu gekommen ist, trotz Demokratie, diese Entwicklung ist doch wichtig. Nicht immer bloß die Juden.

Glaubt ihr, daß das in Deutschland wieder geschehen kann?

Nee, so schnell nicht. Dazu sitzt denen der Schreck zu sehr im Nacken.

Man muß aufpassen, nicht passiv sein. Schon wenn eine Partei zu mächtig wird oder eine Gruppe, muß man aufpassen.

Ich denke, der Schuß könnte auch nach hinten losgehen, wenn da in aller Welt demonstriert wird, so einfach ist das also, ein ganzes Volk auszurotten.

Da passen bei uns schon die Amerikaner auf.

Was, die Amerikaner als Garanten unserer Demokratie?

Vielleicht kann man dadurch die Entwicklung der Neonazis verhindern. Vielleicht hat einer von denen den Film gesehen und sagt sich, daß wußte ich ja gar nicht, ich laß das doch lieber.

Weiß man denn wirklich, ob das ein Fehler war? Ich bin nicht für die Nazis, im Gegenteil, aber hast du dich schon mal darüber informiert, ob die Nazis das gleiche wollten wie Hitler? Oder ob die Neonazis das gleiche wollen wie Hitler?

Also, wenn sie Hakenkreuz tragen, dann werden sie ja wohl das gleiche wollen.

Ist es nicht auch ein Sinn dieses Films, daß heute, 1979, keiner mehr sagen kann, er habe nichts gewußt? Spätestens jetzt weiß es jeder.

Aber wie? Das lesen die Leute, oder sitzen vor dem Fernseher und hören, es wurden sechs Millionen ermordet. Und dann sagt sich mancher, vielleicht hab' ich auch welche erschossen und wußte das gar nicht. Vielleicht war das gar kein Verbrecher oder Spion. Vielleicht war das ein Jude. Jetzt sitzen Tausende von Deutschen, sechzig, siebzig Jahre alt, vor dem Fernseher und fragen sich, was hab' ich vor vierzig Jahren eigentlich gemacht? Wen hab' ich erschossen? Warum hab' ich den erschossen? Warum hab' ich nichts dagegen gemacht?

Daß sich eine ähnliche Szene tatsächlich so abgespielt hatte, wurde am letzten Freitag bekannt. Da meldete sich ein ehemaliger Angehöriger der Waffen-SS beim WDR und bat: »Bitte stellen Sie sofort richtig, daß nicht alle SS-Leute an Judenerschießungen teilgenommen haben. Sonst gibt es bei uns in der Familie eine Katastrophe.«

Katastrophen dieser Art gab es bei den Schülern der Klasse 10c nicht. Viele Eltern wollten die Diskussion gar nicht sehen. Ein Mädchen erinnert sich eher verblüfft, daß ihre Oma, die doch sonst gar nicht fanatisch ist, immer noch denkt, alle Juden seien schlecht. Ein Junge erzählt von seinem Großvater, früher SA, der den Film schlecht und die Diskussion gut gefunden habe. Und ein anderer meint: »Hätte ich denn zu meinem Opa sagen sollen, du hör mal, vor vierzig Jahren, da hast du wohl den totalen Aussetzer gehabt?«

Seit Beginn der ersten Stunde an diesem Morgen sitzt ein stiller Gast gleich neben der Tür: ein Lehrer, ein neuer Kollege im Gymnasium. Er will nur zuhören, nicht mitreden. Er ist vielleicht Mitte Fünfzig. Er wird jetzt doch gefragt. »Sie haben es damals miterlebt. Ist es denn richtig, daß alle nichts gewußt haben? Oder ist das nur eine Schutzbehauptung der Erwachsenen, eine Verdrängung? Haben sie später aus Angst geschwiegen? Oder, wie es in Bayern hieß: »Lieber Gott, mach mich stumm, daß ich nicht nach Dachau kumm!«

Der neue Kollege beugt sich nach vorn und fängt alle künftigen Sätze an mit »Wir haben es gewußt« und achtet nicht auf den Zwischenruf »Sie vielleicht«.

»Es konnte jeder wissen«, sagt er. »Wir haben es nicht wissen wollen. Wir haben es gewußt an der Stelle, als ein Jude zu dem Gemeindepfarrer kam und ihm seine Bücher brachte und sagte, er brauche sie nicht mehr. Wir haben es gewußt, als plötzlich Freunde weg waren, als Lehrer weg waren und keiner drüber reden wollte. Wir haben es gewußt, als der Organist einer Gemeinde gesagt hat, daß seine Frau weg ist, daß er nach vier Wochen einen Brief bekam von ihr aus Theresienstadt – und die Frage, wo ist sie nun, hat er nicht beantworten können. Wir haben es als einzelne gewußt, als ich vom Krieg auf Urlaub nach Hause fuhr und in dem Abteil, in dem ich saß, ein SS-Mann erzählte, wozu er abkommandiert war. Ich weiß, daß er sich aufgehängt hat, im Urlaub. Ich weiß, daß mein Vater, der Lehrer war, von einer Kollegin erzählte, Fräulein Grün, und daß sie plötzlich weg war. Man konnte sehen, wie Juden versammelt wurden. Sie wurden auf Autobusse verladen und abgefahren. Die Zahlen haben wir natürlich nicht gewußt. Über die Reichskristallnacht brauchen wir kein Wort zu sagen, das mußte jeder sehen. Da konnte keiner die Augen zumachen. Wer es nicht wußte, hat es nicht wissen wollen, und er hatte gute Gründe dafür. Wer sehen wollte, und wer bereit war, menschliche Not aufzunehmen, der konnte gar nicht dran vorbei.

Ja, habe ich die Frage beantwortet?«

(*Deutsches Allgemeines Sonntagsblatt* vom 4. 2. 1979. Der Abdruck erfolgt mit freundlicher Genehmigung der Autorin.)

Willi Kreiterling
Arbeitsmaterialien
der Landeszentrale
für politische Bildung NRW

Die Landeszentrale für politische Bildung Nordrhein-Westfalen war schon nach der Sichtung der ersten Teilstücke von HOLOCAUST im Juli 1978 der Meinung, daß den Lehrern und Mittlern der politischen Bildung durch Hinweise und Begleitmaterialien eine Hilfe für die Verarbeitung der Sendung gegeben werden müsse. Sie beauftragte den Osnabrücker Historiker und Geschichtsdidaktiker Wilhelm van Kampen, Begleitmaterialien zu der amerikanischen Fernsehserie zu erarbeiten und eine Chronik der nationalsozialistischen Judenverfolgung zusammenzustellen (die dankenswerterweise auch in den hier vorliegenden Band übernommen werden konnte), sowie Dokumente zu den einzelnen Etappen dieses dunkelsten Kapitels deutscher Geschichte auszuwählen. Die Materialien enthalten darüber hinaus eine Auswahlbibliographie von 44 Titeln und die Liste von 15 bei der Landeszentrale in Düsseldorf zu beziehenden Publikationen zum Themenbereich Nationalsozialismus und Judenverfogung und eine Liste von 78 Titeln des audiovisuellen Angebotes der Landeszentrale zum gleichen Themenbereich.

Im Vorwort der am 20. Dezember 1978 herausgegebenen Publikation heißt es u. a.: »Die Ausstrahlung der amerikanischen Fernsehserie HOLOCAUST durch die Rundfunkanstalten in der Bundesrepublik ist ein Politikum und eine Herausforderung an die politische Bildung. Durch HOLOCAUST werden Millionen – viele möglicherweise zum ersten Mal – in vielleicht sehr fragwürdiger, aber einprägsamer Weise mit einem der dunkelsten Kapitel deutscher Geschichte konfrontiert«. Zwischen dem 28. Dezember 1978 und dem 8. Januar 1979 wurden alle Schulen, Schulämter, Gesamtseminare, die Volkshochschulen, alle Einrichtungen der Erwachsenenbildung und andere gesellschaftliche Gruppen in Nordrhein-Westfalen mit insgesamt 139 530 Mappen der HOLOCAUST-Dokumentation beliefert.

Noch vor dem Sendetermin wurden rund 12 000 weitere Exemplare von Einzelinteressenten bei der Landeszentrale angefordert.

Auch die Bundeszentrale für politische Bildung und die Landeszentralen der anderen Länder erhielten Kopien und Verwertungsangebote der für die Düsseldorfer Landeszentrale erarbeiteten Materialien.

Die Wirkung von HOLOCAUST und das große Presseecho dieser Sendung führten in der Zeit vom 25. Januar bis 6. Februar zum größten Ansturm an Bestellungen, den die Landeszentrale seit ihrem Bestehen erlebt hat. Bis zum 6. Februar 1979 wurden 170 600 Exemplare der Begleitmaterialien von der Landeszentrale Nordrhein-Westfalen verbreitet. Die Bundeszentrale und die Landeszentralen der anderen Länder verbreiteten rund 64 000 Exemplare dieser Schrift, von der jetzt eine zweite Auflage in Druck gegeben ist.

In den 10 Tagen nach der HOLOCAUST-Sendung wurden außerdem rund 21 000 Exemplare anderer Schriften zum Themenbereich »Nationalsozialismus und Judenverfolgung« bei der Landeszentrale Düsseldorf angefordert. Eine Vielzahl der Zehntausende von Interessenten verbindet diese Anforderung mit kürzeren oder längeren Würdigungen des Inhalts und der Form der HOLOCAUST-Sendung.

Zugleich mehren sich die Bestellungen der HOLOCAUST-Begleitmaterialien in Klassen- und Gruppensätzen. Lehrer, Schüler, Dozenten der Erwachsenenbildung und Jugendgruppenleiter kündigen an, daß sie das Thema Nationalsozialismus und Judenverfolgung angeregt durch HOLOCAUST jetzt gemeinsam im Unterricht oder in Gruppenkursen behandeln wollen. Seit Januar sind auch über 700 Filmanforderungen zu diesem Thema bei der Landeszentrale eingegangen. Wenn der Kultusminister des Landes Nordrhein-Westfalen in seinem Erlaß zur Behandlung des Nationalsozialismus im Unterricht vom 6. Juni 1978 u. a. gesagt hat: »Die Thematik muß auf Dauer im Unterricht verankert sein«, dann haben die Fernsehsendung HOLOCAUST und die Materialien der Landeszentrale bei den Lehrern und Mittlern der politischen Bildung in Nordrhein-Westfalen diese Absicht in hohem Maße gefördert.

Tilman Ernst
Anfragen an die Bundeszentrale für politische Bildung

Das außerordentlich starke Interesse an der Zeit des Nationalsozialismus, daß die amerikanische Fernsehserie HOLOCAUST in
der Bundesrepublik bewirkt hat, wurde auch bei der Bundeszentrale für politische Bildung in Bonn spürbar. Der Hinweis im
Vorspann des Films und in der ersten live-Diskussion, daß die
Bundeszentrale ausführliches Informationsmaterial zur Verfügung stellt, löste eine Flutwelle an Zuschriften und Anrufen
aus.

Bis zum Stichtag 8. 2. 1979 gingen ca. 50 000 Briefe und Postkarten ein. Ein Ende ist noch nicht abzusehen: noch immer erreichen uns täglich etwa 2000 Zuschriften. 1500 Anrufer meldeten sich am Tag nach der Ausstrahlung der ersten Folge von
HOLOCAUST, um telefonisch Begleitmaterial anzufordern. Insgesamt gingen etwa 3000 Anrufe ein.

15 700 Briefe und Postkarten wurden in einer *vorläufigen*
Auswertung bearbeitet.

Davon waren 8800 deshalb interessant, weil sie nähere Informationen über Motivation, Verwendungszweck, Herkunft
und Hintergrund des Absenders enthielten. Die restlichen 6900
ausgewerteten Zuschriften kamen von privaten Absendern und
waren ohne nähere Angaben.

Von dieser Stichprobe kann angenommen werden, daß sie
repräsentativ für die insgesamt eingegangene Post ist.

Der Löwenanteil – nämlich 66,2 % – kam von Ausbildern
(Lehrer 83 %, außerschulische Jugendarbeit und -bildung
11 %, Bundeswehr 3 % und Erwachsenenbildung 3 %). Lehrer
an berufsbildenden Schulen, Hauptschulen und Gymnasien
zeigten das größte Interesse innerhalb der Lehrberufe, jedoch
scheinen unter den Schülern im wesentlichen die Gymnasiasten
und Fachoberschüler dieses Interesse zu teilen und ihm durch
Materialanforderungen Ausdruck zu verleihen: Haupt- und

Berufsschüler sind bei den Anfragen mit 17 % deutlich unterrepräsentiert.

Der Anteil der Studenten – fast ausschließlich mit sozialwissenschaftlichem Studium – beträgt dagegen 57 %.

Schüler- und Studentenpost insgesamt beläuft sich auf 21,4 % der auswertbaren Zuschriften.

Als Verwendungszweck des Begleitmaterials zu HOLOCAUST gaben Privatpersonen am häufigsten an:

Diskussion mit Jugendlichen, ehrenamtliche Jugendarbeit und Arbeitskreise, weiterhin Diskussion mit Arbeitskollegen, Gespräche in der Familie, vor allem mit ihren Kindern.

Ganz allgemein läßt sich sagen, daß weniger Frauen als Männer an die Bundeszentrale für politische Bildung geschrieben haben (Verhältnis 2:3).

In der Verteilung der Absender auf das gesamte Bundesgebiet sind bisher keine auffälligen regionale Schwerpunkte festzustellen.

Bemerkenswert ist, daß sich mit zunehmendem zeitlichen Abstand zum Sendetermin von HOLOCAUST Ende Januar der Inhalt der Zuschriften verändert hat: War anfangs das Hauptaugenmerk der Absender noch ganz auf den Film gerichtet, so beziehen sich neuere Zuschriften verstärkt auf Informationen zum umfassenden historischen Hintergrund der Judenvernichtung.

Die Anzahl der Briefe mit negativen Äußerungen zum Film und Thema ist verschwindend klein.

Überraschend viele Zuschriften – ca. 400 – kommen aus dem Ausland. Die meisten aus den Niederlanden. Die Schreiber äußerten vor allem Respekt davor, daß HOLOCAUST in Deutschland gesendet wurde. Der Film wurde als Anregung zu Diskussionen empfunden. Es wurde auch beklagt, daß Schüler und Lehrer über zu wenig Informationen verfügen. Eine Mitschuld des Auslands wurde ebenfalls thematisiert.

Der Tenor der Zuschriften aus dem Inland war – abgesehen von den Anfragen nach Begleitmaterial – folgender:

■ Mangel an Informationsvermittlung über den Nationalsozialismus im Unterricht;
■ Betroffenheit/Schockiertheit durch den Film;
■ Anregung zur Diskussion und Auseinandersetzung mit Kindern und Jugendlichen;
■ Sendezeit ungünstig/zu spät.

Aufklärung,
die massenhaft noch zu leisten ist

Norbert Schneider
Aufklärung,
die massenhaft noch zu leisten ist

»Faschismus in den Medien« – der Weg zu diesem Thema ähnelt ein wenig dem Versuch, in einem kristallklaren Bergsee mit der bloßen Hand Fische zu fangen. Man krempelt – Walter Benjamin und Erich Fromm, Ernst Bloch, Reinhard Kühnl oder Ernst Nolte im Sinn – die Ärmel hoch, fixiert den Fisch, konzentriert sich einen Augenblick und greift dann blitzschnell zu.

Diese Zugriffsphase ist, wie gesagt, durch Erkenntnisse und Einsichten der Faschismus-Debatte bestimmt. Der Fisch ist ja tatsächlich vielfach beschrieben – Größe, Farben, Gewicht. Eine Verwechslung ist ausgeschlossen. Der Faschismus ist identifiziert. Es ist jene Weltanschauung, die voller Militarismus ist und den Krieg als den Gipfel menschlicher Selbstverwirklichung begreift und propagiert. Faschismus ist Führerprinzip, Propagandamonopol, Antikommunismus, die *eine* herrschende Partei. Faschismus ist – Bloch vor allem hat früh schon darauf hingewiesen – die Ungleichzeitigkeit der Symbolsysteme. Und Faschismus ist Antisemitismus, Sündenbockphilosophie, mit der das Bedürfnis nach einer einfachen Erklärung für alle Mängel dieser Welt befriedigt werden soll.

Also: wo taucht dies alles, einzeln oder gehäuft, in den Medien auf? Eine Frage für Sammler, so scheint es. So schwer kann das nicht sein. Jedenfalls nicht schwerer als das Fischefangen mit der bloßen Hand. Also: Zupacken, wo man dergleichen findet und aufs Trockene werfen!

Doch was sich eben noch scharf konturiert dem Auge dargeboten hat, beginnt zu verzittern und zu verwackeln, wenn erst die Hand das Wasser berührt. Der Fisch verschwimmt. Da ist zum Beispiel ein Podiumsgespräch im Münchener Institut für Zeitgeschichte. Der Historiker Karl Dietrich Bracher, so berichtet es Peter Diehl-Thiele am 28. November 1978 in der

Süddeutschen Zeitung, hält das Wort »Faschismus« für einen »wissenschaftlich unbrauchbaren Kampfbegriff«. Der *FAZ*-Leser – Faschismus in den Medien – kann dies am 7. Dezember nachprüfen, als seine Zeitung Brachers Referat fast ganz abdruckt. Aber was sagten die anderen? Auch die Berichterstatter sind ein bißchen ratlos, so wie ihre Leser. Freilich, es ist nichts Belangloses, was in München beredet wird, soviel wird klar, »kein Streit um Hitlers Bärtchen«, wie es in der *Frankfurter Rundschau* heißt, sondern ein Streit, von dem Diehl-Thiele abschließend bemerkt: Er »muß weitergeführt werden«. Und dann: »›Faschismus‹ ist nach wie vor ein Wort, dessen unexakte Konturen gut zum polemischen Mißbrauch taugen.«

Wie wahr, denkt man sich, und erinnert sich, was nicht alles schon unter Faschismus-Verdacht gestellt wurde. Der Fisch kommt mir wieder in den Sinn, der jetzt gar keine exakten Konturen mehr hat, und ich frage mich, was diejenigen tun sollen, die nicht bis zum Ende des Streits warten können. Der Ratschlag, stets zur Hand, wenn sich Praktiker von den Theoretikern schlecht bedient fühlen – der Ratschlag, den Streit einfach zu ignorieren, ist zu einfach. Wo Begriffe unklar sind, sind es auch die Sachen selbst. Ich ziehe für mich eine andere Konsequenz. Ich nehme Abschied von der Vorstellung, Faschismus in den Medien, und zwar heute, sei nur eine Suche nach alten Bekannten, nach jenen Merkmalen, die eine bestimmte historische Ausprägung von Faschismus hervorgebracht hat. Wer heute in den Medien Faschismus sucht, wird sich nicht damit begnügen dürfen, den *alten* Faschismus zu suchen, den bekannten, eben jenes Bündel eindeutiger Merkmale. Es ist nicht allein eine Frage der Definitionen. Es ist auch eine Frage der Phantasie, sich *neuen* Faschismus vorstellen zu können, der anders aussieht als der alte und den man solange nicht findet, solange man den alten sucht.

Ich sage dies sehr deutlich, weil ich genau dies hier nicht leisten kann. Ich kann hier nur vorbereitend ein paar Hinweise auf den alten Faschismus geben. Meine beiden sehr eingegrenzten Fragen heißen:

1. Wie wurde der Faschismus als ein Stück deutscher Geschichte in den Medien dargestellt, analysiert, vermittelt – Faschismus also als Objekt der Medien oder: Wie gingen die Medien mit dem Faschismus um?

2. Wie bedient sich – darin bekanntlich mit viel Gespür und Erfahrung ausgestattet – der Faschismus heute der Medien; Fa-

schismus als *Subjekt* der Medien oder: Wie geht der Faschismus in den Medien um?

Für beide Fragen kann ich Ihnen keine Bestandsaufnahme anbieten, sondern nur die Erinnerung an einige Tatbestände in Verbindung mit einigen Fragen an diese Tatbestände.

Zunächst also zur ersten Frage: Faschismus, deutsche Vergangenheit als Objekt der Medien. Aus Gründen der Übersichtlichkeit sortiere ich die Erinnerungen medienspezifisch.

Einmal abgesehen davon, daß der Faschismus von Anfang an literarisch verarbeitet wurde, nicht zuletzt durch deutsche Emigranten – einen regelrechten Schwerpunkt im Bereich des BUCHES gibt es erst in den späten 50er Jahren, mit Alfred Anderschs *Sansibar* (1957; Anderschs *Die Kirschen der Freiheit* stammen schon von 1952!), mit der *Blechtrommel* und den *Hundejahren* (1959 und 1963) von Günter Grass, mit *Andorra* von Max Frisch, dessen Idee bis 1946 zurückreicht. Hinzu kommen Walser, Böll, Lenz. Vorausgegangen sind Bücher zum Krieg. Ich nenne Theodor Plieviers *Stalingrad* (1945) und Peter Bamm/Curt Emmerichs *Die unsichtbare Flagge* (1952). Faschismus als Thema von Büchern ist aber nicht weniger, was man heute Sachbuch nennen würde, angefangen bei Eugen Kogons *SS-Staat* (1945), Erich Fromm und Ernst Bloch, Alexander Mitscherlich und Hannah Arendt – um wenigstens einige zu nennen.

Programmatisch am Anfang dieser Phase eines im fiktionalen wie im rein sachlichen Buch verstärkten Umgangs mit deutscher Vergangenheit steht Adornos Vortrag vor dem Koordinierungsrat für Christlich-Jüdische Zusammenarbeit im Herbst 1959 zur Frage »Was bedeutet: Aufarbeitung der Vergangenheit?« Anstelle der vielen Zitate, die solche Hinweise erst richtig plastisch machen könnten, hier nur die letzten Sätze aus Adornos Vortrag: »So vergessen aber«, sagte er, »sind Stalingrad und die Bombennächte trotz aller Verdrängung nicht, daß man den Zusammenhang zwischen einer Wiederbelebung der Politik, die es dahin brachte, und der Aussicht auf einen Dritten Punischen Krieg nicht allen verständlich machen könnte. Auch wenn das gelingt, besteht die Gefahr fort. Aufgearbeitet wäre die Vergangenheit erst dann, wenn die Ursachen der Vergangenheit beseitigt wären. Nur weil die Ursachen fortbestehen, ward sein Bann bis heute nicht gebrochen« – auch dies ein Hinweis, daß der Faschismus der eindeutigen Merkmale nur die eine Seite der Sache ist.

In enger Beziehung zum Buch, sowohl im Fiktionalen wie im halb und halb Dokumentarischen: das THEATER. Ich erinnere an Rolf Hochhuths *Stellvertreter* (1963), an die *Ermittlung* von Peter Weiss (1965), noch einmal an *Andorra* und mit der Uraufführung im selben Haus, 15 Jahre früher, *Des Teufels General*. Ich erinnere an Heinar Kipphardt und Ödön von Horvath, aber auch an *Den aufhaltsamen Aufstieg des Arturo Ui*, der zu Brechts Lebzeiten nie gespielt wurde und doch schon 1941 entstanden war. Ich erinnere an den *Herrn Karl* der Herren Carl Merz und Helmut Qualtinger (1961).

Ebenfalls dem Buch nahe: Texte wie jene von Adorno, der Essay, das wissenschaftliche Referat in den PERIODIKA. Die Zeitschriften wurden geradezu die Träger der Faschismus-Debatte, an der Spitze *Das Argument,* aber auch die *Frankfurter Hefte,* die *Vorgänge.* Erwähnung verdienen die *Spiegel*-Serien von Heinz Höhne, aber auch Serien im *Stern (Verbrannte Dichter, Juden in Deutschland).* Beiträge von Karl-Heinz Janßen in der *Zeit* fallen mir ein und die Zeitschrift *konkret,* seit es sie gibt. Unübersehbar die Presse, allein die Rezensionen, die Kontroversen bis hin zu Diwald, alles freilich zumeist im Feuilleton, in der Wochenendbeilage, nicht im politischen Teil, wenn es nicht die großen Prozesse waren, Eichmann in Jerusalem (1961–63) oder der Frankfurter Auschwitz Prozeß (1964/65).

Die Thematik Faschismus/deutsche Vergangenheit tritt dann zurück mit dem Ende der 60er Jahre. Jetzt ist es der gegenwärtige Faschismus, der diskutiert, beschrieben, bekämpft oder auch phantasiert wird. Erst mit dem Erstarren dieser Themen nach 1968 tritt das Interesse am alten Faschismus wieder hervor. Hitler wird ein Haupt- und Staatsthema, von Fest bis Haffner, auch auf dem Hintergrund des Terrorismus. Eine Hitlerwelle – was immer solche Worte auch besagen sollen – ist auszumachen, Faschismus als Thema von Buchmessen, jener – um gleich noch ein Modewort auszunutzen – jener Faschismus zum Anfassen, der – davon gleich mehr – auf neue Weise reüssiert.

Daneben freilich kommt auch anderes zum Zuge, Biographien, etwa von Axel Eggebrecht, aber auch von Albert Speer. Und schließlich, die Literatur der zweiten Generation, Peter Handkes *Wunschloses Unglück* zum Beispiel.

Dies alles gab und gibt es. Vieles habe ich nicht einmal global erwähnt, etwa Literatur aus der DDR. Was aber gab, was gibt es nicht? Was auffällt: Die Trivial-Literatur fällt aus. Der Stoff, aus dem etwa die Fortsetzungsromane der Publikumsillustrierten sind, liegt beträchtlich früher oder ist ohnehin zeitlos. Auch der Kriminalroman ist unergiebig. Nur wenige Autoren von Rang streifen das Thema wenigstens, wenn auch nicht unbedingt nur historisch. Ich nenne Nicolas Freeling, Sergio Scerbanenco, May Sjöwall und Per Wahlöö. Dafür aber strotzt der Agenten-Thriller und der Gangster-Krimi durchschnittlicher Provenienz von Elementen, die man getrost als faschistisch bezeichnen möchte – vom militanten Antikommunismus und einer unverhüllten Herrenmenschenideologie in Agentenstoffen bis zu einem zynischen Umgang mit menschlichem Leben, der L'art-pour-l'art-Gewalt, der Lust zum Töten, der Totschlaglizenz in Gangsterdramen. Ich erinnere an Peter O'Donnells Geschichte von Modesty Blaise, an Nick Carters trostlose Blutorgien.

Und schließlich ist bei Gedrucktem an die GROSCHENHEFTE zu erinnern, die freilich für ein paar Groschen längst nicht mehr zu haben sind, an die Landser- und Panzerhefte, die sich an den Kiosken auf dem flachen Land immer breiter machen, mit ihrer Verherrlichung von Mannesmut und Todesbereitschaft. Der Titel *Brennender Himmel* trägt die Nummer 1083. Er ist rasch vergriffen. »Das hält sich hier nicht lange«, erklärt mir der Inhaber eines großen Kiosks, so wenig wie *Durchbruchsschlacht am Ilmensee* oder *Jagd über London*. Was sich an jenem »brennenden Himmel« abspielt – ein paar Ausschnitte als Kostprobe: »Über ihnen hatten die Amerikaner inzwischen Wut und Erstaunen hinuntergeschluckt und Maßnahmen eingeleitet. Und wieder einmal sollte es sich zeigen, daß zehn aus den Pulks von Hunderten amerikanischer Jagdflugzeuge selten allein auf die Hatz nach Deutschen gingen.« [...] »Noch einmal gehorchte die todwunde Maschine dem Steuer«... »Wie von einer geheimnisvollen Macht wurde die Feindmaschine plötzlich aus der Bahn geworfen, Blitze züngelten aus dem linken Rumpf«, so geht es in bestem Deutsch weiter. »Fasziniert betrachtete er das schaurige Bild. Plötzlich löste sich ein dunkles Gebilde aus der Kanzel und taumelte nach unten«... usw. usf.

Der FILM tat sich, jedenfalls der deutsche, schwer mit deutscher Vergangenheit. Da ist für lange Zeit nur Wolfgang Staudte, zuerst, noch von der Defa, mit *Die Mörder sind unter uns* (1946), später, im Westen, *Rosen für den Staatsanwalt* (1959). Was dann noch später liegt, *Kirmes* (1960) und

Herrenpartie (1963), wird öffentlich kaum noch wahrgenommen und ist geschäftlich eine fürchterliche Pleite. Diskutables in Sachen Vergangenheit, jedenfalls in jenen Jahren: vielleicht noch Robert Siodmak mit *Mein Schulfreund* (1960), Kurt Hoffmann mit *Wir Wunderkinder* (1958) und *Das Haus in der Karpfengasse* (1964), Falk Harnack mit *Unruhige Nacht* (1958) nach Albrecht Goes.

Diese spärliche, fast vollständig aufgeführte Ausbeute kontrastiert mit einem Boom an Kriegsfilmen, der exakt dann seinen Höhepunkt erreicht, als auch die deutschen Heimatfilme Konjunktur haben. Ich nenne nur Harald Reinl mit *Kapitänleutnant Prien* (1958) oder *Die grünen Teufel von Montecassino* (1958). In unser aller Erinnerung: Alfred Weidemanns *Stern von Afrika* (1957), Helmut Käutners *Die letzte Brücke* (1953) und *Des Teufels General, Ein Mädchen aus Flandern* (1955). Paul May ist zu erwähnen mit der 08/15-Trilogie aus den Jahren 54/55, mit Ernst von Salomon als Drehbuchautor, auch mit *Der Fuchs von Paris, Soldatensender Calais.* Und dann Frank Wisbar mit *Haie und kleine Fische,* ein kräftiges Lied auf das Handwerk des Soldaten, 1957, und *Hunde, wollt ihr ewig leben* (1958), schließlich, streng antikommunistisch, *Nacht fiel über Gotenhafen* (1959). Und dazuhin all die Namenlosen vom *Strafbataillon 999* und der *Division Brandenburg.* Werner Hess, damals Filmbeauftragter der Evangelischen Kirche in Deutschland, protestiert im Jahr 1958 gegen das »Filmgeschäft mit dem Krieg« und fordert: »Keinen Pfennig mehr für den Besuch eines Militärfilms.« Bernhard Wickis *Die Brücke* (1959) war freilich nicht gemeint, eher schon *Der längste Tag,* den Wicki zwei Jahre später für Hollywood drehte.

Bleibt zu erwähnen: der Nazifilm aus Hollywood, der nur zögernd vom deutschen Kino aufgenommen wird, verstümmelt ins Fernsehen gelangt; Filme zum Thema Faschismus aus Frankreich, Italien, Pasolini und Bertolucci. Bleibt zu erwähnen: auch in Deutschland ändert sich etwas, seit es den Partner Fernsehen gibt oder andere, die finanziell fördern. Nun gibt es auch Filme von Edgar Reitz oder Theo Kotulla. Zu reden wäre auch von Syberberg und Fest, von Ingmar Bergmann.

Erinnerungen an den HÖRFUNK fallen schwer. Es gibt zuviele. Wer den Hörfunk über die Jahre hin verfolgt hat, weiß, was hier gesendet wurde, in allen Sparten des Programms, im Feature und der Dokumentation, in der Politik, im Hörspiel, in der Reportage. Es gab den Thema-Abend und die Matinee.

Vielleicht war es symptomatisch, daß Axel Eggebrecht, als er beim NWDR in Hamburg anfängt, die erste Zeit vom Belsen-Prozeß aus Lüneburg täglich berichtet.

Und das FERNSEHEN? Auch hier nur ein paar Hinweise. Von besonderem Gewicht in qualitativer Hinsicht: die so schwer definierbare Gattung »Fernsehspiel«, das auch für diesen Themenbereich zu großen Teilen auf literarische Vorlagen zurückgreift, auf Bücher, Theaterstücke, adaptiert und auch transformiert. Ich nenne Autoren und Bearbeiter wie Heinar Kipphardt und Leopold Ahlsen – exemplarisch. *Berliner Antigone, Schlaf der Gerechten, Der Hund des Generals, Die Geschichte von Joel Brand.* Ich nenne Wolfdietrich Schnurre mit *An einem Tag im September,* Oliver Storz mit *Prüfung eines Lehrers* und *Die Beichte,* Karl Fruchtmann mit *Kaddisch nach einem Lebenden,* Eberhard Fechner mit *Klassenphoto,* Leo Lehmann mit *Exil* und Lys/Monk mit *Ein Tag.* Die Titel ließen sich mühelos vermehren. Sie fallen in die Zeit zwischen 1961 und 1971. Sie sind zumeist ambitioniert wie die Literatur, nach der sie oft entstanden sind, künstlerisch wie die Theaterstücke jener Zeit.

Nur scheinbar ähnlich: die Unzahl von Dokumentarspielen mit nachgestellter Geschichte. Schulfunk im besten Sinne die Serie *Das Dritte Reich.* Dazuhin die vielen Dokumentationen und Features, schon 1969 ein Hitler-Portrait von Joachim Fest, die Serie *Faschismus.* Und dann natürlich: Diskussionen, Diskussionen. Nur: dort, wo das Fernsehen am stärksten ist, im Unterhaltungsangebot, gab es wenig. Zwei Mehrteiler wären zu nennen: *So weit die Füße tragen* und *Am grünen Strand der Spree* – man könnte aber schon bei diesen Produktionen fragen, ob sie hier wirklich richtig plaziert sind. Was mir sonst noch in Erinnerung ist: Ekel Alfred Tetzlaff und seine Familie, wenn denn schon der Kleinbürger so etwas wie die tragende Schicht für Faschismus gewesen ist.

Ich kehre nun noch einmal zu meiner Ausgangsfrage zurück: Wie kommt der deutsche Faschismus in den Medien vor?

Eine erste Erkenntnis, die ich für außerordentlich wichtig halte: An ambitionierten Versuchen, sich mit dieser deutschen Vergangenheit öffentlich auseinanderzusetzen, fehlt es nicht. Man mag einen späten Beginn und eine mangelnde Kontinuität kritisieren, umgekehrt auf die Gefahr eines Überdrußeffekts hinweisen – sieht man vom deutschen Kinofilm einmal ab, dann muß man den anderen Medien, dem Buch, dem Periodikum, dem Hörfunk, dem Fernsehen, mit Einschränkungen auch der Wochenpresse, Sorgfalt und Engagement auf teilweise höchstem Niveau bescheinigen. Vor allem der Rundfunk hat sich als Medium und Faktor in der Darstellung und kritischen Durchdringung der Probleme im Blick auf Faschismus in Deutschland große Verdienste erworben.

Dieser positive Gesamteindruck wird allein dadurch relativiert – freilich ganz erheblich –, daß die Publikationen und Produktionen, die diesen Gesamteindruck stützen, offenbar allesamt immer wieder nur dieselbe Rezipientengruppe im Auge hatten und haben. Der Leser der *Blechtrommel* – den man vom Käufer noch unterscheiden muß – ist der Hörer eines Features über den 20. Juli, er ist zugleich der Zuschauer des Fernsehspiels über ein KZ. Überspitzt: Der Kleinbürger bleibt nur Gegenstand der *Blechtrommel,* wird nicht ihr Rezipient – was kein Vorwurf an den Autor Grass, sondern nur ein Hinweis auf die Verhältnisse im Bereich der Mediennutzung ist. Für wenige wird relativ viel angeboten, für die vielen dagegen relativ wenig.

Die Frage, die sich damit stellt: Muß Faschismus nicht aus guten Gründen auch ein Gegenstand der weniger ambitionierten, womöglich sogar trivialen Formen sein? Ist im Bereich des Trivialen – im Film so gut wie im Groschenheft – wirklich nur das Unsägliche, das zutiefst Unmoralische oder das Unerhebliche möglich? Muß dieser Bereich, dessen Reichweite enorm ist, phantasielosen Skribenten überlassen werden? Speziell aufs Fernsehen bezogen wäre zu fragen: gibt es zum Hochschulfunk des Fernsehspiels und zum Schulfunk der Dokumentation nichts Drittes, vielleicht etwas Unterhaltsames, das seine pädagogische Absicht oder sein künstlerisches Potential nicht als Selektionsorgan vor sich herträgt? Als Ermunterung sei an die Diskussionen über die Serie im Vorabendprogramm erinnert, deren Veränderung zum Besseren unter Profis zuzeiten auch als die Illusion von ein paar Kritikern betrachtet wurde.

Ich habe HOLOCAUST bisher nicht genannt. Ich fände es betrüblich, wenn eine solche Grundsatzdiskussion über Fernsehlücken vorschnell durch den Verweis auf dieses oder jenes HOLOCAUST-Detail unterbunden würde. Ich möchte nicht mißverstanden werden. Ich plädiere nicht gegen Kipphardt oder Ahlsen oder Monk. Ich frage nur, was sonst noch möglich wäre. So läßt sich nur fragen, weil es sie gibt.

Eine zweite Erkenntnis, die sich aus dem Medienvergleich

aufdrängt: wo das Produkt seine Kosten auf dem freien Markt einspielen muß, mithin auf massenhaften Absatz angewiesen ist, hat es eine seriöse Behandlung der deutschen Vergangenheit offenbar schwer. Es ist kein Zufall, daß beachtliche Filme in größerer Zahl in Deutschland erst entstanden sind, als es eine Projektförderung gab, als das Fernsehen als Partner das Risiko mindern half. Und es ist kein Zufall, daß es die trivialen Unsäglichkeiten weder im Hörfunk noch im Fernsehen bis heute gegeben hat. Der Rundfunk hatte sie nicht nötig. Was er dennoch nötig hätte, habe ich gesagt.

Ich komme zur zweiten Frage: Wie geht der Faschismus in den Medien um – Faschismus als Subjekt der Medien. Eine Bestandsaufnahme wäre hier noch problematischer, weil sie noch stärker auf jenen Katalog von Merkmalen zurückgreifen müßte, der nur das als Faschismus identifizieren könnte, was der alte Faschismus an Merkmalen hervorgebracht hat. Mehr als alte Kameraden wird man damit nicht aufspüren – was freilich auch nicht unwichtig ist. Dazu zunächst einige Daten, die ich der Bundestagsdrucksache 8/2184 entnehme. Danach ist davon auszugehen, daß es 44 (der Bundesregierung bekannte) selbständige Verlags- und Vertriebsunternehmen gibt, die man als rechtsextremistisch bezeichnen kann. »Während die Produktion der 15 selbständigen Zeitungs- und Zeitschriftenverlage leicht rückgängig war«, so teilt die Bundesregierung am 12. 10. 78 mit, »verzeichneten die 14 Buchverlage und die 15 Vertriebsdienste eine gesteigerte Nachfrage nach NS-Literatur, -Tonträgern, -Filmen und sonstigen -Artikeln.« Etwa 100 000 Exemplare pro Woche erreichen die *Deutsche Nationalzeitung* und der *Deutsche Anzeiger*.

Zu meiner eigenen Entlastung in dieser Sache zitiere ich die Frau Bundesminister Huber. Sie teilte auf eine Frage des Abgeordneten Wehner am 19. April 1978 mit: »Ich kann aber nicht zusichern, daß wir eine allumfassende Übersicht erstellen können. Denn es ist sehr schwierig, an manches Material heranzukommen.« Nicht zuletzt, weil es etwas gibt, was im Behördendeutsch unter der Kategorie »grenzüberschreitender Schriftverkehr« geführt wird.

Über den Einfluß solcher Publikationen läßt sich kaum spekulieren. Ihre unverblümte Parteinahme für den Faschismus alter Prägung könnte möglicherweise die Wirkung dieser Hervorbringungen eher dämpfen. Ob diese Annahme auch für die gewiß nicht programmatische, gleichwohl aber faktische

Verherrlichung des Dritten Reiches und des Zweiten Weltkrieges in der erwähnten Groschenliteratur gilt, ist schon zweifelhafter. Untersuchungen über die Wirkungen bei den Käufern sind mir nicht bekannt. So wird man sich bis zum Beweis des Gegenteils vor Unterschätzungen hüten müssen. Für nicht weniger problematisch hielte ich allerdings, sich in der Frage nach dem Faschismus als Subjekt in den Medien auf diese Machwerke einzugrenzen.

Wie schwierig die Frage der Wirkung zu beantworten ist, zeigt sich schließlich auf einem Feld, wo man Faschismus als Subjekt der Medien schon aus definitorischen Gründen nicht erwarten würde, dort nämlich, wo er als Objekt erscheint. Ich möchte dies an ein paar Beispielen zeigen.

Erstes Beispiel: Als im Bereich von politischen Sendungen von ARD und ZDF vor einiger Zeit das Treiben von Neonazis, Jungfaschisten in Sendungen dokumentiert wurde, teilte sich die Kritik in zwei Lager. AUFKLÄRUNG schrieben die einen, sehr verdienstvoll, bitter notwendig, wehret den Anfängen, längst überfällig. AUFWERTUNG meinten die anderen, übertrieben viel Platz für eine marginale Geschichte, Handlangerdienste für die Publicity-Bedürfnisse von ein paar Spinnern, die erst durch Fernsehen zu etwas geworden sind, was sie ohne Fernsehen nicht sind. Versenden oder verschweigen?

Tilman Ernst
›Holocaust‹ aus der Sicht der politischen Bildung

Der Entstehungshintergrund der Fernsehspiel-Serie HOLO-
CAUST ist ebenso interessant wie die Kontroversen, die die Sendereihe in allen Ländern, in denen sie gesendet wurde, ausgelöst hat. Als Beurteilungsmaßstab wurde häufig die amerikanische Serie ›Roots‹ herangezogen. Nach dem überragenden Erfolg von ›Roots‹ hat auch die ›mini-Serie‹ HOLOCAUST Karriere
gemacht. Für den Hersteller, die NBC, war dieser Erfolg dringend notwendig, nachdem die Konkurrenz mit ›Roots‹ die
Werbedollars auf sich zog. Auch HOLOCAUST war in den USA
Werbeträger. Die Dramaturgie folgt den dafür notwendigen
Gesetzen: kurze Spannungsbögen mit Pausen für die commer-
cials (Werbespots). Bei einer Gesamtlänge von neuneinhalb
Stunden waren ca. eineinhalb Stunden für Werbespots reser-
viert. In den USA das Alltägliche, aber auch bei uns sind die
Zuschauer inzwischen an diese typisch amerikanische Form der
Dramaturgie gewöhnt.

In den USA hat die Serie HOLOCAUST über die Hälfte der Bevölkerung erreicht und auch gelangweilte Vielseher zu intensi-
ver Nutzung gezwungen. In England und in Israel lagen die Einschaltquoten noch höher; – auch in der Bundesrepublik war für
ein Thema dieser Art, selbst bei einer Ausstrahlung in allen
Dritten Programmen, eine überdurchschnittlich hohe Sehbeteiligung zu erwarten. Bei bis zu 41 % erreichter Zuschauer hat
HOLOCAUST auch in der Bundesrepublik Rekorde gebrochen
und neue Maßstäbe gesetzt.

Bereits vor Ausstrahlung (und ohne daß die meisten Kritiker
die Serie auch nur zum Teil gesehen hätten) wurde sie in der
Bundesrepublik kontrovers diskutiert. Die typischen Vorwürfe
waren:
■ So grauenhafte, unfaßbare Geschehnisse wie die Judenverfolgung und Judenvernichtung sind in einem Film, noch dazu
   in Spielform, nicht darstellbar.

- Die »Verwertung« des Schicksals der Juden im »Dritten Reich« aus kommerziellen Interessen (Werbeträger) ist obszön.
- Die Darstellungsform als »docu-drama«, also als Dokumentarspiel, macht eine objektive und historisch präzise Darstellung der Ereignisse unmöglich. Sie klärt nicht auf und nimmt dem Problem den geschichtlichen Rang (»Trivialisierung«).
- Die Darstellung enthält objektiv eine Reihe von Fehlern: etwa falsche Uniformen und Abzeichen, falsche Ortsnamen, historisch unbelegte Ereignisse und anderes mehr.

Nach Ausstrahlung der Serie und ihrem unbezweifelbaren Erfolg bei Millionen von Zuschauern haben diese Kritikpunkte keine Bedeutung mehr. Für manche Kritiker ein Grund zur Freude, daß sie nicht allzu ernst genommen wurden.

Der überwältigende Erfolg der Sendereihe bei den Zuschauern muß Anlaß zu pädagogischen Überlegungen und Maßnahmen sein. Die Probleme der Serie selbst, ihre zum Teil falschen Inhalte, ihre Dramaturgie, die Personalisierung historischer Ereignisse und andere Schwächen sollten zwar aufgegriffen werden, aber sie müssen mit Bezug auf die Reaktionen der durchschnittlichen Zuschauer der Sendereihe HOLOCAUST aufgearbeitet werden, denn jeder, der mehr Verantwortung trägt, als für sein eigenes subjektives Urteil, muß die *Reaktionen der Zuschauer* zum Ausgangspunkt seiner Überlegungen machen.

Dies war auch der Ausgangspunkt bemerkenswerter »Investitionen« im Bereich der politischen Bildung. Schon lange vor Ausstrahlung haben sich die wichtigsten Partner im Bereich politischer Bildung (insbesondere Bundeszentrale für politische Bildung, Landeszentrale für politische Bildung Nordrhein-Westfalen, Adolf-Grimme-Institut, der Deutsche Koordinierungsrat für christlich-jüdische Zusammenarbeit und andere mehr) gemeinsam verabredet und sich entschlossen, aus Anlaß der Serie HOLOCAUST und im Zusammenhang mit ihr Materialien bereitzustellen und Begleitmaßnahmen (wie etwa Seminare) vorzuplanen und durchzuführen, die der Vertiefung und historisch korrekten Einbettung der vermittelten Problematik dienen sollten.

Diese Institutionen haben erkannt, daß sie bei dem geringen Umfang ihrer finanziellen Mittel nur dann breitenwirksame Effekte erzielen können, wenn sie Partner oder Verbündete finden, die Hilfestellung geben können oder hierfür »ausnutzbar« sind. So gesehen war und ist die Ausstrahlung der Sendereihe HOLOCAUST eine große Chance für die politische Bildung. Mit Hilfe des Massenmediums Fernsehen wird bei Millionen von Bürgern ein Thema in die Diskussion gebracht, was mit Mitteln und Maßnahmen politischer Bildung allein nur bei relativ wenigen Bürgern zu schaffen wäre. Die Sendereihe zwingt jeden Zuschauer zu einem Standpunkt gegenüber den Geschehnissen zur Zeit des Nationalsozialismus. Der Zuschauer kann nicht ausweichen, selbst wenn er abwehrt, verharmlost oder das Recht zu vergessen geltend macht. Diese Polarisierung, die ja auch Sensibilisierung bedeutet, ist nutzbar für die generelle pädagogische Bearbeitung des Problems »Nationalsozialismus und seine Folgen«; sie ist nutzbar für das Bewußtmachen des eigenen Standortes in dieser Frage. Dies nicht nur rückblickend, historisierend, sondern auch bezogen auf die heutige Zeit, etwa wenn man an Vorurteile gegenüber Minderheiten, un- bzw. antidemokratische Einstellungen und Faszination durch totalitäre Organisationsformen von Gesellschaft denkt.

Sicher wird man die Sendereihe HOLOCAUST nicht gerade als optimalen Beitrag zum Aufbau geschichtlichen Wissens, das insbesondere bei Jugendlichen vordringlich erscheint, bezeichnen können, obwohl die wesentlichen Aussagen der Sendereihe historisch belegt sind und erste Auswertungen empirischer Untersuchungen der Sendereihe zeigen, daß in bemerkenswertem Umfang auch historisches Wissen vermittelt wurde. Auf der anderen Seite garantieren aber auch 100 Stunden soliden deutschen Geschichtsunterrichts nicht immer den gewünschten Erfolg, wie nicht zuletzt die Untersuchung von Dieter Bossmann *Was ich über Adolf Hitler gehört habe...* zeigt.

In diesem Zusammenhang ist auch ein anderer Gesichtspunkt von erheblicher Bedeutung: Jeder, der ein wirklichkeitsgetreues und objektives Bild der Zeit des Nationalsozialismus vermitteln will, trifft auf harte »Konkurrenz«: Auch vor der sogenannten »Hitler-Welle« haben schätzungsweise 210 Millionen Exemplare der *Landser-Hefte* und mindestens ebensoviele Groschen-Romane, die Heldentum, Führerprinzip, Einzelkämpfertum, Starker-Mann-Ideologien etc. bedenkenlos und kritiklos verherrlichen, ihre Leser gefunden. Sie haben Beurteilungskriterien geschaffen, die dazu führen, daß eine objektive, historisch korrekte und Zusammenhänge aufzeigende Behand-

lung von Themen wie Nationalsozialismus außerordentlich
schwierig wird. Von daher besteht – gerade auch für eine Fernsehserie – der Zwang zur »Trivialisierung«, wenn man breitenwirksam sein will.

  Diesem Prinzip hat sich auch die Sendereihe HOLOCAUST ganz
bewußt unterworfen. Es sollte ein Millionenpublikum erreicht
und am Bildschirm festgehalten werden. Daß dies auch in der
Bundesrepublik in diesem überwältigenden Ausmaß gelungen
ist, ist ein wichtiges Ergebnis, aber meiner Meinung nach nicht
das Wichtigste. Für noch wichtiger halte ich die Art und Weise
der Reaktionen der Zuschauer und der Öffentlichkeit. Der
Hinweis der Sender, daß die Bundeszentrale für politische Bildung Informationsmaterial zu HOLOCAUST zur Verfügung stellt,
löste eine Flut an Zuschriften und Anrufen aus. Bis Anfang Februar gingen ca. 50 000 Briefe und Postkarten ein. Noch immer
ist ein Ende nicht abzusehen. Täglich kommen noch etwa 1 000
Zuschriften. Am Tag nach der Ausstrahlung der ersten Folge
von HOLOCAUST meldeten sich 1 500 Anrufer, um Begleitmaterial anzufordern. Einen ähnlichen Ansturm hatte die Landeszentrale für politische Bildung Nordrhein-Westfalens zu verzeichnen (vgl. die Ausführungen von Willi Kreiterling in diesem
Band). Ganz besonders hervorzuheben ist, daß die Sendereihe
bei Lehrern und Erziehern einen Bedarf an zusätzlichen Informationen geschaffen hat: 66 % aller Zuschriften kamen von
Lehrern und Erziehern der außerschulischen Jugendarbeit und
Jugendbildung. Das größte Interesse zeigten dabei Lehrer an
berufsbildenden Schulen, Hauptschulen und Gymnasien. Immer wieder wird bemerkt, daß man das Thema »Nationalsozialismus« nun im Unterricht bzw. in der politisch bildenden Arbeit aufgreifen und diskutieren wolle. Die Diskussionen gehen
jedoch weit über das eigentliche Thema HOLOCAUST hinaus: Gefragt wird nach Material, das die Gesamtzusammenhänge und
Hintergründe beschreibt und vor allen Dingen auch Bezüge zu
heutigen aktuellen Problemen herstellt. Mit zunehmendem zeitlichen Abstand zum Sendetermin von HOLOCAUST hat sich der
Inhalt der Zuschriften verändert: War anfangs das Hauptaugenmerk noch ganz auf den Film gerichtet, so beziehen sich spätere Zuschriften verstärkt auf Informationen zum umfassenden
historischen Hintergrund der Judenvernichtung. Das Informationsmaterial soll vor allen Dingen in Diskussionen, die offenbar in erheblichem Umfang in Schule, im Bekanntenkreis, bei
den Arbeitskollegen und in der Familie ausgelöst wurden, ver-

wendet werden. Soweit dies aus den Zuschriften ersichtlich ist, ist die Beurteilung der Sendereihe HOLOCAUST ganz überwiegend positiv. Selbst Lehrer, die mit dem Bereich Politische Bildung im weitesten Sinn zu tun haben, sehen in der Sendereihe ein Stück Weiterbildung für sich selbst: In einer kleinen empirischen Untersuchung der Bundeszentrale bei 30 Lehrern haben fast alle bestätigt, daß HOLOCAUST ein positiver Beitrag zur Bildung politischen Bewußtseins ist, und mehr als ein Drittel gab an, daß die Sendereihe Tatsachenwissen erweitert bzw. neue Informationen gegeben habe. Diese Ergebnisse und Wirkungen bestätigen die Hauptargumente der politischen Bildung für die Ausstrahlung von HOLOCAUST:

■ Gestaltung und Dramaturgie der Sendereihe liegen weit über dem Niveau einer durchschnittlichen amerikanischen »Soap-Opera«; dem Vorwurf der unzulässigen Trivialisierung muß entgegengehalten werden, daß die Breitenwirksamkeit des Themas nach jahrzehntelanger Gewöhnung der Zuschauer an die Klischees der Massenmedien wohl nur so zu erreichen ist.

■ Die Reaktionen der Zuschauer auf HOLOCAUST decken Defizite auf, machen Ansatzpunkte analysierbar, die sowohl im Bereich des historischen Wissens als auch der sozialen Einstellungen liegen. Nachdem die »Hitler-Welle« einen Markt für den Nationalsozialismus durch zum Teil heroisierende und verherrlichende Publikationen, Fime und Tondokumente geöffnet hat, der gerade auch Jugendliche in den Griff nimmt, ist es an der Zeit, einige der schlimmsten Ereignisse der Nazi-Herrschaft sinnlich erfahrbar zu machen und als Gegengewicht anzubieten.

■ Damit gibt HOLOCAUST allen pädagogisch Verantwortlichen die Chance, Themen im Zusammenhang mit der Entstehung, der Wirklichkeit und den Konsequenzen des Nationalsozialismus bis in die heutige Zeit aufzugreifen.

■ Medien- und programmpolitisch ist die Sendereihe, die innerhalb einer Woche ausgestrahlt wurde, als exemplarischer Fall eines intensiven, thematischen Angebots der Fernsehsender zu werten, das zugleich auch gesellschaftspolitische, pädagogische Ziele verfolgt.

Auch wenn sich die Kritiker von HOLOCAUST gezwungen sehen, die unterste Stufe der Anerkennung einzunehmen: Ein »Strohfeuer« war HOLOCAUST schon deshalb nicht, weil es vielen, die sich für die politische Kultur in der Bundesrepublik verantwortlich fühlen, Mut gemacht hat, auch Themen dieser Art breitenwirksam werden zu lassen. Daß Politische Bildung im Bereich der Massenmedien auch Verbündete haben kann (vielleicht auch für andere gesellschaftlich relevante Themen), ist für mich der eigentliche Erfolg von HOLOCAUST.

Wolfgang Scheffler
Über Ahnungslosigkeit, Unwissen und Böswilligkeit

Betrachtungen zur ›Holocaust Diskussion‹

In einer Zeit, in der nicht nur aus nostalgischen Gründen der Ruf nach mehr Geschichte durch die Lande hallt, haben Teile der deutschen Bevölkerung sich gerade zu einem Thema nachdrücklich zu Wort gemeldet, das wahrscheinlich am nachhaltigsten in den letzten Jahrzehnten in der öffentlichen Diskussion verdrängt worden ist. Wenn über 30 000 Zuschauer mit ihren Telefonanrufen versuchten, sich Luft zu machen, ihren Kummer und ihre Fragen von der Seele sprachen, Zehntausende vergeblich die Telefonnummern der Sender wählten, Tausende Briefe eingingen, von den Gesprächen in den Familien und am Arbeitsplatz, wie immer akzentuiert, ganz zu schweigen, dann war ein Thema angesprochen, das vielen unter den Nägeln brannte, über das gesprochen werden mußte. Selbst wenn man von der gewachsenen Macht des Fernsehens ausgeht, das im Gegensatz zu früheren Jahren bei vergleichsweisen Erörterungen (Synagogenschmierereien, Eichmannprozeß) heute eine viel stärkere Einwirkung auf den einzelnen ermöglicht, *diese* Reaktion hätte sich so nicht zeigen können, wäre die aufgestaute, fast traumatische Verdrängung nicht derartig groß. Hier wurde auch deutlich, daß die Diskussion über die Qualitäten des Films, sicher notwendig und auch für die Zukunft nützlich, eine Nebendiskussion ist, von der man nur hoffen kann, daß sie nicht zu einer jener künstlichen Debatten führt, die außer Medienexperten und anderen Fachleuten niemand weiter interessiert. Außerdem tragen derartige Debatten die Gefahr in sich, vom eigentlichen Thema abzulenken und an den Interessen und berechtigten Belangen der Masse der Zuschauer und Betrachter vorbeizugehen. Die Reaktion der Zuschauer, ob zustimmend, kritisch oder gänzlich negativ, hat ferner demonstriert, daß Kassandrarufe über die mögliche Gefährdung deutschen Ansehens im Ausland, der vergebliche Wunsch nach Ruhe auf diesem Gebiet, viel mehr einer überfälligen Diskussion schädlich und den offensichtlichen Notwendigkeiten einer Auseinandersetzung der in die Gegenwart reichenden Auswirkungen der Vergangenheit abträglich sind.

Der Zerstörung des Deutschen Reiches vor 34 Jahren sowie die damit verbundene Veränderung nicht nur der politischen Verhältnisse in Mitteleuropa steht die Vernichtung von Millionen europäischer Juden als bedeutendstes und über unser Jahrhundert hinausragendes Ergebnis des Zweiten Weltkrieges zur Seite. Während die Teilung des Reiches durch die machtpolitischen Verhältnisse, durch den Zwang, Realitäten akzeptieren zu müssen, einen Modus vivendi herbeiführte, hat sich die Auseinandersetzung über die moralische Last der Ergebnisse des Zweiten Weltkrieges immer nur sporadisch geäußert. Allein schon die Charakterisierung des Hauptteils des Krieges als »ungeheuerlichsten Versklavungs- und Vernichtungskrieg, den die moderne Geschichte kennt« (Ernst Nolte), ging kaum in das Allgemeinverständnis ein, noch wurde sie als Bestandteil deutscher Geschichte mit genügender Klarheit in den Bildungsinstitutionen vermittelt. Es zeigt einen Normalisierungsprozeß an, wenn die nachgewachsenen Generationen, die ja die Last jener über 30 Jahre zurückliegenden Ereignisse in der heutigen Welt mitzutragen haben, sich mit dem bequemen Rufen nach »Schlußstrichen« vielleicht nicht mehr abfinden. Erst wenn dieser notwendige Dialog auch zwischen den Generationen, fast schon zu spät, ausgetragen, fast im Sinne der Psychoanalyse ausdiskutiert und auch dieser Teil deutscher Geschichte »angenommen« worden ist, wird sich der eine Katharsis ähnliche Wirkung einstellen können. Das Begreifen der Ursachen erleichtert dann auch die freiere Beschäftigung mit den Folgeerscheinungen, ohne daß diese vom ständigen Mißtrauen weiter begleitet wird.

Eine solche Diskussion, die zur Erforschung der Wahrheit beitragen soll, trägt aber auch enthüllende Züge. Die Auswahl der zu behandelnden Probleme, der angewandte Zungenschlag, das legitime Fragen nach ungeklärten Vorgängen oder das Hochspielen konstruierter oder schlicht falscher Problemstellungen trennt schnell die ernsthaften Frager von jenen, bei denen Einseitigkeit, Apologetik oder schlichte Negierung von Tatsachen der Motor ist und nicht das Verstehen-Wollen. Das Infragestellen gewonnener Ergebnisse, die Äußerung begründeter Zweifel bei der Erörterung von Teilaspekten sind legitime

Mittel wissenschaftlicher Auseinandersetzung. Nur machen sich diejenigen unglaubwürdig, die vielfach erwiesene Tatbestände ins Zwielicht zu bringen versuchen, sie verschweigen oder gar ableugnen.

So sind Diskussionen über Zweifel an der Existenz von Gaskammern angesichts der vielfach erwiesenen Fakten nicht nur lächerlich, sondern degoutant. Behauptungen, es habe auf deutschem Boden keine Vernichtungslager gegeben – ein beliebtes Argument neofaschistischer Literatur –, sagen mehr über derartige Autoren als über das Faktum aus, zumal dann oft der Hinweis unterlassen wird, daß diese Vernichtungslager auf dem Gebiet des früheren Generalgouvernements existierten, ganz abgesehen davon, daß Auschwitz-Birkenau auf dem Terrain des »eingegliederten« Oberschlesiens lag. Bemerkenswert dabei ist, daß sich derartige Autoren an ungenauen Formulierungen (beispielsweise der Nürnberger Prozesse), an Äußerungen wenig informierter Schreiber vergangener Jahrzehnte anklammern, so, als habe es Richtigstellungen, weiterführende Literatur nie gegeben. Beachtlich ist ferner, daß dabei auch die Tatsache unterschlagen wird, daß Vernichtungsstätten sehr wohl in zahlreichen deutschen Ländern zu finden waren. Letztlich fielen der fälschlicherweise »Euthanasie« genannten Vernichtung von Insassen der Heil- und Pflegeanstalten Zehntausende vornehmlich durch Vergasung zum Opfer (in Grafeneck/Württemberg, Hadamar/Hessen, Brandenburg/Havel, Sonnenstein/Pirna, Bernburg/Sachsen-Anhalt, Hartheim/Linz, von den kleineren Euthanasieanstalten, beispielsweise der Kindereuthanasie, ganz zu schweigen.

Derartige Autoren spekulieren auch weiterhin mit der Verwischung der Begriffe »Vernichtungslager« (die ausschließlich der Vernichtung der jüdischen Bevölkerung dienten) und Konzentrationslager, wobei noch unterschlagen wird, daß es in den Konzentrationslagern Ravensbrück, Natzweiler und Mauthausen ebenfalls Vergasungsanlagen gab, die allerdings nicht ähnlich der im Osten durchgeführten Massenvernichtung dienten, sondern für örtliche Einzelvernichtungsmaßnahmen benutzt wurden. Auch die in Dachau befindliche, nicht in Betrieb genommene Gaskammer ist ein beliebtes Spekulationsobjekt zur Irreführung nichtinformierter Leser. Verschwiegen wird dabei ebenso, daß wir durch die Berichte der Beteiligten an den Massenvernichtungen in zahlreichen Prozessen der letzten 20 Jahre über die Durchführung und die Details der Vorgänge eingehend unterrichtet sind.

Erstaunlich ist die immer wieder anzutreffende Unkenntnis über den Umfang, die Durchführung und die Beteiligung an den »Endlösungsmaßnahmen«, die Unsicherheit, ja Hilflosigkeit über deren Einordnung in den historischen Rahmen. Auch wenn der einzelne im Krieg seiner von ihm geglaubten Pflicht nachging, unglaubliche Opfer und Entbehrungen auf sich nahm, ändert das nichts daran, daß Hitler und die nationalsozialistische Führung keineswegs mit diesem Krieg den Versailler Friedensvertrag rückgängig machen und angeblichen nationalen Zielen dienen wollten. Das Ziel war vielmehr, reduziert man es auf den Kern der geübten Überlegungen, mit Hilfe einer »volkstumspolitischen Flurbereinigung« einen Krieg der angeblich höherwertigen Rasse gegen alles zu führen, was zum Untermenschentum erklärt wurde. Auch wenn viele sich dieser Zielsetzung nicht klar waren, partiell trugen sie, wenn auch sehr oft unbewußt, zur versuchten Realisierung derartiger Pläne bei. Mit der Postulierung einer Kollektivschuld hat eine derartige für viele unpopuläre Erkenntnis *nichts* zu tun. Diese Kenntnis aber heute nicht mit genügender Klarheit zu vermitteln, kommt einer Irreführung gleich und trägt dazu bei, alte Unkenntnis und sorgsam gepflegte Tabus weiter mit zu schleppen.

Unter diese, in der Entwicklung des Krieges von den gegebenen Möglichkeiten abhängigen Vernichtungspolitik fielen neben der jüdischen Bevölkerung als unübersehbar größte und mit der zielstrebigsten Methode verfolgten Gruppe auch andere, nämlich Zigeuner, Insassen von Heil- und Pflegeanstalten, polnische Intelligenz, sowjetische Kriegsgefangene (nach bestimmten Auswahlkriterien) usw. Es ist keine Unterlassung eines Autors, sondern schlichte Unkenntnis (im übrigen ein echter Skandal), wenn im Jahre 1978 das Buch eines deutschen Historikers erscheint, in dem über das Schicksal der in deutsche Hände gefallenen sowjetischen Gefangenen steht: »In Wirklichkeit hatten die meisten von ihnen nicht sehr viel schlechter gelebt als die deutsche Zivilbevölkerung, von der Unterkunft in den Lagern abgesehen.« (Hellmut Diwald, *Geschichte der Deutschen,* S. 124) Er verschweigt seinen Lesern, daß von über 5 Millionen sowjetischen Gefangenen mehr als 3 Millionen in der Gefangenschaft starben, ganz zu schweigen von den Massenliquidierungen mittels Genickschußanlagen, wie z.B. im Konzentrationslager Sachsenhausen.

Das Verschweigen von Tatsachen, die Mischung von Halb-
wahrheiten mit Irrtümern, schiefen oder einfach falschen Sach-
verhalten sind, vornehmlich in der neofaschistischen Unter-
grundliteratur (aber auch in öffentlich vertriebenen Produkten
gleicher oder ähnlicher Provenienz) ein beliebtes Mittel, wenig
informierte Leser zu verunsichern. Ein makabres Beispiel hierfür ist der Mißbrauch, der mit der Frage nach der Zahl umge-
kommener Juden von einigen, nicht nur deutschen Autoren getrieben wird. Jeder Sachkenner weiß, daß die wissenschaftliche
Aufbereitung, vornehmlich der Zahlen jüdischer Einwohner in
Polen und der Sowjetunion während des Krieges, infolge nicht
vollständiger Statistiken und der kriegsbedingten Wirren mit
Schwierigkeiten und aufwendigen Arbeiten verbunden ist.
Trotzdem kann unter Hinzuziehung aller verfügbaren Unterlagen eine einigermaßen gesicherte, wenn auch nie vollständige
Übersicht gewonnen werden. Unter Ausnutzung der angedeu-
teten Schwierigkeiten versuchen seit längerem z. T. anonym
bleibende Autoren mit spekulativen Fragen (»Starben wirklich
6 Millionen?«) die Zahl der Toten herunterzuspielen, überhaupt in Zweifel zu ziehen und alle Versuche, Klarheit hierüber
zu verbreiten, als »Greuelpropaganda« zu diffamieren. Verschwiegen wird dabei generell, daß selbst nationalsozialistische
Quellen eindeutige Aussagen über das Zahlenproblem enthalten. 1943 ließ sich Himmler von dem Statistiker Dr. Korherr einen zahlenmäßigen Überblick über die bis zum 31. 3. 1943
»evakuierten«, d. h. in die Vernichtungslager deportierten oder
auf andere Weise den »Sonderbehandlungsmaßnahmen« zum
Opfer gefallenen Juden erstellen. Dieser, wie im Bericht nach-
zulesen ist, *nicht* vollständige Überblick, gibt für diesen Zeitpunkt bereits eine Zahl von über 2,6 Millionen »evakuierter«
Juden an. Dabei handelt es sich lediglich um eine *unvollständige*
Zwischenbilanz, denn die Deportationen setzten sich bekanntlich noch bis in den Frühherbst 1944 fort. Verschwiegen wird
dabei auch, daß sich diese Zahlen durch Vergleich mit anderen
einwandfreien Unterlagen untermauern und weiter fortschrei-
ben lassen. Die Zahlenfrage, die in der wissenschaftlichen Erörterung zur Gewinnung exakter Vorstellungen legitimerweise
untersucht werden kann, wird in der erwähnten, zumeist »grau-
en« Literatur zur nachträglichen Diffamierung Millionen Toter
mißbraucht. Der Anstand gebietet es, festzustellen, »und wäre
es einer, es wäre zuviel gewesen!«
Auf anderer Ebene liegt eine Frage, die in vielen Diskussio-

nen eine Rolle spielt, deren nicht saubere Beantwortung zu weiteren Unklarheiten bei der Einschätzung der Vernichtungsmaßnahmen während des Zweiten Weltkrieges führt. Es geht um die Unterscheidung zwischen Kriegsverbrechen und Völkermord. Kriegsverbrechen hat es zu allen Zeiten gegeben ebenso wie gelegentliche Massaker großen Ausmaßes zur vorgeblichen Lösung kolonialer Probleme wie gewaltsame Anstrengungen, Minderheitenfragen mit Ausrottungsmaßnahmen zu lösen. Kriegsverbrechen kamen in unterschiedlicher Weise auf Seiten der meisten kriegführenden Parteien vor, sie sind schandbare Erscheinungen bei Auseinandersetzungen, zu deren Eliminierung die Menschheit sich bis auf den heutigen Tag als unfähig erwies. Plünderungen, Vergewaltigungen, willkürliche Erschießungen, unverantwortliche Geiselmassaker, Bombardierungen reiner Zivilgebiete ohne jegliche kriegerische Notwendigkeit usw. sind nur eine unvollständige Aufzählung derartiger Vorgänge. Unübersehbar sind darüber hinaus, und fast schon unabhängig gesehen, die Perspektiven der möglichen Anwendung moderner Massenvernichtungswaffen. Nur haben alle damit verbundenen heutigen Erörterungen einen anderen Charakter als die Diskussion über das, was *während* des Zweiten Weltkrieges mit den *damals* vorhandenen Möglichkeiten an der jüdischen Bevölkerung Europas verübt wurde. Das Ziel, mit allen zu Gebote stehenden Mitteln die Angehörigen eines ganzen, auf verschiedene Länder verteilten, sich seiner Zusammengehörigkeit nicht einmal immer bewußten Volkes wie Ungeziefer mit Stumpf und Stiel zu jagen, möglichst bis auf den letzten greifbaren Menschen unter Ausschaltung aller rationalen Überlegungen auszurotten, ist ein in der Neuzeut singulärer Vorgang. Singulär hinsichtlich der fiktiven Gründe, des Umfangs, der angewandten Methoden und der Durchführung durch Angehörige eines durch Geschichte und Kultur bedeutsamen Volkes im Europa des 20. Jahrhunderts. Vergleiche, Relativierungen und Aufrechnungsversuche helfen über die bittere Erkenntnis nicht hinweg, daß diese Vorgänge für immer mit der deutschen Geschichte verbunden sind.

Weit verbreitet ist die Auffassung, daß die Erörterung derartiger Fragen eine fortgesetzte Anklage darstellt. Manche sprechen sogar von einer ständigen »Disqualifizierung« der eigenen Geschichte. Hinzu kommt, daß vorwiegend Angehörige der älteren Generation Schwierigkeiten haben, ihr eigenes Schicksal in den nun einmal sichtbar gewordenen Gesamtrahmen sinnvoll und für sich überzeugend einzuordnen. Der Vorwurf, rigoristischen Fragen der Nachkommen ausgesetzt zu sein, denen die Erfahrungen der vergangenen Zeiten erspart geblieben seien, war und ist dabei ein beliebtes Alibi, eingehende Diskussionen zu vermeiden.

Der HOLOCAUST-Film bietet noch einmal Anlaß und Chance, aus dieser verkrampften Situation herauszufinden. Durch eine vertiefte Kenntnisnahme der Gesamtzusammenhänge können einmal Erfahrungen sowie lange blockierte Erinnerungen artikuliert werden, und zum anderen völlig berechtigte Fragen der nachgekommenen Generationen beantwortet werden. Dazu gehört aber auch das Ausfüllen der in den letzten Jahrzehnten nur zu oft zu beobachtenden weißen Flecken in den offiziellen und nicht offiziellen Lebensläufen, die ein Jahrzehnt ausließen, so als habe jene Zeit nie existiert. Mehr Mut und mehr Ehrlichkeit können dabei viel eher Erklärungen und Verständnismöglichkeiten schaffen als nur zu beredtes Schweigen.

Den Historikern kommt dabei die Pflicht zu, in verständlicher Sprache und weniger mit Empirie-fernen Theorien dazu beizutragen, ihren Wissenstand einer breiteren Öffentlichkeit verständlich zu machen. Nicht zuletzt ist die tiefe Wirkung des HOLOCAUST-Films darauf zurückzuführen, daß nur zu Viele die zurückliegenden Ereignisse, die im wissenschaftlichen Bereich zwar nicht vollständig, aber doch mit hinreichender Klarheit erarbeitet wurden, lediglich fragmentarisch zur Kenntnis nahmen. Die Nichtbeachtung der Prozeßverläufe in vielen Verfahren der letzten zwanzig Jahre, von spektakulären Vorgängen abgesehen, trug ebenfalls dazu bei, den allgemeinen Wissensstand gering zu halten. Mit den heute neu in Gang gekommenen Diskussionen wird damit keine neue »Schulddebatte« eröffnet, die angesichts der Fakten ohnehin bedeutungslos ist, sondern ein längst überfälliger Lernprozeß nachgeholt. Dabei sollte man auch von der nur zu oft geübten Methode Abschied nehmen, »schlägst du meinen Nazi, schlage ich deinen...«, denn sie verschleppt nur das Erkennen und enthüllt zugleich die Unfähigkeit zur Aufarbeitung.

Das Suchen nach Wahrheit ist legitim und nicht nur für Historiker existentiell. Die Realisierung einer Bestandsaufnahme, die keine Rücksicht mehr auf sorgsam gehegte Tabus nimmt, öffnet ebenso den Weg zur Erörterung der außerdeutschen Komponente des Problems. Auch andere Völker, die zum Teil damals unter deutscher Herrschaft standen, tragen an Fragen unaufgearbeiteter Vergangenheit und müssen sich mit ihren spezifischen Problemen und Empfindlichkeiten auseinandersetzen.

Zwar ist die Überzeugung weit verbreitet, daß aus der Geschichte kaum gelernt werde und jede Generation ihre eigenen Erfahrungen machen müsse. Für alle gilt jedoch der Satz des unvergessenen Theodor Litt: »Nicht durch das Wegsehen, sondern durch das Hinsehen wird die Seele frei.«

Anhang

Auswahlbibliographie

Adam, Uwe D.: *Judenpolitik im Dritten Reich*. Düsseldorf (Droste) 1972

Adler, H. G.: *Theresienstadt 1941–1945*. Das Antlitz einer Zwangsgemeinschaft. Geschichte, Soziologie, Psychologie. Tübingen 1955.

Adler, H. G.: *Die verheimlichte Wahrheit*. Theresienstädter Dokumente. Tübingen 1958.

Adler, H. G.: *Der verwaltete Mensch*. Studien zur Deportation der Juden aus Deutschland. Tübingen 1974.

Adolf-Grimme-Institut: *Mediendidaktische Handreichungen ›Holocaust‹*, in: Weiterbildung und Medien, Heft 2 (1978).

Anatomie des SS-Staates.

Band 1: Hans Buchheim: *Die SS – Das Herrschaftsinstrument. Befehl und Gehorsam*.

Band 2: Martin Broszat, Hans-Adolf Jacobsen, Helmut Krausnick: *Konzentrationslaber, Kommissarbefehl, Judenverfolgung*. Freiburg i. Br. (Walter) 1965 (auch dtv-Bd. 462/63).

Bibliographie zur Politik in Theorie und Praxis. Hrsg. von Karl Dietrich Bracher, Hans-Adolf Jacobsen, Manfred Funke. Aktualisierte Neuauflage. Bearb. von U. von Alemann u. a. Düsseldorf (Droste) 1976.

Boßmann, Dieter: »*Was ich über Adolf Hitler gehört habe…*«. Frankfurt (Fischer Taschenbuch Bd. 1935) 1978.

Bracher, Karl-Dietrich: *Die deutsche Diktatur. Entstehung, Struktur und Folgen des Nationalsozialismus*. Köln/Berlin (Kiepenheuer & Witsch) [6]1976 (auch Ullstein Tb 3092).

Bracher, Karl Dietrich: *Zeitgeschichtliche Kontroversen. Um Faschismus, Totalitarismus, Demokratie*. München (Piper) 2. erg. Aufl. 1976.

Broszat, Martin: *Der Staat Hitlers. Grundlegung und Entwicklung seiner inneren Verfassung*. München (dtv-Weltgeschichte Bd. 9, Nr. 4009) [5]1975.

Broszat, Martin/Fröhlich, Elke/Wiesemann, Falk (Hrsg.): *Bayern in der NS-Zeit. Soziale Lage und politisches Verhalten der Bevölkerung im Spiegel vertraulicher Berichte*. München/Wien (Oldenbourg) 1977 (Darin besonders das Kapitel »Judenverfolgung und nicht jüdische Bevölkerung 1933–1944«).

Bundeszentrale für politische Bildung (Hrsg.): *Der Nationalsozialis-*

mus. Bonn (Neudruck) 1977 (Informationen zur politischen Bildung 123/126/127).

Bundeszentrale für politische Bildung (Hrsg.): *Der deutsche Widerstand 1933–1945.* Bonn 1974 (Informationen zur politischen Bildung 160).

Castner, Hartmut/Castner, Thilo: *»Schuljugend und Neofaschismus – ein akutes Problem politischer Bildung«*, in: zur politik und zeitgeschichte, B 44/78 (4. Nov. 1978), S. 31–46.

Deutschkron, Inge: *Ich trug den gelben Stern.* Köln (Verlag Wissenschaft und Politik) 1978.

Faschismus. Hrsg. von der neuen Gesellschaft für bildende Kunst und dem Kunstamt Kreuzberg. Berlin (Elefanten Presse) 1976 (Auch bei 2001).

Frank, Anne: *Das Tagebuch der Anne Frank.* Frankfurt (Fischer Taschenbuch Bd. 77) [4,2]1976.

»Gerstein-Bericht«, in: Vierteljahreshefte für Zeitgeschichte, 1 (1953), S. 185–194.

Hahn, Fred: *Lieber Stürmer. Leserbriefe an das NS-Kampfblatt 1924–1945.* Stuttgart-Degerloch (Seewald) 1978.

Hausner, Gideon: *Gerechtigkeit in Jerusalem.* München (Kindler) 1967.

Henkys, Reinhard: *Die nationalsozialistischen Gewaltverbrechen. Geschichte und Gericht.* Stuttgart/Berlin (Kreuz-Verlag) 1964.

Hilberg, Raul: *The Destruction of the European Jews.* Chikago (Quadrangle Books) 1961.

Hillgruber, Andreas: *»Tendenzen, Ergebnisse und Perspektiven der gegenwärtigen Hitler-Forschung«*, in: Historische Zeitschrift Bd. 226 (1978), S. 600–621.

Höhne, Heinz: *Der Orden unter dem Totenkopf. Die Geschichte der SS.* München (Goldmann Sachbuch Bd. 11179) 1978.

Höss, Rudolf: *Kommandant in Auschwitz. Autobiographische Aufzeichnungen von Rudolf Höss.* Eingeleitet und kommentiert von Martin Broszat. Stuttgart (Deutsche Verlags-Anstalt) 1958 (dtv-Bd. 2908).

Hofer, Walther (Hrsg.): *Der Nationalsozialismus. Dokumente 1933–1945.* Frankfurt (Fischer Taschenbuch Bd. 6084) [27]1978.

Jäckel, Eberhard: *»Rückblick auf die sogenannte Hitler-Welle«*, in: Geschichte in Wissenschaft und Unterricht 28 (1977), S. 695–710.

van Kampen, Wilhelm: *Holocaust. Materialien zu einer amerikanischen Fernsehserie über die Judenverfolgung im »Dritten Reich«.* Düsseldorf (Landeszentrale für politische Bildung NRW) 1978.

Kempner, Robert M. W.: *Eichmann und seine Komplizen.* Zürich (Europa Verlag) [2]1961.

Kielar, Vieslaw: *Anus Mundi. Fünf Jahre Auschwitz.* Frankfurt (S. Fischer Verlag) 1979.

Kogon, Eugen: *Der SS-Staat. Das System der deutschen Konzentrationslager.* München (Kindler) 1974 (Neudruck).

Kühnl, Reinhard: *Der deutsche Faschismus in Quellen und Dokumenten.* Köln (Pahl-Rugenstein) 1975.

Kuhn, Axel: *Das faschistische Herrschaftssystem und die moderne Gesellschaft.* Hamburg (Hoffmann & Campe) 1973.

Levi, Primo: *Ist das ein Mensch?* Frankfurt (Fischer Taschenbuch Bd. 421) 1961.

medium, hrsg. vom Gemeinschaftswerk der Evangelischen Publizistik e. V., Frankfurt 1/1979: *Die Endlösung als Medienereignis.*

Mitscherlich, Alexander/Mielke, Fred: *Medizin ohne Menschlichkeit.* Frankfurt (Fischer Taschenbuch Bd. 2003) [5]1979.

Mommsen, Hans/Niethammer, Lutz/Kaiser, Hans/Elben, Wolfgang: *Faschistische Diktatur in Deutschland. Historische Grundlagen – gesellschaftliche Voraussetzungen – politische Struktur.* Stuttgart (Klett) 1972.

Nolte, Ernst (Hrsg.): *Theorien über den Faschismus.* Köln u. a. (Kiepenheuer & Witsch) [2]1970 (Neue Wissenschaftliche Bibliothek Bd. 21).

Poliakov, Léon/Wulf, Josef (Hrsg.): *Das Dritte Reich und die Juden. Dokumente und Aufsätze.* Berlin (Arani) 1961.

Reichmann, Eva G.: *Die Flucht in den Haß. Die Ursachen der deutschen Juden-Katastrophe.* Frankfurt (Europäische Verlagsanstalt) o. J.

Reitlinger, Gerald: *Die Endlösung. Hitlers Versuch der Ausrottung der Juden Europas 1939–1945.* Berlin (Colloquium Verlag) 1956 (Neuauflage 1968. Taschenbuchausgabe München: Kindler 1964).

Rückerl, Adalbert (Hrsg.): *NS-Vernichtungslager im Spiegel deutscher Strafprozesse.* München (dtv-Bd. 2904) 1977.

Saage, Richard: *Faschismustheorien. Eine Einführung.* München (Beck'sche Verlagsbuchhandlung) 2. durchges. Aufl. 1977.

Scheffler, Wolfgang: *Judenverfolgung im Dritten Reich.* Berlin (Colloquium Verlag) 1964.

Scheffler, Wolfgang: *»Ausgewählte Dokumente zur Geschichte des Novemberpogroms 1938«,* in: aus politik und zeitgeschichte, B 44/78 (4. Nov. 1978), S. 3–30.

Schoenberner, Gerhard: *Der gelbe Stern. Die Judenverfolgung in Europa 1933 bis 1945.* Gütersloh (Bertelsmann) 1960 (Neuauflage 1978).

Schulz, Gerhard: *Faschismus – Nationalsozialismus. Versionen und theoretische Kontroversen 1922–1972.* Frankfurt u. a. (Propyläen) 1974.

Stroop-Bericht – »Es gibt keinen jüdischen Wohnbezirk in Warschau mehr«. Faksimile-Wiedergabe des Originals von 1943 mit Vorwort v. Andrzej Wirth. Neuwied (Luchterhand) 1960 (Neuauflage 1976).

Suzman, Arthur/Diamond, Denis: *»Der Mord an sechs Millionen Juden. Die Wahrheit ist unteilbar.«* In: aus politik und zeitgeschichte, B 30/78 (29. Juli 1978) S. 4–21.

Wellers, Georges: *»Die Zahl der Opfer der ›Endlösung‹ und der Korherr-Bericht«,* in: aus politik und zeitgeschichte, B 30/78 (29. Juli 1978) S. 22–39.

Wippermann, Wolfgang: *Faschismustheorien. Zum Stand der gegenwärtigen Diskussion.* Darmstadt (Wissensch. Buchgesellschaft) [2]1975 (erw.).

Wulf, Josef: *Aus dem Lexikon der Mörder. »Sonderbehandlung« und verwandte Worte in nationalsozialistischen Dokumenten.* Gütersloh 1963.

(Überarbeitete Fassung. Die ursprüngliche erschien erstmalig in ›*Holocaust*‹-*Materialien*…, a.a.O. Der Abdruck erfolgt mit freundlicher Genehmigung von Wilhelm van Kampen und der Landeszentrale für politische Bildung NRW.)

Über die Autoren

Ino Arndt, Dr. phil., geb. 1930, wissenschaftliche Mitarbeiterin am Institut für Zeitgeschichte, München

Hellmuth Auerbach, geb. 1930, wissenschaftlicher Mitarbeiter am Institut für Zeitgeschichte und Leiter der dortigen Bibliothek

Clemens de Boor, Dr. med., geb. 1920, apl. Professor für Psychosomatische Medizin und Psychoanalyse an der Universität in Frankfurt, Leiter des Sigmund Freud-Instituts, Frankfurt am Main

Martin Broszat, Dr. phil., geb. 1926, Honorarprofessor an der Universität Konstanz, Leiter des Instituts für Zeitgeschichte, München

Tilman Ernst, geb. 1942, Dipl. Psychologe, Referent in der Bundeszentrale für politische Bildung, Bonn

Iring Fetscher, Dr. phil., geb. 1922, Professor für Politikwissenschaft an der Universität Frankfurt am Main

Renate Harpprecht, geb. 1926, 1942–45 in den Konzentrationslagern Auschwitz und Bergen-Belsen, freie Fernseh-Journalistin in USA und in Deutschland

Heinz Werner Hübner, geb. 1921, Programmdirektor des WDR-Fernsehen, Köln

Eberhard Jäckel, Dipl. phil., geb. 1929, Professor für Neuere Geschichte an der Universität Stuttgart

Hans-Adolf Jacobsen, Dr. phil., geb. 1925, Professor für Politische Wissenschaften an der Universität Bonn

Wilhelm von Kampen, Dr. phil., geb. 1934, Akademischer Oberrat für Neuere Geschichte und Didaktik der Geschichte an der Universität Osnabrück

Eugen Kogon, Dr. phil., geb. 1903, 1938–45 im Konzentrationslager Buchenwald, em. Professor für Politikwissenschaft

Willi Kreiterling, geb. 1927, Leiter der Landeszentrale für politische Bildung NRW, Düsseldorf

Hermann Langbein, geb. 1912, als Antifaschist Häftling in den Konzentrationslagern Dachau, Auschwitz und Neuengamme, Schriftsteller und Sekretär des Comité International des Camps, Wien

Uwe Magnus, Dr. phil., geb. 1935, Leiter des Medienreferats in der Intendanz des WDR, Köln

Margarete Mitscherlich-Nielsen, Dr. med., geb. 1917, Psychoanalytikerin und Mitarbeiterin am Sigmund Freud-Institut, Frankfurt am Main

Marcel Reich-Ranicki, Dr. h. c., geb. 1920, 1940–43 im Warschauer Getto, Honorarprofessor, Feuilleton-Redakteur der *Frankfurter Allgemeinen Zeitung*

Günter Rohrbach, Dr. phil., geb. 1928, Geschäftsführer der Bavaria Atelier GmbH, München

Günther Rühle, Dr. phil., geb. 1924, Feuilletonchef der *Frankfurter Allgemeinen Zeitung*

Wolfgang Scheel, Dr. phil., geb. 1934, Leitender Regierungsdirektor in der Niedersächsischen Landeszentrale für politische Bildung, Hannover

Wolfgang Scheffler, Dr. phil., geb. 1929, Historiker, Dipl.-Politologe, umfangreiche Gutachtertätigkeit in NSG-Verfahren

Norbert Schneider, Dr. theol., geb. 1940, Direktor des Gemeinschaftswerks der Evangelischen Presse, Frankfurt, Fernsehbeauftragter des Rates der EKD

Julius H. Schoeps, Dr. phil., geb. 1942, Professor für Politische Wissenschaft an der Gesamthochschule Duisburg

Klaus Scholder, Dr. phil., geb. 1930, Professor für Kirchenordnung und kirchliche Zeitgeschichte an der Evangelisch-theologischen Fakultät der Universität Tübingen

Peter Schulze-Rohr, geb. 1926, Hauptabteilungsleiter Fernsehspiel des SWF, Baden-Baden

Rita Thalmann, Dr. phil., geb. 1926, Professor für Germanistik an der Universität Tours/Frankreich

Im Laufe dieses Jahres

erscheint das WDR-Buch

"HOLOCAUST - ANALYSEN UND DOKUMENTE"

mit der Untersuchung

über die Wirkungen der Serie

sowie einer Dokumentation

von Briefen und Anrufen

Bestellungen sind zu richten an den

Westdeutschen Rundfunk

Pressestelle

Postfach 101950

5000 Köln 1

Cornelius Ryan

Die Brücke von Arnheim
Deutsch von Emil Bastuk.
428 Seiten, 16 Bildtafeln, Leinen
Fischer Taschenbuch Bd. 1956

»Die Bilder und Töne,
die Gefahren und Ängste des Kampfes,
das ganze Gewebe von Leben
und Tod überfällt uns mit elementarer
Wucht, so daß man atemlos
vor Schrecken und Erleichterung, voll
Mitleid und Entsetzen zurückbleibt.«

S. Fischer
Fischer Taschenbücher

Ein erschütternder Roman aus den letzten Tagen des
Zweiten Weltkrieges, erfüllt von der Poesie des Grauens
und der Trauer über die Verblendung junger Menschen
durch falsche Ideale. »Ein Buch, das bleiben wird — und
jenen Gruß verdient, mit dem Kolbenhoff im Kreis der
Siebenundvierziger Lesungen von besonderem Rang
charakterisierte: ›Hut ab, Respekt, Kollege.‹«
Walter Jens in der ZEIT

Walter Kolbenhoff
Von unserem Fleisch und Blut
Roman. Mit einem Nachwort von Gerhard Hay.
Fischer Taschenbuch Band 2034

Fischer Taschenbuch Verlag

Zeitgeschichte

Dieter Boßmann (Hrsg.)
»Was ich über Adolf Hitler gehört habe«
Folgen eines Tabus:
Auszüge aus Schüler-
aufsätzen von heute
Originalausgabe
Band 1935

Der Nationalsozialismus
Dokumente 1933—1945
Hrsg.: Walther Hofer
Band 6084

Gustave M. Gilbert
Nürnberger Tagebuch
Gespräche der Angeklagten
mit den amerikanischen
Gerichtspsychologen
Band 1885

Justiz im Dritten Reich
Herausgegeben und einge-
leitet von Prof. Dr. Ilse Staff
Überarbeitete Neuausgabe
Band 3409

Alexander Mitscherlich /
Fred Mielke (Hrsg.)
Medizin ohne Menschlichkeit
Dokumente des Nürnberger
Ärzteprozesses
Neu eingeleitet von
Alexander Mitscherlich.
Neuausgabe
Band 2003

Hans Rothfels
Deutsche Opposition
gegen Hitler
Einltg.: Hermann Graml
Neuausgabe
Band 1989

Bradley F. Smith
Der Jahrhundert-Prozeß
Die Motive der Richter von
Nürnberg
Anatomie einer Urteils-
findung
Band 3408

 Fischer Taschenbücher